Georg Milbradt, Gernot Nerb, Wolfgang Ochel, Hans-Werner Sinn (Hrsg.)

Der ifo Wirtschaftskompass

Georg Milbradt, Gernot Nerb,

Wolfgang Ochel, Hans-Werner Sinn (Hrsg.)

DER **ifo**

WIRTSCHAFTS
KOMPASS ZAHLEN
FAKTEN
HINTERGRÜNDE

HANSER

Bibliografische Information der Deutschen Nationalbibliothek
Die Deutsche Nationalbibliothek verzeichnet diese Publikation in der
Deutschen Nationalbibliografie; detaillierte bibliografische Daten
sind im Internet über http://dnb.d-nb.de abrufbar.

1   2   3   4   5   15   14   13   12   11

© 2011 Carl Hanser Verlag München
Internet: http://www.hanser-literaturverlage.de
Lektorat: Martin Janik
Herstellung und Layout: Stefanie König
Umschlaggestaltung: Brecherspitz Kommunikation GmbH, München,
www.brecherspitz.com
Satz: le-tex publishing services GmbH, Leipzig
Druck und Bindung: Kösel, Krugzell
Printed in Germany
ISBN 978-3-446-42710-5

INHALT

VORWORT

Mit dem Fall des Eisernen Vorhangs und der starken Einbindung Chinas in die Weltwirtschaft haben sich auch in Deutschland die wirtschaftlichen Koordinaten verschoben. Die Globalisierung bringt für unser Land viele Vorteile mit sich, birgt aber auch Risiken. Wir konkurrieren mit Volkswirtschaften, die über eine große Zahl billiger Arbeitskräfte verfügen. Viele der wenig qualifizierten Arbeitskräfte haben in Deutschland ihre Stellen verloren und sind nun auf den Sozialstaat angewiesen. Andererseits hat es in den letzten Jahren schon maßgebliche Reformen gegeben, die den Arbeitsmarkt flexibilisiert haben und erhebliche wirtschaftliche Impulse setzen konnten. Und nun ist unser Land von der Wirtschafts- und Finanzkrise erfasst, die 2007 in den USA begann und sich mittlerweile zu einer Krise einer Reihe europäischer Staaten, wenn nicht des Euro-Systems selbst ausgewachsen hat.

All diese Themen sind für die Zukunft unseres Landes, Europas und der Welt von größter Wichtigkeit. Die Medien berichten regelmäßig über sie, doch fehlen zumeist die Zeit und der Platz, den Lesern das nötige Hintergrundwissen beizubringen. Genau darum geht es in diesem Buch: So viel ökonomisches Verständnis und Wissen zu der Grundprob-

lematik beizusteuern, dass der normale Zeitungsleser in die Lage versetzt wird, die auf ihn hereinströmenden Informationen zu verstehen und verarbeiten zu können.

Wirtschaft ist zu wichtig, als dass die Bürger sie nur einigen wenigen Spezialisten überlassen können. Auch wenn nicht jeder sich zu einem volkswirtschaftlichen Experten entwickeln muss, so setzt das Funktionieren unserer Sozialen Marktwirtschaft doch einen mündigen Bürger voraus, der sich über die zentralen wirtschaftlichen Zusammenhänge ein Bild machen kann und der in der Lage ist, unrealistische ökonomische Versprechen als solche zu entlarven und nicht den Populisten und Lobbyisten auf den Leim zu gehen. Die breite Mehrheit der Bürger kann sich diesen Einflüssen nur dann widersetzen, wenn sie die wirtschaftlichen Probleme selbst durchblickt.

Wirtschaftliche Grundkenntnisse werden aber nicht nur für politische Entscheidungen benötigt, sondern auch für die eigenen ökonomischen Entscheidungen im Privatbereich. Wie sichert man sich am besten für die Rentenphase ab? Wo sollte man seine Ersparnisse anlegen? Wie sollte man seine Kinder ausbilden? Für solche Entscheidungen ist wirtschaftliches Grundwissen, wie es in diesem Buch dargeboten wird, unerlässlich.

Das Buch enthält eine Sammlung von 120 Beiträgen zu wichtigen ökonomischen Fragen unserer Zeit. Insgesamt werden in zwölf Kapiteln aktuelle, aber auch sehr grundsätzliche wirtschaftspolitische Themen anschaulich behandelt und, soweit möglich, mit Grafiken illustriert, um die Verständlichkeit der Argumente zu erhöhen. Die Beiträge wurden von Experten des Münchener ifo Instituts und einigen externen, mit dem Institut verbundenen Wissenschaftlern geschrieben. Wir haben alle Beiträge redigiert und hoffen, dass ein akzeptabler Kompromiss zwischen den Zielen, ökonomisch korrekt zu argumentieren und für Laien verständlich zu bleiben, entstanden ist.

Das Buch beginnt mit dem Themenkomplex Wachstum und Konjunktur. Konjunkturelle Schwankungen wurden dank moderner Instrumente der Wirtschaftspolitik häufig schon als überwunden angesehen. Es bestätigt sich jedoch auch hier, dass Totgesagte oft länger leben. Die jüngste konjunkturelle Rezession 2008/2009 ist allen wohl noch in Erinnerung. Es herrschte damals Weltuntergangsstimmung. Die Weltwirtschaft erholte sich jedoch schneller, als vermutet wurde, und in Deutschland zog das Wachstum sogar besonders stark an. Das Krisenmanagement, das die Lehrbuchrezepte der Volkswirtschaftslehre verwendete, hat funktioniert. Nun sind aber Reformen notwendig, die die Welt vor einer Wiederholung der Krise schützen. Dazu gehört insbesondere eine bessere und strengere Regulierung der Finanzmärkte, die die Verantwortlichkeit der Entscheidungsträger stärkt. Zu den unabdingbaren Anforderungen gehören eine genügend hohe Eigenkapitalausstattung der Banken und klare Regeln, wie im Falle von Bankpleiten umzugehen ist,

um Ansteckungseffekte auf den übrigen Finanzsektor und dadurch letztlich auch auf die Realwirtschaft zu verringern.

Der Wachstumspfad, um den die Konjunkturschwankungen verlaufen, ist längerfristig für den wirtschaftlichen Erfolg eines Landes entscheidend. Er hängt insbesondere von strukturellen Faktoren (Infrastruktur, Bevölkerung und Migration sowie Bildung) und der Innovationsfähigkeit der Unternehmen eines Landes ab. Zunehmend kommen allerdings Zweifel auf, ob Wachstum als ein Mehr von Waren und Dienstleistungen das primäre Ziel des Wirtschaftens sein soll. Woran aber sollten wir künftig Wachstum messen? Auf solche Fragen und die mehr längerfristigen Erfolgsfaktoren einer Volkswirtschaft wird in dem vorliegenden Buch ausführlich eingegangen.

Seit Gründung der Bundesrepublik im Jahre 1949 nimmt die soziale Komponente eine zentrale Stellung in der deutschen Wirtschaftspolitik ein. Ludwig Erhard und mehr noch sein Staatssekretär Professor Alfred Müller-Armack betonten, dass man das erste Wort des Begriffs »Soziale Marktwirtschaft« großschreiben solle, um den hohen Stellenwert des »Sozialen« zu dokumentieren. Ein möglichst hoher Beschäftigungsstand und eine soziale Absicherung in Fällen von Arbeitslosigkeit sind immer wieder zentrale Wahlkampfthemen. Auch wenn alle Parteien diesen Zielen zustimmen, so verfolgen sie doch unterschiedliche Wege. Im vorliegenden Wirtschaftskompass werden die Vor- und Nachteile bestimmter sozialpolitischer Maßnahmen unabhängig von parteipolitischen Vorprägungen vorurteilsfrei dargelegt.

Einen breiten Raum nehmen Beiträge zu Umwelt, Klima und Energie ein, da hiervon das Wohlergehen zukünftiger Generationen abhängt. So wird z. B. auf Irrtümer in der deutschen Umweltpolitik hingewiesen. Es wird argumentiert, dass

Umweltpolitik nicht primär an der Nachfrage nach Energie ansetzen darf, sondern vor allem das Angebot an fossilen Energierohstoffen beschränken muss, weil letztlich alles, was die Anbieter aus der Erde herausholen, in der Atmosphäre landet, wenn nicht über deutsche, dann über chinesische oder amerikanische Schlote.

Weitere Kapitel behandeln nicht minder wichtige Themen, wie den Staatshaushalt sowie Geld und Währung, zwei Themenkomplexe, deren Relevanz man angesichts der Staatsschuldenkrisen nicht betonen muss. Im Euro-Raum ging der aktuellen Staatsschuldenkrise ein starkes, überwiegend kreditfinanziertes Wachstum in den heutigen Problemländern Griechenland, Irland und Portugal voraus. Es waren nicht zuletzt deutsche Investoren, die nach der Einführung des Euro vor über zehn Jahren diesen Ländern Kredite gewährten, da von den europäischen Auslandsschuldnern höhere Zinsen als in Deutschland gezahlt wurden und da das Währungsrisiko innerhalb des Euro-Raums als vernachlässigbar galt. Der starke Kapitalabfluss aus Deutschland wiederum war in hohem Maße für die schwache Investitionstätigkeit in Deutschland und damit für das niedrige wirtschaftliche Wachstum in Deutschland während der vergange-

nen zehn Jahre verantwortlich. Erst nachdem die Kapitalanleger erkannten, wie hoch das Risiko von Anlagen im Ausland ist, konzentrierten sie sich wieder stärker auf den Standort Deutschland, was Deutschland einen Investitionsboom bescherte.

In den zwei abschließenden Kapiteln wird auf die Stellung Deutschlands in der Weltwirtschaft und im Speziellen auf die Einbettung Deutschlands in die Europäische Union eingegangen. Für den langjährigen Exportweltmeister Deutschland ist die Entwicklung der Weltwirtschaft von ganz herausragender Bedeutung. Die Exporterfolge Deutschlands, so wichtig sie auch sind, bergen aber einige Risiken, auf die z. B. in den Beiträgen zur Basarökonomie und zu den Direktinvestitionen eingegangen wird.

Die Herausgeber hoffen, dass der vorliegende ifo Wirtschaftskompass einen Beitrag zur Verbesserung der ökonomischen Breitenbildung in Deutschland leistet und den Menschen in unserem Lande einschließlich ihrer Politiker hilft, bei der Bewältigung der komplexen Herausforderungen unserer Zeit nicht die Orientierung zu verlieren.

Die Herausgeber:
Georg Milbradt, Gernot Nerb,
Wolfgang Ochel, Hans-Werner Sinn

1 WACHSTUM UND KONJUNKTUR

1.1 Jenseits des Bruttoinlandsprodukts

Zum Stand alternativer Wohlstandsindikatoren

Das Bruttoinlandsprodukt misst den Marktwert der Produktion eines Landes und nicht in einem allgemeineren Sinne den Wohlstand der Menschen. Alternative Konzepte versuchen, diesen Wohlstand besser zu messen.

Keine andere ökonomische Kennzahl wird so häufig zitiert wie das Bruttoinlandsprodukt (BIP). Das BIP misst den Marktwert aller im Inland produzierten Güter und Dienstleistungen innerhalb eines bestimmten Zeitraums. Fälschlicherweise wird es häufig mit dem Wohlstand einer Gesellschaft gleichgesetzt. Das geht aber schon deshalb nicht, weil das BIP zum einen den Teil der Produktion umschließt, der dem Ersatz von Abschreibungen auf den Kapitalbestand dient, und zum anderen den Teil, der aus dem Einsatz von ausländischem Kapital und ausländischer Arbeit resultiert. Zudem kann man unter dem Begriff »Wohlstand« mehr als nur Materielles verstehen, wie z. B. Umweltqualität, Sicherheit, Gesundheit oder sozialen Frieden. Deshalb ist es auch nicht verwunderlich, dass eine Steigerung des BIP in einkommensstarken Ländern die Bevölkerung nicht unbedingt glücklicher macht > Bild 1.

> Wohlstandsindikatoren jenseits des BIP

Aufgrund der Kritik am BIP als Wohlstandsindikator wurden alternative Konzepte entwickelt. Hier lassen sich drei grundsätzliche Ansätze unterscheiden:

Der erste Ansatz ergänzt die Volkswirtschaftlichen Gesamtrechnungen um soziale und ökologische Aspekte. Nicht marktbezogene Tätigkeiten wie Hausarbeit werden mit einem Preis versehen und zum BIP addiert, während soziale Schäden (z. B. Kriminalität) und Umweltschäden negativ bilanziert werden.

Ein zweiter Ansatz versucht, einen ganzheitlichen Wohlstandsindikator zu berechnen. Ein bekanntes Beispiel ist der Human Development Index (HDI) der Vereinten Nationen. Der HDI fasst die Indikatoren Lebenserwartung, Bildungsjahre und Pro-Kopf-Einkommen in einer einzigen Maßzahl zusammen.

Ein dritter Ansatz schlägt vor, eine Vielzahl an Indikatoren zu beobachten. Wohlstand wird zunächst in verschiedene Bereiche unterteilt wie Einkommen, Gesundheit und Umweltbedingungen. Anschließend wird für jeden Bereich ein Leitindikator ausgewählt. Zweck eines solchen Indikatorensystems ist es, Fehlentwicklungen in bestimmten Bereichen aufzuzeigen. Die Europäische Union verfolgt dieses Konzept im Rahmen ihrer Nachhaltigkeitsstrategie > Bild 2.

Bisher hat sich keiner der oben genannten Ansätze als Alternative zum BIP durchgesetzt. Dies liegt zum einen daran, dass die notwendigen Daten nur begrenzt verfügbar und vergleichbar sind. Zum anderen sind die Berechnungsmethoden umstritten. So ist die Gewichtung einzelner Indikatoren zu einem Gesamtindex letztlich willkürlich. Auch die Bewertung von Umweltschäden mit fiktiven Preisen ist problematisch. Nur das BIP basiert auf objektiv beobachtbaren Marktpreisen und ist frei von politischen Werturteilen. *EW+KC*

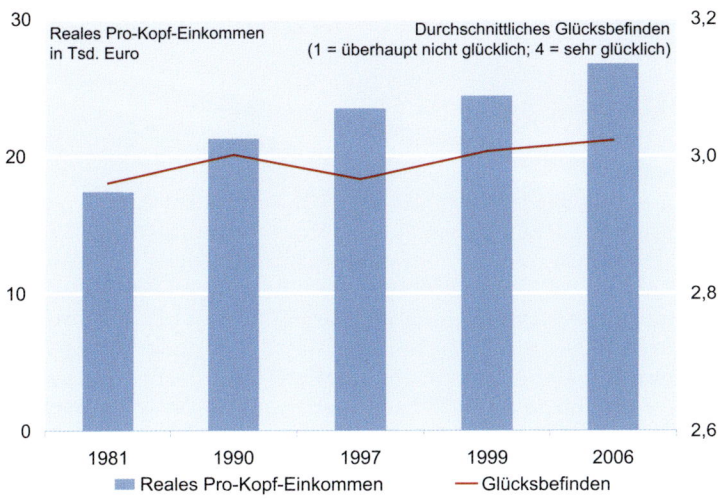

Bild 1 Pro-Kopf-Einkommen und Glücksbefinden in Deutschland
Quellen: IWF, European and World Values Surveys, Berechnungen des ifo Instituts.

Bereich	Leitindikator zum jeweiligen Bereich
Sozioökonomische Entwicklung	Reales BIP pro Einwohner
Nachhaltige Produktions- und Konsumstrukturen	Ressourcenproduktivität
Soziale Eingliederung	Anteil der von Armut oder Ausgrenzung gefährdeten Bevölkerung
Demografische Veränderungen	Beschäftigungsquote älterer Arbeitnehmer
Öffentliche Gesundheit	Gesunde Lebensjahre und Lebenserwartung bei der Geburt
Klimawandel und Energie	Treibhausgasemissionen Anteil der erneuerbaren Energien am Bruttoendenergieverbrauch
Nachhaltiger Verkehr	Gesamtenergieverbrauch des Verkehrs im Verhältnis zum BIP
Natürliche Ressourcen	Index weitverbreiteter Vogelarten Fischfang aus Beständen, die sich außerhalb sicherer biologischer Grenzen befinden
Globale Partnerschaft	Öffentliche Entwicklungshilfe als Anteil des Bruttonationaleinkommens
Gute Staatsführung	Kein Leitindikator (nur Indikatoren wie z. B. Wählerbeteiligung und Bürgervertrauen in EU-Institutionen)

Bild 2 Indikatoren für nachhaltige Entwicklung der Europäischen Union
Quelle: Eurostat.

1.2   Konjunktur und Wachstum

Warum sie nicht dasselbe sind

Während der Wachstumsbegriff auf die Entwicklung des langfristigen Wohlstandsniveaus einer Volkswirtschaft abzielt, beschreibt der Konjunkturverlauf eher kurzfristige Schwankungen um einen langfristigen Trend. In Politik und Medien werden beide Konzepte häufig synonym gebraucht, obwohl sie sich auf unser Leben ganz unterschiedlich auswirken.

Die Unterscheidung von Konjunktur und Wachstum beruht im Wesentlichen auf der Erkenntnis, dass die wirtschaftliche Entwicklung unstetig verläuft. Betrachtet man etwa den Verlauf des Bruttoinlandsprodukts, also den Wert der in einem Land erzeugten Waren und Dienstleistungen, zeigt sich ein Muster zyklischer Schwankungen entlang eines langfristigen Wachstumspfads > Bild 1. Diese periodischen Muster aus Auf- und Abschwüngen werden als Konjunkturzyklus bezeichnet.

Obwohl Konjunkturzyklen in Länge und Stärke durchaus variieren und jeder für sich genommen einzigartig ist, werden sie allgemein in vier Phasen eingeteilt > Bild 2. In die Aufschwungphase, in der die Wachstumsraten zunehmen und die Arbeitslosigkeit sinkt, in den Boom, während dessen nahe der Kapazitätsgrenze produziert wird und in dem es häufig zu deutlichen Preisanstiegen (Inflation) kommt, in den Abschwung, in dem die Kapazitätsauslastung wieder zurückgeht und die Arbeitslosigkeit steigt, und in die Rezession, die durch Produktionsrückgänge, hohe Arbeitslosigkeit und sinkende Inflationsraten gekennzeichnet ist.

> Langfristige und kurzfristige Veränderungen

Im Gegensatz zum langfristigen Wachstum sind konjunkturelle Schwankungen ein eher kurzfristiges Phänomen. Die Ursachen liegen vor allem in zyklischen Schwankungen der Investitionsgüternachfrage (Akzeleratoreffekt) sowie in plötzlich auftretenden Ereignissen wie drastischen Ölpreisanstiegen, platzenden Immobilienblasen oder erratischen Politikmaßnahmen des Fiskus und der Zentralbank, deren langfristige Effekte auf das Wirtschaftswachstum gering sind.

Langfristiges Wachstum hingegen entsteht durch die Ausweitung der Produktionsmöglichkeiten einer Volkswirtschaft. Dafür sind vor allem Investitionen in physisches Kapital (Infrastruktur und Maschinen) und in Humankapital (Gesundheit und Bildung) sowie technologischer Fortschritt notwendig. Darüber hinaus kommt aber auch institutionellen Faktoren, die unser gesellschaftliches Zusammenleben bestimmen, eine wichtige Rolle zu. Hierzu zählt etwa eine effiziente Wirtschaftsordnung, die Planungssicherheit schafft und die Fehlanreize sowie den unproduktiven Einsatz von Ressourcen, z. B. durch eine überbordende Bürokratie, vermeidet. Obwohl langfristiges Wachstum und Wohlstand in erster Linie von den oben genannten Faktoren abhängen, spielen sie in der öffentlichen Debatte häufig nur eine untergeordnete Rolle. *MK*

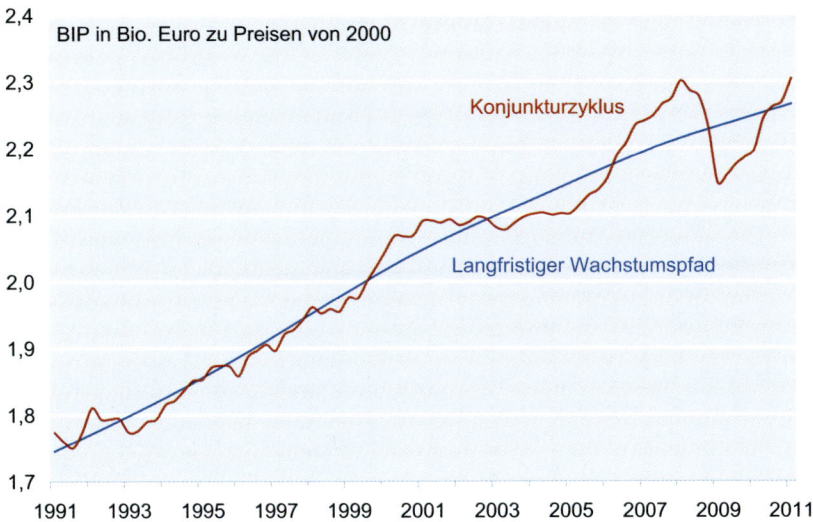

Bild 1 Wachstumstrend und Konjunkturzyklus in Deutschland[1]
[1] *BIP zerlegt in einen langfristigen Wachstumstrend und einen kurzfristigen Konjunkturzyklus.*
Quelle: Statistisches Bundesamt; Berechnungen des ifo Instituts.

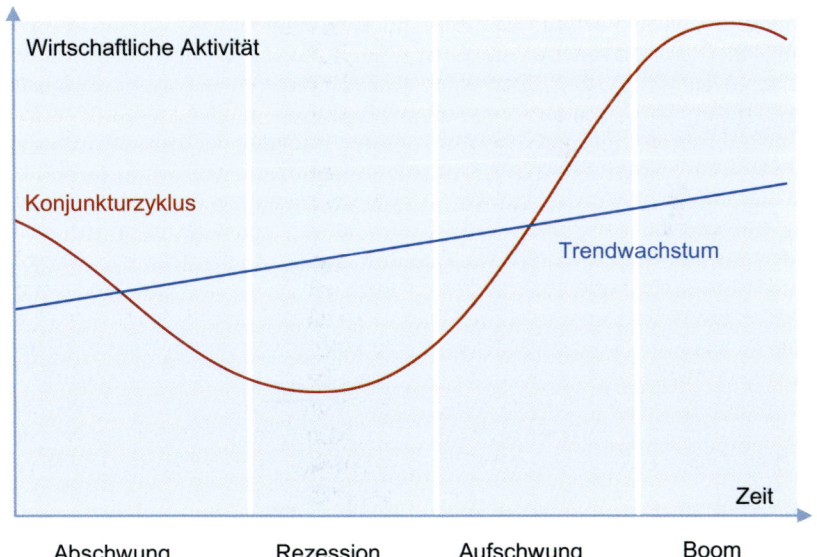

Bild 2 Schematische Darstellung der Phasen eines Konjunkturzyklus
Quelle: Darstellung des ifo Instituts.

1.3 Wirtschaftswachstum I

Wie wichtig sind Investitionen?

Die Erreichung eines angemessenen Wirtschaftswachstums gehört neben der Vollbeschäftigung, einem stabilen Preisniveau und einem außenwirtschaftlichen Gleichgewicht zu den zentralen Zielen der Wirtschaftspolitik (Stabilitäts- und Wachstumsgesetz von 1967). Grundvoraussetzung für ein nachhaltiges Wirtschaftswachstum bilden dabei die Investitionen.

Investitionen sind ein wesentlicher Bestandteil des Wirtschaftswachstums einer Volkswirtschaft, da sie den produktiven Kapitalstock, d. h. den Bestand an Maschinen usw., erhöhen und somit nachhaltig auf die Wirtschaftsleistung einwirken. Dabei versteht man unter Wirtschaftswachstum in erster Linie die prozentuale Zunahme des Bruttoinlandsprodukts (BIP), d. h. aller in einer Volkswirtschaft produzierten Güter und Dienstleistungen, gegenüber der Vorperiode.

Eine Zunahme des BIP kann grundsätzlich auf zwei Arten erfolgen: Zum einen ist eine Zunahme über eine verbesserte Auslastung der Kapazitäten möglich. Neben diesem vorwiegend konjunkturellen Phänomen in einer wirtschaftlichen Aufschwungphase wächst das Bruttoinlandsprodukt vor allem durch die Ausweitung der Produktionskapazitäten als Folge von Nettoinvestitionen, d. h. Investitionen in einer Höhe, die über die Abschreibungen alter Anlagen hinausgeht. Der Ersatz alter durch moderne Produktionsmittel führt in der Regel zu einem Effizienzgewinn bei der Produktion, wodurch das Wirtschaftswachstum über den reinen Kapazitätserweiterungseffekt hinaus zusätzlich gefördert wird. Investitionen in Maschinen und sonstige Ausrüstungen sowie in Bauprojekte sind damit von entscheidender Bedeutung für das Wirtschaftswachstum. Die Entwicklung des jährlichen BIP-Wachstums der EU-15-Länder im Zeitraum 1990 bis 2007, d. h. vor der jüngsten Finanzkrise, verdeutlicht > Bild 1.

> ### Investitionsquote und Kapitalkoeffizient

Aufgrund der besonderen Bedeutung von Investitionen ist es für Länder unerlässlich, sowohl für inländische als auch ausländische Investitionen attraktiv zu sein. Die Bedeutung von Investitionen für das BIP wird häufig über die Investitionsquote erfasst. Diese misst den gesamten Anteil der getätigten Investitionen in einer Volkswirtschaft an deren BIP. In Deutschland ist erst seit 2009 wieder ein Anstieg der Investitionsquote festzustellen, nachdem diese vorher lange Zeit auf dem niedrigsten Stand in der EU gelegen hatte.

Zusätzlich bietet der Kapitalkoeffizient Aufschluss über die Bedeutung von Investitionen. Dieser misst den Anteil des Kapitalstocks am Bruttoinlandsprodukt. Die Kapitalkoeffizienten der meisten europäischen Länder lagen in den letzten Jahrzehnten zwischen 25 und 35 % des Bruttoinlandsproduktes, wenn auch überwiegend mit steigender Tendenz seit Beginn der 1980er-Jahre > Bild 2. *TS*

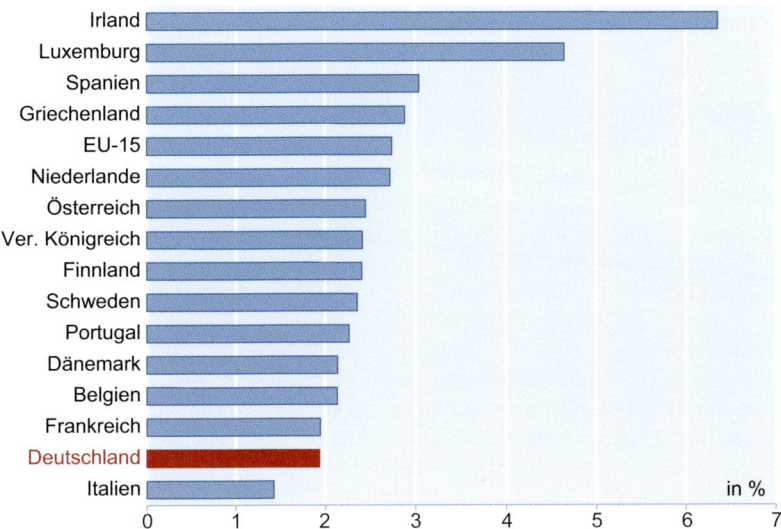

Bild 1 Durchschnittliches jährliches BIP-Wachstum im internationalen Vergleich 1990 bis 2007
Quelle: OECD, National Accounts Statistics; Berechnungen des ifo Instituts.

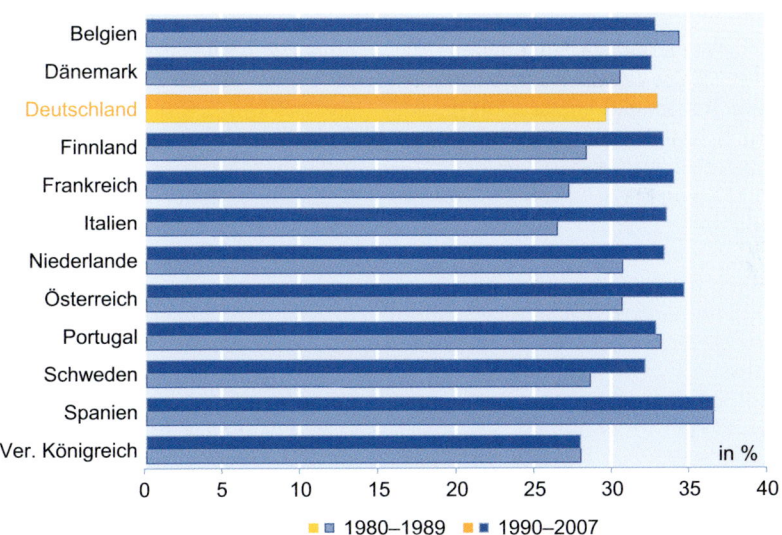

Bild 2 Durchschnittlicher Kapitalkoeffizient im internationalen Vergleich 1980 bis 2007
Quelle: EU KLEMS; Berechnungen des ifo Instituts.

1.4 Investitionsquoten

Wo wird am meisten investiert?

Die Investitionstätigkeit ist von herausragender Bedeutung für die Wirtschaftsentwicklung eines Landes. Die Investitionsquote, als ein Maß zur Bestimmung
der wirtschaftlichen Attraktivität einer Volkswirtschaft, ermöglicht internationale
Standortvergleiche und offenbart Schwächen für nachhaltiges Wachstum.

Investitionen spielen eine entscheidende Rolle für das Wirtschaftswachstum einer Volkswirtschaft. Zur Beurteilung der Attraktivität eines Landes für Investitionen wird häufig auf die Investitionsquote zurückgegriffen, welche die Investitionstätigkeit einer Volkswirtschaft zu deren wirtschaftlicher Leistungsfähigkeit ins Verhältnis setzt. Sie misst dabei den Anteil der getätigten Investitionen, also Ausrüstungsinvestitionen wie z. B. Maschinen und Fahrzeuge, in Relation zum Bruttoinlandsprodukt. Von besonderer Aussagekraft ist die Nettoinvestitionsquote, d. h. das Verhältnis aus Nettoinvestitionen zum Nettoinlandsprodukt, denn Abschreibungen auf Anlageinvestitionen sind in beiden Maßzahlen bereits abgezogen. Nur die Nettoinvestitionen messen den Zuwachs des Kapitalstocks einer Volkswirtschaft.

> **Deutschland fällt im
europäischen Standortvergleich
zurück**

Die Verläufe der Nettoinvestitionsquoten der EU-15-Länder werden wiedergegeben in > Bild 1. Es fällt auf, dass Irland, Spanien, Portugal und Griechenland seit Mitte der 1990er-Jahre extrem hohe Nettoinvestitionsquoten innerhalb der EU-15 aufwiesen. Während die Nettoinvestitionsquoten von Irland und Spanien noch bis Mitte der 1990er-Jahre ähnlich hoch wie im EU-15-Durchschnitt waren, wurde in diesen beiden Ländern seitdem besonders viel investiert. Im Vergleich dazu lag die deutsche Nettoinvestitionsquote auf dem letzten Platz. Sie hat von allen Ländern gegenüber dem Zeitraum 1980 bis 1994 am stärksten abgenommen. Deutschland hatte im Mittel der Jahre 1995 bis 2008 sogar die niedrigste Nettoinvestitionsquote aller OECD-Länder > Bild 2.

Der Grund für die niedrige deutsche Nettoinvestitionsquote liegt vermutlich an den historischen Veränderungen, die die letzten zwei Jahrzehnte kennzeichneten: zum einen die Öffnung der ex-kommunistischen Länder, die dem deutschen Kapital bessere Anlagemöglichkeiten bot, und zum anderen die Ankündigung des Euro. Letztere hatte schon von 1995 bis 1997 zu einer fast vollständigen Zinskonvergenz im späteren Euro-Raum geführt, weil die Wechselkursunsicherheit beseitigt war und das Risiko von Konkursen erst später sichtbar wurde.

Insbesondere Griechenland, Portugal, Irland und Spanien konnten von dieser Zinskonvergenz profitieren. Sie erlebten massive Investitionen im Bausektor, durch die die gesamte Wirtschaft in einen lang währenden Boom getrieben wurde, der freilich wegen der Überhitzung des Immobilienmarktes zur Herausbildung einer Blase führte, die im Endeffekt platzte. *TS*

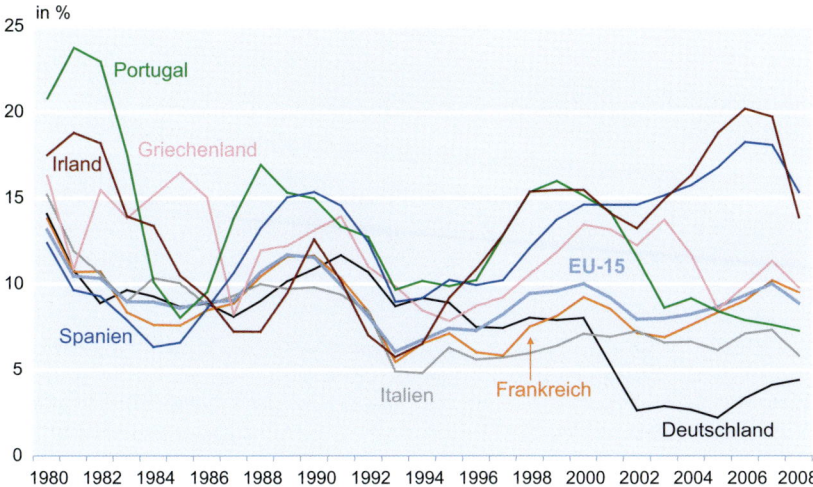

Bild 1 Nettoinvestitionsquoten im internationalen Vergleich 1980 bis 2008
Quelle: OECD, National Accounts Statistics; Berechnungen des ifo Instituts.

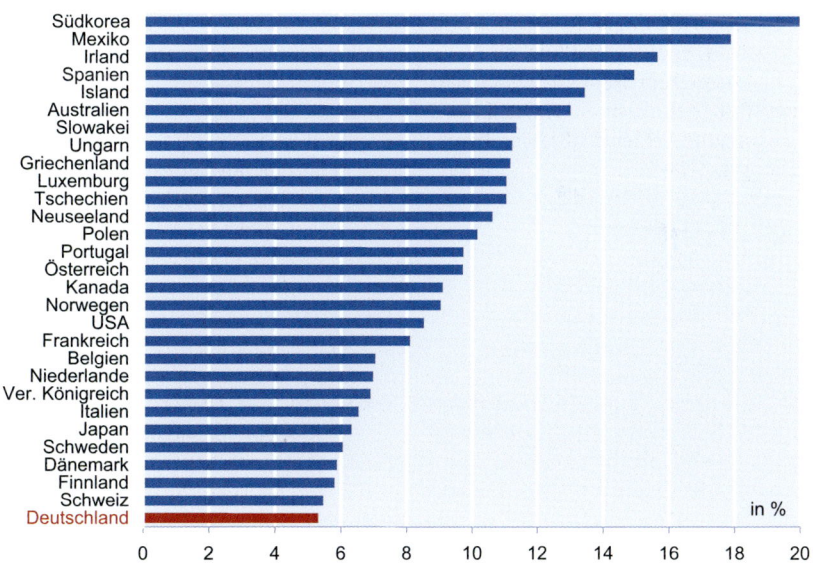

Bild 2 Durchschnittliche Nettoinvestitionsquoten im internationalen Vergleich 1995 bis 2008
Quelle: Siehe Bild 1.

1.5 Bildung

Wie stark hängt das Wirtschaftswachstum davon ab?

Im internationalen Vergleich zeigt sich zumeist, dass Länder, deren Bevölkerung hohe durchschnittliche Bildungskompetenzen aufweisen, auch ein höheres Pro-Kopf-Wachstum erzielen. Seit Jahrzehnten wird in der wissenschaftlichen Debatte jedoch heiß diskutiert, ob und wie stark Bildung für das Wachstum der Volkswirtschaften ursächlich ist.

Seit dem Einsetzen der Industrialisierung haben neue Technologien und Arbeitsweisen den Fortschritt und damit auch das Wachstum geprägt. Sowohl neue Erfindungen als auch die Einführung, Verbreitung und Anwendung von Innovationen sind stark vom Humankapital, also den Kenntnissen und Fähigkeiten ihrer Erfinder und Anwender abhängig. Eine Erhöhung der Qualifikation der Arbeitskräfte ist somit ausschlaggebend für die Steigerung der Produktivität. Da die Bildungskompetenzen der Bevölkerung durch öffentliche Bildung gesteigert werden können, liegt hier ein möglicher politischer Ansatzpunkt zur Erhöhung des Wachstumspotenzials.

> Qualitätsindikatoren rücken in den Vordergrund

Allerdings wird in der Wissenschaft weiterhin diskutiert, ob eine Erhöhung des Bildungsniveaus ursächlich für Wirtschaftswachstum ist oder ob ein hoher Bildungsstand nur eine Begleiterscheinung der erhöhten Wirtschaftsleistung ist. Denn in verschiedenen Studien schwankt der geschätzte Anteil des Wirtschaftswachstums, der durch Bildung verursacht wird, zwischen 0 und 50 %. Ein möglicher Grund für diese Schwankungen ist die unterschiedliche Messweise der Bildungskompetenz der Bevölkerung. Der Bildungsstand eines Lan-des wird durch die Gesamtheit der frühkindlichen, schulischen, beruflichen und universitären Ausbildung widergespiegelt. In der Vergangenheit haben wissenschaftliche Studien deshalb vor allem die durchschnittliche Anzahl der Bildungsjahre verwendet und dabei qualitative Unterschiede der Schulbildung im Ländervergleich vernachlässigt. Wachstum wird jedoch nicht nur durch hochgebildete Arbeitskräfte beeinflusst. Sie haben zwar starke Auswirkung auf die Innovationsfähigkeit eines Landes, für die Anwendung von Technologien benötigt ein Land jedoch eine ebenso starke Basisbildung. Es ist also wichtig, sowohl gute Hochschulabsolventen als auch eine breite Basis an Fachkräften mit einer guten Schulbildung und Berufsqualifikation zu haben.

Deshalb geht man öfter dazu über, international standardisierte Vergleichstests (z. B. die PISA-Studie) zur Messung der Bildungskompetenz heranzuziehen. Diese Tests messen die kognitiven Fähigkeiten der Schüler und spiegeln somit die Gesamtheit ihrer Fähigkeiten besser wider. Solche Studien schätzen, dass eine Erhöhung der Bildungskompetenz, z. B. um 50 zusätzliche Punkte im PISA-Test (etwa der Abstand Deutschlands zu Finnland), ein zusätzliches jährliches Wachstum von 0,6 Prozentpunkten verursachen würde > Bild 1 + 2. *EH+LW*

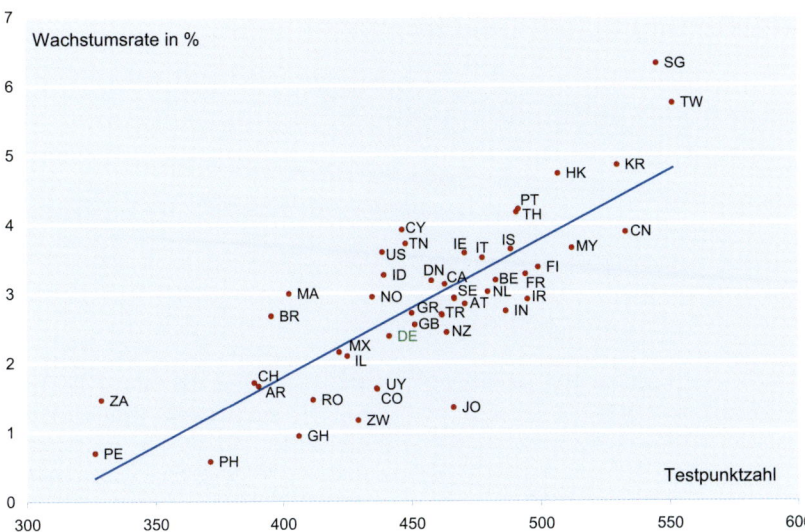

Bild 1 Schulische Leistungen und BIP-Wachstum[1]
[1] *Zusammenhang zwischen schulischen Leistungen (äquivalent zu PISA-Testpunkten) und Pro-Kopf-Wirtschaftswachstum (1960 bis 2000) nach Herausrechnung weiterer Einflussfaktoren.*
Quelle: In Anlehnung an Hanushek, E. A.; Wößmann, L. (2008).
Abkürzungen siehe Länderkürzelverzeichnis.

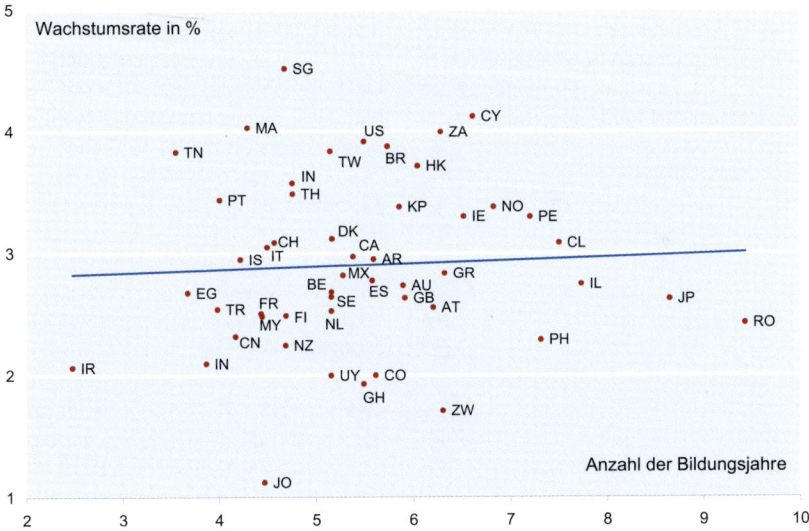

Bild 2 Anzahl der Bildungsjahre und BIP-Wachstum[1]
[1] *Zusammenhang Anzahl der Bildungsjahre (1960) und Pro-Kopf-Wirtschaftswachstum (1960 bis 2000) nach Herausrechnung weiterer Einflussfaktoren.*
Quelle: Siehe Bild 1.
Abkürzungen siehe Länderkürzelverzeichnis.

1.6 Arbeitsproduktivität

Investitionen zahlen sich aus

In seinem Buch *The Age of Diminished Expectations* verweist der Wirtschaftsnobelpreisträger Paul Krugman darauf, dass Produktivität zwar nicht alles sei, sie aber langfristig beinahe alles bedeute. Die Fähigkeit einer Nation, ihren Lebensstandard zu verbessern, hängt demnach beinahe gänzlich davon ab, wie sehr sie ihre wirtschaftliche Produktion pro Arbeitseinsatz zu steigern vermag.

Produktivität stellt ein Maß für die Leistungsfähigkeit einer Volkswirtschaft dar, das sich aus dem Verhältnis von Produktion zu eingesetzter Faktormenge errechnet. Letztere umfasst normalerweise die Produktionsfaktoren Kapital und Arbeit, weshalb zwischen der Arbeitsproduktivität (Produktion relativ zur Arbeit), der Kapitalproduktivität (Produktion relativ zum Kapital) und der totalen Faktorproduktivität (Produktion relativ zum gemeinsamen Einsatz von Arbeit und Kapital) unterschieden werden kann. Internationale Vergleiche werden meistens anhand der Arbeitsproduktivität vorgenommen.

Eine besondere Bedeutung erhält die Arbeitsproduktivität als Wohlstandsmaß, denn je höher sie ist, desto höher können die Reallöhne sein. Krugman verweist darauf, dass sich zwischen 1945 und 1973 die Produktivität und somit das Einkommen in den USA nahezu verdoppelten, während beide in der Zeit von 1973 bis 1990 stagnierten. Allerdings geht die Kausalität zwischen Produktivität und Reallohn auch in die umgekehrte Richtung. Denn bei Lohnerhöhungen überleben nur die produktiveren Arbeitsplätze, während die Volkswirtschaft durch den Verlust an Arbeitsplätzen ärmer wird. Leidet ein Land daher unter anhaltender Arbeitslosigkeit, dann spiegelt dies eine im Verhältnis zur Wettbewerbslage überzogene Lohnpolitik wider.

> Rückgang der Arbeitsproduktivität und Kapitalintensität in Europa

Arbeit allein bestimmt jedoch nicht die Arbeitsproduktivität. Das Wachstum der Arbeitsproduktivität in den letzten 200 Jahren ist ganz im Gegenteil vor allem durch den technologischen Fortschritt und die damit einhergehende beständige Vermehrung des Kapitaleinsatzes pro Arbeitsplatz entstanden. Maschinen und Computer geben der menschlichen Arbeitskraft heute eine viel höhere Hebelwirkung als früher, und dies erklärt die hohe Arbeitsproduktivität und die hohen Löhne in Deutschland.

Das Wachstum der Arbeitsproduktivität hat sich seit Beginn der 1980er-Jahre in Europa spürbar verlangsamt, während die USA nach 1995 starke Zuwächse aufwiesen > Bild 1. Dabei folgte die Entwicklung der Arbeitsproduktivität dem Wachstum des Kapitaleinsatzes pro Arbeitsplatz, wobei die Investition in neue Technologien besonders wichtig war. Der vergleichsweise starke Rückgang der Arbeitsproduktivität in Europa seit Mitte der 1990er-Jahre wird häufig mit einer geringeren Investitionstätigkeit in Informations- und Kommunikationstechnologien (IKT) in Verbindung gebracht > Bild 2. *TS*

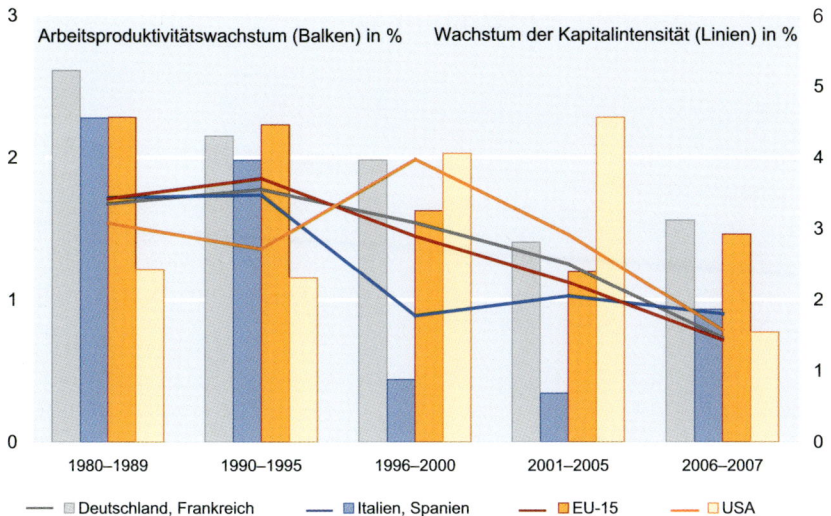

Bild 1 Durchschnittliches Wachstum der Arbeitsproduktivität und der Kapitalintensität im internationalen Vergleich 1980 bis 2007
Quelle: EU KLEMS; Berechnungen des ifo Instituts.

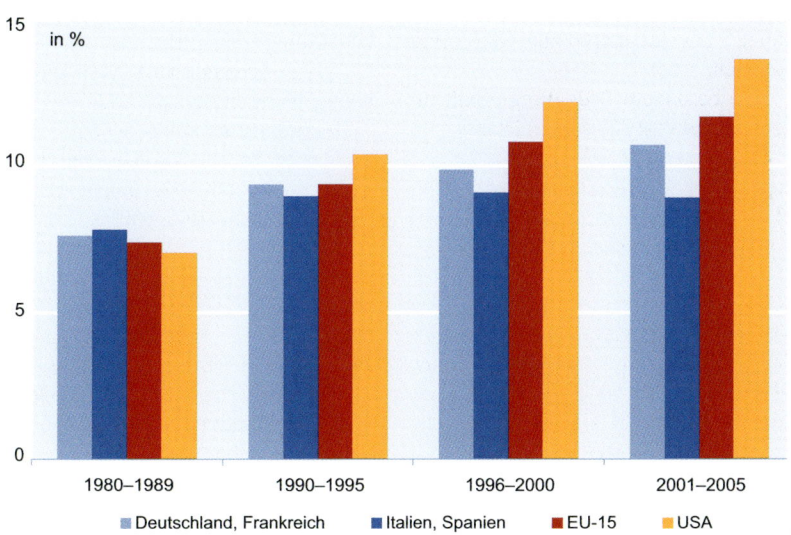

Bild 2 Durchschnittliche IKT-Kapitalintensität (als Anteil am gesamten Kapitaleinsatz) im internationalen Vergleich 1980 bis 2005
Quelle: Siehe Bild 1.

1.7 Wirtschaftswachstum II

Wie wichtig ist die Qualität der Arbeit?

Wirtschaftliches Wachstum ist nicht alles, aber ohne Wirtschaftswachstum ist vieles nichts. Aus diesem Grund streben alle Volkswirtschaften einen möglichst hohen und nachhaltigen Wachstumspfad an. Für ein hoch entwickeltes Industrieland wie Deutschland, das über wenig Rohstoffe verfügt, ist der Produktionsfaktor Humankapital entscheidend.

Erstaunlich schnell ist die deutsche Volkswirtschaft aus der jüngsten Finanz- und Wirtschaftskrise herausgewachsen. Dieses ausgezeichnete konjunkturelle Ergebnis darf jedoch nicht über die strukturelle Wachstumsschwäche der deutschen Volkswirtschaft hinwegtäuschen, die bis weit in die 1990er-Jahre zurückgeht. Seit dieser Zeit verläuft der deutsche Wachstumspfad deutlich flacher als in anderen hoch entwickelten Ländern > Bild 1. Aktuell liegt die Potenzialwachstumsrate, die das trendmäßige Wirtschaftswachstum bei normaler Auslastung der Produktionskapazitäten beschreibt, in Deutschland bei schätzungsweise 1,3 %.

Warum soll Deutschland nicht genauso stark wachsen wie andere hoch entwickelte Volkswirtschaften? Deutschland kann mehr als einen Wachstumspfad von einem guten Prozent erreichen. Und Deutschland braucht auch ein höheres Wachstum, um seine nach wie vor bestehenden Strukturprobleme zu lösen. Ein solcher Wachstumspfad zielt nicht nur auf höheres Wachstum ab, es geht vor allem auch um besseres Wachstum – ein Wachstum, das mit mehr und besseren Arbeitsplätzen einhergeht, das knapper werdende Ressourcen schont und einen Beitrag zur Bewältigung des Klimawandels leistet.

> Qualitativ hochwertige Arbeit im Fokus

Wie ist ein solcher höherer Wachstumspfad zu erreichen? Für ein rohstoffarmes Hochlohnland wie Deutschland, das sich im globalen Wettbewerb vor allem mit leistungsfähigen innovativen Industriegütern behauptet, sind die geringe Investitionsquote und der hohe Kapitalexport kritische Faktoren. Als Schlüssel für einen höheren Wachstumspfad stehen zudem hoch produktives Humankapital und qualitativ hochwertige Arbeit im Mittelpunkt. Dies gilt insbesondere vor dem Hintergrund der ungünstigen demografischen Entwicklung. In Deutschland schrumpft die Bevölkerung zahlenmäßig stark und altert schnell > Bild 2. Diese Entwicklung vollzieht sich schneller als in den meisten anderen Industrieländern.

Fachkräftemangel droht das Wachstum auszubremsen. In den sogenannten MINT-Qualifikationen (Mathematik, Ingenieurwissenschaften, Naturwissenschaften, Technik) fehlen bereits heute weit über 50 000 Absolventen. Eine wachstumsorientierte Wirtschaftspolitik muss daher vor allem das Humankapital ins Visier nehmen. Umfassende Investitionen in alle Stufen des Bildungssystems, eine Erhöhung der Erwerbsbeteiligung der Frauen sowie eine qualifikationsgesteuerte Zuwanderung sind Gebote der Stunde. *HJH*

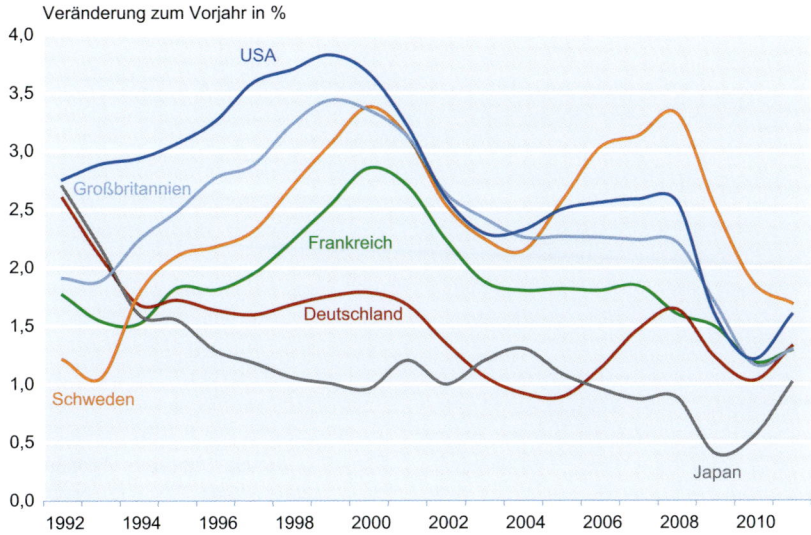

Bild 1 BIP-Potenzialwachstumsrate
Quelle: OECD, Economic Outlook No. 87.

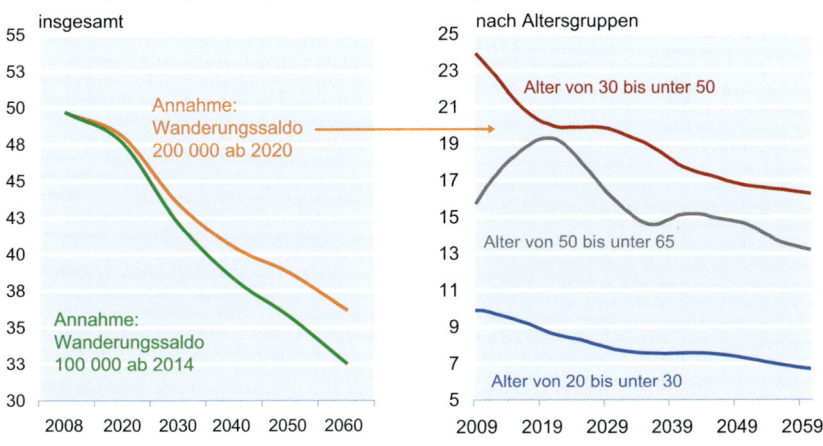

Bild 2 Bevölkerung Deutschlands im Erwerbsalter schrumpft und altert
Quelle: Statistisches Bundesamt, 12. koordinierte Bevölkerungsvorausberechnung.

1.8 Konjunkturprognosen

Der Blick in die Glaskugel?

In der öffentlichen Diskussion wird unter Konjunkturprognose meist die Vorhersage einer Veränderungsrate der kurzfristigen Entwicklung des Bruttoinlandsprodukts verstanden. Doch dahinter steht viel mehr als nur die Abschätzung einer einzelnen Zahl. Konjunkturprognosen sind im Regelfall komplexe Rechenwerke, welche aktiv zur Verringerung der Unsicherheit über die Zukunft beitragen können.

Die Basis einer Konjunkturprognose bildet die Diagnose der aktuellen konjunkturellen Lage. Denn nur derjenige Prognostiker, der weiß, an welcher Stelle des Konjunkturzyklus sich die Volkswirtschaft jeweils befindet, kann treffsichere Vorhersagen formulieren. Dabei spielen Daten der amtlichen Statistik sowie Befragungsdaten wichtige Rollen. Da sich ein Konjunkturprognostiker an den Gesetzmäßigkeiten der Vergangenheit orientieren muss, kann er lediglich die für ihn wahrscheinlichste Entwicklung vorhersagen. Eine wichtige Voraussetzung für Prognosen sind Vorgaben von Rahmenbedingungen (z. B. Annahmen über Wechselkurs und Ölpreis) durch den Prognoseersteller. Somit handelt es sich immer um bedingte Vorhersagen, die gleichwohl wissenschaftlich fundiert sind.

> Aus dem Methodenkasten der Konjunkturprognose

Für die eigentliche Konjunkturprognose stehen verschiedenste Methoden zur Verfügung, die auf unterschiedlichsten statistischen sowie theoretischen Grundlagen beruhen > Bild 1.

Indikatoransatz: Dieses Verfahren wird meist für kurzfristige Prognosen von bis zu neun Monaten eingesetzt. Wichtig sind sogenannte Frühindikatoren, welche mit einem gewissen Vorlauf konjunkturelle Signale senden und Hinweise auf die Veränderung amtlicher Daten vermitteln. Ein wichtiger Frühindikator ist das ifo Geschäftsklima.

Ökonometrische Prognose: Grundlage ist die Ermittlung des durchschnittlichen in der Vergangenheit gegebenen Zusammenhangs zwischen erklärenden und zu prognostizierenden Variablen. Diese Beziehung wird anschließend für die Prognose verwendet.

Iterativ-analytisches Verfahren: Hierbei werden die Aggregate (Konsum etc.) der Volkswirtschaftlichen Gesamtrechnung zunächst getrennt voneinander geschätzt und abschließend in einem sich wiederholenden Rechenprozess konsistent aufeinander abgestimmt.

In der Praxis liegen meist Methodenkombinationen vor, wodurch Prognosen für Beobachter ohne Vorwissen schwierig nachvollziehbar sind. Dies erweckt den Eindruck, dass Prognostiker ihre Vorhersagen durch den Blick in die Glaskugel generieren. Solch ein Vorwurf ist aber nicht haltbar. Konjunkturprognosen sind immer Wahrscheinlichkeitsaussagen. Wichtige externe Faktoren, die nicht zu prognostizieren sind und trotzdem erheblichen Einfluss auf die tatsächliche wirtschaftliche Entwicklung haben können, sind dargestellt in > Bild 2. *RL*

Methoden der Konjunkturprognose
Indikatoransatz
Ökonometrische Prognose
Iterativ-analytische Verfahren
Qualitativ
Quantitativ
Struktur-modelle
Zeitreihen-analytische Verfahren
Intuitive Verfahren
Methoden-kombination

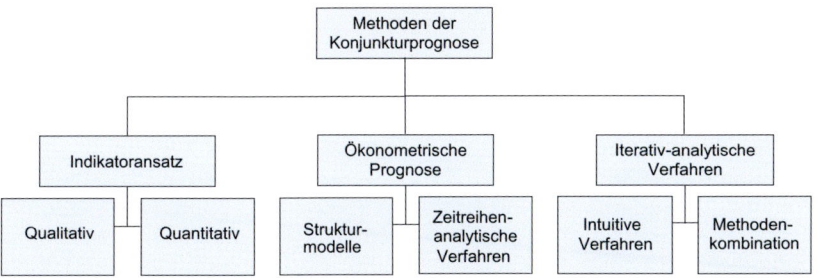

Bild 1 Methoden der Konjunkturprognose in schematischer Darstellung
Quellen: Tichy, G. (1994) sowie Nierhaus, W.; Sturm, J.-E. (2003).

Feedback-Gesetze
Reaktionen auf Prognose
Marktakteure oder Wirtschaftspolitik
Datenrevisionen der amtlichen Statistik
Vollständiges Datenmaterial
Volkswirtschaftliche Theorien
Theorien lediglich Quasigesetze
Prognosefehler
Veränderung des politischen Kurses
Steuergesetzgebung
Herdentrieb
Tendenz unter den Prognoseanbietern zu einem Konsenswert
Externe Schocks
Krisen, Terroranschläge

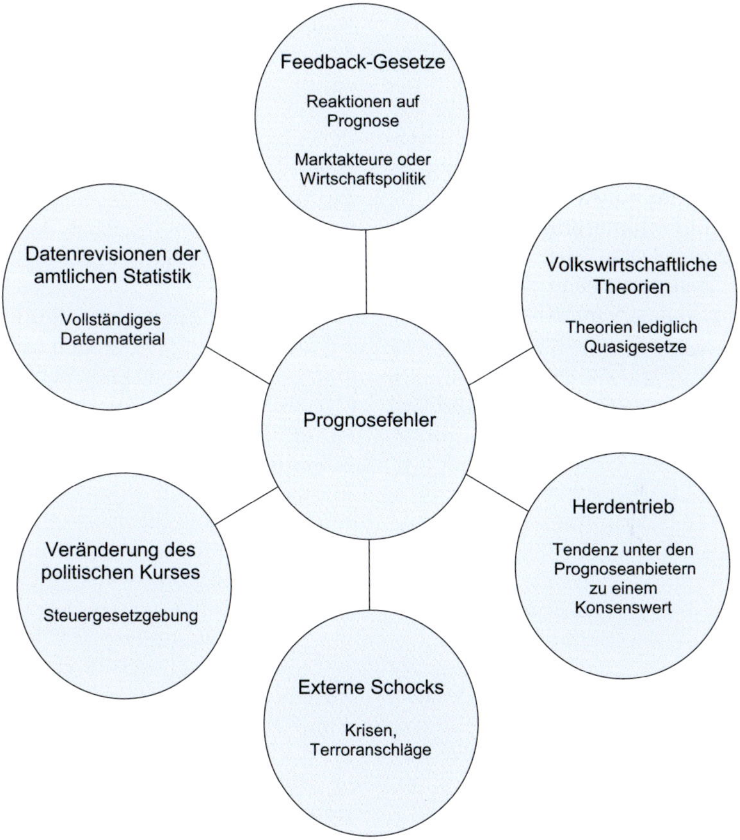

Bild 2 Potenzielle Einflussfaktoren für die Verzerrung von Konjunkturprognosen
Quellen: Grömling, M. (2002) sowie Nierhaus, W.; Sturm, J.-E. (2003).

1.9　Konjunkturelle Frühindikatoren

Was können sie leisten?

Konjunkturindikatoren sollen eine zeitnahe Einschätzung der konjunkturellen Situation ermöglichen und insbesondere Wendepunkte im Konjunkturverlauf signalisieren. Steht ein Ende des Aufschwungs oder Abschwungs bevor?

Konjunkturindikatoren müssen bestimmte Anforderungen erfüllen. So muss es eine plausible, mit der ökonomischen Theorie zu vereinbarende Erklärung für die ausgewählten Datenreihen geben, die in den Indikator einfließen. Scheinindikatoren, die über einen bestimmten Zeitraum zufällig ähnlich wie die Konjunktur verlaufen, sind nutzlos, weil sie häufig versagen, wenn es darauf ankommt. Es hat auch nur Sinn, Indikatoren auszuwählen, die in kurzen Abständen (z. B. monatlich) und zeitnah veröffentlicht werden. Die Werte sollten zudem nachträglich wenig revidiert werden müssen. Idealerweise liegen diese Indikatoren für einen möglichst langen Zeitraum vor und weisen eine hohe Übereinstimmung mit der Zielgröße auf. Von besonderer Wichtigkeit für die Konjunkturanalyse sind die »vorlaufenden« Indikatoren (sogenannte Frühindikatoren). Sie zeigen frühzeitig die Wendepunkte in der Konjunktur an. Die Güte eines Frühindikators hängt neben der Länge seines Vorlaufs entscheidend auch davon ab, ob Wendepunkte prägnant, d. h. ohne Fehlalarm angezeigt werden und wie stabil der Vorlauf in den verschiedenen Konjunkturzyklen war.

> Wichtige konjunkturelle
Frühindikatoren

Die Anforderungen an einen guten konjunkturellen Frühindikator erfüllt in Deutschland das ifo Geschäftsklima am besten. Es enthält keinen Trend, und es zeigt bis auf saisonale und zufällige Einflüsse die reine Konjunktur. Der wohl beste Frühindikator aus der amtlichen Statistik ist die Zeitreihe der Auftragseingänge im verarbeitenden Gewerbe. Anders als das Geschäftsklima unterliegt jedoch diese Zeitreihe nachträglich zum Teil erheblichen Änderungen bzw. Revisionen und verläuft relativ unruhig, was ihre Eignung als Frühindikator einschränkt. Nachteilig ist auch, dass die Monatswerte dieser Zeitreihe erst rund sechs Wochen nach dem ifo Geschäftsklima veröffentlicht werden > Bild 1.

In den letzten Jahren haben neben Einzelindikatoren sogenannte globale oder zusammengesetzte Frühindikatoren an Bedeutung gewonnen. Sie werden aus bereits veröffentlichten Einzelreihen gewonnen, die mit bestimmten Gewichten zu einem Index zusammengefasst werden. Eigene Erhebungen stehen in der Regel nicht dahinter. Durch die Zusammenfassung verschiedener Quellen soll die Gefahr reduziert werden, dass einzelne Indikatoren Fehlsignale geben, wenn sich die Ursachen von Konjunkturschwankungen im Zeitablauf ändern. Unter diesen Gesamtindikatoren spielt der monatliche Frühindikator der OECD eine besondere Rolle > Bild 2. *WON+GN*

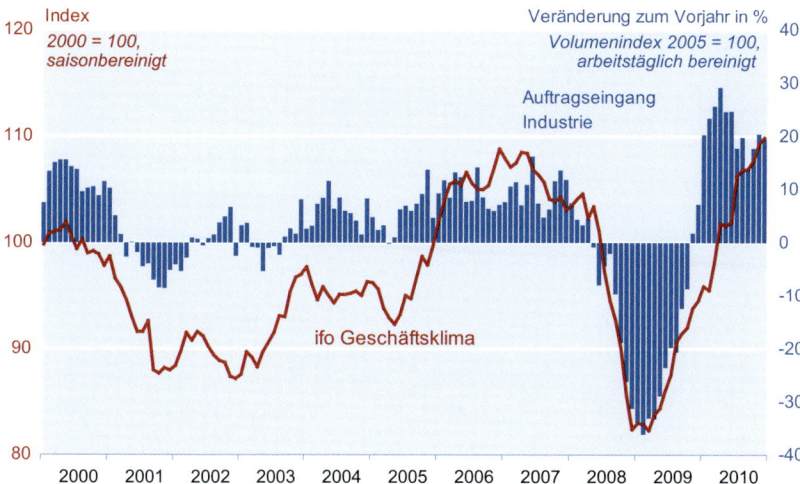

Bild 1 Vergleich ifo Geschäftsklima und Auftragseingang in der Industrie
Quelle: ifo Konjunkturtest, Statistisches Bundesamt.

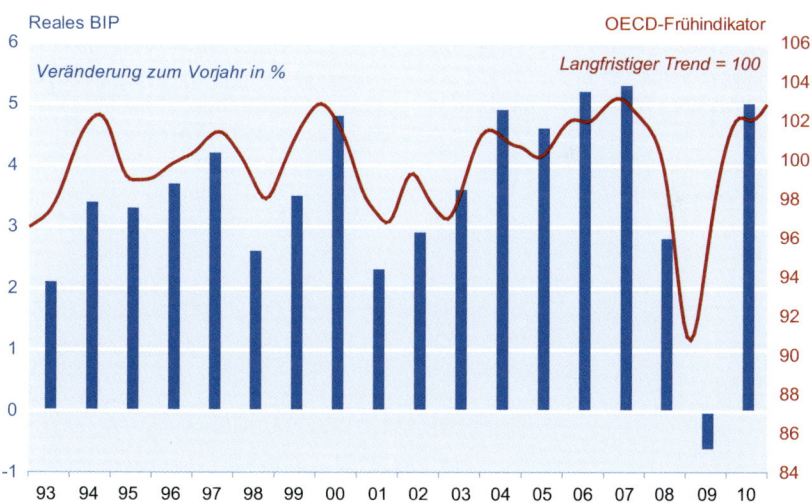

Bild 2 OECD-Frühindikator und Weltbruttoinlandsprodukt
Quellen: OECD, Main Economic Indicators und IMF, World Economic Outlook.

1.10 Das ifo Geschäftsklima

Ein zuverlässiger konjunktureller Frühindikator

Das ifo Geschäftsklima wird heute als einer der wichtigsten Frühindikatoren für die Konjunkturentwicklung in Deutschland und Europa angesehen. Er basiert auf einer monatlichen Unternehmensbefragung (ifo Konjunkturtest), an der sich mehr als 7000 Unternehmen beteiligen.

Die Antworten auf zwei Fragen des ifo Konjunkturtests haben sich als besonders geeignet für die Konjunkturanalyse und -prognose erwiesen. Zum einen handelt es sich um die Beurteilung der aktuellen Geschäftslage und zum anderen um die Einschätzung der Geschäftsaussichten für die nächsten sechs Monate. Die Geschäftslage kann als gut, befriedigend oder schlecht bewertet werden. Die Geschäftsaussichten können günstiger, unverändert oder ungünstiger sein. Das Geschäftsklima wird als ein geometrisches Mittel aus den Salden (d. h. der Differenz positiver und negativer Meldeanteile) dieser beiden Fragen berechnet. Seine Entwicklung stimmt sehr gut mit dem Konjunkturzyklus überein > Bild 1.

> Ertragserwartungen spielen eine zentrale Rolle

Die beiden Fragen sind bewusst allgemein formuliert und den Unternehmen wird nicht vorgegeben, was genau unter diesen Begriffen zu verstehen ist. Dadurch können die Fragen in allen Sektoren der Wirtschaft gestellt werden, und die Teilnehmer wählen selber geeignete Bewertungskriterien. Über nahezu alle Wirtschaftsbereiche hinweg ist die Ertragssituation ein wichtiges Kriterium für die Einstufung der Geschäftslage. Ertragserwartungen sind hingegen die treibende Kraft für Konjunkturzyklen. Dies war schon in den 1930er-Jahren

eine der wesentlichen Erkenntnisse von Wesley Claire Mitchell, dem Gründer des National Bureau of Economic Research (NBER) in den USA, das sich als eine der ersten Institutionen in der Welt systematisch mit der empirischen Konjunkturforschung befasste. Mithilfe des ifo Konjunkturtests ist es gelungen, diese von der amtlichen Statistik zeitnah nicht messbaren Ergebnisse zumindest annäherungsweise in Form des Geschäftsklimas zu erfassen.

Weitere Gründe für die hervorragende Eignung des ifo Geschäftsklimas als Frühindikator sind der relativ glatte Verlauf der Zeitreihe, die schnelle Verfügbarkeit der Daten (jeweils um ca. den 23. eines Monats) und die Tatsache, dass Daten nachträglich nie revidiert werden.

Erfahrungsgemäß sind die Konjunkturschwankungen in Deutschland nach wie vor in der Industrie besonders stark ausgeprägt, obgleich auf diesen Bereich nur mehr rund ein Fünftel der gesamtwirtschaftlichen Wertschöpfung entfällt. Man kann die zwei Komponenten des ifo Geschäftsklimas in Form einer Konjunkturuhr darstellen > Bild 2. Ein Wirtschaftsboom ist demnach dann erreicht, wenn sich die aktuellen Werte zu Geschäftslage und Geschäftserwartungen im oberen rechten Quadranten befinden. Nach dem scharfen Konjunktureinbruch im Winterhalbjahr 2008/2009 war dies erstmals wieder zur Jahresmitte 2010 geschafft. *KA+GN*

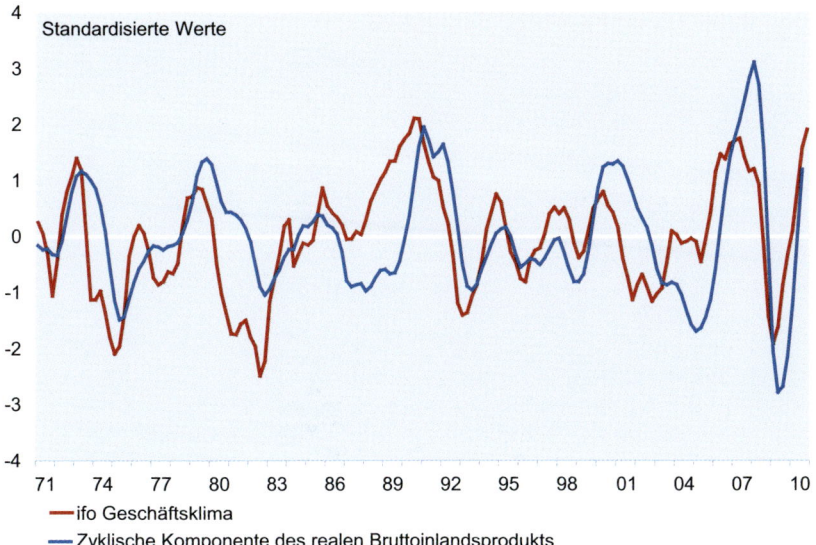

Bild 1 ifo Geschäftsklima (gewerbliche Wirtschaft) und Konjunkturentwicklung in Deutschland
Quellen: Statistisches Bundesamt; ifo Konjunkturtest; Berechnungen des ifo Instituts.

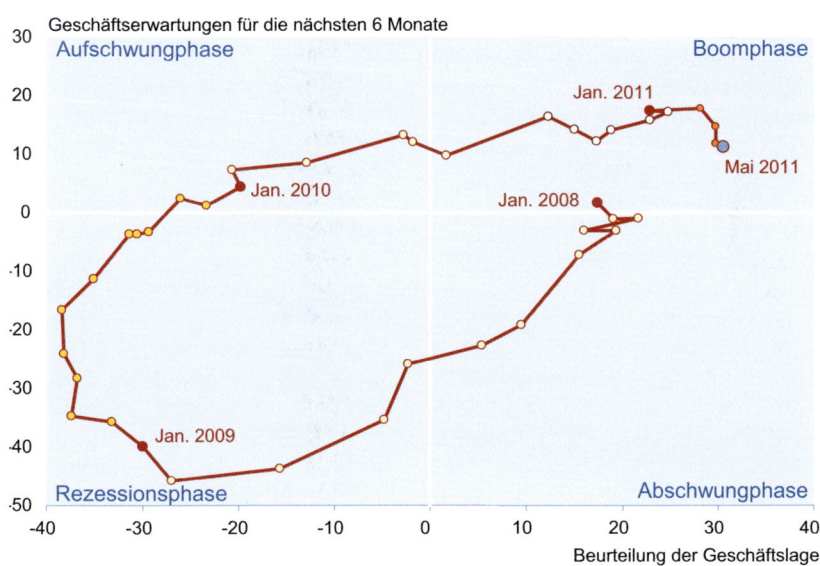

Bild 2 Lagebeurteilung und Erwartungen (gewerbliche Wirtschaft) nach ifo Konjunkturtest (Salden)
Quelle: ifo Konjunkturtest.

1.11 Konjunkturprogramme

Was bringen sie?

Während der Großen Depression in den 1930er-Jahren reagierte die Fiskalpolitik kaum. Vielmehr senkten viele Staaten die Ausgaben mit den fallenden Einnahmen. Als die Welt 2008 hingegen von der Wirtschaftskrise erfasst wurde, legten die meisten Staaten milliardenschwere Konjunkturpakete auf > Bild 1. Diese Programme haben die Weltwirtschaft schnell wieder in Schwung gebracht.

Konjunkturprogramme beruhen auf der Idee, dass der Staat bei schwacher Nachfrage einspringt, indem er schuldenfinanziert seine Ausgaben erhöht oder die Abgabenlast mindert. Mögliche Maßnahmen reichen von Infrastrukturprojekten bis hin zu Steuererleichterungen.

Die Programme basieren auf dem sogenannten Multiplikatoreffekt: Jeder Euro, den der Staat ausgibt, erhöht das Bruttoinlandsprodukt kurzfristig um mehr als einen Euro. Beauftragt er z. B. ein Unternehmen mit dem Bau einer Brücke, erhöhen sich dessen Ertrags- und Gewinnaussichten. Es kauft modernere Maschinen und stellt zusätzliche Ingenieure ein. Dank eines höheren Einkommens konsumieren diese mehr, wovon viele andere Firmen profitieren.

Gleichzeitig wirken jedoch gegenläufige Mechanismen. So kann Staatsnachfrage private Investitionen verdrängen, denn sie erhöht die Geldnachfrage, wodurch die Zinsen steigen. Möglich ist auch, dass die Haushalte zukünftige Steuererhöhungen erwarten, weil sie die Verschuldung nicht für ein temporäres Phänomen halten, das im Aufschwung durch Budgetüberschüsse wieder abgebaut wird. Dann würden sie heute lieber sparen, anstatt mehr zu konsumieren. Deshalb gehen die meisten Ökonomen davon aus, dass der rechnerische Multiplikatoreffekt im Normalfall klein ist.

> Einsatz in der Krise

In Zeiten tiefer Rezessionen dürfte die Fiskalpolitik jedoch deutlich effektiver sein. Zinseffekte sind nicht zu befürchten, weil es aufgrund der geringen Nachfrage ohnehin zu viel überschüssige Liquidität gibt. Im Übrigen kann die Wirksamkeit der Geldpolitik der Zentralbank an ihre Grenzen stoßen, denn unter „null %" kann der Zins schließlich nicht sinken. Die Fiskalpolitik ist dann der Rettungsanker, um die Nachfrage zu stabilisieren.

Wurde die Rezession durch eine Finanzkrise ausgelöst, kann der Multiplikatoreffekt zusätzlich verstärkt werden. Bei einem verschlechterten Zugang zu Krediten können viele Haushalte ihre Käufe nicht finanzieren. Erhöht der Staat durch Konjunkturpakete ihr verfügbares Einkommen, werden sie den Großteil in Konsum umsetzen.

Die Weltindustrieproduktion während der Großen Depression und der letzten Krise vergleicht > Bild 2. Während die Wirtschaftsleistung ab Mitte 1929 drei Jahre sank, hat sie in der letzten Rezession den Tiefpunkt bereits nach knapp einem Jahr erreicht, und weitere 15 Monate später überschritt sie bereits wieder das Vorkrisenniveau. Die Fiskalpolitik dürfte diesmal erheblich dazu beigetragen haben, die Rezession zu verkürzen und die Erholung zu verstärken. *TB*

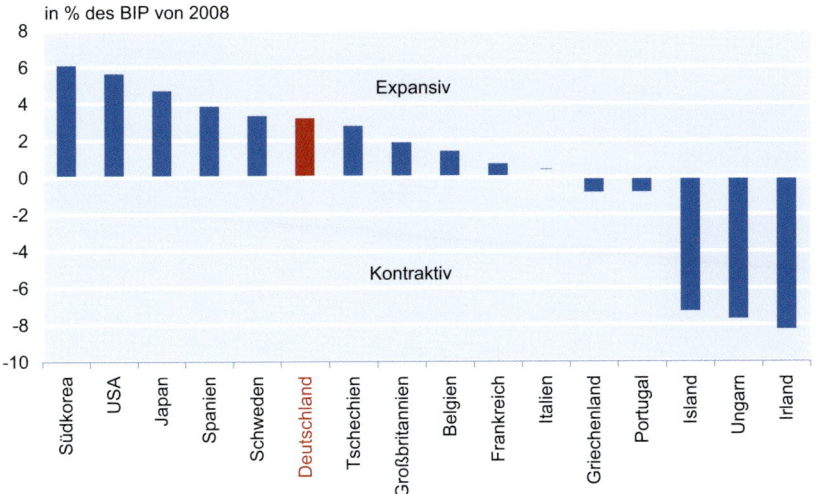

Bild 1 Fiskalpolitik[1] in OECD-Ländern von 2008 bis 2010 (ohne automatische Stabilisatoren)
[1] *Summe aus Steuer- und Ausgabenmaßnahmen, jeweils in Prozent des BIP von 2008.*
Quelle: OECD: Factbook 2010: Economic, Environmental and Social Statistics.

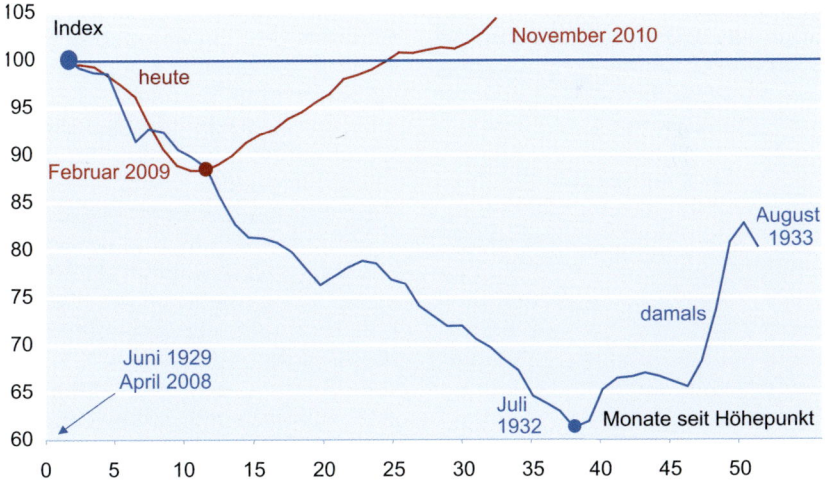

Bild 2 Weltindustrieproduktion – Weltwirtschaftskrise: damals und heute
Quelle: Eichengreen, B.; O'Rourke, K. H. (2010).

1.12 Konjunkturelle Stabilisierungspolitik

Eine Frage des Timing

Konjunkturelle Schwankungen der Wirtschaftstätigkeit verursachen Kosten: Im Abschwung erhöht sich die Arbeitslosigkeit, im Aufschwung beschleunigt sich die Inflation. Zum Wesen einer Sozialen Marktwirtschaft gehört, dass solche Ausschläge möglichst gering gehalten werden sollen. Wann sind Konjunkturprogramme à la Keynes angezeigt? Wann sollte man allein auf die Wirkung automatischer Konjunkturstabilisatoren vertrauen?

Eine Marktwirtschaft unterliegt typischerweise konjunkturellen Schwankungen. Nachfrage- und Angebotsschocks führen dazu, dass die Volkswirtschaft immer wieder von ihrem Vollbeschäftigungsgleichgewicht abweicht. Diese Schwankungen der Wirtschaftstätigkeit sind mit Kosten verbunden.

Entwickeln die Haushalte z. B. pessimistische Erwartungen bezüglich der zukünftigen Wirtschaftslage, drosseln sie ihren Konsum. Die Unternehmen reagieren auf die gesunkene Nachfrage, indem sie ihre Produktion zurückfahren und Arbeiter entlassen. Im Abschwung liegen also Kapazitäten brach. In einem Aufschwung hingegen treibt die gestiegene Nachfrage nach Gütern und Dienstleistungen deren Preise nach oben – Inflationsdruck entsteht.

> Das keynesianische konjunkturelle Stabilisierungskonzept

Solche Ausschläge der Wirtschaftstätigkeit zu vermeiden oder zumindest zu reduzieren, ist das Ziel konjunktureller Stabilisierungspolitik. Die Idee der Globalsteuerung, wonach der Staat aktiv die gesamtwirtschaftliche Nachfrage stabilisieren soll, geht auf John Maynard Keynes (1883 bis 1946) zurück und war bis in die 1970er-Jahre sehr populär. Ausdruck dieses Denkens ist das Stabilitäts-

und Wachstumsgesetz von 1967, das in Deutschland bis heute gilt. Es verpflichtet den Staat, für ein stabiles Preisniveau, einen hohen Beschäftigungsstand, außenwirtschaftliches Gleichgewicht und ein stetiges, angemessenes Wirtschaftswachstum zu sorgen.

Während theoretisch sowohl die Geld- als auch die Fiskalpolitik zur Glättung des Konjunkturzyklus herangezogen werden kann, sah Keynes in der Steuerung der Staatsnachfrage das zentrale Instrument. Selbst wenn die Volkswirtschaft langfristig zu ihrem Gleichgewicht zurückkehre, müsse der Staat kurzfristig seine Ausgaben erhöhen, falls die private Nachfrage nicht ausreiche, um die Vollbeschäftigung zu sichern.

Seit den 1980er-Jahren sind fiskalische Stimuli à la Keynes in Verruf geraten. Denn in den meisten Ländern, in denen solche Programme angewendet wurden, gelang es nicht, die nach einer erfolgreichen Krisenbewältigung aufgetürmten Staatsschulden in konjunkturell guten Jahren wieder abzubauen. Die schwere Rezession 2008/2009, die größte der Nachkriegszeit, hat jedoch bewiesen, dass in Zeiten eines abrupten Nachfragerückgangs im Privatsektor kein Weg an Konjunkturpaketen vorbeigeht, wenn eine Weltwirtschaftskrise wie in den 1930er-Jahren vermieden werden soll. Zwischen 2008 und 2010 kamen weltweit Konjunkturprogramme im Umfang von rund 1 Bio. Euro und Bankenrettungsprogramme von rund 4,9 Bio. Euro zum Einsatz, die eine relativ schnelle Krisenbewältigung ermöglicht haben. Die in der Folge zum Teil rasant angestiegenen Staatsschulden sind mittelfristig wieder abzubauen. Ein Scheitern der fiskalischen Konsolidierung ist nicht einem etwaigen systemimmanenten Fehler keynesianischer Politik, sondern einer falsch angelegten Fiskalpolitik der jeweiligen Regierung zuzuschreiben. Schließlich erfordert gerade eine konsequente keynesianische Politik einen über den gesamten Konjunkturzyklus tendenziell ausgeglichenen öffentlichen Haushalt.

> Konjunkturneutrale Stabilisierungspolitik

Allerdings hat eine Konjunktursteuerung à la Keynes den Nachteil, dass entsprechende Maßnahmen oft nur verzögert wirken und somit ihre Effektivität beeinträchtigt wird. Man unterscheidet zwischen Erkenntnis-, Entscheidungs- und Wirkungsverzögerungen. Erstens kann die Problemlage erst bestimmt werden, wenn die Daten der statistischen Ämter vorliegen. Zweitens kann es Monate dauern, bis die jeweiligen Konjunkturmaßnahmen die politischen Institutionen passiert haben, zumal wenn keine ausführungsreifen Schubladenpläne existieren. Drittens schließlich vergeht einige Zeit, bis die Maßnahmen ökonomisch Wirkung zeigen. Bei Staatsinvestitionen in die Infrastruktur z. B. müssen die Projekte erst öffentlich ausgeschrieben werden, bevor mit dem Bau begonnen werden kann. Bei geldpolitischen Maßnahmen fallen Erkenntnis-

und Entscheidungsverzögerungen weniger ins Gewicht, aber auch hier treten Wirkungsverzögerungen auf. Die Geldpolitik kann über niedrige Zinssätze die Investitionsausgaben stimulieren. Viele Unternehmen planen ihre Investitionen jedoch langfristig. Daher wirken sich monetäre Maßnahmen erst mit einer Verzögerung auf Produktion und Beschäftigung aus. Entfalten die fiskal- oder geldpolitischen Maßnahmen schließlich Wirkung, kann sich bereits ein Konjunkturumschwung vollzogen haben. Die Politiker hätten den konjunkturellen Ausschlag dann sogar noch vergrößert.

Daher sollten fiskalische Maßnahmen zur kurzfristigen Stabilisierung nur im Fall einer schweren Wirtschaftskrise eingesetzt werden. In Zeiten »normaler« Schwankungen sollte sich die Fiskalpolitik besser auf die automatischen Stabilisatoren verlassen, also diejenigen stabilisierenden Wirkungen, die ohne zusätzliche gesetzgeberische Maßnahmen von den öffentlichen Haushalten ausgehen. Ist z. B. das Steuersystem progressiv gestaltet, fallen die Steuern im Abschwung überproportional. Die Staatsausgaben hingegen nehmen automatisch zu, wenn eine Arbeitslosenversicherung besteht. Während die automatischen Stabilisatoren im Abschwung also die Einkommen und damit den privaten Konsum stützen, entfalten sie im Aufschwung eine bremsende Wirkung. Dabei vermeiden sie die vielfältigen Verzögerungsprobleme einer aktiven Fiskalpolitik. Ergänzend sollte eine Geldpolitik verfolgt werden, die im mittelfristigen Durchschnitt eine niedrige Inflationsrate garantiert, ohne dabei die Auswirkungen auf die Beschäftigung aus den Augen zu verlieren. *TB*

2 STRUKTURWANDEL UND INNOVATION

2.1 Struktureller Wandel

Gefahr oder Notwendigkeit?

Struktureller Wandel ist eine notwendige Begleiterscheinung jeder wirtschaftlichen Entwicklung. Wer nicht zurückbleiben will, muss sich wandeln.

Die Facetten des Strukturwandels sind vielfältig: Sektoren steigen in ihrer Bedeutung für den Wertschöpfungsprozess und fallen wieder zurück > Bild 1. Auch Regionen stehen phasenweise auf der Gewinner- oder der Verliererseite. Neue Technologien führen zu Auf- oder Abwertungen erworbener Fähigkeiten und schaffen völlig neue Märkte. Unternehmen werden gegründet, etablieren sich im Markt mit neuen Angeboten und verschwinden wieder vom Markt. Auch die Anteile der großen Volkswirtschaften und Wirtschaftsräume an der Weltwirtschaft unterliegen permanenter Veränderung > Bild 2. Ebenso vielfältig sind die Faktoren, die den Strukturwandel heute antreiben: Demografie, Urbanisierung, Ressourcenknappheit, Klimawandel und technischer Fortschritt sind die wichtigsten Megatrends des globalen Strukturwandels, dem sich keine an der internationalen Arbeitsteilung teilnehmende Volkswirtschaft entziehen kann.

Die Unabänderlichkeit des strukturellen Wandels bedeutet allerdings nicht, dass es keine Gestaltungsmöglichkeiten gäbe. Im Gegenteil: Wie eine Volkswirtschaft auf den Wandel reagiert, hat sie selbst in der Hand. Im Wettbewerb der Standorte um knappe und mobile Produktionsfaktoren wie Rendite suchendes Investitionskapital oder hochproduktives Humankapital setzen sich die Volkswirtschaften durch, die den Strukturwandel offensiv annehmen. Die Volkswirtschaften, die sich gegen den Wandel stemmen, werden zu Verlierern im globalen Standortwettbewerb.

> **Strukturwandel birgt Chancen und Risiken**

Der strukturelle Wandel hat konstruktive und destruktive Seiten, er kennt Gewinner und Verlierer. Der Ökonom Joseph A. Schumpeter hat dies mit seiner »schöpferischen Zerstörung« treffend beschrieben. Diese »Dialektik des Wandels« darf aber nicht zu dem Trugschluss verleiten, eine Gesellschaft könne sich für oder gegen den Strukturwandel entscheiden, sich die Chancen herauspicken, ohne Risiken einzugehen. Eine solche Option steht nicht zur Verfügung. Wohl aber kann der Wandel so gestaltet werden, dass es mehr Gewinner als Verlierer gibt.

Veränderungsbereitschaft wird zum Schlüssel der Zukunftssicherung, Veränderungsmanagement heißt der zentrale Handlungsansatz in Politik, Wirtschaft und Gesellschaft. Hierzu gehört auch zu verdeutlichen, warum Wandel und nicht Stillstand die attraktivere Zukunftsperspektive ist. Nur wenn den Menschen der Wandel als lohnend erscheint, werden sie die notwendige Veränderungsbereitschaft aufbringen. Der Strukturwandel war nie ein Nullsummenspiel, aber er wird auch in Zukunft Gewinner und Verlierer mit sich bringen. *HJH*

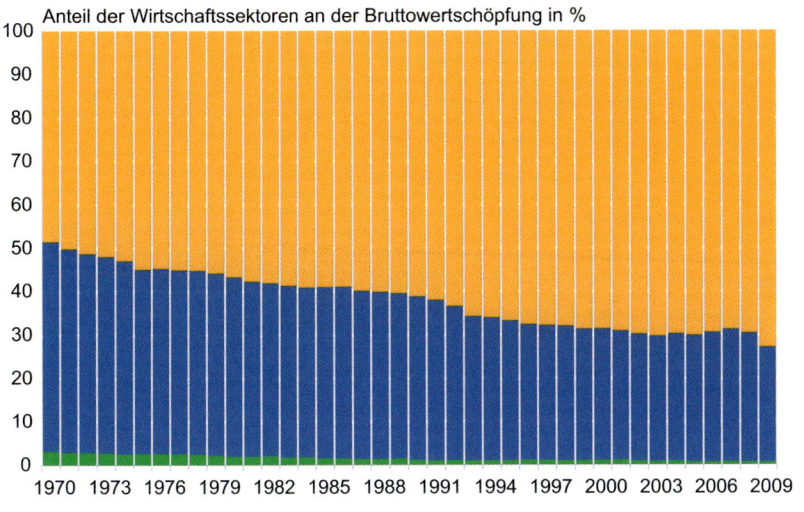

Bild 1 Sektoraler Strukturwandel der deutschen Volkswirtschaft
Quelle: Statistisches Bundesamt.

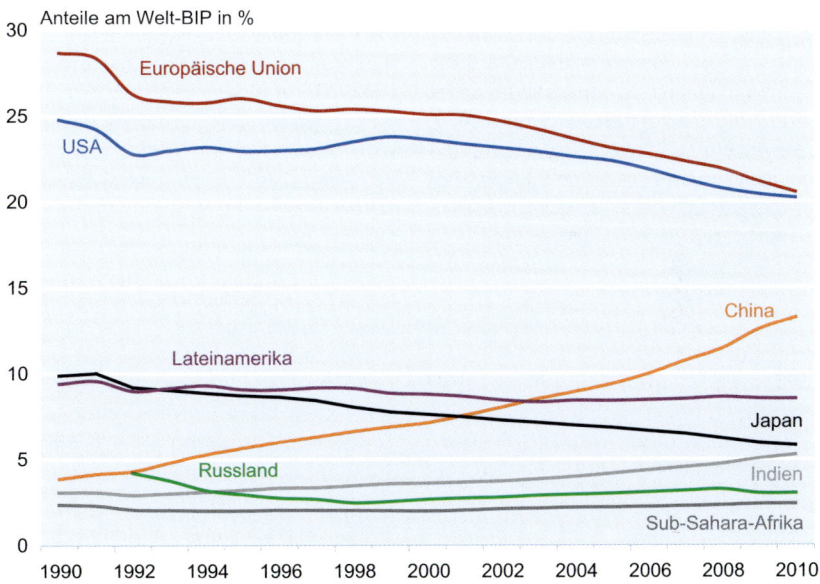

Bild 2 Verschiebung der weltwirtschaftlichen Gewichte
Quelle: IWF, World Economic Outlook Database.

2.2 Bauwirtschaft

Maßnahmen an bestehenden Gebäuden übertreffen den Neubau

Der Fall des Eisernen Vorhangs und die Einführung des Euro verlagerten die Wachstumskräfte Europas von Deutschland in andere Länder. Darunter litt auch die deutsche Bauwirtschaft. Anfangs konnte der nach der Wiedervereinigung einsetzende Bauboom ein Gegengewicht bilden. Ab Mitte der 1990er-Jahre ging die Zahl der Neubauprojekte in Deutschland dann aber massiv zurück. In der Folge gewannen die Instandhaltungsmaßnahmen merklich an Bedeutung.

Der Bausektor sorgt für die Erstellung, Instandhaltung sowie den Abriss von Gebäuden und anderen baulichen Einrichtungen. Die Firmen des Roh- und Ausbaugewerbes führen nur die reinen Bauarbeiten aus. Daneben sind aber zumeist noch eine ganze Reihe anderer Tätigkeiten erforderlich. So muss unter anderem das Grundstück erworben und vermessen, das Bauwerk entworfen und genehmigt werden. Die Bauzulieferindustrie stellt Baustoffe bzw. -materialien, aber auch fertige Einbauten wie Fenster oder Aufzüge bereit. All diese Leistungen – inklusive Eigenleistungen, beispielsweise von Privatpersonen – berücksichtigt das Statistische Bundesamt in den sogenannten »Bauinvestitionen«. In Deutschland sind mit 2,2 Mio. Personen allein im Roh- und Ausbaugewerbe rund 5,5 % aller Erwerbstätigen beschäftigt. Berücksichtigt man zudem die Vielzahl anderer Branchen, die indirekt am Bauprozess beteiligt sind, so wird klar, dass dem Bausektor eine Schlüsselfunktion für die Binnenwirtschaft zukommt.

> Investitionsverlagerung ins europäische Ausland

Die Wiedervereinigung hatte zur Folge, dass die Bauaktivitäten in Ostdeutschland bis Mitte der 1990er-Jahre deutlich zunahmen. Nachdem die dringendsten Neubauprojekte abgeschlossen waren, gingen die Investitionen bis 2005 stetig zurück. Aber auch in Westdeutschland ließ die Neubautätigkeit spürbar nach > Bild 1. Im übrigen Europa sind die Bauleistungen dagegen fast überall spürbar gestiegen. Die Unterschiedlichkeit dieser Entwicklung kann als Ergebnis der allgemeinen wirtschaftlichen Konvergenz nach dem Fall des Eisernen Vorhangs und der Schaffung der Euro-Zone gesehen werden, denn beide Ereignisse verlagerten sehr viel deutsches Sparkapital in andere Länder. Während Deutschland unter einer viel beklagten Standortschwäche litt, boomte der Rest Europas. Dort trug auch der Ausbau der (Verkehrs-)Infrastrukturnetze, von dem Deutschland aufgrund seines bereits hohen Entwicklungsstandes nur wenig profitieren konnte, zu einem wirtschaftlichen Aufschwung bei.

Obwohl in Deutschland die Zahl der Wohnungsfertigstellungen in den vergangenen eineinhalb Jahrzehnten dramatisch gesunken ist, blieb der Anteil des Wohnungsbaus an den Bauinvestitionen unverändert hoch > Bild 2. Dies lag im Wesentlichen an der beschleunigten Alterung des Gebäudebestandes, die einen gestiegenen Instandhaltungsbedarf zur Folge hatte. *LD*

	1991	1993	1995	1997	1999	2001	2003	2005	2007	2009
Deutschland	3 146	3 489	3 647	3 475	3 495	3 245	2 996	2 796	2 924	2 928
Frankreich	3 752	3 387	3 323	3 148	3 400	3 629	3 662	3 899	4 228	3 848
Italien	2 704	2 449	2 408	2 410	2 470	2 726	2 936	2 953	2 961	2 586
Spanien	2 516	2 247	2 428	2 440	2 870	3 226	3 542	3 838	4 064	3 282
Vereinigtes Königreich	1 788	1 845	1 840	1 967	2 061	2 066	2 251	2 362	2 663	2 142

Bild 1 Bauinvestitionen je Einwohner in den fünf großen europäischen Ländern[1]
[1] *Bauinvestitionen (Hoch- und Tiefbau) in Euro in Preisen von 2009.*
Quelle: Eurostat, Bevölkerungs- und Wirtschaftsdatenbank; Berechnungen des ifo Instituts.

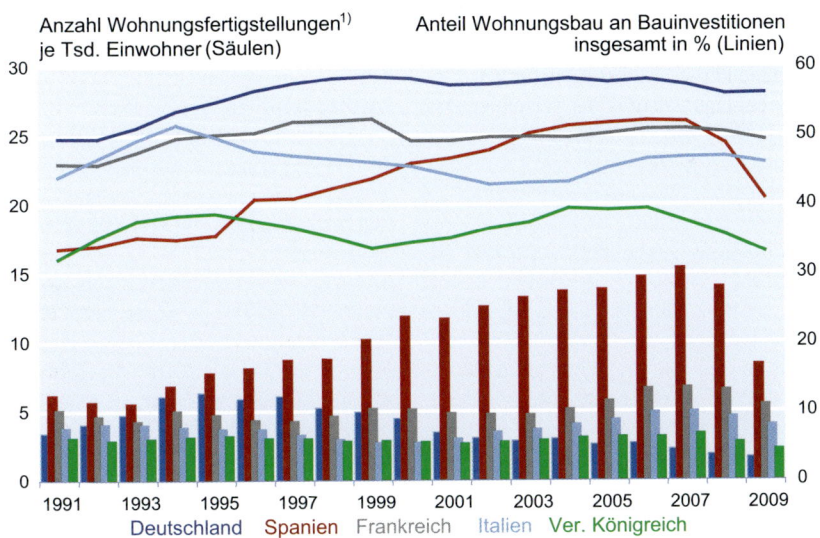

Bild 2 Wohnungsbau in den fünf großen europäischen Ländern
[1] *Wohnungsfertigstellungen: Wohnungen in neu errichteten Wohngebäuden.*
Quellen: Eurostat, Bevölkerungs- und Wirtschaftsdatenbank; Euroconstruct.

2.3 Immobilienwirtschaft

Ein unterschätzter Riese

Die Immobilienwirtschaft vermittelt, vermietet, verwaltet und bewirtschaftet den Bestand von Grundstücken und Bauwerken, wobei Letztere den weitaus größten Teil des Kapitalstocks einer entwickelten Volkswirtschaft darstellen. In Deutschland repräsentieren allein die öffentlichen Bauwerke einen aktuellen Vermögenswert von gut 1 Bio. Euro.

Aus volkswirtschaftlicher Sicht kommt der Immobilienwirtschaft eine höchst bedeutsame Rolle zu: Sie kümmert sich um den Immobilienbestand, der wiederum den mit Abstand größten Teil des deutschen Produktivkapitals ausmacht. Anfang 2010 entfielen in Deutschland nahezu neun Zehntel des Nettoanlagevermögens in Höhe von rund 8 Bio. Euro auf Gebäude und andere Bauten > Bild 1. Allein die Wohngebäude machen die Hälfte des Anlagevermögens aus, wobei zu beachten ist, dass entgegen der allgemeinen Konvention darin auch die Wohnungen von Privathaushalten enthalten sind. Diese sind – ähnlich wie das Gebrauchsvermögen der privaten Haushalte – eigentlich kein Kapital, das aktiv in der Produktion von Gütern und Dienstleistungen zum Einsatz kommt.

Eine eindeutige Definition und Abgrenzung der Immobilienwirtschaft ist schwierig. Während die einen sogar das gesamte Baugewerbe diesem Wirtschaftsbereich zurechnen, folgt die Erfassung in der amtlichen Statistik einer vergleichsweise engen Definition. Demnach beschäftigt sich die Immobilienwirtschaft zum einen mit dem Kauf und Verkauf sowie mit der Vermietung, Verpachtung und Bewirtschaftung eigener Grundstücke und Gebäude. Zum anderen vermitteln und verwalten die Unternehmen dieses Wirtschaftszweigs

fremde Immobilien im Auftrag Dritter. Das Statistische Bundesamt verbucht all diese schwerpunktmäßig erbrachten Tätigkeiten unter der Rubrik »Grundstücks- und Wohnungswesen«.

> Immobilienwirtschaft mit hohem Wertschöpfungsbeitrag

Bei der Ermittlung der jährlichen Wertschöpfung des Wirtschaftszweigs »Grundstücks- und Wohnungswesen« findet der gesamte Wohnungssektor Berücksichtigung. Nicht nur die Leistungen von gewerblichen Unternehmen, sondern auch die (fiktiven) Leistungen von Privathaushalten hinsichtlich Bewirtschaftung selbst genutzter Objekte bzw. Vermietung gehen in die Berechnungen mit ein. Dadurch kommt die hier eher eng abgegrenzte Immobilienwirtschaft in Deutschland auf einen stattlichen Anteil an der Bruttowertschöpfung der Gesamtwirtschaft von deutlich mehr als 10 % > Bild 2. In anderen Industrienationen sind vergleichbare Anteilswerte zu beobachten. Die Bedeutung des Immobiliensektors würde nochmals spürbar erhöht, wenn man immobiliennahe Dienstleistungen mit einbeziehen würde, die die Eigentümer und Mieter von anderen Wirtschaftsbereichen zukaufen (z. B. Hausmeister-, Reinigungs- oder Entsorgungsleistungen). *LD*

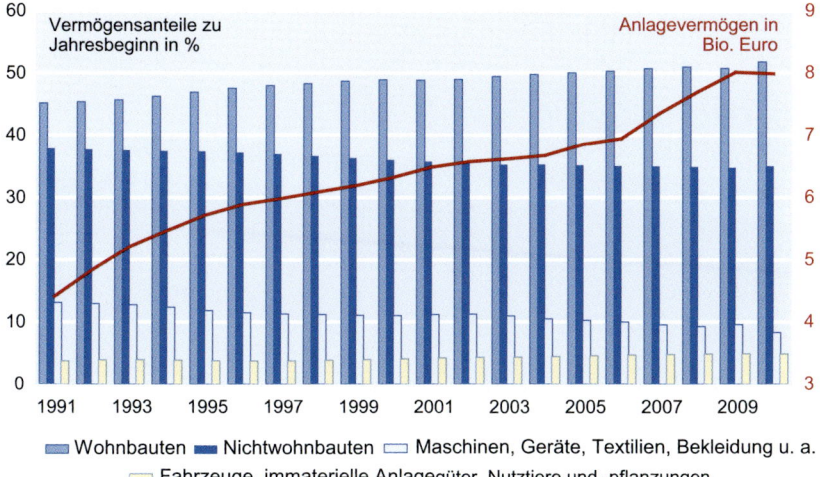

Bild 1 Nettoanlagevermögen[1] in Deutschland nach Vermögensarten
[1] Wert aller »produzierbaren« Vermögensgüter, die länger als ein Jahr in der Produktion eingesetzt werden, wobei die bisherige Wertminderung berücksichtigt wird; zu Wiederbeschaffungspreisen.
Quelle: Statistisches Bundesamt, Volkswirtschaftliche Gesamtrechnungen.

	1990	1995	2000	2005	2006	2007	2008
Deutschland[1]	9,9	11,2	11,2	11,7	11,9	12,0	12,4
Frankreich	10,3	11,7	12,3	13,6	14,0	14,4	14,4
Italien	–	10,7	11,3	12,9	13,2	13,1	13,4
Spanien	7,6	8,2	8,2	9,0	9,2	9,1	9,3
Vereinigtes Königreich	–	8,1	8,6	9,2	9,2	9,4	–
Australien	9,1	8,7	9,1	8,5	8,5	–	–
Japan	9,2	10,3	11,1	11,5	11,5	–	–
Kanada	11,4	12,1	10,7	10,2	–	–	–
Südkorea	5,8	7,7	9,0	8,0	8,0	7,8	7,8
USA	11,0	11,0	11,0	11,5	11,4	11,5	–

Bild 2 Anteil des Wirtschaftszweigs Grundstücks- und Wohnungswesen an der Bruttowertschöpfung der Gesamtwirtschaft in ausgewählten Ländern
[1] 1990: Früheres Bundesgebiet.
Quellen: OECD, STAN-Datenbank; Statistisches Bundesamt, Volkswirtschaftliche Gesamtrechnungen.

2.4 **Dienstleistungen**

Hat Deutschland ein Defizit?

Von der globalen Finanzmarkt- und Wirtschaftskrise 2008/2009 wurde Deutschland stärker getroffen als andere vergleichbare Länder, weil seine Wirtschaft besonders exportabhängig ist. Nach der Krise erholte es sich aber gerade auch aus diesem Grunde besonders schnell. Vor diesem Hintergrund wurde ein weiteres Mal die Frage aufgeworfen, ob Deutschland eine Dienstleistungslücke hat.

Zur Bestimmung einer Dienstleistungslücke müssen zuvor die Vergleichsländer und die ökonomischen Messgrößen festgelegt werden. In Strukturanalysen werden die Branchenanteile an der gesamtwirtschaftlichen Wertschöpfung oder an der Beschäftigung ermittelt. Ergänzend kann das Tätigkeitsprofil der Erwerbstätigen analysiert werden. Entscheidend für die Dienstleistungsintensität ist nicht, in welchem Sektor die Erwerbstätigen beschäftigt sind, sondern was sie tatsächlich tun. Außerdem kann die Anzahl der Beschäftigten eines Sektors/einer Tätigkeit auf die Einwohner bezogen werden. Zur Bestimmung einer Dienstleistungslücke kann die Struktur der Exporte betrachtet und gefragt werden, ob ein Land sein Exportpotenzial bezüglich der globalen Servicenachfrage adäquat ausschöpft. Darüber hinaus kann überprüft werden, ob es eine Dienstleistungslücke beim inländischen Konsum gibt.

> Internationale Vergleiche belegen nicht eindeutig eine deutsche Dienstleistungslücke

In einem Vergleich von sieben Ländern hat Deutschland im Jahr 2008 bei der Bruttowertschöpfung mit 69 % den geringsten Dienstleistungsanteil, liegt aber nahe bei Italien, Japan und Schweden

> Bild 1. In den USA und Frankreich beläuft sich der Anteil auf fast 78 %. Höher ist der deutsche Dienstleistungsanteil bei der Beschäftigung (72 %). Hier liegt das Vereinigte Königreich (UK) mit 81 % vor Deutschland, während Italien und Japan mit 68 % dahinter liegen. Bei den Dienstleistungsbeschäftigten bezogen auf die Bevölkerung steht Deutschland im Mittelfeld, wobei seit 2000 große Zuwächse verzeichnet wurden > Bild 2. Beim Konsum ergibt sich nur im Vergleich mit Japan und den USA eine nennenswerte Dienstleistungslücke. Beim Export fallen Deutschland und Japan zurück. Hier ist der Dienstleistungsanteil in Großbritannien, den USA und Schweden deutlich höher.

In der Literatur ist das Konzept der Dienstleistungslücke umstritten:
1. Die Kombination von Waren und produktbegleitendem Service erschwert die traditionelle Aufspaltung in Industrie und Dienstleistungen.
2. Anteile sagen nur bedingt etwas über die zugrunde liegende Dynamik und den Erfolg der Sektoren aus.
3. Jede Länderauswahl ist beliebig.
4. Eine Lücke gegenüber einem Land/einer Länderauswahl suggeriert eine Zielgröße. Dies ignoriert länderspezifische und historisch gewachsene Spezialisierungsvorteile. *MIG*

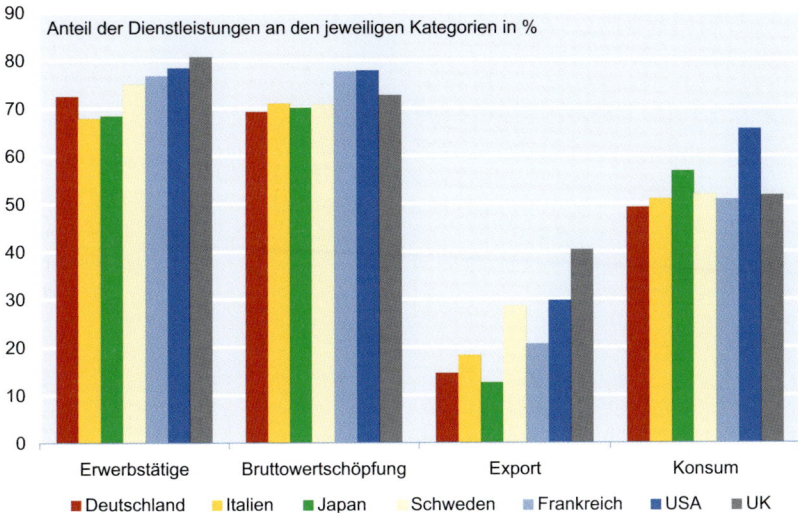

Bild 1 Dienstleistungen im internationalen Vergleich 2008
Quelle: OECD, National Accounts Statistics; Berechnungen des ifo Instituts.

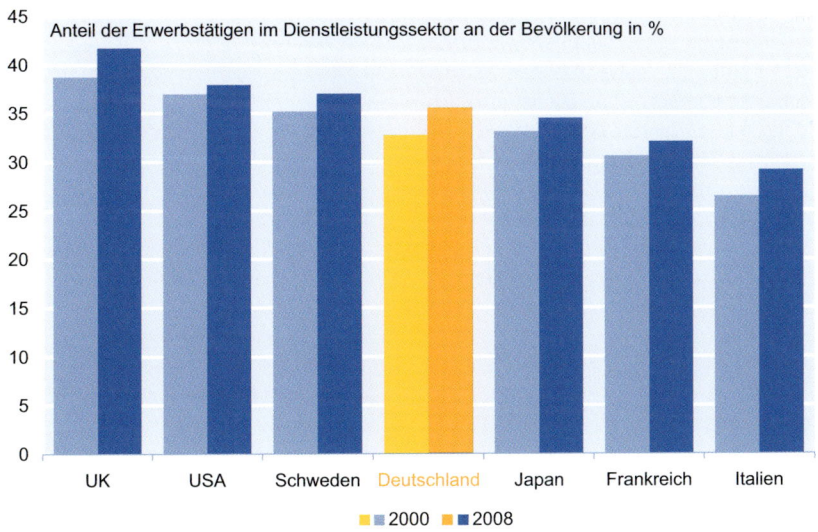

Bild 2 Dienstleistungsintensität im internationalen Vergleich
Quelle: Siehe Bild 1.

2.5 Einzelhandel und Großhandel

Wie sind die Zukunftsperspektiven?

In entwickelten marktwirtschaftlich organisierten Volkswirtschaften ist der Handelsbereich durch eine starke Dynamik sowie eine nach Ländern sehr differenzierte Struktur des Vertriebs- bzw. Beschaffungsbereichs geprägt. Die zunehmende Globalisierung, verbunden mit mehr Exporten und Importen, führt insbesondere beim Großhandel zu einer Geschäftsausweitung.

In der Warendistribution nehmen die Großhändler eine Mittlerfunktion ein. Sie beliefern Unternehmen der gewerblichen Wirtschaft mit Rohstoffen, Halbwaren und Investitionsgütern (Produktionsverbindungshandel) sowie mit Produkten für private Verbraucher (Konsumgütergroßhandel). Günstige Bedingungen findet der Großhandel in Märkten, die durch eine Vielzahl kleiner und mittelständischer Kunden bzw. Lieferanten gekennzeichnet sind. Der Einzelhandel organisiert den Warenvertrieb an private Haushalte. Dazu betreibt dieser Geschäfte verschiedener Formate, agiert als Katalog- und Internetversandhandel oder ist im ambulanten Handel tätig. Auch der Direktvertrieb von Herstellern und Erzeugern auf dem Wege des ambulanten Handels gehört dazu. Neben zentral geführten Großfilialsystemen versuchen sich kleine und mittelständische Einzelhändler durch die Beteiligung an Franchisesystemen und – speziell in Deutschland – durch Kooperationen zu behaupten.

> Beachtliche Entwicklungsunterschiede zwischen Groß- und Einzelhandel

Der Großhandel verzeichnete im letzten Jahrzehnt eine starke Umsatzbelebung > Bild 1. Dabei profitierte der Produktionsverbindungshandel von der steigenden Nachfrage nach Investitionsgütern, Rohstoffen und sonstigen Vorprodukten. Wesentlich geringer waren dagegen die Auftriebskräfte im Konsumgütergroßhandel. Gründe hierfür waren vor allem die insgesamt verhaltene Konsumentwicklung, aber auch das Erstarken der Filialsysteme im Einzelhandel, die Großhandelsfunktionen vielfach selbst wahrnehmen. Von der nur moderat steigenden Nachfrage privater Haushalte war auch die Umsatzentwicklung des Einzelhandels geprägt. Zur Stärkung ihrer Wettbewerbsposition professionalisierten die Großhändler die Koordination der Warenströme, passten die Produktqualitäten dem Bedarf an und steigerten die Lieferbereitschaft durch eine verbesserte Logistik. Im europäischen Vergleich war die Produktivitätsentwicklung in Deutschlands Großhandel aber nur im letzten Jahrzehnt überdurchschnittlich, und im Einzelhandel war sie sogar deutlich schlechter als anderswo > Bild 2. Es ist zu vermuten, dass der Einzelhandel, teilweise mit Unterstützung von Verbundgruppen, verstärkt von Online-Angeboten Gebrauch machen und seine Produktivitätsentwicklung in der Zukunft verbessern wird. *JOL+TS*

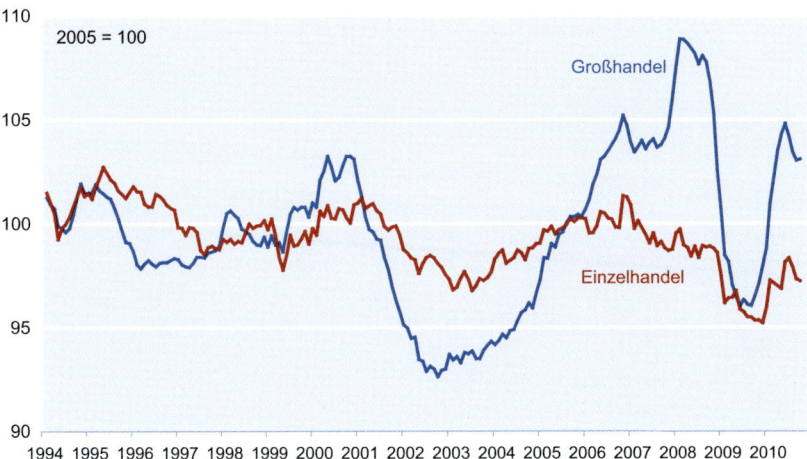

Bild 1 Reale Umsätze in Groß- und Einzelhandel in Deutschland[1], Monatszahlen, 1994 bis 2010
[1] *Daten saison- und kalenderbereinigt sowie geglättet. Großhandel beinhaltet Handelsvermittlungen.*
Quelle: Statistisches Bundesamt, Handelsstatistik; Berechnungen des ifo Instituts.

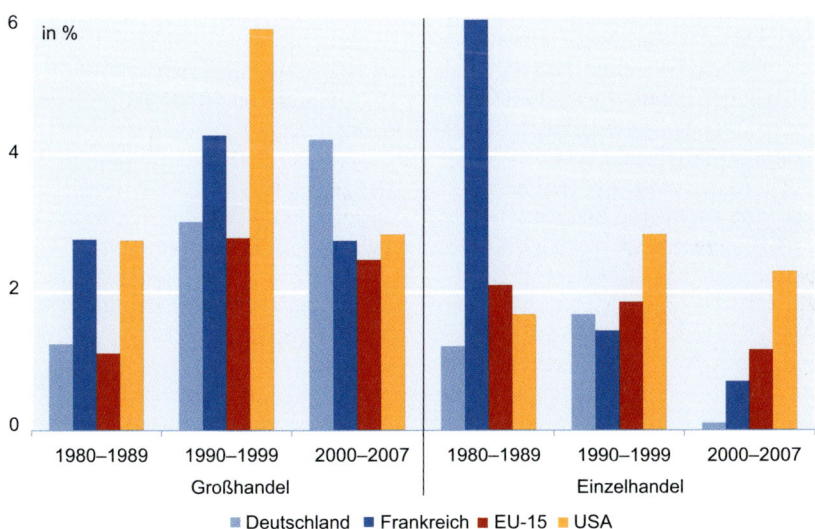

Bild 2 Arbeitsproduktivität[1] im Groß- und Einzelhandel im intern. Vergleich 1980 bis 2007
[1] *Bruttowertschöpfung pro geleistete Arbeitsstunde; Großhandel beinhaltet Handelsvermittlung.*
Quelle: EU KLEMS; Berechnungen des ifo Instituts.

2.6 Verkehrsleistung nach Verkehrsträgern

Warum wir immer häufiger in die Luft gehen

Sowohl im Personen- als auch im Güterverkehr hat die Verkehrsleistung (das Produkt aus den von Personen zurückgelegten Wegen und ihrer Länge bzw. aus der Menge transportierter Güter und der Entfernung) stetig zugenommen. Wachstumsspitzenreiter ist der Luftverkehr. Er profitiert sowohl von der ungebrochenen Reiselust der Deutschen als auch von der zunehmenden Globalisierung der Wirtschaft.

Das Verkehrsaufkommen und die durchschnittlich zurückgelegte Entfernung nehmen stetig zu. 1992 wurden im Bundesgebiet gut 92 Mrd. Wege mit einer durchschnittlichen Entfernung von 10,4 Kilometern zurückgelegt (2007: 98 Mrd. Wege mit durchschnittlich 11,9 Kilometern). Die Verkehrsleistung wuchs in diesem Zeitraum um gut 20 %. Während der nicht motorisierte Verkehr (zu Fuß, mit dem Fahrrad) schrumpfte, verzeichnete der motorisierte Verkehr ein Plus (öffentlicher Straßenpersonenverkehr, Eisenbahnen, Luftverkehr, Pkw-Verkehr). Der Luftverkehr, der bei der Anzahl der Wege nur einen Anteil von unter 1 % aufweist, hat aufgrund der langen Distanzen bei der Verkehrsleistung der motorisierten Verkehrsträger einen Anteil von gut 5 %. Er expandiert am stärksten; seine Verkehrsleistung lag 2009 um 111 % über dem Niveau von 1993 > Bild 1. Das liegt zu einem an einem steigenden privaten Reisebedürfnis. Es wird privat immer mehr und immer weiter geflogen. Steigende verfügbare Einkommen sowie ein Preisrückgang bei Flugreisen führten bei den Urlaubs- und Kurzreisen sowohl zu Substitutionen von anderen Verkehrsmitteln als auch zu zusätzlichen Reisen mit dem Flugzeug. Zum anderen geht von der zunehmenden

internationalen Verflechtung der Wirtschaft ein erheblicher Wachstumsimpuls auf den Luftverkehr aus, da die steigende Globalisierung eine weltweite Mobilität und Präsenz von Geschäftsleuten erfordert. Die Zahl der Geschäftsreisen mit dem Flugzeug nahm allein zwischen 2002 und 2007 um über 50 % zu.

> **Auch die Luftfracht boomt**

Im Güterverkehr ist der Anteil der Luftfracht, gemessen in Tonnen, sehr gering > Bild 2. Eine weit höhere Bedeutung hat sie in Bezug auf den Wert der transportierten Güter. Die Luftfracht verzeichnet die höchsten Zuwachsraten. Sie wird von der Arbeitsteilung in der Weltwirtschaft und dem Trend zu höherwertigen Gütern begünstigt. Das Flugzeug ist auf längeren Distanzen das schnellste Transportmittel, es bietet eine hohe Transportsicherheit und zeitliche Zuverlässigkeit. Aufgrund der kurzen Transportdauer sind die Kapitalbindungskosten vergleichsweise gering. Die Luftfracht ist wesentlich kostenintensiver als ein Transport am Boden oder per Seefracht. Deshalb werden vorwiegend hochwertige Waren, Ersatzteile, wichtige Dokumente sowie verderbliche Produkte befördert. *HAR*

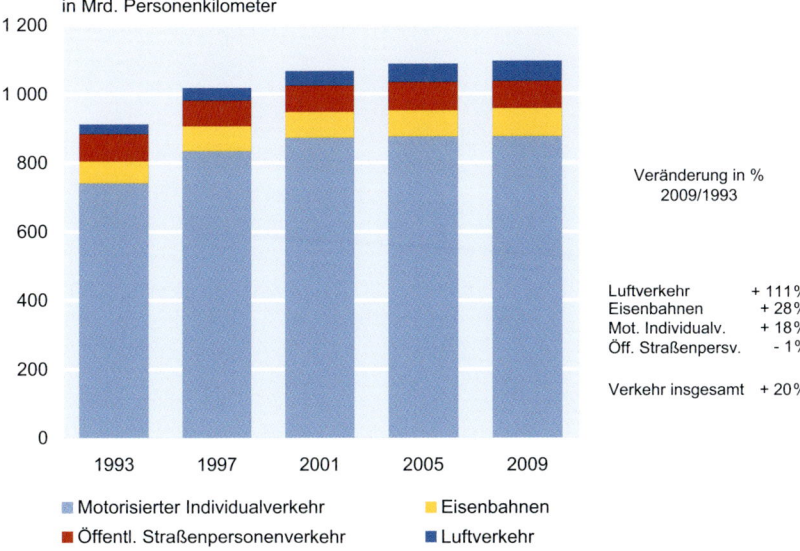

Bild 1 Verkehrsleistung im motorisierten Personenverkehr im Bundesgebiet
Quelle: Bundesministerium für Verkehr, Bau und Stadtentwicklung, Verkehr in Zahlen.

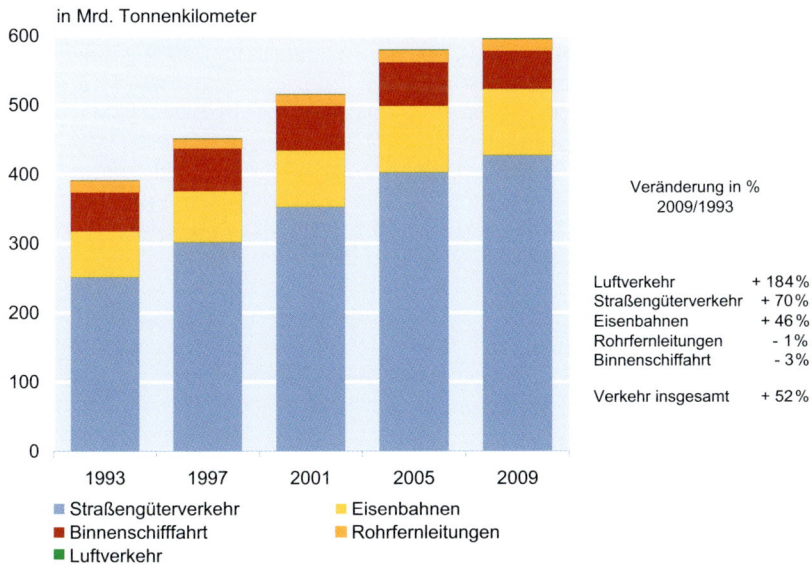

Bild 2 Verkehrsleistung im Güterverkehr im Bundesgebiet
Quelle: Siehe Bild 1.

2.7 Forschungs- und Entwicklungs- investitionen

Deutschland investiert nur unterdurchschnittlich in Spitzentechnologien

Die Forschungs- und Entwicklungslandschaft in Deutschland unterscheidet sich von der der anderen OECD-Länder. Deutschland forscht tendenziell in gehobenen Gebrauchstechnologien und verliert in den Spitzentechnologien an Boden.

Die Struktur der Forschungs- und Entwicklungslandschaft und ihre Entwicklung über die Zeit in der OECD und in Deutschland zeigt > Bild 1. Die Gesamtausgaben für Forschung und Entwicklung (F&E) im verarbeitenden Gewerbe werden prozentual den einzelnen Branchen zugeordnet. Diese werden üblicherweise eingeteilt in Branchen der Spitzentechnologie, der gehobenen Gebrauchstechnologie und den Rest des verarbeitenden Gewerbes.

In den OECD-Ländern werden mehr als 50 % aller F&E-Aufwendungen im Bereich der Spitzentechnologie getätigt. Dieser Anteil wächst im Zeitverlauf. Es ist vor allem die pharmazeutische Industrie, die einen hohen Zuwachs der F&E-Aufwendungen aufweist. Der Beitrag, den die Branchen der gehobenen Gebrauchstechnologien zu den gesamten F&E-Aufwendungen leisten, ist im OECD-Durchschnitt leicht rückläufig.

> **Deutschland forscht hauptsächlich in gehobenen Gebrauchstechnologien**

Ein anderes Bild ergibt sich für die deutsche F&E-Landschaft. Es ist deutlich zu erkennen, dass sich die F&E-Aufwendungen hauptsächlich im Bereich der gehobenen Gebrauchstechnologie konzen-

trieren. Hier entsteht mehr als die Hälfte aller F&E-Ausgaben. Der Anteil der F&E-Aufwendungen in gehobenen Gebrauchstechnologien steigt in Deutschland, im Gegensatz zum OECD-Durchschnitt, im Zeitablauf sogar leicht an.

Die jeweilige F&E-Struktur ergibt sich zu großen Teilen aus der Wirtschaftsstruktur eines Landes und der jeweiligen Spezialisierung der Wirtschaft auf bestimmte Branchen. Abweichungen der Strukturen zwischen Ländern sind nicht grundsätzlich problematisch.

Problematisch ist jedoch, dass Deutschland im Laufe der Zeit den Anschluss in der Spitzentechnologie zu verlieren droht. Branchen der Spitzentechnologie bieten für die Zukunft das größte Wachstumspotenzial und fungieren oft als Querschnittstechnologien. Das in diesen Branchen entwickelte Wissen findet in vielen weiteren Branchen Anwendung und trägt zum wirtschaftlichen Erfolg in langer Frist bei.

Diese positiven Nebeneffekte der Forschung und Entwicklung in Spitzentechnologien rechtfertigen möglicherweise auch eine gezielte, öffentliche Förderung, um die Wirtschaft eines Landes als Ganzes voranzubringen. Schwierig ist hierbei jedoch die frühzeitige Identifizierung genau der Technologien, die sich in Zukunft als besonders nützlich und vielseitig erweisen werden. *SK*

	OECD			Deutschland		
	1998	2002	2006	1998	2002	2006
Spitzentechnologien	**53,09**	**54,62**	**56,95**	**34,57**	**33,34**	**34,32**
Pharmazeutische Industrie	8,97	10,96	16,05	6,93	7,42	9,85
Büromaschinen, DV-Geräte und -Einrichtungen	8,09	6,70	6,86	2,26	1,67	1,48
Rundfunk-, Fernseh-, und Nachrichtentechnik	19,19	20,81	19,25	11,92	10,51	9,44
Medizin- und Messtechnik, Optik	8,78	11,00	8,82	5,45	7,58	8,04
Luft- und Raumfahrzeugbau	8,07	5,41	5,97	8,02	6,16	5,51
Gehobene Gebrauchs- technologien	**33,86**	**32,94**	**31,35**	**57,15**	**58,88**	**58,10**
Kraftwagen und Kraftwa- genteile	12,64	14,02	12,99	28,00	32,79	33,64
Geräte der Elektrizitätser- zeugung und -verteilung	6,01	4,29	3,93	3,27	3,31	3,37
Maschinenbau	6,27	7,27	7,36	12,29	11,39	11,49
Chemische Industrie	8,08	6,63	5,56	12,44	10,28	9,23
Bahnindustrie, Fahrzeugbau (sonstiger)	0,42	0,74	1,51	1,15	1,10	0,55
Restliches verarbeiten- des Gewerbe	**13,05**	**12,44**	**11,69**	**8,28**	**7,78**	**7,59**
Insgesamt	**100**	**100**	**100**	**100**	**100**	**100**

Bild 1 F&E-Aufwendungen nach Branchen in Deutschland und der OECD in Prozent (1998, 2002, 2006) [1]

[1] *OECD-Werte ermittelt auf Basis der Länder Australien, Italien, Kanada, Österreich und Tschechische Republik; Einteilung anhand von F&E-Intensitäten: Spitzentechnologie = F&E-Ausgaben pro Umsatz > 8,5 %; gehobene Gebrauchstechnologien = zwischen 3,5 und 8,5 % F&E-Ausgaben pro Umsatz; Rest = F&E-Ausgaben pro Umsatz < 3,5 %.*
Quelle: OECD, ANBERD-Datenbank, stats.oecd.org.

2.8 Patentanmeldungen in Deutschland

Wie innovativ sind wir noch?

Patentanmeldungen sind sowohl in der Welt als auch regional in Deutschland höchst unterschiedlich verteilt. Deutschland verliert international in den letzten Jahren an Boden im Vergleich zu den großen Gewinnern Japan und China. Innerhalb Deutschlands stechen der Süden und die Ballungsregionen positiv heraus.

Patenten kommt im Innovationsprozess eine entscheidende Bedeutung zu. Sie garantieren dem Inhaber das alleinige Recht an der Innovation für die Laufzeit des Patents und schaffen einen Anreiz, in Forschung und Entwicklung zu investieren.

Die Anzahl der weltweit unter dem Patent Cooperation Treaty (PCT) angemeldeten, internationalen Patente hat sich von 1998 bis 2008 etwas mehr als verdoppelt > Bild 1. Mit Abstand die meisten internationalen Patente werden jedes Jahr von den USA angemeldet. Deutschland ist im internationalen Vergleich nach wie vor relativ gut aufgestellt, verweilt jedoch in den letzten Jahren auf einem gleichbleibenden Niveau und wurde daher zuletzt von Japan überholt. Insbesondere China tritt als das Land hervor, welches seine Patentanmeldungen in den letzten zehn Jahren am stärksten steigern konnte. Inzwischen konnte China sowohl Frankreich als auch das Vereinigte Königreich überholen und liegt nun, allerdings mit noch erheblichem Abstand, nur einen Rang hinter Deutschland. Auch Indien und Spanien konnten in den letzten Jahren ihre Patentanmeldungen erheblich steigern. Beide Länder befinden sich jedoch weiterhin, was die Anzahl angemeldeter Patente angeht, noch nicht in der Spitzengruppe.

> ### Deutliche Unterschiede innerhalb Deutschlands

Nicht jede Region Deutschlands ist jedoch international so konkurrenzfähig, wie es die Gesamtpatentzahl für Deutschland zunächst vermuten lässt. Patentanmeldungen sind in Deutschland räumlich höchst unterschiedlich verteilt. Sämtliche dargestellten Patentanmeldungen beziehen sich auf den Sitz des Erfinders, nicht den des Anmelders, sind also ein Maß für die räumliche Verteilung der Innovativität.

Die Anzahl der in den Raumordnungsregionen angemeldeten internationalen Patente reichte im Jahr 2008 von zwei, in der am wenigsten aktiven Region, bis 1 437 > Bild 2. Letztgenannte Zahl ist der Region Stuttgart zuzuordnen und entspricht ungefähr der Gesamtzahl angemeldeter Patente für Finnland im Jahr 2008. Weitere Leuchttürme der Patentaktivität in Deutschland sind die Regionen München, Rhein-Main, Düsseldorf, Mittelfranken und Berlin. Die besonders innovativen Regionen sind also hauptsächlich Ballungsregionen und eher im Süden zu finden. Regionen mit einer unterdurchschnittlichen Anzahl von Patentanmeldungen liegen tendenziell im Norden und im Osten Deutschlands. *SK*

	1998	2003	2008
Weltweit	71 680	118 596	144 944
USA	29 067	42 187	42 472
Japan	6 284	19 350	27 020
Deutschland	10 397	15 013	16 313
China	361	1 813	6 917
Frankreich	3 565	5 310	6 712
Vereinigtes Königreich	4 396	5 915	5 670
Niederlande	2 120	3 057	3 461
Italien	1 266	2 413	3 027
Schweden	2 309	2 102	2 970
Spanien	490	865	1 539
Finnland	1 189	1 293	1 469
Indien	94	951	1 248
Russland	508	619	717

Bild 1 Patentanmeldungen wichtiger Länder
Quelle: OECD (2011).

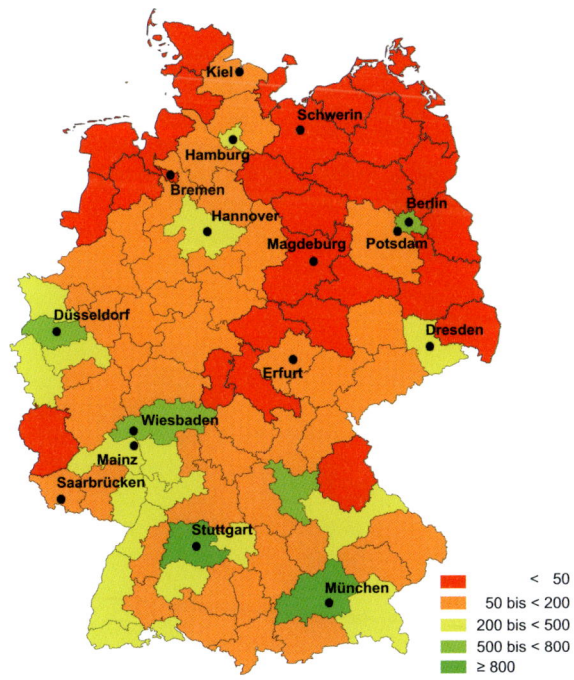

Bild 2 Patentanmeldungen in Deutschland 2008 unter dem PCT
Quelle: Siehe Bild 1.

2.9 Das Innovationsverhalten in Deutschland

Nur manche Branchen halten mit

Nicht alle Branchen in Deutschland schaffen es gleichermaßen, den Anteil innovativer Firmen über die Zeit zu steigern. Branchen, in denen das Innovationsniveau steigt, investieren kontinuierlich einen überdurchschnittlich hohen Anteil ihres Umsatzes in Forschung und Entwicklung.

Der Anteil der innovativen Unternehmen im verarbeitenden Gewerbe in Deutschland hat sich in den letzten zwei Dekaden nur moderat erhöht. Vom Zeitraum 1991 bis 1993 bis zum Zeitraum 2006 bis 2008 ist der Innovatorenanteil um 6,1 Prozentpunkte von 15,5 % auf inzwischen 21,6 % gestiegen > Bild 1. Als Innovation gelten normalerweise sowohl vollkommen neu entwickelte Produkte und Prozesse, aber auch bereits existierende, bisher nicht in dem betroffenen Unternehmen eingesetzte Produkte und Techniken. Da allerdings vor allem Neuentwicklungen einen Wettbewerbsvorteil für Unternehmen schaffen, beschränkt sich dieser Beitrag auf Innovationen, für die ein Patent beantragt wurde.

Im Betrachtungszeitraum lagen die Ausgaben für Forschung und Entwicklung (F&E) im verarbeitenden Gewerbe bei durchschnittlich 1,92 % vom Umsatz. F&E-Ausgaben haben im Innovationsprozess eine Doppelfunktion. Sie sorgen für eigene Entwicklungen und generieren so völlig neues Wissen, schaffen aber auch gleichzeitig eine Aufnahmefähigkeit im Unternehmen, um extern entwickelte Ideen aufzugreifen, weiterzuentwickeln oder neu zu kombinieren und sinnvoll in das eigene Unternehmen zu integrieren.

> Branchen entwickeln sich unterschiedlich

Bei genauerer Betrachtung sind deutliche Unterschiede im Innovationsverhalten der einzelnen Branchen erkennbar. Vor allem Branchen, die einen höheren Anteil ihres Umsatzes in F&E investieren als der Durchschnitt des verarbeitenden Gewerbes, können größere Steigerungen des Innovatorenanteils verzeichnen. Die Veränderung des Innovatorenanteils, ausgedrückt in Prozentpunkten, in den einzelnen Branchen des verarbeitenden Gewerbes in Relation zu dem Anteil des Umsatzes, der in Forschung und Entwicklung investiert wurde, zeigt > Bild 2.

Branchen, die prozentual weniger ihres Umsatzes in F&E investieren als der Durchschnitt, schneiden in dieser Betrachtung eher unterdurchschnittlich ab. Die Entwicklung ihres Anteils von innovativen Unternehmen liegt nur in einem Fall über dem Durchschnitt (Branche Schmuck/Spielwaren/Sportgeräte), ansonsten darunter oder sogar im negativen Bereich. In letzteren Branchen ist also der Anteil der innovativen Unternehmen im Zeitablauf sogar geschrumpft.

Die Ergebnisse können an dieser Stelle nicht kausal interpretiert werden, doch weisen sie auf einen langfristigen Zusammenhang von Forschung und Entwicklung und steigendem Innovationserfolg auf Branchenebene hin. *SK*

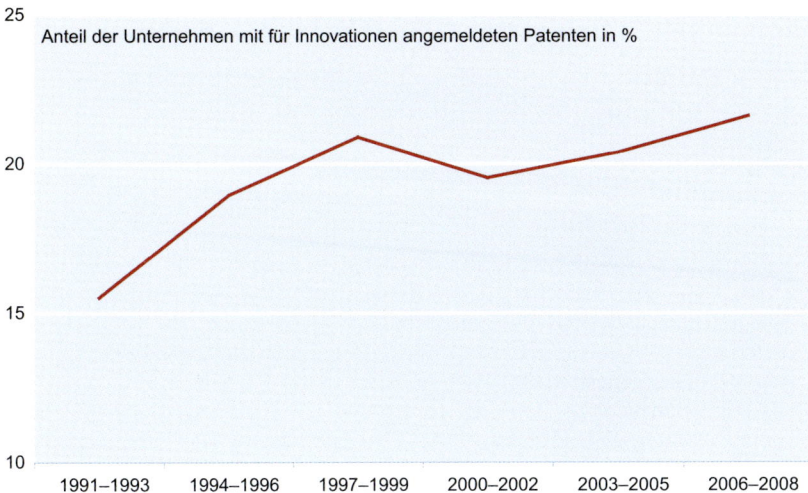

Bild 1 Innovatorenanteil des verarbeitenden Gewerbes in Deutschland
Quelle: ifo Innovationstest; Berechnungen des ifo Instituts.

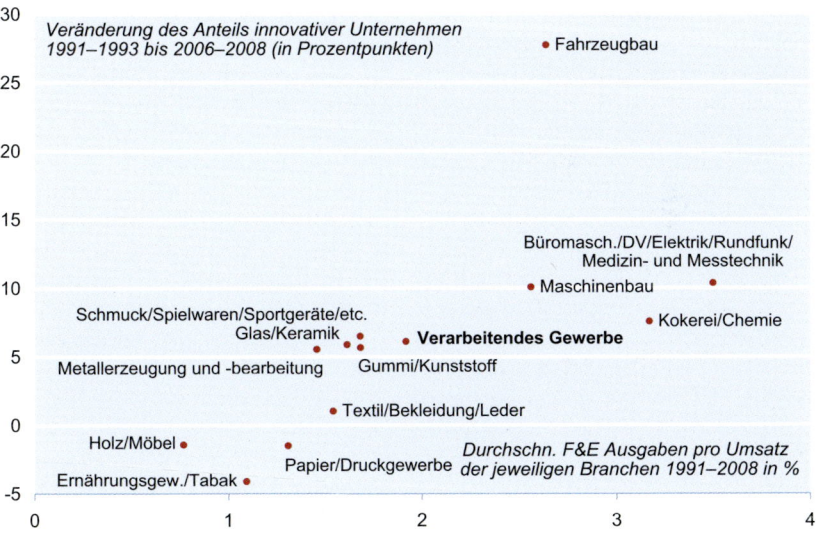

Bild 2 Innovatorenanteil und F&E-Intensität im verarbeitenden Gewerbe in Deutschland
Quelle: Siehe Bild 1.

2.10 Unternehmertum im internationalen Vergleich

Haben wir Schumpeter vergessen?

Damit neue Erfindungen zu Wirtschaftswachstum führen, sind Unternehmer erforderlich, die das Potenzial von Erfindungen erkennen und diese vermarkten. Die Wachstumsschwäche, die sich trotz vieler guter Ideen und Erfindungen in manchen Ländern beobachten lässt, wird daher häufig auf den Mangel an engagiertem Unternehmertum zurückgeführt.

Joseph A. Schumpeter (1883 bis 1950) beschreibt den Unternehmer als Triebfeder für wirtschaftliche Entwicklung. Einen positiven Zusammenhang zwischen Unternehmertum und Wirtschaftswachstum zeigt > Bild 1. Es zeigt das Zusammenspiel von Unternehmertum (gemessen als Anteil der Unternehmer an der Erwerbsbevölkerung) und Pro-Kopf-Wirtschaftswachstum. Das Pro-Kopf-Wirtschaftswachstum eines Landes ist dabei in Relation zu den USA gesetzt, die für ein dynamisches Unternehmensumfeld bekannt sind. Deutschland weist sowohl einen geringeren Anteil an Unternehmern als auch ein geringeres Pro-Kopf-Wirtschaftswachstum auf. Das belegt zwar keinen ursächlichen Zusammenhang, begründet aber doch ein Verdachtsmoment.

> Worauf ist der Mangel an Unternehmertum zurückzuführen?

Den Zusammenhang zwischen dem Anteil der Erwerbsbevölkerung mit unternehmerischen Kenntnissen und Fähigkeiten und dem der Unternehmer an der Erwerbsbevölkerung zeigt > Bild 2. In Deutschland liegt zum einen der Anteil der Erwerbsbevölkerung mit unternehmerischen Kenntnissen und Fähigkeiten

nur im Mittelfeld. Hier könnten insbesondere Programme ansetzen, die darauf abzielen, den Unternehmergeist von jungen Menschen bereits an Schulen und Universitäten zu wecken. Zum anderen zeigt das Bild, dass die vorhandenen unternehmerischen Kenntnisse und Fähigkeiten in Deutschland vielfach nicht in die Praxis umgesetzt werden. Knapp 40 % der Erwerbsbevölkerung geben zwar an, über unternehmerische Kenntnisse und Fähigkeiten zu verfügen, aber nur unter 10 % sind tatsächlich Unternehmer. Diese Diskrepanz wird häufig auf Hürden bei der Unternehmensgründung zurückgeführt. So werden in Deutschland hohe administrative und steuerliche Belastungen für junge Unternehmen beklagt. Darüber hinaus werden ein unterentwickelter Risikokapitalmarkt sowie fehlende Anreize, sich aus Universitäten heraus selbständig zu machen, als wesentliche Hindernisse angeführt. Am letzten Argument setzt der in den USA 1980 eingeführte Bayh-Dole Act an, der Universitäten Eigentumsrechte an den Ergebnissen ihrer öffentlich finanzierten Forschung einräumt und Universitäten so die Möglichkeit der unternehmerischen Vermarktung ihrer Erfindungen gibt. *OF*

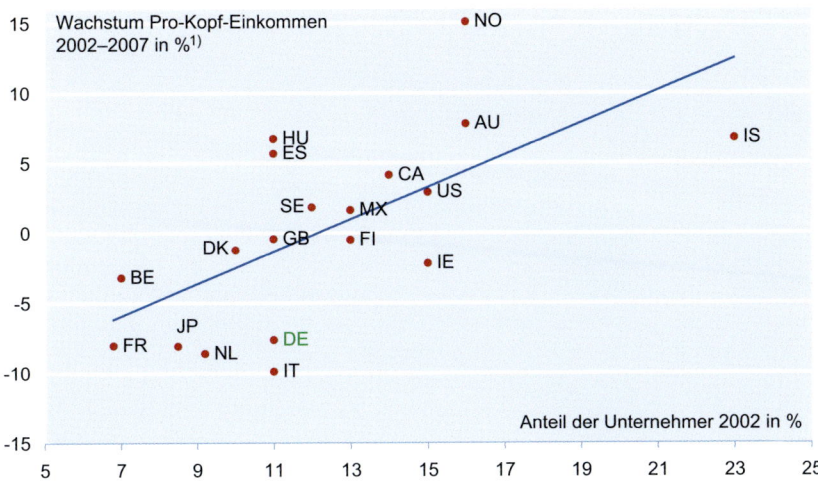

Bild 1 Wirtschaftswachstum und Unternehmertum
[1] *Pro-Kopf-Wirtschaftswachstum relativ zu den USA nach Herausrechnung des Einflusses des anfänglichen Niveaus des Pro-Kopf-Einkommens*
Quellen: Penn World Table und Global Entrepreneurship Monitor.
Abkürzungen siehe Länderkürzelverzeichnis.

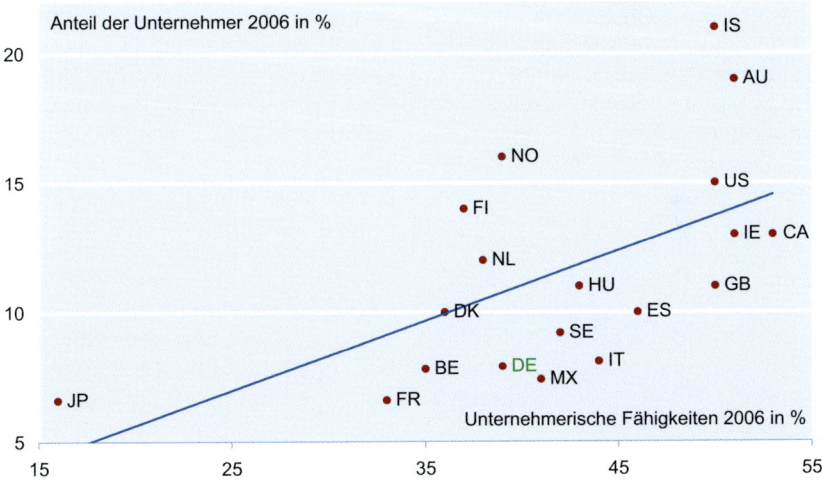

Bild 2 Unternehmertum und unternehmerische Fähigkeiten
Quelle: Global Entrepreneurship Monitor.
Abkürzungen siehe Länderkürzelverzeichnis.

2.11 Erfahrungen mit Clusterpolitiken

Wie wirksam sind sie wirklich?

Deutschland ist im Clusterfieber! Cluster haben sich in den letzten Jahren zu einem Zauberwort in der Regional- und Innovationspolitik entwickelt. Politiker aller Parteien rühmen sich ihrer Erfolge. Aber wie wirksam sind die Clusterpolitiken wirklich? Ein endgültiges Urteil kann zum jetzigen Zeitpunkt noch nicht gefällt werden, da die gesicherte wissenschaftliche Erkenntnisgewinnung der Wirksamkeit von vielen Clusterpolitiken noch aussteht.

Populär wurde das Clusterkonzept vom Harvard-Ökonomen Michael E. Porter gemacht, der Cluster (englisch für Haufen, Schwarm, Bündel, Gruppe) definiert als die geografische Konzentration von Unternehmen einer gewissen Branche oder verwandter Branchen entlang der Wertschöpfungskette sowie deren Vernetzung mit Institutionen wie Universitäten oder Forschungseinrichtungen mit dem Ziel, gleichzeitig die Kooperation als auch den Wettbewerb unter den Unternehmen zu fördern. Man spricht deshalb auch gerne von »coopetition«. Porters Konzept wiederum gründet vor allem auf der Agglomerationstheorie von Alfred Marshall, der schon 1890 in seinen *Principles of Economics* von solchen räumlichen Konzentrationen von Unternehmen der gleichen Branche oder verwandter Branchen berichtete. Das wohl bekannteste Beispiel dafür ist Silicon Valley, südöstlich von San Francisco, in dem sich ab den 1950er-Jahren Unternehmen der Halbleiter- und Computerindustrie und später Softwareunternehmen ansiedelten. Als historische Beispiele lassen sich die Musikinstrumentenbauer im Vogtland anführen, die sich dort schon ab dem 17. Jahrhundert sammelten, oder der Optikcluster mit den Firmen Zeiss, Goertz, Goltz und Breutmann in Jena, der sich zu Beginn des 20. Jahrhunderts bildete.

Die Vorteile von Clustern bestehen in geballtem regionalem Wissen, einem einfachen Zugang zu qualifizierten Arbeitskräften auf dem regionalen Arbeitsmarkt, der gemeinsamen Nutzung von hochwertiger Infrastruktur und der Nähe zu verwandten Industrien und zu Kunden sowie zu Konkurrenzunternehmen, wodurch sowohl Partnerschaften als auch fruchtbarer Wettbewerb um die besten Ideen entstehen. Vor allem der Transfer von implizitem bzw. informellem Wissen wird durch regionale Nähe beschleunigt, und Kooperationen im Innovationsprozess sind einfach umzusetzen. Innerhalb eines solchen Clusters werden Produktivitätssteigerungen realisiert und Innovationsprozesse angekurbelt. Dies führt letztlich zu einer Steigerung des Lebensstandards der gesamten Volkswirtschaft. Zwar wurde das Clusterkonzept unter Regionalpolitikern mit großer Begeisterung aufgenommen. Allerdings wird das Konzept unter Wissenschaftlern auch zunehmend kritisch gesehen, mit dem Hinweis darauf, dass es durch politische Eingriffe nicht möglich sei, das Silicon Valley an jedem beliebigen Ort zu imitieren. Der Ökonom Gilles Duranton von der University of Toronto spricht deshalb auch von »California Dreamin'«.

> Clusterpolitiken in Deutschland

Nichts prägte die vergangenen Jahrzehnte in wirtschaftlicher Hinsicht so stark wie die voranschreitende Globalisierung und Liberalisierung der Welt- und Finanzmärkte sowie enorme Fortschritte in den Informations- und Kommunikationstechnologien. Dennoch spielen regionale Standortfaktoren eine große Rolle für die Investitions- und Standortentscheidungen von Unternehmen. Sie siedeln sich nach wie vor in bestimmten Regionen an, und es kommt zu Unternehmenskonzentrationen. Die Politik in Deutschland verfolgt deshalb seit Mitte der 1990er-Jahre zunehmend und gezielt Strategien der Clusterpolitik, unter welcher man grundsätzlich alle staatlichen Maßnahmen zur Förderung der Entstehung und der Entwicklung von Clustern versteht. Davon verspricht sich die Politik entscheidende Wettbewerbsvorteile für Regionen bzw. Länder.

Aufgrund der föderalen Struktur Deutschlands findet Clusterpolitik vorrangig auf den Ebenen der Länder, der Regionen und der Gemeinden statt. In den deutschen Ländern sind seit den 1990er-Jahren viele verschiedene regionale Netzwerk- und Clusterinitiativen gestartet und umgesetzt worden. Aber auch die deutsche Bundesregierung betreibt Clusterpolitik und hat mit der im Jahr 2006 gestarteten »Hightech-Strategie« unter anderem einen jährlichen Spitzenclusterwettbewerb ausgerufen. Trotz aller Clustereuphorie und der immer wieder ins Feld geführten Vorteile von Clusterinitiativen und -politiken steht eine gesicherte Erkenntnisgewinnung der Wirksamkeit solcher Politikmaßnahmen noch aus. Viele Evaluationen kommen über beschreibende Fallstudien nicht hinaus. Insbesondere steht die quantitative Interpretation der Wirksamkeit vieler Clusterpolitiken auf das gewünschte Innovationsverhalten der Unternehmen noch aus.

> Evaluation der »High-Tech-Offensive Bayern«

Eine der wenigen wissenschaftlich evaluierten Clusterpolitiken ist die »High-Tech-Offensive Bayern«. Der Freistaat hat im Jahr 1999 mit dieser Politikmaßnahme als erstes Bundesland eine landesweite Clusterpolitik eingeführt. Im Rahmen der »High-Tech-Offensive« wurden in insgesamt vier Säulen und einem Standortprogramm 274 Projekte in fünf Technologiefeldern mit rund 1,35 Mrd. Euro gefördert. Dieser Umstand, dass in Bayern eine Clusterpolitikmaßnahme eingeführt wurde (und in allen anderen Bundesländern damals noch nicht), erlaubt eine Untersuchung von Unternehmen, die von der Maßnahme profitierten, und vergleichbaren Unternehmen außerhalb Bayerns, die nicht davon profitierten. Mithilfe des Paneldatensatzes aus dem ifo Innovationstest, in dem jährlich mehr als 1 000 Unternehmen aus dem verarbeitenden Gewerbe über Innovationen berichten, kann gezeigt werden, dass Unternehmen in den geförderten Technologiefeldern in Bayern durch die Politikmaßnahme in den folgenden Jahren eine um 5,8 Prozentpunkte höhere Wahrscheinlichkeit, Innovationen zu tätigen, aufweisen. Der zusätzliche Wert von Innovationen ist nicht einfach zu bemessen, insofern kann auch nicht abschließend geklärt werden, ob sich die investierten 1,35 Mrd. Euro insgesamt gelohnt haben. Dennoch kann allein die Tatsache, dass die Anzahl der Firmen, die im Betrachtungszeitraum eine Innovation eingeführt haben, gestiegen ist, als Erfolg der bayerischen »High-Tech-Offensive« interpretiert werden. *AF*

3 INFRASTRUKTUR

3.1 Eisenbahn- und Straßennetz

Geht der Ausbau zu Ende?

Der Bund und auch die Kommunen investieren in den Aus- und Neubau der Verkehrsinfrastruktur enorme Summen. Da hohe Beträge in den Erhalt fließen, bleibt für eine Umgestaltung der Infrastruktur nur wenig Raum. Neben den knappen Kassen bremsen auch Bürgerproteste die Umsetzung von Baumaßnahmen.

Ein hervorstechendes Merkmal moderner Volkswirtschaften ist die hohe Mobilität von Personen und Gütern. Das setzt eine gut ausgebaute Verkehrsinfrastruktur voraus. Deutschland verfügt über eines der dichtesten Verkehrswegenetze in Europa > Bild 1+2. Der Erhalt und Ausbau der Infrastruktur liegt fast ausschließlich in der Zuständigkeit der öffentlichen Hand. Der Verkehrsbereich ist der mit Abstand größte Investitionsbereich des Bundes. Seit 1991 werden im Jahresdurchschnitt rund 11 Mrd. Euro in die bundeseigenen Eisenbahnen, die Bundesfern- und Bundeswasserstraßen sowie in Projekte des öffentlichen Nahverkehrs investiert. Der Bundesminister für Verkehr, Bau und Stadtentwicklung hat im Mai 2007 einen verkehrsträgerübergreifenden Investitionsrahmenplan (IRP) bis 2010 vorgelegt. Er enthielt Aus- und Neubauprojekte (vordringlicher Bedarf) in den Bereichen Schiene (28 Mrd. Euro), Straße (23 Mrd. Euro) und Wasserstraße (6 Mrd. Euro), die in dem Planungszeitraum abgeschlossen, weitergeführt oder in Angriff genommen werden sollten. Da sich in der Vergangenheit, vor allem wegen der vorrangigen Sanierung der Verkehrsinfrastruktur in den neuen Bundesländern, ein hoher Nachholbedarf aufgestaut hatte, stockte die Bundesregierung im Rahmen des Konjunkturpakets die Investitionen in die Infrastruktur um jährlich rund 2 Mrd. Euro auf (2009 und 2010).

> **Hohe kommunale Investitionen notwendig**

Über 60 % des Straßennetzes gehören zur kommunalen Baulast. Die Studie des Deutschen Instituts für Urbanistik über den kommunalen Investitionsbedarf 2006 bis 2020 schätzt einen Bedarf für das kommunale Straßennetz von rund 162 Mrd. Euro, d. h. rund 11 Mrd. Euro pro Jahr. Angesichts der leeren Kassen der Städte und Kommunen und des hohen Ersatzbedarfs ist es nur begrenzt möglich, Impulse für eine Umgestaltung der Verkehrsinfrastruktur zu geben. Darüber hinaus bremst ein weiterer Faktor den Ausbau der Infrastruktur. Insbesondere bei Großprojekten müssen umfangreiche und sehr zeitaufwendige Planungsprozesse durchlaufen werden, die auch eine Vielzahl von Einspruchs- und Klagemöglichkeiten von Bürgern und Interessenverbänden beinhalten. Durch massive Bürgerproteste werden auch bereits rechtskräftig abgeschlossene Planungen weiter behindert. *HAR*

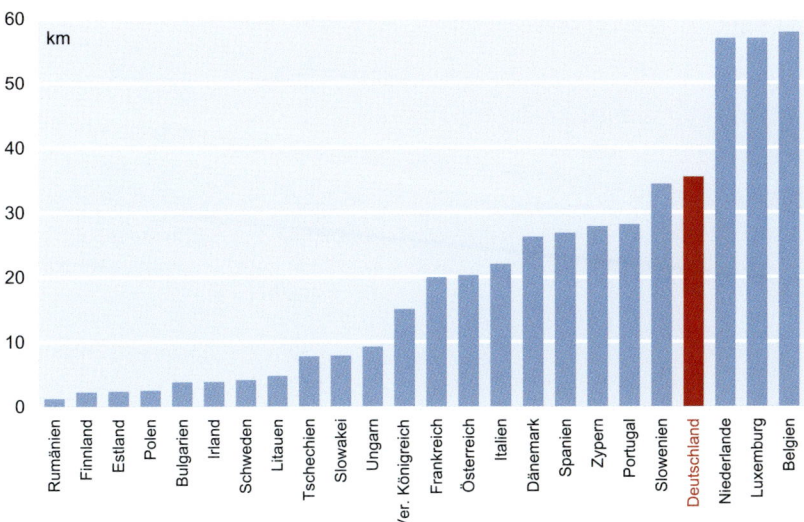

Bild 1 Länge der Autobahnen in den EU-Staaten pro 1 000 km² Fläche
Quelle: Eurostat, Online-Datenbank.

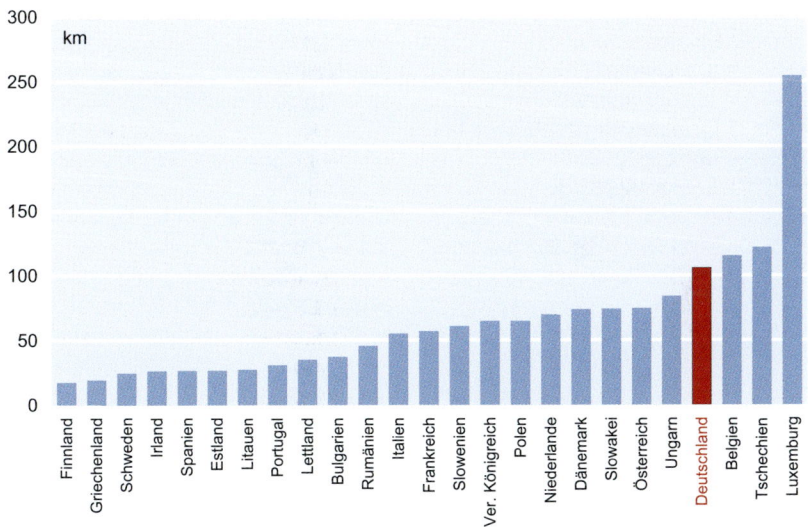

Bild 2 Länge der Eisenbahnstrecken in den EU-Staaten pro 1 000 km² Fläche
Quelle: Siehe Bild 1.

3.2 Straßenmaut

Warum wir sie brauchen

Eine Straßenmaut bezeichnet eine Gebühr für die Nutzung des Straßenraums. Ökonomisch gesehen liegt ihr primärer Zweck darin, die Benutzer einer Straße mit den verursachten negativen externen Kosten in Form von Staus zu konfrontieren.

Solange der Zugang zum knappen Gut Straße nicht beschränkt oder reguliert wird und sobald eine gegebene Straße ihre Kapazitätsgrenze erreicht hat, schaden sich deren Nutzer gegenseitig: Jeder zusätzliche Fahrer berücksichtigt in seiner Fahrentscheidung nur interne Nutzungskosten (z. B. Kosten für Treibstoff), nicht aber die – in der Summe für Deutschland auf etwa 100 Mrd. Euro im Jahr geschätzten – externen Kosten, die sie anderen dadurch aufbürden, dass sie diese behindern. Über eine zeitliche und räumlich differenzierte Straßenmaut lässt sich die Benutzung entsprechend der jeweiligen Nachfrage steuern bzw. glätten (z. B. eine höhere Maut im morgendlichen Berufsverkehr).

Solche Wirkungen sowie die Zurechnung der individuellen Wegekosten (in Abhängigkeit von Fahrzeugtyp und -gewicht) bewirken Verkehrssteuern nicht, die in den öffentlichen Haushalt fließen. Verkehrssteuern decken in Deutschland zwar in der Summe zumindest die direkten Wegekosten (Betrieb, Erhalt und Ausbau von Straßen). Eine Straßenmaut ermöglicht dagegen, einen direkten Zusammenhang zwischen Straßenbenutzung, Bezahlung und Mittelverwendung in einem geschlossenen Finanzierungskreislauf herzustellen. Sie hat somit nicht nur eine kapazitätssteuernde Funktion, sondern erlaubt gleichzeitig die effektive Mittelverwendung und Verstetigung der

Ausgaben in die zunehmend unterfinanzierte Verkehrsinfrastruktur. Schließlich können über eine Straßenmaut auch (zusätzliche) Umweltentlastungsziele verfolgt werden. Hierzu tragen z. B. niedrigere Mautsätze für schadstoffärmere oder leisere Fahrzeuge sowie Zuschläge für die Nutzung stark belasteter oder besonders schutzwürdiger Gebiete bei.

> Die Lkw-Maut als Vorreiter

Für Pkw dominieren bislang zeitabhängige Mautsysteme, die eine unbegrenzte Nutzung eines Straßennetzes für eine bestimmte Geltungsdauer erlauben, und Gebühren für bestimmte Strecken (inklusive Brücken, Tunnel) > Bild 1. Vorrangig ist hier das Finanzierungsziel, während das eigentliche Ziel der Kapazitätssteuerung und auch der Umweltentlastung nicht erreicht wird. Für den Lkw-Verkehr haben bereits fast die Hälfte der aufgeführten europäischen Länder fahrleistungsabhängige Systeme, mit denen zusätzlich dem Verkehrslenkungsziel und auch dem Abbau innereuropäischer Wettbewerbsverzerrungen im Güterverkehr eher entsprochen wird > Bild 2. Zunehmend verbreitet – etwa in London, Stockholm oder einigen norwegischen Städten – sind flächenbezogene City-Mautsysteme, die den Zugang zu den besonders von Staus und Umweltbelastungen geplagten Innenstädten steuern. *TR*

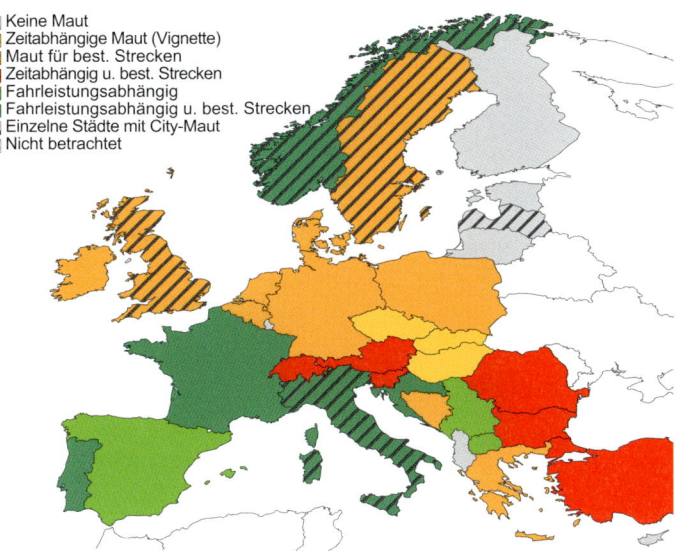

Bild 1 Pkw-Mautsysteme in Europa
Quelle: Wirtschaftskammer Österreich (2010).

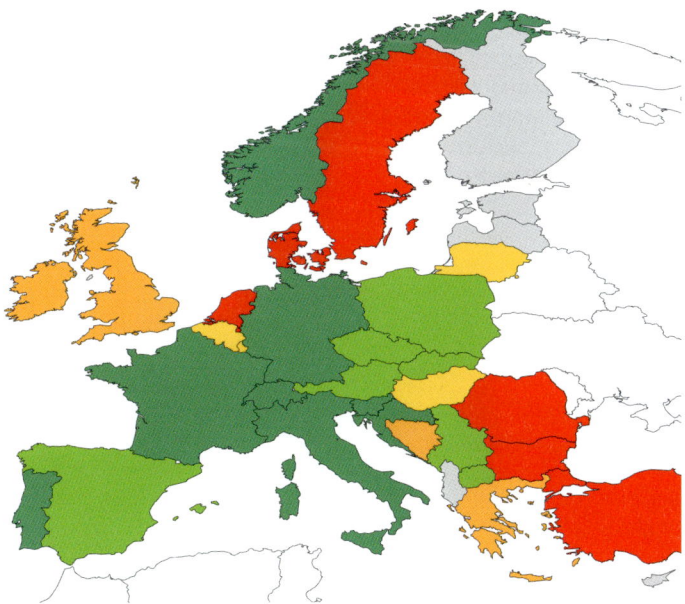

Bild 2 Lkw-Mautsysteme in Europa
Quelle: Siehe Bild 1.

3.3 Wasserversorgung und Abwasser-beseitigung

Eine wichtige Zukunftsaufgabe

Wasser ist als grundsätzlich erneuerbare Ressource elementarer Bestandteil eines stetigen Kreislaufes; denn es wird bei seiner Nutzung ge- und nicht verbraucht. Es gibt damit kein absolutes Einspargebot wie im Falle nicht regenerativer Ressourcen. Allerdings sind die Wasservorräte sowohl im globalen als auch im regionalen Maßstab sehr unterschiedlich verteilt und darüber hinaus mit Schadstoffen belastet. Da Wasser nur unter großem finanziellem Aufwand über weite Entfernungen transportiert werden kann, sind die einzelnen Regionen wesentlich von der Menge und der Qualität der örtlichen Vorräte abhängig.

Die Versorgung der Bevölkerung mit sauberem Trinkwasser ist ein zentraler Bestandteil der öffentlichen Daseinsvorsorge. Da der hohe Fixkostenanteil in der Wasserversorgung die Verlegung paralleler Netze durch konkurrierende Anbieter unrentabel macht, handelt es sich um den klassischen Fall eines natürlichen Monopols. Daher ist die Wasserversorgung in Deutschland im Gegensatz zu anderen Infrastrukturbereichen noch ein wettbewerbsrechtlicher Ausnahmebereich. Die Trinkwasserversorgung erfolgt weitgehend in kleinen, abgeschlossenen Gebietsmonopolen. Der größte Teil, gerade der kleinen Versorger, befindet sich im Eigentum der Kommunen. Auch in den meisten anderen europäischen Ländern erfolgt die Trinkwasserversorgung überwiegend durch öffentliche bzw. kommunale Betriebe. Nur in England und Wales ist die Wasserversorgung vollständig privatisiert worden. In Frankreich wird der Betrieb der öffentlichen Versorgungsanlagen per Ausschreibungswettbewerb zeitlich befristet an Privatunternehmen vergeben. Weitere Länder mit nennenswerter privat- bzw. gemischtwirtschaftlicher Wasserversorgung sind Dänemark, Italien und Spanien.

> **Deutsche sind sparsam beim Wasserverbrauch**

Beim Trinkwasser sind die deutschen Verbraucher im europäischen Vergleich relativ sparsam: Sie verbrauchten im Jahr 2004 126 Liter Trinkwasser pro Einwohner und Tag. Besonders verschwenderisch waren dagegen die Spanier (265 Liter) und die Schweden (190 Liter) > Bild 1. Die Wasserversorgung erfordert andererseits auch Einrichtungen zur Sammlung und Entsorgung des entstehenden Abwassers. Beim Anschlussgrad der Bevölkerung an die Abwasserbeseitigung lag Deutschland 2004 mit 96 % europaweit im vorderen Feld. Malta, Irland und Spanien wiesen dagegen bereits 2005 einen 100 %-Anschlussgrad auf. Diese Länder verfügen aber nicht über ausreichend Kläranlagen, um dieses abgeleitete Abwasser auch zu reinigen. Was den Anschluss der Bevölkerung an kommunale Kläranlagen mit der höchsten (dritten) Reinigungsstufe betrifft, lag Deutschland 2004 in dieser Hinsicht mit 90 % Anschlussgrad im europäischen Vergleich an der Spitze > Bild 2. *JW*

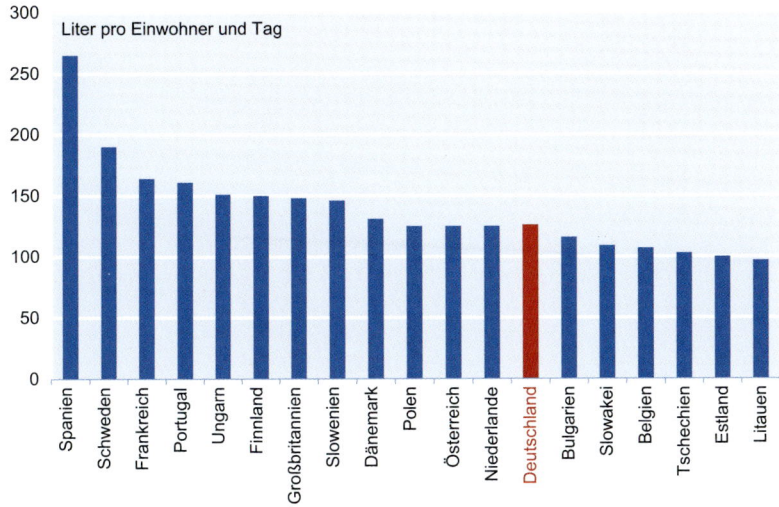

Bild 1 Pro-Kopf-Wasserverbrauch in ausgewählten europäischen Ländern 2004
Quelle: Bundesverband der Energie- und Wasserwirtschaft, Wasserstatistik.

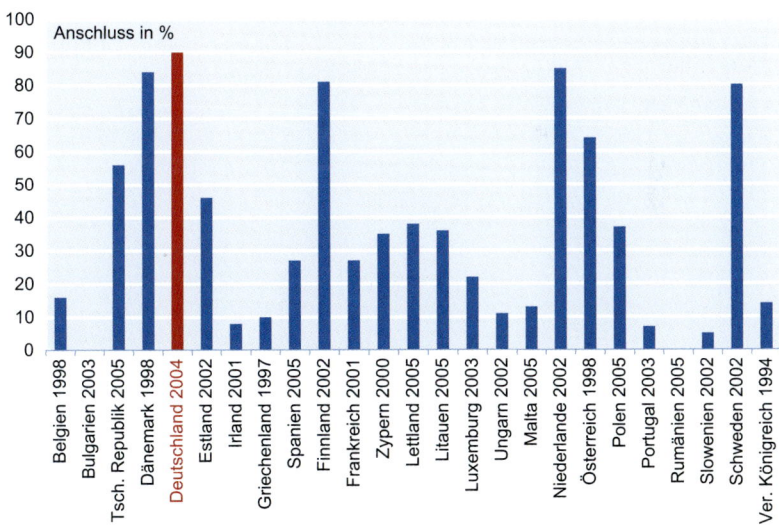

Bild 2 Anschlussgrad der Bevölkerung an kommunale Kläranlagen mit dritter Behandlungsstufe
Quelle: Branchenbild der deutschen Wasserwirtschaft 2008.

3.4 Breitbandinfrastruktur

Wie wichtig ist sie für das Wirtschaftswachstum?

Eine weitverbreitete These besagt, dass moderne Kommunikationsnetze die Verbreitung von Informationen fördern und so zum Wirtschaftswachstum beitragen. In der Tat zeigt eine Studie des ifo Instituts, dass die Breitbandinfrastruktur einen wichtigen Einflussfaktor auf das Pro-Kopf-Wirtschaftswachstum darstellt.

Viele Länder haben als Antwort auf die letzte Wirtschaftskrise Konjunkturpakete mit dem Ziel beschlossen, den Abschwung zu mildern und gleichzeitig langfristiges Wirtschaftswachstum zu stimulieren. Viele dieser Pakete beinhalten Investitionen in den Ausbau von Breitbandinfrastruktur, die insbesondere schnelles Internet ermöglicht. Die Idee, die diesen Investitionsprogrammen zugrunde liegt, besagt, dass moderne Kommunikationsnetze die Verbreitung von Informationen und die Entwicklung und Umsetzung von Innovationen fördern und dadurch zum Wirtschaftswachstum beitragen.

Der Austausch von Informationen, der durch Breitbandinfrastruktur ermöglicht wird, trägt nicht nur zu einer besseren Nutzung des bestehenden Wissensstandes bei, sondern fördert auch die Gewinnung neuer Erkenntnisse und erhöht so den Wissensstand selbst. Die moderne volkswirtschaftliche Wachstumstheorie sieht in der Generierung neuen Wissens und im technischen Fortschritt die entscheidenden Treiber wirtschaftlichen Wachstums.

> Ergebnisse der ifo-Studie

Eine ifo-Studie analysiert den Zusammenhang von Breitbandinfrastruktur und Wirtschaftswachstum basierend auf 25 OECD-Ländern über den Zeitraum 1996 bis 2007. Die Ergebnisse zeigen einen positiven Effekt der Verbreitung von Breitbandinfrastruktur auf das Wirtschaftswachstum: Eine Erhöhung der Breitbandnutzerrate um zehn Prozentpunkte steigert das jährliche Wachstum des BIP pro Kopf um 0,9 bis 1,5 Prozentpunkte. Diese zehn Prozentpunkte entsprechen ungefähr dem Abstand, um den die Breitbandnutzerrate in Deutschland im Jahr 2003 geringer war als in den führenden OECD-Ländern. Zur Illustration der Größe des Effekts sei folgendes Szenario angenommen: Hätte Deutschland im Jahr 2003 seine Breitbandnutzerrate um zehn Prozentpunkte gesteigert, also den Anschluss an die OECD-Länder mit den höchsten Breitbandnutzerraten erreicht, wäre das BIP pro Kopf im Jahr 2007 um 3,7 bis 5,9 % höher gewesen > Bild 1.

Analog dazu lässt sich der gleiche Wert für die anderen Länder berechnen – d. h. der hypothetische Effekt auf das BIP, der erzielt worden wäre, hätten alle Länder im Jahr 2003 eine Breitbandnutzerrate in Höhe von 15,1 % wie das führende Land Kanada gehabt. Das zusätzliche BIP pro Kopf, das jedes Land so im Jahr 2007 erreicht hätte, ist dargestellt in > Bild 2. *NC*

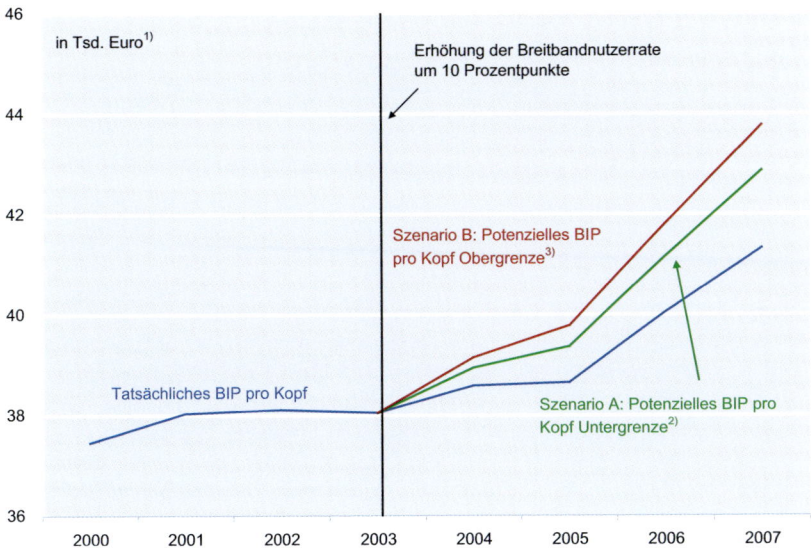

Bild 1 Potenzielle Steigerung des BIP pro Kopf in Deutschland durch höhere Breitbandnutzung
[1] *BIP pro Kopf ausgedrückt in Euro zu Preisen im Jahr 2000;* [2] *Basierend auf 20 OECD-Ländern mit Kontrollvariablen;* [3] *Basierend auf 25 OECD-Ländern ohne Kontrollvariable.*
Quelle: Berechnungen auf Basis von Czernich, N. et al. (2011).

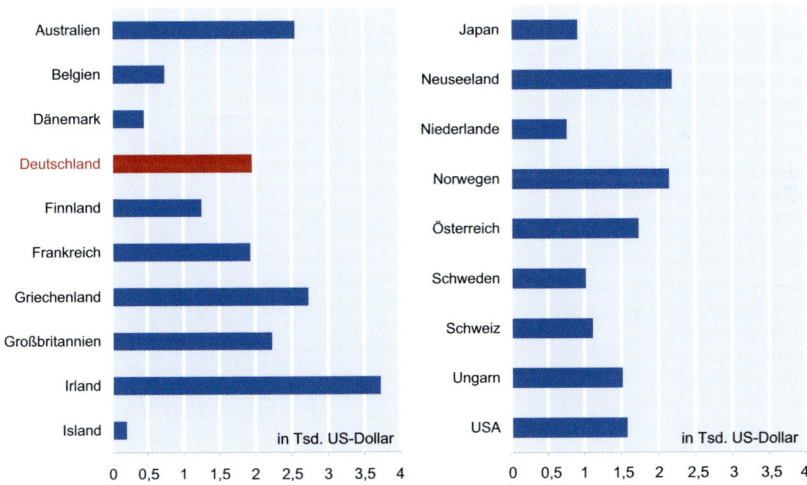

Bild 2 Zusätzliches BIP pro Kopf im Jahr 2007[1] durch höhere Breitbandnutzung
[1] *Zusätzliches BIP pro Kopf 2007, wenn das Land 2003 die gleiche Breitbandnutzerrate wie das führende Land, Kanada, gehabt hätte. Mittelwert der Ober- und Untergrenze des Effekts siehe Bild 1.*
Quelle: Siehe Bild 1.

3.5 15 Jahre Privatisierung des Telekommunikationssektors

Wichtige Schritte auf dem Weg zu modernen Kommunikationsnetzen

Moderne Kommunikationsnetze haben eine besondere Bedeutung für die wirtschaftliche Entwicklung in der modernen Wissensgesellschaft. Allerdings ist die wettbewerbliche Bereitstellung der Netzinfrastruktur schwierig, da zumindest Teile der Netze am kostengünstigsten von nur einem Anbieter bereitgestellt werden können. Daher ist der Telekommunikationssektor auch 15 Jahre nach der Privatisierung sektorspezifischer Regulierung unterworfen.

In Deutschland wurde 1996 ein neues Telekommunikationsgesetz verabschiedet, das das Monopol der Deutschen Bundespost als Betreiber des Sprachtelefonnetzes abschaffte und freien Marktzutritt zu allen Bereichen des Telekommunikationssektors erlaubte. Das Gesetz trat zum 1. Januar 1998 in Kraft. Zur gleichen Zeit wurde die Regulierungsbehörde für Telekommunikation und Post gegründet, die 2005 zur Bundesnetzagentur wurde. Ihre Aufgabe ist es, durch einen diskriminierungsfreien Netzzugang und effiziente Netznutzungsentgelte Wettbewerb zu fördern > Bild 1.

In den ersten Jahren nach der Privatisierung entstand vor allem servicebasierter Wettbewerb, wobei Wettbewerber Leitungen der Deutschen Telekom mieteten und insbesondere als Verkäufer von Call-by-Call-Angeboten auftraten. Die Anzahl der Anbieter von Telekommunikationsdienstleistungen stieg stark an, gleichzeitig fielen die Preise drastisch. Später traten auch Wettbewerber mit eigener Infrastruktur in den Markt ein. In anderen Ländern kam es allerdings schon deutlich früher zu infrastrukturbasiertem Wettbewerb über das Kabelfernsehnetz. In Deutschland hingegen besaß die Deutsche Telekom neben dem Telefonnetz auch das Kabelfernsehnetz, und erst nach dem politisch forcierten Verkauf des Kabelnetzes investierten die neuen Kabelnetzbetreiber in den Ausbau des Netzes. Telefon- und Internetanschlüsse via Kabel haben seitdem stark zugenommen. Im europäischen Vergleich spielt Internet via Kabel in Deutschland allerdings noch immer eine geringe Rolle > Bild 2.

> Breitbandstrategie

Um die noch bestehenden Lücken in der Breitbandversorgung zu schließen, beschloss die Bundesregierung 2009 eine Breitbandstrategie mit dem Ziel, bis 2010 für alle Haushalte Breitbandinternet und bis 2014 für 75 % der Haushalte Breitbandraten von mindestens 50 Mbit/s zu ermöglichen. Neben der Bereitstellung von Fördermitteln ist die Versteigerung des durch die Einführung von digitalen Fernsehsignalen frei gewordenen Frequenzbandes ein wichtiges Instrument dafür. Dieses Frequenzband wurde 2010 an Mobilfunkbetreiber mit der Auflage versteigert, das Frequenzband auch für den Breitbandausbau in unterversorgten ländlichen Regionen zu verwenden. *NC*

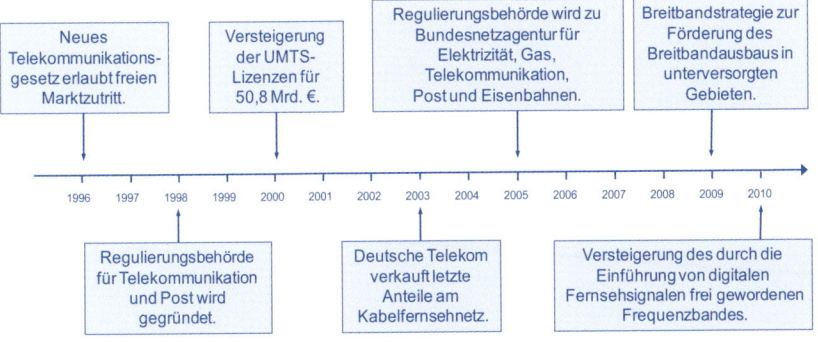

Bild 1 Wichtige Schritte der Telekommunikationsregulierung in Deutschland
Quelle: Czernich, N. et al. (2008).

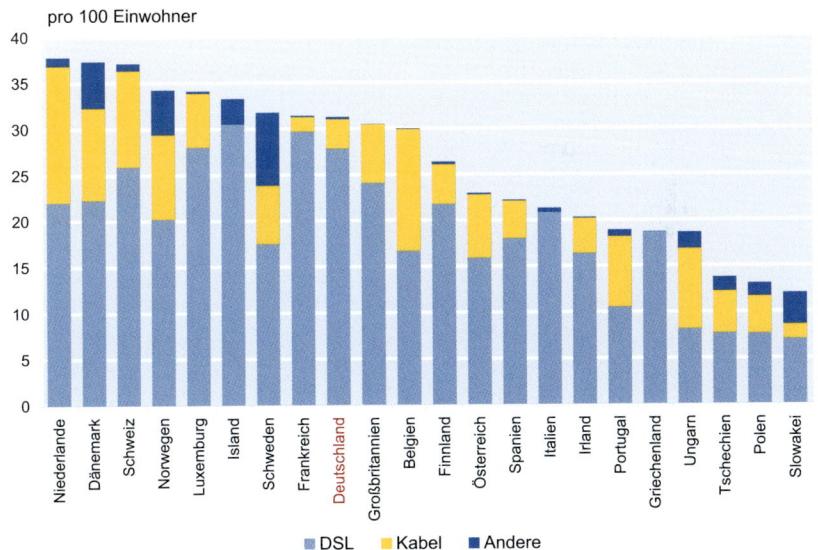

Bild 2 Breitbandanschlüsse nach Technologien im europäischen Vergleich Juni 2010
Quelle: OECD, Broadband Portal.

3.6 Privatisierung der Infrastruktur

Kann die Wirtschaft es besser?

Die (teilweise) Privatisierung von Infrastruktur kann sich lohnen, wenn der Staat gleichzeitig Rahmenbedingungen für mehr Wettbewerb schafft. Er muss insbesondere dafür sorgen, dass private Monopole entweder nicht entstehen oder sinnvoll reguliert werden.

Infrastruktur wird oft durch den Staat mit der Begründung bereitgestellt, dass die Infrastrukturprojekte meist natürliche Monopole darstellen und/oder positive externe Effekte aufweisen, sodass eine Steuerung über den Markt nicht funktioniert. Allerdings hat auch ein staatlicher Betrieb solcher volkswirtschaftlich bedeutsamen Projekte Nachteile; denn auch bei einem staatlichen Monopol besteht grundsätzlich wenig Anreiz zu Verbesserungen. Es wird zu wenig investiert. Darüber hinaus spürt ein Monopolist kaum Anreize, seine Kosten zu minimieren und effizient zu wirtschaften, da er keine Konkurrenz zu befürchten hat. Diese Probleme lassen sich am Beispiel des Eisenbahnwesens deutlich machen, das bis Mitte der 1990er-Jahre in Europa in staatlicher Hand war. Die Staaten investierten zu wenig in die Schiene und behielten die laufenden Kosten nicht im Auge. Aus der Sicht des Kunden verschlechterte sich die Qualität im Verhältnis zu den anderen Verkehrsträgern. Für die staatlichen Eigentümer wurde das hoch defizitäre Eisenbahnwesen zu einer immer größeren Last.

> Infrastruktur und Wettbewerb

Das wirtschaftspolitische Hauptargument für die private Bereitstellung von Infrastruktur ist, dass so mehr Wettbewerb entstehen kann. Aber natürliche Monopole und externe Effekte bleiben bestehen. Deshalb müssen für private Anbieter geeignete Rahmenbedingungen vom Staat geschaffen werden, um diese Nachteile zu vermeiden. Sinnvoll ist z. B. eine Trennung von Verkehr und Schiene. Man kann relativ problemlos den Verkehr auf der Schiene wettbewerblich organisieren, wenn es hier keine Monopolsituation gibt. Das gilt nicht für die Schiene selbst. Sie kann daher staatlich bleiben oder auch einem privaten Unternehmen überlassen werden, wenn die Vergabe der Trassen und die Trassenpreise für die Nutzung staatlich reguliert werden > Bild 1. England ist das einzige Land, das den Eisenbahnsektor vollständig privatisierte. Der Erfolg ist jedoch sehr fraglich, da der Staat immer wieder eingreifen musste, um ungerechtfertigten Preiserhöhungen, Streckenkürzungen und Einsparungen zulasten der Sicherheit entgegenzuwirken. Schweden dagegen gilt als Erfolgsmodell. Hier wurden nur Teile der Infrastruktur privatisiert.

In anderen Infrastrukturbereichen ist es durch technischen Fortschritt gelungen, staatliche Monopole aufzulösen und mehr Wettbewerb zu schaffen. Ein gutes Beispiel hierfür ist der Telekommunikationssektor. Hier können alle profitieren. Die Technologie wird für die Kunden besser und günstiger, der Fiskus verdient (zumindest kurzfristig) am Verkauf des Monopols. *SF*

Länder	Marktöffnung gemäß EU-Richtlinie	Trennungsmodell (Infrastruktur)	Eigentumsform des etablierten Eisenbahnunternehmens	Marktanteile etablierter/privater Anbieter (Personenverkehr)
Belgien	Ja	Organisatorisch + buchhalterisch	Privatrechtliche Holding AG	SNCB: nahezu alleiniger Anbieter
Dänemark	Ja	Vollständig getrennt	Keine Privatisierung von DSB	Wettbewerb: DSB und private Eisenbahnverkehrsunternehmen
Deutschland	Ja	Organisatorisch + buchhalterisch	Privatrechtliche AG	Fernverkehr: DB alleiniger Anbieter; Regionalverkehr: 11 % Marktanteil privater Anbieter
Finnland	Ja	Formal getrennt	Privatrechtliche GmbH	VR: nahezu alleiniger Anbieter
Frankreich	Ja	Formal getrennt	Öffentlich, kommerziell	SNCF: nahezu alleiniger Anbieter
Griechenland	Teilweise	Keine Trennung	Keine Privatisierung	OSE: alleiniger Anbieter
Großbritannien	Ja	Vollständig getrennt	Zerschlagung von British Rail	Verschiedene private Anbieter
Irland	Ja	Keine Trennung	Keine Privatisierung	IE: alleiniger Anbieter
Italien	Ja	Keine Angaben	Privatrechtliche AG	Keine Angaben
Luxemburg	Teilweise	Buchhalterisch getrennt	Keine Privatisierung	CFL: alleiniger Anbieter
Niederlande	Ja	Vollständig getrennt	Privatrechtliche Gesellschaft	Fernverkehr: NS Exklusivrechte bis 2015; Regionalverkehr: mehrere private Anbieter
Österreich	Ja	Buchhalterisch getrennt, organisatorisch geplant	Privatrechtliche AG in Vorbereitung	Fernverkehr: ÖBB: nahezu alleiniger Anbieter; Regionalverkehr: 12 private Anbieter
Portugal	Ja	Vollständig getrennt	Keine Privatisierung von CP	Fernverkehr: CP alleiniger Anbieter; Regionalverkehr: 1 privater Anbieter
Schweden	Ja	Vollständig getrennt	Teilprivatisierung	SJ: 100 % der profitablen Strecken; andere Strecken: private Eisenbahnverkehrsunternehmen
Spanien	Ja	Buchhalterisch getrennt	Keine Privatisierung	RENFE: alleiniger Anbieter

Bild 1 Privatisierungen im Eisenbahnsektor in Europa
Quelle: Dichhaus, B.; Dietz, K. (2004).

3.7 Öffentliche und private Güter

Was sind die Unterschiede?

Private Güter unterscheiden sich von öffentlichen Gütern dadurch, dass andere Menschen diese Güter nicht zugleich mit ihren Besitzern konsumieren können und dass die Konsumenten im Verbrauch und Erwerb der Güter konkurrieren. Diese Merkmale bilden wichtige Grundlagen für das Funktionieren von Tausch und Handel und damit von Märkten im Allgemeinen.

Private Güter werden in einer Marktwirtschaft von Unternehmen angeboten, die Bereitstellung öffentlicher Güter dagegen wird üblicherweise als eine Aufgabe des Staates angesehen. Doch was sind die spezifischen Eigenschaften öffentlicher und privater Güter, die diesen Unterschied erklären?

> Private Güter

Die Merkmale »Ausschließbarkeit« vom und »Rivalität« im Konsum kennzeichnen sogenannte private Güter. Jeder, der etwa Lebensmittel besitzt und verzehrt, kann andere zum einen vom Genuss dieser ausschließen. Zum anderen verringert der Konsum des einen die Menge, die anderen zur Verfügung steht, sodass die Konsumenten in Rivalität zueinander stehen. Wer eine Flasche Wein kauft, kann anderen deren Konsum verwehren. Zudem kann jedes Glas, das er trinkt, nicht gleichzeitig (mehr) von einem Dritten getrunken werden. Beide Merkmale sind eng verknüpft mit den Prinzipien von Leistung und Gegenleistung in Tauschgeschäften. Denn sie stellen sicher, dass jeder, der private Güter konsumieren möchte und nicht selbst produziert, einem Produzenten dafür etwas zahlen muss, dass dieser die Kosten der Produktion trägt und auf den Eigenkonsum verzichtet. Umgekehrt bietet der Tausch dem Produzenten die Möglichkeit, sich

gegenüber der Eigenversorgung besserzustellen. Er erhält so einen Anreiz, über den Eigenbedarf hinaus zu produzieren.

Konsument wie Produzent werden von ihren Interessen geleitet. Der Tausch wird daher nur vollzogen, wenn er beiden Seiten vorteilhaft erscheint. Im obigen Beispiel darf der Kauf der Flasche Wein dem Konsumenten zumindest keinen Nutzenverlust bringen. Aus Sicht des Produzenten muss ihr Preis zumindest seine Kosten decken. Aus einer Vielzahl solcher Tauschgeschäfte ergibt sich auf Märkten durch die Konkurrenz der Marktteilnehmer schließlich ein Gleichgewicht, in dem der Wert der Produkte für die Produzenten gerade noch deren Kosten und für die Konsumenten gerade noch deren Zahlungsbereitschaft entspricht. Daraus folgt, dass keine Seite mehr bessergestellt werden kann, ohne die andere zu benachteiligen. Dieses Argument begründet die Effizienz von Märkten bei privaten Gütern und die Vorteile einer Marktwirtschaft im Allgemeinen.

> Öffentliche Güter

Die Merkmale »Ausschließbarkeit« und »Rivalität« fehlen dagegen bei sogenannten öffentlichen Gütern wie öffentlichen Parkanlagen, dem Klimaschutz oder der nationalen Sicherheit. Diese Güter stiften nicht nur einem Einzelnen, sondern stets einem größeren Kreis von Akteuren Nutzen, ohne dass diese in Konkurrenz zueinander stehen. Wer in einem Park spazieren geht, mindert dadurch nicht das Vergnügen, das andere Spaziergänger haben. Wenn durch effektiven Klimaschutz ein Anstieg des Meeresspiegels vermieden wird, können bedrohte Südseeinseln weiter bewohnt werden. Dies vermindert jedoch nicht die Vorteile anderer Staaten, in denen dank der Klimaschutzmaßnahmen etwa lange Dürreperioden verhindert werden. Umgekehrt ist es unmöglich, einzelne Staaten, die keinen Beitrag zum Klimaschutz leisten, von dessen positiven Wirkungen auszuschließen. Ähnlich verhält es sich in Fällen, in denen ein Ausschluss Einzelner wie bei der nationalen Sicherheit zwar technisch möglich, aber mit unvertretbar hohem Aufwand verbunden ist.

Aufgrund dieser Merkmale beruht einerseits der »Konsum« öffentlicher Güter oft auf keiner freiwilligen Entscheidung. So können sich zwar einzelne Staaten Maßnahmen zum Klimaschutz oder einzelne Bürger Maßnahmen zur nationalen Sicherheit widersetzen, nicht aber den mit dem jeweiligen Gut verbundenen Vorteilen. Andererseits geht mit jeder Bereitstellung oder Produktion öffentlicher Güter ein »positiver externer Effekt« einher: Es profitiert nicht nur der, der die Kosten trägt, sondern auch (alle) andere(n) Akteure, die an den Kosten aber nicht beteiligt werden können. Die externen Effekte erzeugen aus Sicht des einzelnen Akteurs den Anreiz, selbst nur einen möglichst geringen Beitrag zu leisten und stattdessen als »Trittbrettfahrer« von den Leistungen anderer zu profitieren. Betrachtet man z. B. die Länder Deutschland (Akteur A) und Schweiz (Akteur B) und das Projekt »Verbesserung der Wasserqualität des Bodensees«. A möge über die höhere Zahlungsbereitschaft für eine gute Wasserqualität verfügen, sodass es unabhängig von B ein höheres Maß an Umweltschutz anstrebt. B kann der Genuss einer Verbesserung der Wasserqualität jedoch nicht verwehrt werden. Kennt deshalb B die höhere Zahlungsbereitschaft von A, wird es keinen Beitrag leisten und stattdessen als »Trittbrettfahrer« seine Umweltschutzziele über die von A erzielten Verbesserungen als erfüllt ansehen. Trotz des Ungleichgewichts in der Kostenverteilung geben beide ihre »beste Antwort« auf die Anreize des Gegenübers.

Diese Lösung ist jedoch nicht effizient. Es wird nicht die optimale Wasserqualität erreicht. Denn würde auch B seine Zahlungsbereitschaft ausschöpfen und Beiträge leisten, könnten sich beide besserstellen. Die optimale Versorgung wird entsprechend durch die nach dem amerikanischen Ökonomen Paul Samuelson (1915–2009) benannte Bedingung definiert, dass die Summe der Zahlungsbereitschaften der betroffenen Akteure den Kosten der letzten bereitgestellten Einheit des Gutes entspricht und somit alle Akteure ihre Zahlungsbereitschaft zur Finanzierung des Gutes ausschöpfen. Gefordert wird – letztlich wie bei privaten Gütern – die Übereinstimmung von gesamtwirtschaftlichem Wert und Kosten der letzten produzierten Einheit. Die private Vorteilssuche verfehlt dies jedoch wie gesehen regelmäßig. In diesen Fällen rechtfertigt das »Marktversagen« aus ökonomischer Sicht koordinierende Eingriffe wie eine Besteuerung, Subventionierung oder eine direkte Bereitstellung des Gutes durch den Staat als dem Markt übergeordnete Institution.

Fehlt hingegen nur die Ausschließbarkeit (Allmendegüter) oder nur die Rivalität (Klub- oder Mautgüter), spricht man von unreinen öffentlichen Gütern. Auch hier muss der Markt durch zusätzliche Maßnahmen reguliert oder ersetzt werden. *JP*

4 BEVÖLKERUNG UND MIGRATION

4.1　Altenquotient und Alterspyramide

Warum wird Deutschland immer älter?

Die demografische Entwicklung Deutschlands ist – wie die anderer industrialisierter Länder – durch »double ageing« gekennzeichnet. Das Durchschnittsalter der Bevölkerung erhöht sich zum einen durch einen allgemeinen Anstieg der Lebenserwartung und zum anderen durch anhaltend niedrige Geburtenziffern.

Aufgrund medizinischen Fortschritts, verbesserter Ernährungs-, Wohn- und Arbeitsbedingungen sowie erhöhten materiellen Wohlstands nimmt laut Statistischem Bundesamt die Lebenserwartung in Deutschland seit 130 Jahren kontinuierlich zu. Ende des 19. Jahrhunderts verringerte sich zuerst die Kinder- und Säuglingssterblichkeit, ehe ab Mitte des 20. Jahrhunderts auch die Sterblichkeit älterer Menschen deutlich zurückging. Während die Lebenserwartung von Jungen (Mädchen) im Deutschen Reich 1871/1881 lediglich bei 35,6 (38,4) Jahren lag, betrug sie 2006/2008 bereits 77,2 (82,4) Jahre.

Die Geburtenziffer stieg in Deutschland nach dem Zweiten Weltkrieg bis auf 2,5 Kinder pro Frau im Jahr 1965 (Babyboom) und ging dann innerhalb nur eines Jahrzehnts auf 1,45 in Westdeutschland und 1,54 in Ostdeutschland zurück (Pillenknick). In Westdeutschland liegt sie seitdem relativ konstant bei diesem Wert. In Ostdeutschland stieg sie (auch politisch bedingt) bis 1980 nochmals auf 1,94 an, ehe sie im Zuge der sozioökonomischen Umbrüche nach der Wende auf 0,77 sank, der niedrigsten je gemessenen Geburtenziffer weltweit. In den letzten Jahren näherte sich die Geburtenziffer in Ostdeutschland dem westdeutschen Niveau an, sodass sie in Deutschland heute bei 1,38 Kindern pro Frau liegt.

Altenquotienten messen das statistische Verhältnis zwischen 65-Jährigen und älteren Personen und der Personengruppe im Alter von 20 bis 64. Der Altenquotient betrug in Deutschland im Jahr 2010 0,34. Bis zum Jahr 2060 rechnet man mit einer annähernden Verdoppelung dieses Quotienten auf dann 0,67. Der Jugendquotient misst das statistische Verhältnis zwischen unter 20-Jährigen und der Personengruppe im Alter von 20 bis 64. Prognosen zufolge bleibt er bis 2060 annähernd konstant bei 0,31 > Bild 1.

> Alterspyramide: »Urne« statt »Pyramide«

Die gesamte Altersstruktur der Bevölkerung Deutschlands kann anhand von Alterspyramiden dargestellt werden > Bild 2. Im Jahr 1910 war noch von einer »Pyramide« zu sprechen. Es gab eine breite Basis junger Menschen, während sich die Bevölkerungsstärke mit zunehmendem Alter stetig ausdünnte. Über die folgenden Jahrzehnte wurde die Basis der Pyramide schmäler und die Spitze weitete sich. Die Anzahl junger Menschen nahm also ab, während die Anzahl älterer Menschen zunahm. Für das Jahr 2060 prognostiziert das Statistische Bundesamt eine Altersstruktur, die eher einer »Urne« als einer »Pyramide« ähnelt. *STB*

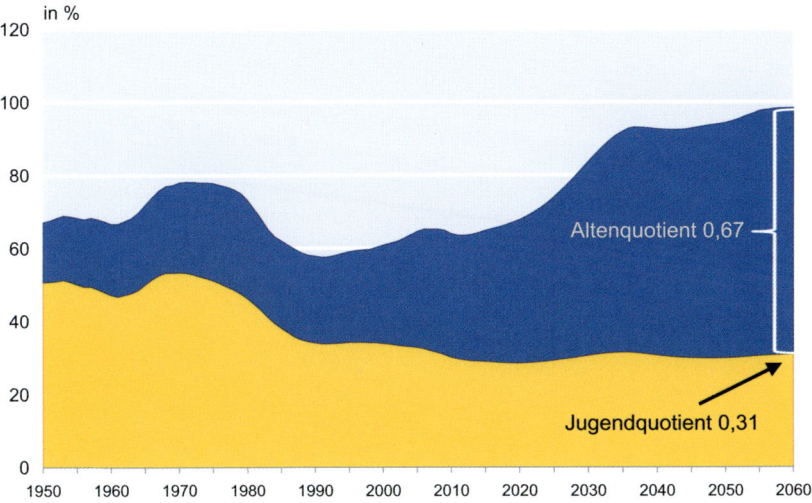

in %

Bild 1 Alten- und Jugendquotient in Deutschland 1950 bis 2060
Quelle: Statistisches Bundesamt (2009): Bevölkerung Deutschlands bis 2060.

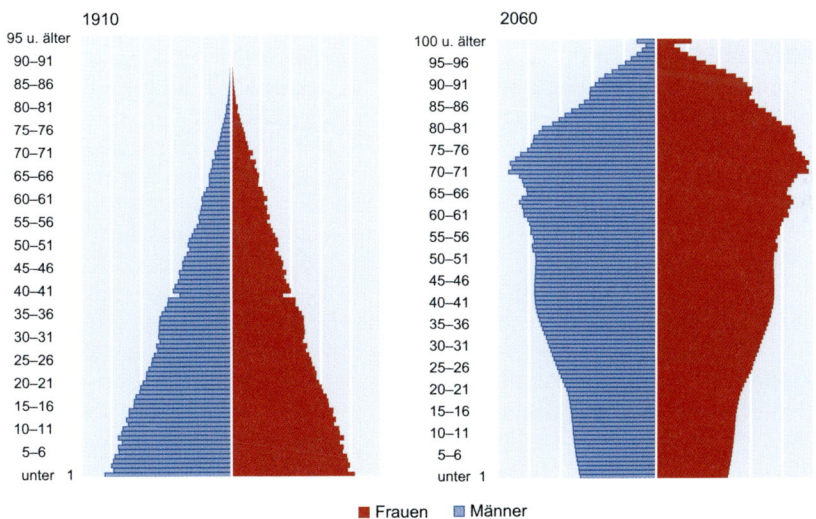

Bild 2 Alterspyramiden für Deutschland 1910 und 2060
Quelle: Siehe Bild 1.

4.2 Geburtenziffer

Land ohne Kinder

Deutschland hat die kleinste Zahl von Neugeborenen relativ zu seiner Bevölkerungsgröße unter allen entwickelten Ländern dieser Erde. Kein Volk schrumpft so schnell wie das deutsche. Die Schrumpfung stellt eine der zentralen Herausforderungen für den Arbeitsmarkt und die sozialen Sicherungssysteme der Bundesrepublik Deutschland dar.

Nachdem die Zahl der Geburten pro Frau in Deutschland während der Babyboomjahre bis auf 2,5 Kinder anstieg, brach sie Ende der 1960er- und Anfang der 1970er-Jahre ein. In Ostdeutschland sank sie im Zuge der sozioökonomischen Umbrüche nach der Wende sogar noch einmal weiter auf 0,77, den niedrigsten je gemessenen Wert weltweit. Heute liegt die Zahl der Geburten pro Frau in Ost- und Westdeutschland bei etwa 1,38 Kindern pro Frau und damit deutlich unter dem EU-Durchschnitt. Noch extremer ist die Situation bei den Neugeborenen pro 1 000 Einwohner. Hier liegt Deutschland unter allen entwickelten Ländern der Erde mit einem Wert von lediglich 8,3 sogar auf dem allerletzten Platz > Bild 1. Da die Sterberaten international vergleichbar sind, heißt das auch, dass das deutsche Volk derzeit schneller schrumpft als jedes andere entwickelte Volk dieser Erde. Der Grund hierfür liegt in der Tatsache, dass die Geburten in Deutschland früher als in anderen Ländern zurückgingen, sodass bereits der Anteil von Frauen im gebärfähigen Alter in Deutschland heute niedriger ist als in anderen Ländern.

> Der Einschnitt durch den »Pillenknick«

Der rapide Rückgang der Geburtenziffer Ende der 1960er- und Anfang der 1970er-Jahre wird oft als »Pillenknick« bezeichnet, da er mit der Verbreitung der Antibabypille zusammenfällt. Zu den Erklärungen eines schon längerfristig niedrigen Geburtenniveaus zählt aber auch die frühe Einführung der Rentenversicherung in Deutschland, die das Motiv der Alterssicherung im Laufe der Generationen allmählich aus der Familienplanung eliminiert hat. Die Änderung der Geburtenraten ging Hand in Hand mit einem allgemeinen Wandel des gesellschaftlichen Frauenbilds, in dessen Zuge Mädchen und Frauen eine bessere Bildung und eine andere Rolle im Erwerbsleben zuteilwurden.

Für moderne Gesellschaften galt lange, dass die Geburtenziffer eines Landes umso niedriger ist, je höher das Pro-Kopf-Einkommen liegt. Aktuelle Studien legen nahe, dass der negative Zusammenhang zwischen Pro-Kopf-Einkommen und Geburtenziffer ab einem gewissen Entwicklungsniveau eines Landes schwinden kann. So findet man in hoch entwickelten Volkswirtschaften in den letzten Jahren sogar einen positiven Zusammenhang zwischen der Entwicklung eines Landes und der Geburtenrate > Bild 2. Ähnliches gilt auch für den Zusammenhang zwischen der Erwerbsbeteiligung von Frauen und Fertilität, wenn die höhere Erwerbsbeteiligung durch Maßnahmen zur Verbesserung der Vereinbarkeit von Familie und Beruf induziert wurde. *STB*

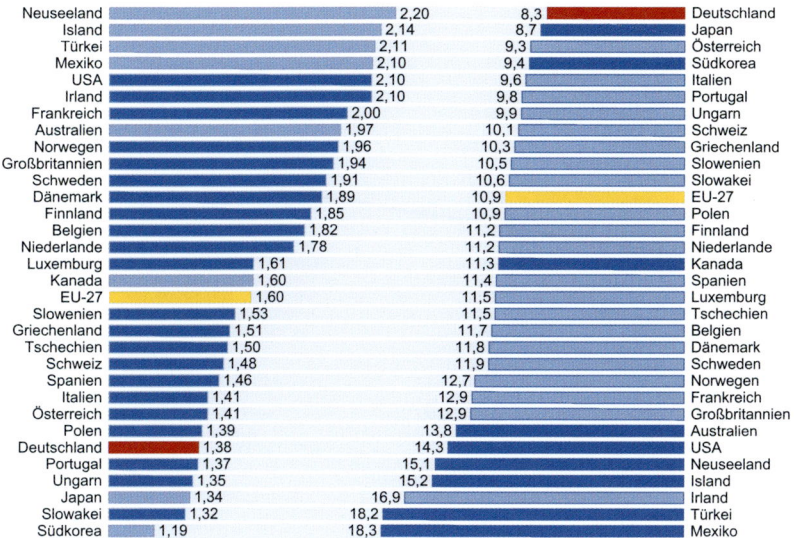

Bild 1 Zusammengefasste Geburtenziffer und Neugeborene pro 1 000 Einwohner 2008
Quelle: World Bank, World Development Indicators 2009; Darstellung des ifo Instituts.

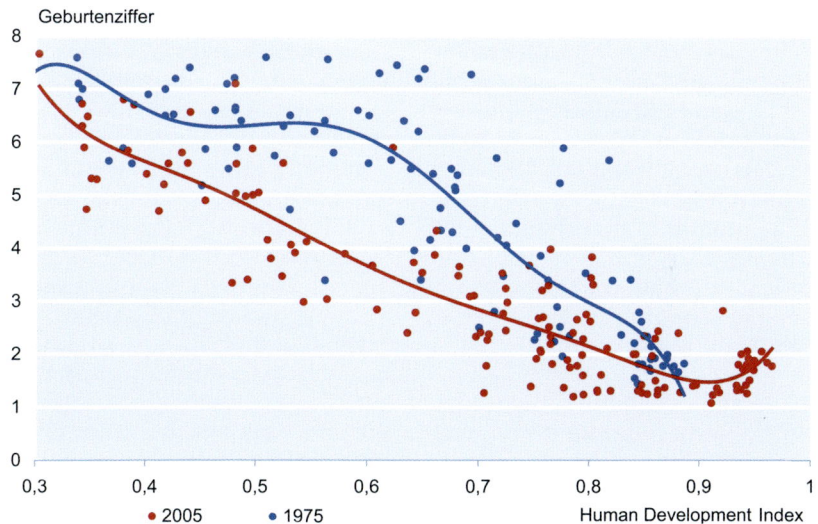

Bild 2 Entwicklungsstand eines Landes und Geburtenziffer[1]
[1] *Der Human Development Index der Vereinten Nationen ist ein Maß für den Entwicklungsstand von Ländern und berücksichtigt Kaufkraft, Bildungsstand und Lebenserwartung der Bevölkerung. Zu den hoch entwickelten Ländern mit hohen Geburtenziffern im Jahr 2005 gehören unter anderem Schweden, Norwegen, Finnland oder auch Frankreich.*
Quelle: Myrskylä, M.; Kohler, H. P.; Billari, F. (2009).

4.3 Rentenversicherung

Hat sie die geringe Geburtenrate verursacht?

Die Zahl der Kinder pro Frau ist in den letzten Jahrzehnten fast überall stark zurückgegangen. Die Gründe dafür liegen in den höheren Einkommensverlusten für Mütter aufgrund einer Erwerbsunterbrechung sowie im Ausbau der staatlichen Rentenversicherung. Diese ersetzt Unterstützungszahlungen von Kindern an ihre Eltern. Kinder sind deshalb für die Absicherung im Alter kaum noch erforderlich.

Die Zahl der Kinder pro Frau hat sich in den letzten Jahrzehnten in fast allen Ländern stark reduziert > Bild 1. Dies wird auch auf Änderungen der ökonomischen Rahmenbedingungen zurückgeführt. Kinder sind mit Kosten und Erträgen für die Eltern verbunden. Auf der Kostenseite stehen nicht nur die Ausgaben für Wohnraum, Bekleidung, Ernährung und Ausbildung. Von großer Bedeutung sind die sogenannten Opportunitätskosten. Diese bestehen im entgangenen Lohneinkommen der Mütter. Aufgrund des starken Anstiegs der Lohnsätze der Frauen in vielen Ländern haben sich die Opportunitätskosten deutlich erhöht. Ungeplante Schwangerschaften sind mit dem Aufkommen neuer Methoden der Empfängnisverhütung (»Pille«) seltener geworden. Kinder werden heutzutage vor allem im Hinblick darauf geboren, dass sie das Leben ihrer Eltern bereichern.

> Rentenversicherung zerstört traditionellen Generationenvertrag

In vielen Gesellschaften wurden und werden Kinder zusätzlich oder hauptsächlich als Investition angesehen. Die Eltern opfern Zeit und Geld für das Aufziehen und die Ausbildung ihrer Kinder. Im Gegenzug erhalten sie im Rahmen eines sogenannten Generationenvertrags finanzielle Transfers und Sachleistungen von ihren Kindern im Alter. Die Einführung und Ausdehnung auf Zwang basierender staatlicher Rentensysteme seit Ende des 19. Jahrhunderts, in die alle einbezogen werden, zerstören den traditionellen Generationenvertrag innerhalb der Familie und ersetzen ihn durch einen innerhalb der Gesellschaft. Eine Rentenversicherung bewirkt ein niedrigeres verfügbares Einkommen während der Erwerbsphase und erhöht dieses Einkommen im Alter. Erwerbstätigen Kindern werden durch die Rentenversicherungsbeiträge Mittel entzogen, ihre im Ruhestand befindlichen Eltern erhalten bereits vor etwaigen Transfers von den Kindern Leistungen aus der Rentenversicherung. Damit aber werden die Transfers von Kindern an ihre Eltern sinken oder ganz verschwinden. Da Zahl und Beiträge der eigenen Kinder für die Rentenansprüche der Eltern unwesentlich sind, bringen Kinder aus Sicht potenzieller Eltern dann in vielen Fällen keinen wirtschaftlichen Nutzen. Daher entfällt das Motiv der Altersvorsorge bei der Entscheidung für oder gegen Kinder. Somit ist der erhebliche Rückgang der Geburtenrate auch auf die Rentenversicherung zurückzuführen. *VM*

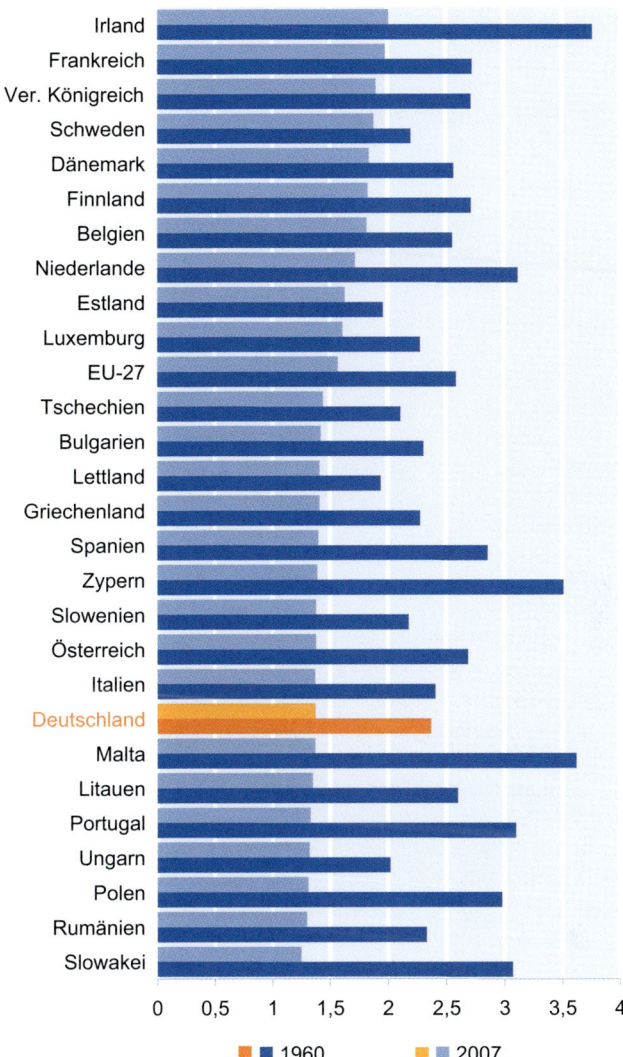

Bild 1 Geburtenraten in der EU-27 1960 bis 2007
Quelle: Eurostat.

4.4 Besteuerung von Familien

Was macht Frankreich besser?

Im Hinblick auf eine nachhaltige Bevölkerungsentwicklung sollten Familien gezielt gestärkt werden, unter anderem durch steuerliche Vergünstigungen. Anders als in Deutschland werden in Frankreich Familien mit Kindern bei der Berechnung der Einkommensteuer durch das Familiensplitting gegenüber Familien ohne Kinder deutlich bessergestellt.

Die Einkommensteuer ist in Deutschland, wie in den meisten Ländern, die wichtigste Einnahmequelle für den Staat. Zusammen mit den Sozialabgaben führt sie zu einer hohen finanziellen Belastung für Arbeitnehmer. Bereits bei einem zu versteuernden Einkommen von 24 000 Euro liegt der Anteil des Einkommens, der als Einkommensteuer an den Staat gezahlt werden muss, bei 16 %. Für Ehepaare sieht das deutsche Steuerrecht eine Sonderregelung vor: Bei gemeinsamer Veranlagung wird die Einkommensteuer nicht auf Basis des individuell zu versteuernden Einkommens des jeweiligen Ehepartners, sondern auf Basis der Hälfte der Summe des Gesamteinkommens des Paares berechnet (Ehegattensplitting). Da in Deutschland der (effektive) Steuersatz mit zunehmendem Einkommen steigt, führt das Ehegattensplitting zu einer steuerlichen Erleichterung für Paare, bei denen ein Partner deutlich mehr verdient als der andere. Kinder werden beim Ehegattensplitting nicht berücksichtigt.

> Familiensplitting

Frankreich geht noch einen Schritt weiter und wendet auf einen Teil der Einkommensteuer ein Familiensplitting an. Bei der Berechnung der Einkommensteuer wird das zu versteuernde Einkommen durch die gewichtete Anzahl der Familienmitglieder geteilt, wobei beide Partner ein Gewicht von jeweils eins, das erste und zweite Kind ein Gewicht von jeweils 0,5 und jedes weitere Kind ein Gewicht von eins erhält. Auf Basis des resultierenden Wertes wird die Einkommensteuer ermittelt und in einem letzten Schritt wieder mit der gewichteten Anzahl der Familienmitglieder multipliziert. Mit zunehmender Familiengröße sinkt also der Wert für das Einkommen, auf dessen Basis die Einkommensteuer berechnet wird. Solange der Einkommensteuersatz mit dem Einkommen steigt, führt das zu einer deutlichen Entlastung für Familien gegenüber Personen ohne Kinder > Bild 1.

Mit dem Familiensplitting und anderen Maßnahmen ist Frankreich ein Vorreiter bei der Förderung von Familien in Europa. Daher ist es auch nicht verwunderlich, dass Frankreich eine der höchsten Geburtenraten in der EU aufweist. Im internationalen Vergleich gibt Deutschland relativ viel Geld für monetäre Leistungen und Steuererleichterungen für Familien, vor allem für Kindergeld und Kinderfreibetrag, aus > Bild 2. Allerdings erfolgt die Förderung von Familien weniger gezielt als in Frankreich. Eine Möglichkeit, die Förderung effektiver zu machen, wäre die Überführung des Ehegattensplittings in ein Familiensplitting. *WG+TH*

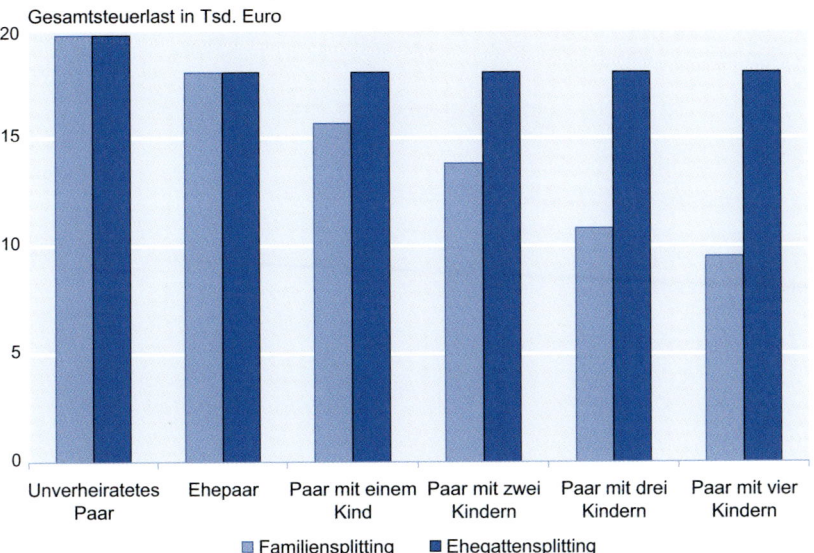

Bild 1 (Fiktives) Beispiel zur Steuerbelastung bei Ehegatten- und Familiensplitting[1]
[1] *Basis: Deutsche Einkommensteuersätze für das Jahr 2010 und individuelles, zu versteuerndes Einkommen von 60 000 und 20 000 Euro. Für das Familiensplitting wurden die französischen Gewichte verwendet (siehe Text). Kindergeld und Kinderfreibetrag sind nicht berücksichtigt. Quelle: Berechnungen des ifo Instituts.*

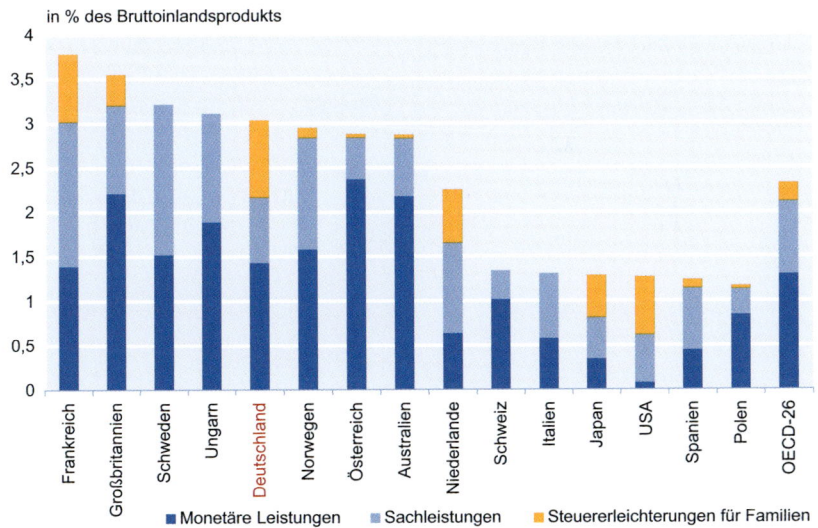

Bild 2 Leistungen für Familien im internationalen Vergleich 2005
Quelle: OECD, Social Expenditure Database.

4.5 Sandwich-Generation

Wird die mittlere Generation nicht überfordert?

Im Laufe eines Erwerbslebens übernehmen Frauen häufig sowohl Verantwortung für die Betreuung ihrer Kinder als auch für die Pflege älterer Familienangehöriger. Insbesondere wenn Pflege und Kinderbetreuung zusammenfallen, kann dies zu enormen Belastungen für die Betroffenen führen.

Die Gruppe von Personen, die gleichzeitig minderjährige Kinder betreuen und Angehörige pflegen, wird Sandwich-Generation genannt. Ein zeitliches Zusammentreffen von Kinderbetreuung und Pflege ist sehr selten; derzeit leben in weniger als 1 % der deutschen Haushalte sowohl minderjährige Kinder als auch Pflegebedürftige. Es ist nicht zu erwarten, dass die Sandwich-Generation in Zukunft wachsen wird. Der Anteil der hochaltrigen Personen in Deutschland nimmt zwar deutlich zu > Bild 1. Außerdem kommt aufgrund der kleineren Familiengrößen neben dem Partner ein immer kleinerer Kreis von Kindern und Schwiegerkindern für die Pflege jedes einzelnen Älteren infrage. Andererseits tritt die Pflegebedürftigkeit von Eltern und Schwiegereltern in der Regel dann ein, wenn der Pflegende zwischen 50 und 70 Jahre ist. Kindererziehung leisten Eltern hingegen meist im Alter zwischen 30 und 50 Jahren.

> Bereitschaft zur Pflege der Eltern

Auch wenn die Pflegebedürftigkeit der Eltern erst auftritt, wenn die Kinder bereits erwachsen sind, bedeutet sie dennoch eine große Belastung für die Pflegenden, insbesondere wenn diese berufstätig sind. Früher schieden Frauen oft mit der Geburt ihrer Kinder endgül-

tig aus dem Beruf aus, sodass ihnen Zeit zur Pflege zur Verfügung stand, wenn die Kinder erwachsen waren. Heute arbeiten Frauen trotz Kindern meistens weiter, sodass Zeit für die Pflege von (Schwieger-)Eltern nicht mehr im selben Maße zur Verfügung steht. Daher ist es auch nicht verwunderlich, dass der Anteil der zu Hause versorgten Pflegebedürftigen in den letzten Jahren abgenommen hat. Er sank von 72 % im Jahr 1999 auf 68 % im Jahr 2007, wobei zu beachten ist, dass viele Pflegebedürftige nicht von ihren Kindern, sondern ihrem Partner versorgt werden.

Es ist damit zu rechnen, dass die Bereitschaft von (Schwieger-)Kindern zu häuslicher Pflege in Zukunft deutlich abnehmen wird, da die räumliche und emotionale Distanz zwischen Eltern und ihren erwachsenen Kindern häufig zunimmt. Dies wird auch daran deutlich, dass der Anteil der Großeltern, die ihre Enkel betreuen, in den letzten Jahren stark zurückgegangen ist > Bild 2. Mit einer weiteren Zunahme der Zahl der Pflegebedürftigen und einem sinkenden Anteil zu Hause versorgter Personen werden die Kosten für institutionelle Pflege und damit auch die Pflegeversicherungsbeiträge deutlich ansteigen. Damit wird es zu einer starken (finanziellen) Belastung für die mittlere Generation kommen. *WG+TH*

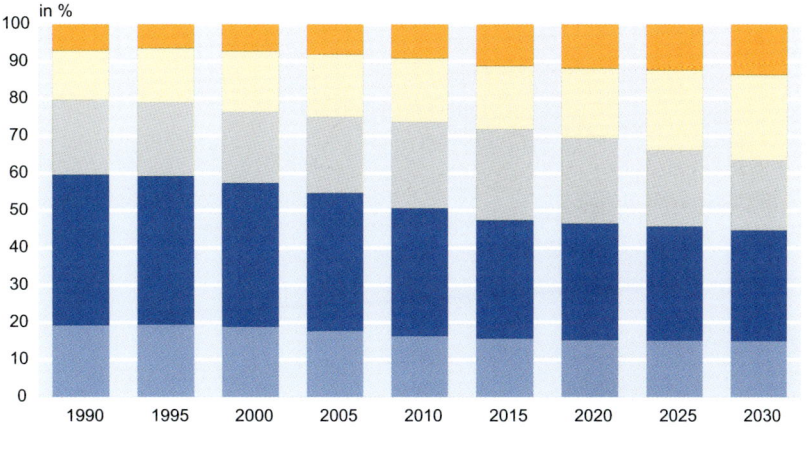

Bild 1 Entwicklung der Altersstruktur der deutschen Bevölkerung zwischen 1990 und 2030
Quelle: Statistisches Bundesamt (2010).

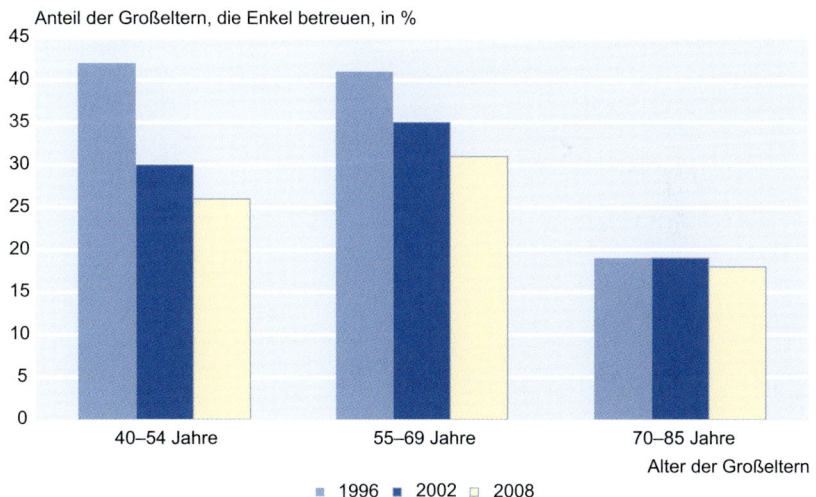

Bild 2 Betreuung der Enkel durch Großeltern
Quelle: Deutsches Zentrum für Altersfragen (2010).

4.6 Einwanderung

Keine Lösung des Bevölkerungsproblems

Die Deutschen werden immer älter und immer weniger. Um diese Entwicklung auszugleichen, ist es nicht genug, auf Einwanderung zu setzen. Vielmehr müssen zusätzlich Maßnahmen ergriffen werden, um die Geburtenrate zu erhöhen und um die Qualifikation der im Inland lebenden Bevölkerung zu verbessern.

Die Lebenserwartung in Deutschland ist in den letzten 50 Jahren um zehn Jahre gestiegen. Gleichzeitig ist die Geburtenrate schon seit einiger Zeit niedriger, als sie sein müsste, um die Bevölkerungsgröße (ohne Zuwanderung) konstant zu halten. Beides zusammen hat dazu geführt, dass immer mehr ältere Menschen, die Rente beziehen sowie Nettoempfänger von Leistungen des öffentlichen Gesundheits- und Pflegesystems sind, immer weniger Erwerbstätigen gegenüberstehen, die mit ihren Steuer- und Beitragszahlungen diese Systeme finanzieren. Diesem Anstieg des sogenannten Altenquotienten kann man auf drei Arten begegnen:

Die fehlenden (jungen, gut qualifizierten) Menschen könnten durch Zuwanderer ersetzt werden. Es wird aber befürchtet, dass bei ungeregelter Migration die Zuwanderer entweder nicht dem Wunschbild entsprechen bzw., wenn sie dies tun, eine große Lücke in ihren Heimatländern hinterlassen. Auch muss man sich die Zahlen dazu ansehen: In den vergangenen 20 Jahren nahm die Zuwanderung kontinuierlich ab, während ähnlich viele Menschen Jahr für Jahr Deutschland verlassen haben. 2008 und 2009 schließlich wanderten mehr Menschen aus als neu nach Deutschland kamen > Bild 1.

> ### Die Zahl der Zuwanderer nimmt (fast) stetig ab

Um die Bevölkerungsgröße bis 2050 konstant zu halten, bräuchte man nach Berechnung der Vereinten Nationen einen Überschuss von durchschnittlich 344 000 Zuwanderern pro Jahr (Nettozuwanderung) in Deutschland. Soll die Anzahl der 15- bis 64-Jährigen konstant bleiben, so wären netto sogar 487 000 Zuwanderer jährlich nötig. Um das Verhältnis der Erwerbsfähigen (15- bis 64-Jährige) zu den 65-Jährigen und Älteren konstant zu halten, müssten jedes Jahr 3,6 Mio. Menschen zuwandern. Diese Zahlen machen deutlich, dass sich mit Einwanderung alleine das Bevölkerungsproblem nur schwer lösen lässt. Dies gilt so auch für andere Länder > Bild 2.

Zusätzliche Wege sind deshalb nötig: Dazu zählen politische Maßnahmen, die eine Erhöhung der Geburtenraten zum Ziel haben, indem sie z. B. Betreuungseinrichtungen für Kinder ausbauen und so eine bessere Vereinbarkeit von Familie und Beruf erlauben. Ebenso wichtig sind Maßnahmen, die dazu führen, dass sich die im Inland lebende Bevölkerung besser ausbildet, da dies zu einer höheren Produktivität und mehr Wachstum führt. Dadurch wird es für die Erwerbstätigen einfacher, die finanziellen Lasten zu stemmen, die eine größere ältere Bevölkerung mit sich bringt. *SU*

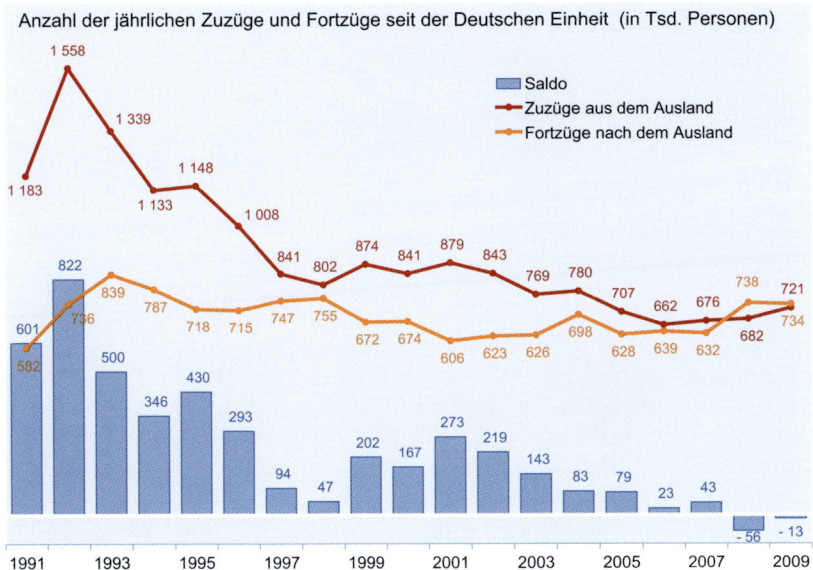

Anzahl der jährlichen Zuzüge und Fortzüge seit der Deutschen Einheit (in Tsd. Personen)

Bild 1 Wanderungen zwischen Deutschland und dem Ausland
Quellen: Statistisches Bundesamt.

	Durchschnittliche jährliche Zuwanderung (in 1 000) für den Zeitraum 2000 bis 2050 für ...		
	... eine konstante Bevölkerung	... eine konstante Anzahl der 15- bis 64-Jährigen	... ein konstantes Verhältnis der 15- bis 64-Jährigen und Älteren
Deutschland	**344**	**487**	**3 630**
Frankreich	29	109	1 792
Großbritannien	53	125	1 194
Italien	251	372	2 268
Japan	343	647	10 471
Russland	498	715	5 068
USA	128	359	11 851

Bild 2 Erforderliche Zuwanderung für unterschiedliche Szenarien und ausgewählte Länder
Quellen: Vereinte Nationen.

4.7 Arbeitskräftemigration in Europa

Es könnten viele kommen

Derzeit leben etwa 12 Mio. EU-Bürger in einem Land der Europäischen Union, dessen Staatsbürgerschaft sie nicht besitzen. Das entspricht 2,4 % aller EU-Bürger. Die größten Migrationsströme finden sich zwischen Nachbarländern.

Im Zeitraum von 2004 bis 2008 stellten in Deutschland die Polen die größte Einwandergruppe dar – die kumulierte dauerhafte (mehr als ein Jahr dauernde) Nettoeinwanderung (Einwanderer minus Auswanderer) betrug über 150 000 Personen > Bild 1. Der wichtigste ökonomische Faktor für Arbeitskräftewanderungen innerhalb der EU sind die Einkommensunterschiede zwischen dem Herkunfts- und dem Zielland. Zusätzliche »künstliche« Wanderungsanreize werden außerdem durch die Leistungen des Sozialstaates hervorgerufen. Bei offenen und flexiblen Arbeitsmärkten sind Wanderungen aus gesamteuropäischer Sicht vorteilhaft, denn die Migranten wandern in der Regel dorthin, wo sie am meisten erwirtschaften können. In den Zielländern wird allerdings häufig befürchtet, dass durch die zusätzlichen Arbeitnehmer ein Lohndruck entsteht.

> Arbeitnehmerfreizügigkeit bald verwirklicht

Die Arbeitnehmerfreizügigkeit im europäischen Binnenmarkt gewährt allen EU-Bürgern einen Zugang zu den nationalen Arbeitsmärkten. Um die heimischen Arbeitsmärkte zu schützen, hat jedoch jeder Mitgliedstaat die Möglichkeit, diese Freizügigkeit in Übergangsphasen einzuschränken. Im Zuge der EU-Osterweiterung am 1. Mai 2004 haben nur drei der 15 damaligen EU-Mitgliedstaaten (Irland,

Schweden und das Vereinigte Königreich) ihre Grenzen unmittelbar für alle Arbeitsmigranten geöffnet. Bei der Erweiterung am 1. Januar 2007 taten dies nur Finnland und Schweden. Die übrigen Länder müssen bis spätestens 2011 (bzw. Ende 2013 für Rumänien und Bulgarien) die Arbeitnehmerfreizügigkeit für Personen aus den mittel- und osteuropäischen (MOE) Mitgliedstaaten gewährleisten. Aufgrund der unmittelbaren Freizügigkeit und einer attraktiven Wirtschaftslage im Vereinigten Königreich sind nach der ersten Osterweiterung viele Arbeitnehmer aus den MOE-Beitrittsländern dorthin ausgewandert. Wie das Beispiel der Polen zeigt, hielt sich die dauerhafte Auswanderung aber in Grenzen. Mit 550 000 Polen allein im Jahre 2009 überwog die temporäre Auswanderung bei Weitem > Bild 2.

Wenn die Arbeitnehmerfreizügigkeit in Ländern mit relativ geringer Arbeitslosigkeit oder abnehmendem Arbeitskräfteangebot (wie z. B. Deutschland) eingeführt wird, sind verstärkte Zuwanderungen zu erwarten. Dabei gilt: Je höher qualifiziert die Einwanderer, umso größer die gesamtwirtschaftlichen Vorteile für das Zielland. Wie sich die Wanderungsströme in den nächsten Jahren entwickeln werden, hängt von der wirtschaftlichen Entwicklung, aber auch vom demografischen Wandel und dem daraus resultierenden Fachkräftemangel in den einzelnen EU-Ländern ab. *AM*

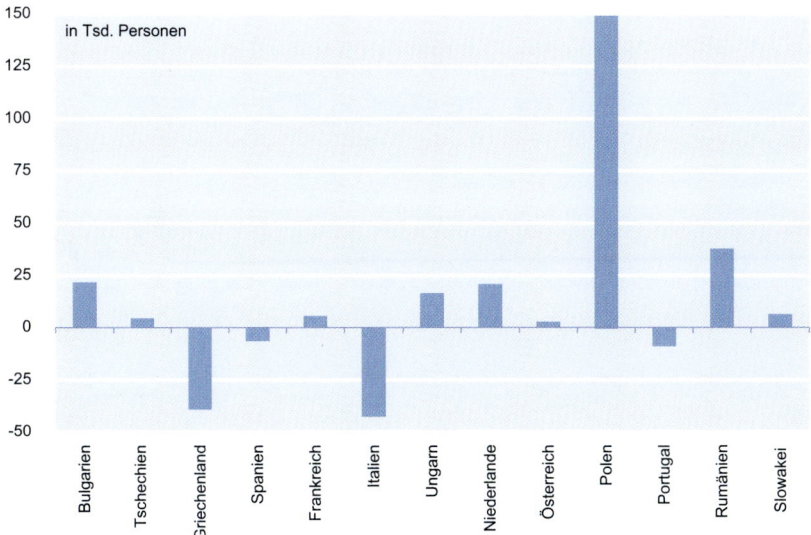

Bild 1 Summierte Wanderungssalden in Deutschland für ausgewählte EU-Länder 2004 bis 2008
Quelle: Eurostat (2010): Internationale Wanderungsströme 1998 bis 2008.

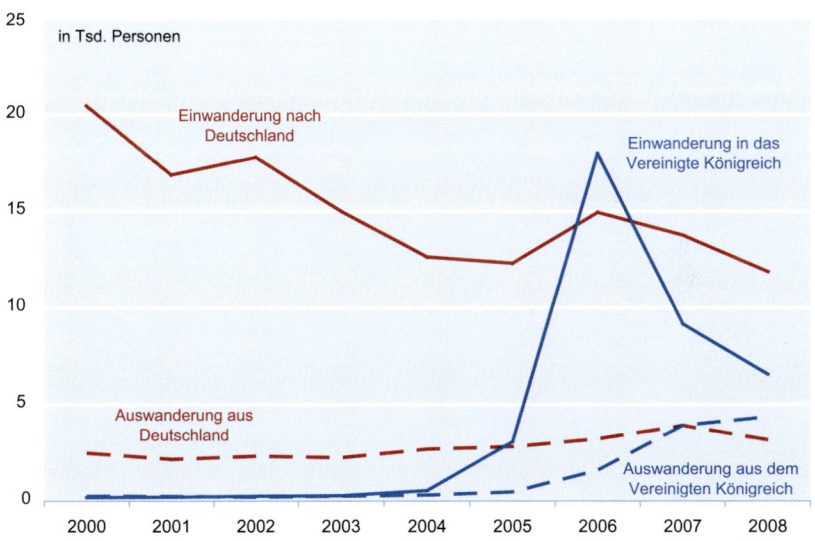

Bild 2 Dauerhafte Einwanderung und Auswanderung der Polen am Beispiel von Deutschland und
dem Vereinigten Königreich 2000 bis 2008[1]
[1] *2009 wanderten schätzungsweise 400 000 bzw. 550 000 Polen temporär (mindestens drei,
höchstens zwölf Monate) nach Deutschland und in das Vereinigte Königreich ein.
Quelle: Central Statistical Office of Poland (2010).*

4.8 Zuwanderungspolitik

Wie Deutschland für qualifizierte Arbeitskräfte attraktiv werden kann

Um mehr qualifizierte Zuwanderer für den Arbeitsmarkt zu gewinnen, braucht man eine Zuwanderungspolitik, die eine einfachere Anerkennung ausländischer Abschlüsse ermöglicht und außerdem z. B. durch ein Punktesystem gewährleistet, dass diese Fachkräfte tatsächlich bevorzugt ins Land gelassen werden.

Deutschland ist nur noch zweite Wahl für hoch qualifizierte Zuwanderer. Zu diesem Ergebnis kommt eine Studie des Bundesinstituts für Bevölkerungsforschung. Danach haben in den letzten Jahren mehr Führungskräfte und Wissenschaftler das Land verlassen als neu ins Land gekommen sind. Um die Anziehungskraft vor allem für Fachkräfte und Spezialisten wieder zu erhöhen und so auch die prognostizierten Engpässe auf dem Arbeitsmarkt abzumildern, ist die Zuwanderungspolitik entsprechend zu gestalten. Aber wie können diese Arbeitskräfte gewonnen werden?

> **Das Punktesystem als Option**

Mit einer selektiven Politik lässt sich die Zusammensetzung der Zuwanderer steuern. Damit die Qualifikationen möglichst genau zum Bedarf im Einwanderungsland passen, muss man dort zunächst die Anforderungen an die Zuwanderer konkretisieren. Ähnlich wie in den klassischen Zuwanderungsländern Kanada, Australien und Neuseeland können diese Anforderungen dann in ein Punktesystem übersetzt werden. Diesen Weg sind unter anderem bereits die EU-Länder Großbritannien und Dänemark gegangen, indem sie ein Punktesystem für Nicht-EU-Bürger eingeführt haben > Bild 1. Ob jemand nach Deutschland kommen darf, könnte dann z. B. vom Bildungsabschluss und der Berufserfahrung abhängen, aber auch vom Lebensalter und den Sprachkenntnissen. Die Qualifikationsstruktur der Zuwanderer könnte so beeinflusst werden > Bild 2. Die Situation auf dem Arbeitsmarkt insgesamt und für bestimmte Branchen könnte ebenfalls berücksichtigt werden. Je nach wirtschaftlicher Lage ließe sich die Punkteverteilung oder die Zahl der erforderlichen Mindestpunkte anpassen.

Bei aller möglichen Differenziertheit des Punktesystems darf aber nicht vergessen werden, dass dadurch nur diejenigen Faktoren berücksichtigt werden können, die bisher als Determinanten einer erfolgreichen Steuerung identifiziert werden konnten und sich einfach erfassen lassen. Noch wichtiger ist aber wohl, dass mit einem Punktesystem nur aus denjenigen ausgewählt werden kann, die überhaupt ein Interesse an dem betreffenden Land haben. Deutschland muss also neben der Zuwanderungspolitik den institutionellen Rahmen so gestalten, dass es für interessante Bewerber attraktiv ist. Dazu gehört auch ein Verfahren zur Anerkennung ausländischer Abschlüsse, mit dem die Zuwanderer schnell und verbindlich erfahren, ob ihre Qualifikation anerkannt wird und welche Nachschulung gegebenenfalls erforderlich ist. Dann müssen z. B. die so dringend benötigten Ärzte nicht mehr länger als Taxifahrer arbeiten. *SU*

	Dänemark	Großbritannien	Australien	Kanada	Neuseeland
Sprachkenntnisse	30	10	30	24	Muss
Alter	15	20	30	10	30
Qualifikation	105	50	25	25	55
Qualif. Jobs			60		
Berufserfahrung	15		10	21	30
Letzter Verdienst		45			
Mangelberuf			20		20
Berufserfahrung im Zielland		5	10	10	5-15
Stellenangebot				10	60
Finanzielle Mittel		10		Muss	
Qualifikation (Ehe-) Partner			5	10	50
Sonstiges	15		40		
Erforderliche Punkte	100	95	120	67	140

Bild 1 Punktesystem – Punkteverteilung in ausgewählten Ländern 2008
Quellen: Chaloff, J.; Lemaitre, G. (2009); The Danish Immigration Service (2010).

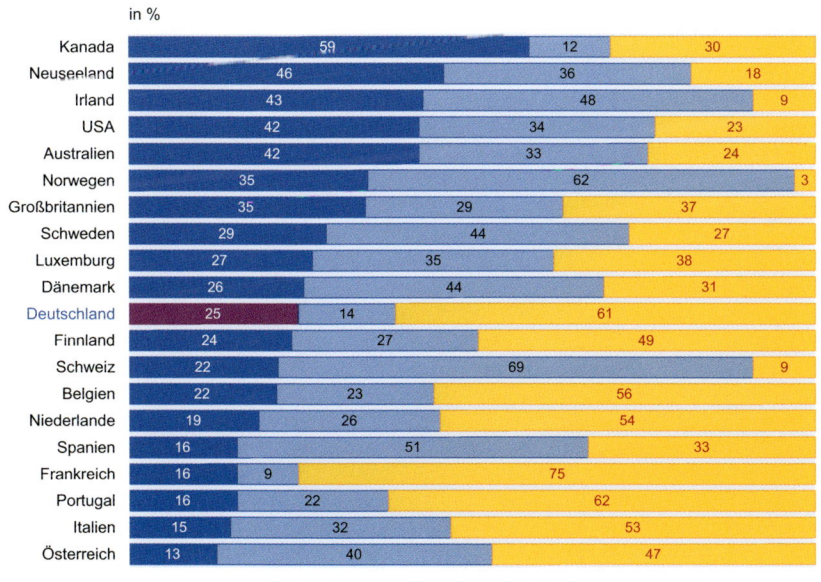

Bild 2 Bildungsniveau der ausländischen Bevölkerung 2000
Quelle: Docquier, F.; Marfouk, A. (2007).

5 BILDUNG

5.1 Bildungsausgaben

Indikator für bessere Bildungsleistungen?

Beim Dresdner Bildungsgipfel im Oktober 2008 haben sich Bund und Länder darauf verständigt, die öffentlichen und privaten Ausgaben für Bildung und Forschung in Deutschland bis zum Jahr 2015 auf 10 % (7 % für Bildung und 3 % für Wissenschaft) des Bruttoinlandsprodukts (BIP) zu steigern. Dieses politisch gesetzte Ziel soll Deutschland auf dem Weg zu der von Bundeskanzlerin Angela Merkel ausgerufenen Bildungsrepublik voranbringen. Aber führen höhere Bildungsausgaben automatisch zu besseren Bildungsleistungen?

Laut Statistischem Bundesamt beliefen sich die Bildungsausgaben, definiert als die öffentlichen und privaten Ausgaben für Bildung, Forschung und Entwicklung, sowie Ausgaben für sonstige Bildungs- und Wissenschaftsinfrastruktur im Jahr 2007 in Deutschland auf 204,1 Mrd. Euro; dies entspricht einem Anteil von 8,4 % des BIP.

Den Löwenanteil der Ausgaben im Bildungsbereich von 147,8 Mrd. Euro im Jahr 2007 erbrachten die öffentlichen Haushalte (Bund 10,9 %, Länder 52,8 % und Gemeinden 15,5 %), den Rest gaben private Haushalte, Unternehmen und private Organisationen ohne Erwerbszweck aus. Im Bereich der allgemeinbildenden Bildungsgänge zeichnen z. B. die Bundesländer mit 80,7 % aller Bildungsausgaben hauptverantwortlich, im Elementarbereich (Kindergärten, Vorschulklassen) spielen die Gemeinden mit 46,8 % die größte Rolle > Bild 1.

> Deutschland im internationalen Vergleich

Im internationalen Vergleich befindet sich Deutschland mit Bildungsausgaben von umgerechnet 8 270 US-Dollar pro Kopf nur im OECD-Mittelfeld. Die Pro-Kopf-Ausgaben für berufliche Bildungsgänge und den Tertiärbereich (Fachhochschulen, Universitäten) liegen knapp über dem OECD-Durchschnitt, wohingegen im Primarbereich (Grundschulen) und dem allgemeinbildenden Sekundarbereich I (nach der Grundschule weiterführende Schulen bis Jahrgangsstufe neun oder zehn) vergleichsweise wenig ausgegeben wurde. Dies steht im Gegensatz zu einem zentralen Befund der Bildungsökonomie, wonach Bildungsinvestitionen in jungen Jahren eine deutlich höhere Rendite erbringen als im Erwachsenenalter.

Etliche bildungsökonomische Studien haben darüber hinaus gezeigt, dass höhere Bildungsausgaben nicht automatisch zu besseren Bildungsleistungen führen. Zwischen den Bildungsausgaben pro Schüler und der durchschnittlichen Mathematikleistung der OECD-Länder, deren jährliche Bildungsausgaben pro Kopf über 20 000 US-Dollar liegen, besteht in PISA 2006 nur ein schwacher Zusammenhang > Bild 2. Hingegen können durch eine Veränderung der institutionellen Rahmenbedingungen mit relativ geringen zusätzlichen Kosten deutliche positive Effekte auf Bildungsleistungen erzielt werden. So führt etwa die Einführung von zentralen Abschlussprüfungen zu einer deutlichen Verbesserung von Schülerleistungen. *EL+AF*

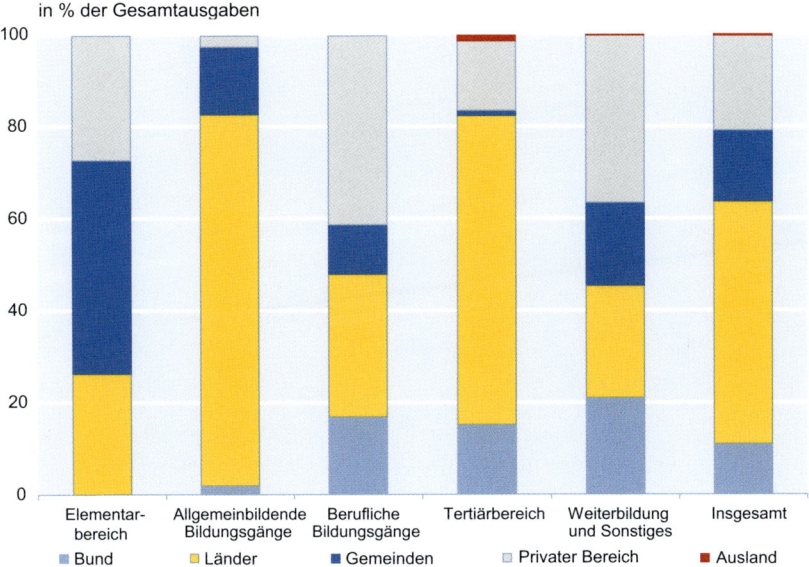

Bild 1 Finanzierungsstruktur der Bildungsausgaben nach Bildungsbereichen
Quelle: Autorengruppe Bildungsberichterstattung (2010).

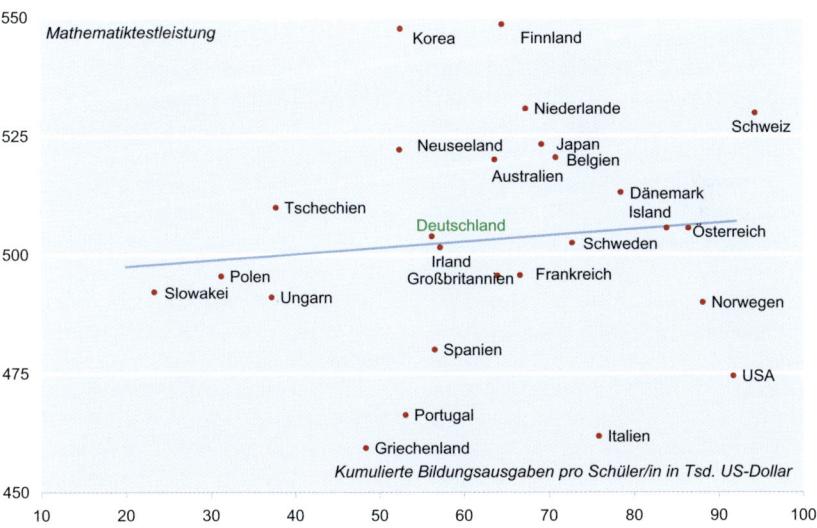

Bild 2 Bildungsausgaben pro Schüler und erzielte Mathematikleistungen in PISA 2006
Quelle: Hanushek, E. A.; Wößmann, L. (2010).

5.2 Humankapital in Deutschland

Verschwendung geistiger Ressourcen

Wirtschaftswachstum und Wohlstand eines Landes hängen wesentlich vom Humankapitalbestand der Bevölkerung ab. Unter Humankapital versteht man die Fähigkeiten und das Wissen, welches eine Person auf dem Arbeitsmarkt zum Einkommenserwerb einsetzen kann. Obwohl das Humankapital in allen Bildungsgruppen in den letzten beiden Jahrzehnten gewachsen ist, stimmt es bedenklich, dass die effektive Nutzung des Humankapitals insbesondere unter den höher Qualifizierten zurückgegangen ist.

Die Humankapitaltheorie betrachtet den Erwerb von Wissen und Fähigkeiten als Investition, bei der eine Person zunächst auf Einkommen verzichtet, um später ihre Arbeitsproduktivität und somit das Erwerbseinkommen zu erhöhen. Der Humankapitalbestand der Bevölkerung hängt entscheidend von der Qualität des Bildungssystems ab und kann somit von der (Bildungs-)Politik direkt beeinflusst werden.

Unter der Annahme, dass Lohnunterschiede ein Indikator für Unterschiede in der Arbeitsproduktivität – und damit für unterschiedlich entlohnte Fähigkeiten – sind, können diese als Humankapitalmaß verwendet werden. Auf dieser Logik basiert die sogenannte Erwerbseinkommenskapazität, die das potenzielle Erwerbseinkommen angibt, das eine Person bei Vollzeitbeschäftigung in einem Jahr mit ihren derzeitigen Humankapitalmerkmalen (Bildungsstand, Berufserfahrung, Geschlecht etc.) erzielen kann. Die Erwerbseinkommenskapazität einer Person wird gemessen als das durchschnittliche Erwerbseinkommen aller Vollzeitarbeitnehmer mit den gleichen Merkmalen. Somit ist sie ein Maß für den potenziellen, jährlichen Ertrag auf das vorhandene Humankapital einer Person. Sie spiegelt den Humankapital-

wert bei bestehender Lohnstruktur und bei Vollzeitbeschäftigung wider.

> **Erwerbseinkommenskapazität wächst schneller bei hoch Qualifizierten**

Die Erwerbseinkommenskapazität ist umso größer, je höher das Bildungsniveau ist > Bild 1. Auffällig ist, dass sich die Unterschiede zwischen den Bildungsniveaus in Ostdeutschland seit 1991 drastisch vergrößert haben. Ferner ist die Erwerbseinkommenskapazität der hoch Qualifizierten (Personen mit Hochschulabschluss) stärker gestiegen als die der gering Qualifizierten, was auf eine verstärkte Nachfrage nach qualifizierten Arbeitnehmern hindeutet.

Das Humankapital einer Person ist voll ausgelastet, wenn diese einen Jahresverdienst erzielt, der mindestens so groß ist wie ihre Erwerbseinkommenskapazität. Während das Humankapital der gering Qualifizierten stets am wenigsten ausgelastet ist, zeigt sich auch bei den höher Qualifizierten im Zeitverlauf eine geringere Nutzung des Humankapitals, was am Rückgang der durchschnittlich geleisteten Arbeitsstunden der Erwerbstätigen liegen kann > Bild 2. *MP+LW*

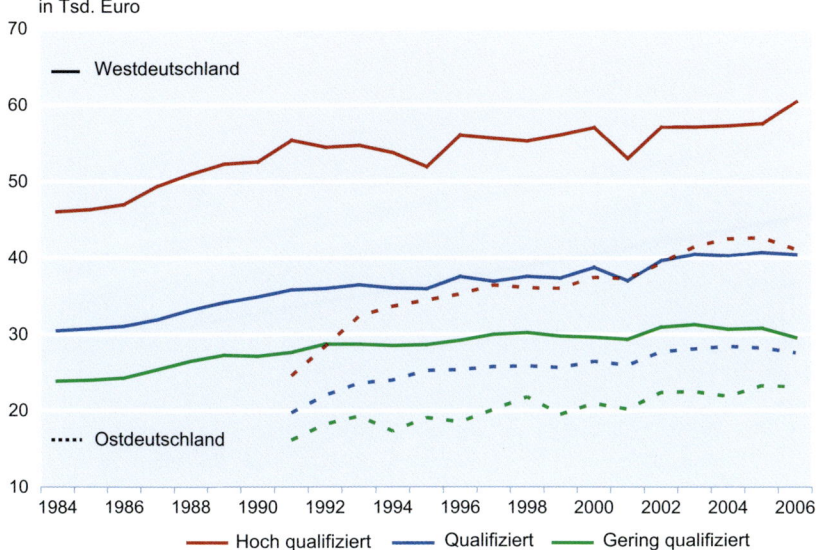

in Tsd. Euro

Hoch qualifiziert   Qualifiziert   Gering qualifiziert

Bild 1 Pro-Kopf-Erwerbseinkommenskapazität nach Bildungsgruppen in West- und Ostdeutschland
Quelle: Werding, M. et al. (2009).

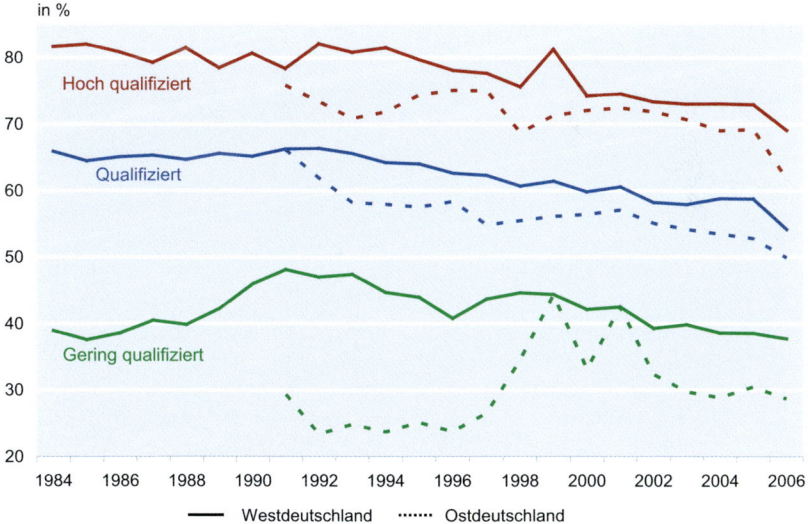

in %

Westdeutschland   Ostdeutschland

Bild 2 Humankapital-Auslastungsrate nach Bildungsgruppen in West- und Ostdeutschland
Quelle: Siehe Bild 1.

5.3 Volkswirtschaftliche Kosten unzureichender Bildung

Nichtstun kostet Billionen

Die PISA-Studien haben gezeigt, dass in Deutschland etwa jeder fünfte 15-Jährige nicht einmal über Grundfähigkeiten in Mathematik, Naturwissenschaften und Lesen verfügt. Durch diese unzureichende Bildung entstehen der deutschen Volkswirtschaft erhebliche Folgekosten in Form von entgangenem Wirtschaftswachstum.

Den PISA-Ergebnissen zufolge kann etwa jeder fünfte Jugendliche in Deutschland maximal auf Grundschulniveau lesen und rechnen, wobei der Anteil der schwachen Schüler zwischen den einzelnen Bundesländern erheblich variiert. Diese Jugendlichen werden als »Risikoschüler« bezeichnet, da sie zur Risikogruppe gehören, die später bei der Suche nach einem Ausbildungsplatz und im Berufsleben erhebliche Probleme haben wird. Unzureichende Bildung hat jedoch nicht nur für jeden betroffenen Schüler, sondern auch gesamtgesellschaftlich erhebliche Folgekosten: Internationale Studien haben gezeigt, dass das langfristige Wirtschaftswachstum eines Landes tendenziell umso höher ist, je besser die Erwerbsbevölkerung in zurückliegenden internationalen Schülerleistungstests abgeschnitten hat.

Eine aktuelle ifo-Studie hat die volkswirtschaftlichen Auswirkungen geschätzt, die eine weitgehende Beseitigung der unzureichenden Bildung in Deutschland hätte. Dafür werden die wirtschaftlichen Erträge über den Verlauf eines Menschenlebens (80 Jahre) berechnet, die aufgrund eines höheren Wirtschaftswachstums entstehen würden. Dieser Reformeffekt entspricht dem Verlust an Wirtschaftsleistung, weil es in Deutschland so viele Risikoschüler gibt.

> **Erhebliche Folgekosten durch entgangenes Wirtschaftswachstum**

In den ersten zehn Jahren nach Reformbeginn treten kaum wirtschaftliche Effekte auf, da die Schüler erst einmal das verbesserte Schulsystem durchlaufen müssen und zunächst noch nicht in den Arbeitsmarkt eingetreten sind > Bild 1. Die wirtschaftlichen Konsequenzen werden erst dann voll wirksam, wenn die gesamte arbeitende Bevölkerung durch das reformierte Bildungssystem gegangen ist und nahezu alle Erwerbstätigen über die notwendigen Basiskompetenzen verfügen. Der Gesamteffekt der Bildungsreform und damit die Folgekosten unzureichender Bildung in Deutschland belaufen sich bis zum Jahr 2090 auf insgesamt 2800 Mrd. Euro.

Pro Kopf der heutigen Bevölkerung entspricht dieser Gesamteffekt der Bildungsreform einem Wert von 34 255 Euro an zusätzlichem BIP > Bild 2. Dabei variieren die Folgekosten unzureichender Bildung zwischen den einzelnen Bundesländern erheblich, wobei diejenigen Bundesländer, die einen hohen Anteil an Risikoschülern aufweisen, wirtschaftlich am meisten von einer erfolgreichen Bildungsreform profitieren würden. *MP+LW*

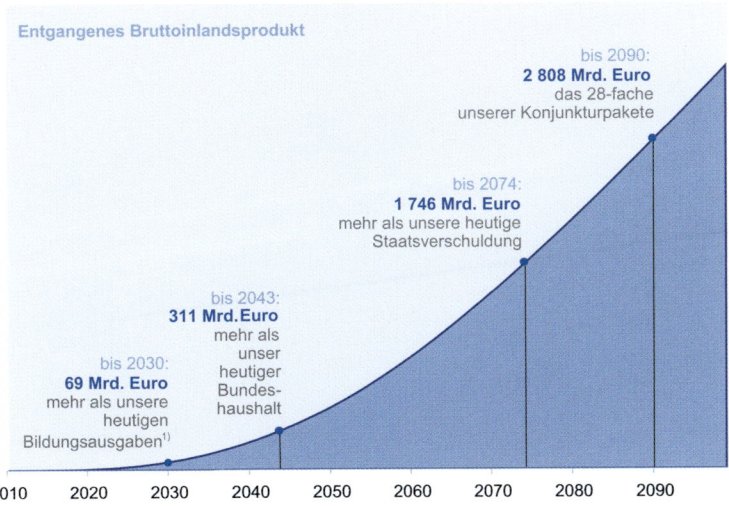

Bild 1 Folgekosten unzureichender Bildung durch entgangenes Wirtschaftswachstum[2]
[1] *Öffentliche Bildungsausgaben im Elementar- und allgemeinbildenden Schulbereich;*
[2] *Folgekosten als Summe des bis zum jeweiligen Jahr entgangenen BIP in Mrd. Euro, wenn das Ausmaß der unzureichenden Bildung nicht durch eine Bildungsreform um 90 % reduziert wird, abdiskontiert auf den heutigen Zeitpunkt.*
Quelle: Wößmann, L.; Piopiunik, M. (2009).

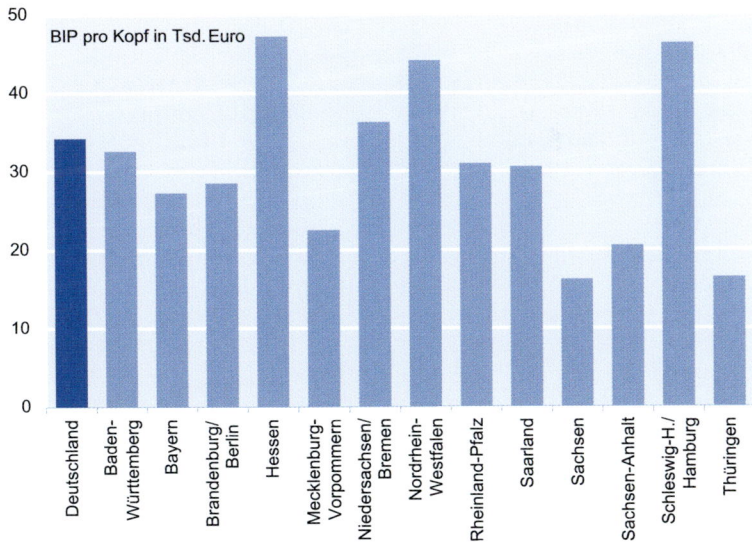

Bild 2 Pro-Kopf-Effekt der Reform in den Bundesländern[1]
[1] *Durch die Bildungsreform bis zum Jahr 2090 zusätzlich erzeugtes BIP pro Kopf in Euro.*
Quelle: Siehe Bild 1.

5.4 Frühkindliche Bildung und Betreuung

Die Weichen werden früh gestellt

Während in Deutschland früher meist nur über die Betreuung während der frühen Kindheit debattiert wurde, ist inzwischen anerkannt, dass dieser Lebensabschnitt auch für die Bildung der Menschen wichtig ist. Investitionen in frühkindliche Bildung sind sowohl aus individueller als auch gesellschaftlicher und wirtschaftspolitischer Sicht von zentraler Bedeutung.

Bei beschränkten öffentlichen Mitteln müssen Bildungsreformen sich nicht nur daran messen lassen, ob sie die gewünschten Ergebnisse erzielen, sondern auch daran, welche Kosten sie verursachen.

Verschiedene Studien haben gezeigt, dass bildungspolitische Maßnahmen im frühkindlichen Alter besonders wirksam sind. Personen, die eine frühkindliche Einrichtung besucht haben, haben später bessere Schulabschlüsse, erzielen höhere Löhne und werden nicht so leicht arbeitslos. Dies gilt insbesondere für Kinder aus benachteiligten Familien, die zu Hause wenig frühkindliche Förderung erfahren haben, sowie für Kinder mit Migrationshintergrund. Darüber hinaus sind Investitionen in frühkindliche Bildung nicht nur sehr effektiv, sondern im Vergleich zu Ausgaben in späteren Jahren auch effizienter: Bei gegebenen Bildungsausgaben bringt der zusätzliche Einsatz eines Euro die höchsten Erträge im frühkindlichen Bereich > Bild 1. Das heißt, dass vieles, was Kinder im frühkindlichen Alter nicht erlernen, später nur durch erheblich höheren Aufwand nachgeholt werden kann. Die frühe Förderung erzielt also nicht nur die besten Ergebnisse, sondern spart dem Fiskus auch noch Geld.

Natürlich hängt die Wirksamkeit der frühkindlichen Bildung und Betreuung auch von deren konkreter inhaltlicher Umsetzung ab. Umfangreiche frühkindliche Programme, die neben der außerhäuslichen Betreuung auch gezielt Lerninhalte und andere Komponenten (Ernährungsberatung, Hausbesuche) integrieren, haben sich als besonders erfolgreich erwiesen.

> **Stand der frühkindlichen Bildung und Betreuung in Deutschland**

In Deutschland findet die außerhäusliche frühkindliche Bildung und Betreuung zumeist im Kindergarten statt, der in Deutschland von über 90 % aller Drei- bis Sechsjährigen besucht wird. Neben familienpolitischen Zielsetzungen haben insbesondere auch die nachgewiesenen positiven Auswirkungen der Elementarbildung dazu geführt, dass heute ein Schwerpunkt auf dem Bildungs- und Betreuungsangebot für Null- bis Dreijährige liegt. Bis zum Jahr 2013 soll für mehr als jedes dritte Kind dieser Altersgruppe ein Betreuungsplatz zur Verfügung stehen. Im März 2009 lag die Betreuungsquote in vielen Gebieten noch deutlich unter dem angestrebten Wert > Bild 2. Auffällig ist das nach wie vor bestehende Ost-West-Gefälle, das auf die historisch gewachsene Bedeutung frühkindlicher Bildung und Betreuung in der ehemaligen DDR zurückzuführen ist. *MS*

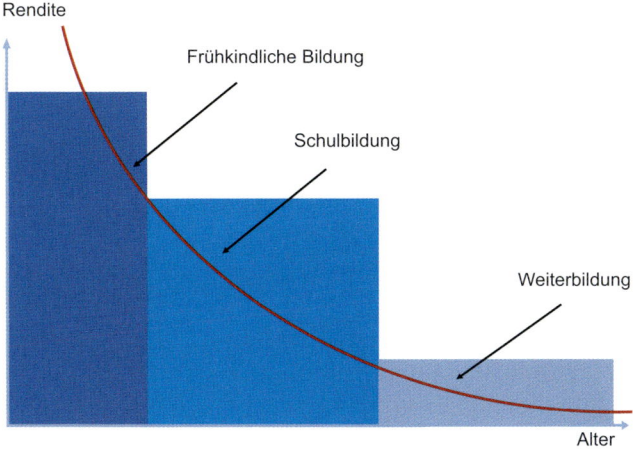

Bild 1 Lebenszyklus der Bildungsrendite
Quelle: Heckman, J. J. (2006); Darstellung des ifo Instituts.

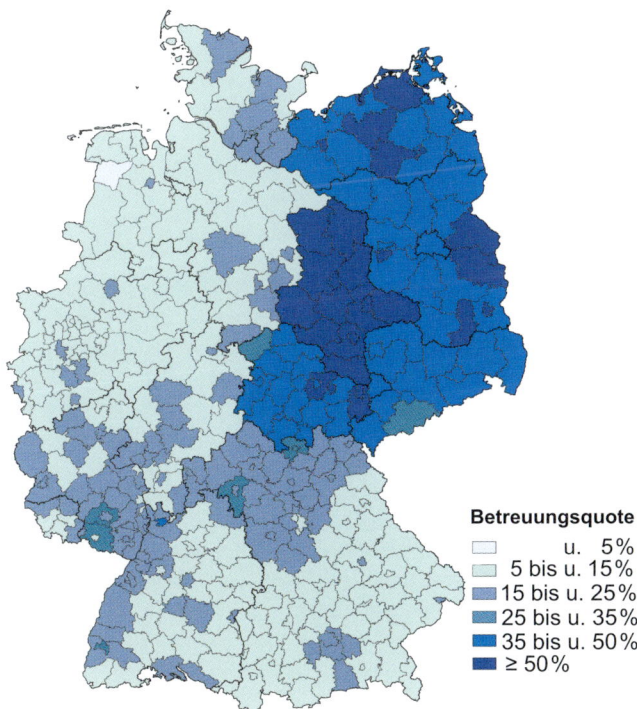

Bild 2 Betreuungsquoten der Kinder unter drei Jahren auf Kreisebene
Quelle: Statistisches Bundesamt (2010); Darstellung des ifo Instituts.

106

5.5 Zentrale Abschlussprüfungen

Müssen denn alle dasselbe wissen?

Deutschlands schlechtes Abschneiden in internationalen Schulleistungsstudien wie PISA oder TIMSS hat in der Bildungspolitik zu einem Umdenken geführt: Anstelle einer reinen Inputsteuerung beispielsweise durch detaillierte Lehrpläne wurde in den letzten Jahren verstärkt auf eine Outputsteuerung im Bildungswesen gesetzt. Zentrale Abschlussprüfungen als eine Maßnahme der Outputsteuerung sollen zur Qualitätssicherung und -entwicklung des Schulsystems beitragen. In der Tat zeigen zahlreiche bildungsökonomische Studien, dass Schüler in Schulsystemen mit zentralen Abschlussprüfungen erheblich bessere Leistungen erzielen.

In einigen deutschen Bundesländern (z. B. Bayern, Baden-Württemberg, Sachsen) gibt es bereits seit vielen Jahrzehnten zentrale Abschlussprüfungen, andere haben sie erst in den letzten Jahren eingeführt. Im Schuljahr 2010/2011 verfügte Rheinland-Pfalz als einziges Bundesland über keine zentralen Abschlussprüfungen.

> **Bessere Schülerleistungen durch zentrale Abschlussprüfungen**

Die bildungsökonomische Forschung hat wiederholt gezeigt, dass zentrale Abschlussprüfungen zu einer erheblichen Verbesserung von Schülerleistungen führen. In internationalen Schulleistungsvergleichen wie PISA oder TIMSS verfügen Länder, in denen zentrale Abschlussprüfungen bestehen, über einen Wissensvorsprung von bis zu einem Schuljahr > Bild 1. Als besonders leistungsförderlich hat es sich erwiesen, durch zentrale Abschlussprüfungen Standards extern vorzugeben und zu überprüfen, und dies mit einem hohen Grad an Schulautonomie zu kombinieren > Bild 2.

Was sind mögliche Wirkungskanäle für diese positiven Effekte? Zentrale

Abschlussprüfungen machen den Leistungsstand der Schüler transparent und vergleichbar. Dadurch können zukünftige Arbeitgeber und weiterführende Bildungseinrichtungen bessere Rückschlüsse auf die Fähigkeiten einzelner Bewerber ziehen. Dies führt dazu, dass Schüler einen größeren Anreiz haben, sich anzustrengen. Letzteres gilt aber auch für Lehrer, da der Erfolg ihres Unterrichts durch zentrale Prüfungen für Eltern und Schulleiter besser sichtbar und vergleichbar wird. Außerdem zahlt es sich bei zentralen Abschlussprüfungen – anders als bei nicht zentraler Leistungsprüfung – nicht aus, z. B. die Vermittlung ganzer Wissensgebiete auszulassen oder kollektiv zu vereinbaren, den Lehr- und/oder Lernaufwand zu minimieren.

Die positiven Effekte von zentralen Abschlussprüfungen zeigen, dass der Staat nicht unbedingt mehr Geld investieren muss, um bessere Bildungsleistungen zu erreichen. Institutionelle Reformen, die die Anreize der am Bildungsprozess beteiligten Personen beeinflussen, können Schülerleistungen verbessern, ohne dass dies zwangsläufig viel kosten muss.
EL+LW

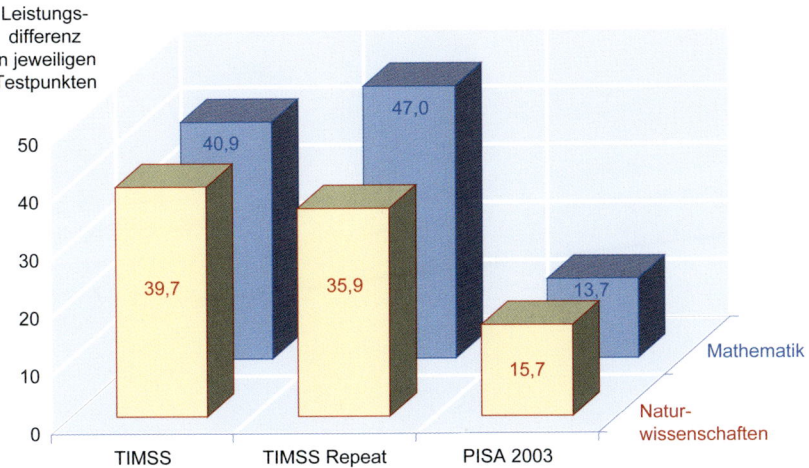

Bild 1 Leistungsunterschiede zwischen Schülern in Ländern mit und ohne zentrale Abschlussprüfungen[1]

[1] *Unterschiede in den individuellen Merkmalen der Schüler, im familiären Hintergrund, der Ressourcenausstattung der Schule sowie anderen institutionellen Rahmenbedingungen berücksichtigt. Quellen: Wößmann, L. (2003); Wößmann, L. et al. (2009).*

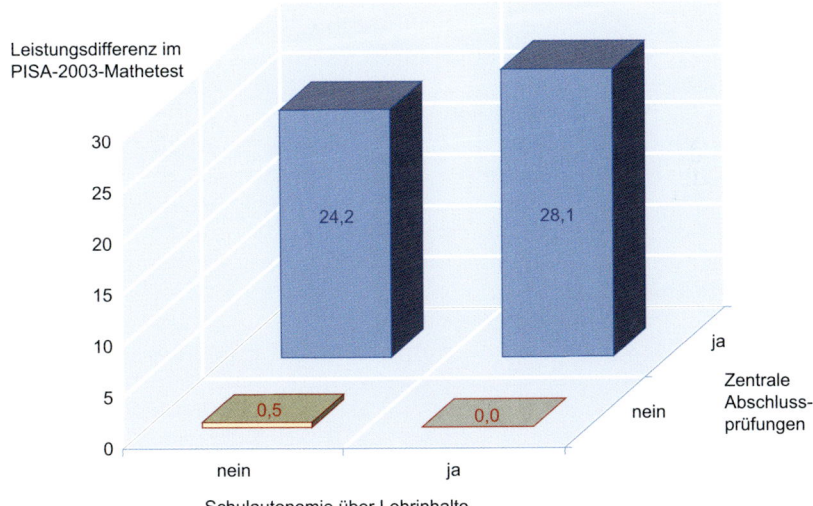

Bild 2 Zentrale Abschlussprüfungen, Schulautonomie und Schülerleistungen[1]

[1] *Siehe Bild 1.*
Quelle: Wößmann, L. et al. (2009).

5.6 Mehrgliedrige Schulsysteme

Die Chancengleichheit sinkt durch frühe Trennung

Schülerleistungen hängen in Deutschland mehr als in den meisten anderen Ländern vom familiären Hintergrund ab. Dies ist zum Teil auf die frühe Aufteilung auf verschiedene Schultypen wie Haupt- und Realschule sowie Gymnasium zurückzuführen. Zahlreiche bildungsökonomische Studien zeigen, dass längeres gemeinsames Lernen die Bildungschancen sozial benachteiligter Schüler verbessert, ohne das allgemeine Leistungsniveau zu verringern.

In den meisten deutschen Bundesländern werden Schüler nach der gemeinsamen Grundschulzeit im Alter von etwa zehn Jahren auf verschiedene Schultypen wie Hauptschule, Realschule oder Gymnasium aufgeteilt. Im internationalen Vergleich nimmt Deutschland mit dieser frühen Trennung eine Sonderstellung ein. Nur in Österreich werden Schüler ebenso früh aufgeteilt. In den meisten OECD-Ländern hingegen besuchen alle Schüler mindestens bis zum Alter von 15 Jahren gemeinsam ein und dieselbe Schulform.

Das mehrgliedrige Schulsystem hat in Deutschland eine lange Tradition und existierte in ähnlicher Form bereits zu Zeiten der Weimarer Republik. Damals sahen auch viele andere Schulsysteme noch eine ähnlich frühe Trennung vor. In den meisten dieser Schulsysteme wurden jedoch bereits vor mehreren Jahrzehnten Reformen zum längeren gemeinsamen Lernen umgesetzt. Hierzulande wird die Schulstrukturdebatte zwar seit Langem hitzig geführt; weitreichende Reformen lassen aber auf sich warten.

> **Positive Effekte des längeren gemeinsamen Lernens**

Bildungsökonomische Forschungsergebnisse sprechen überwiegend gegen das Festhalten an der frühen Mehrgliedrigkeit. So finden etwa Studien, die nationale Reformen (z. B. in Finnland oder Schweden) hin zum längeren gemeinsamen Lernen evaluieren, positive Effekte auf die Chancengleichheit, ohne dass damit negative Folgen für das allgemeine Leistungsniveau einhergingen. So kann durch längeres gemeinsames Lernen die Abhängigkeit des Bildungs- und späteren Arbeitsmarkterfolgs vom familiären Hintergrund verringert werden. Davon profitieren insbesondere Kinder aus bildungsfernen Schichten.

Diese Befunde stehen im Einklang mit den Ergebnissen zahlreicher internationaler Schulleistungsstudien, die zeigen, dass – entgegen der landläufigen Meinung – in früh aufteilenden Schulsystemen die Schülerleistungen keineswegs besser sind. Jedoch ist die Chancengleichheit – gemessen an der Abhängigkeit vom familiären Hintergrund – im Mittel umso geringer, je früher die Aufteilung erfolgt > Bild 1. Auch der Leistungsabstand zwischen guten und schlechten Schülern ist bei früher Aufteilung deutlich größer. In keinem anderen Land steigt die Ungleichheit der Schülerleistungen von der Grundschulstudie IGLU zur Mittelstufenstudie PISA so stark an wie in Deutschland > Bild 2. *EL+LW*

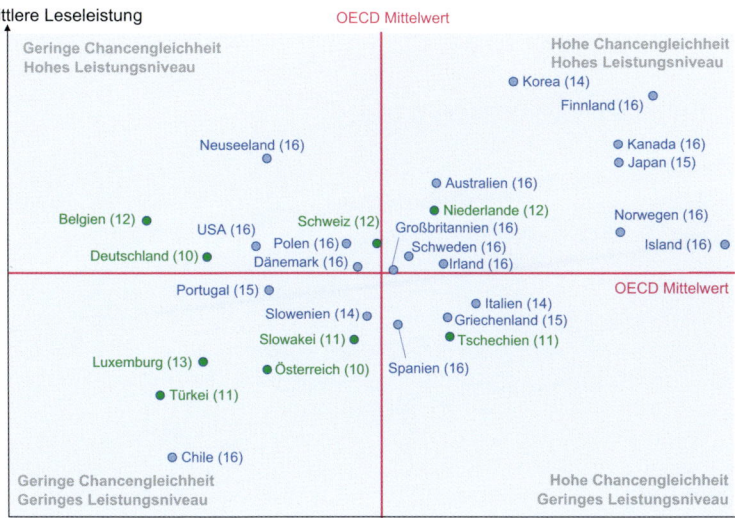

Bild 1 Frühe Mehrgliedrigkeit, Chancengleichheit und Qualität von Schulsystemen[1]
[1] *In Klammern Alter bei der ersten Selektion in verschiedene Schultypen. Grüne Markierung für Länder mit früher Aufteilung.*
Quelle: OECD (2010).

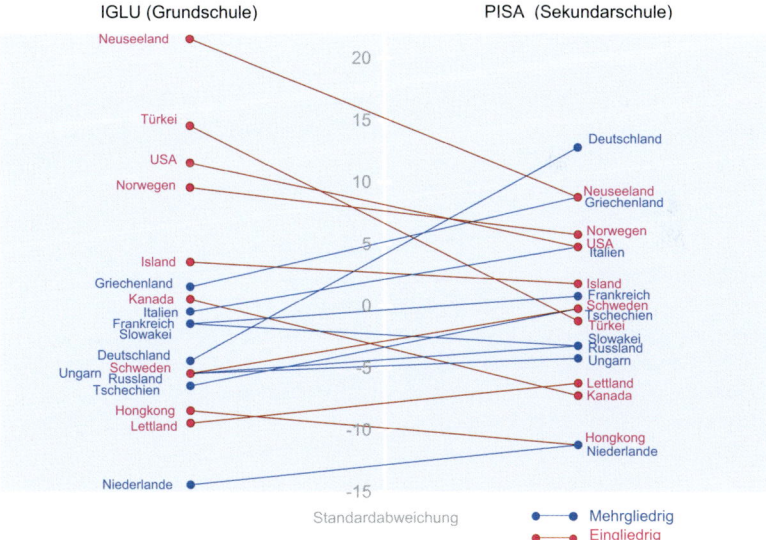

Bild 2 Frühe Selektion und Ungleichheit der Schülerleistungen[1]
[1] *Die Linien geben die Veränderung der Streuung (Ungleichheit) der Leseleistung zwischen Grundschule (IGLU 2001, Zehnjährige) und Mittelstufe (PISA 2003, 15-Jährige) an.*
Quelle: Hanushek, E. A.; Wößmann, L. (2006).

5.7 Schulwettbewerb

Können es Privatschulen besser?

In den letzten Jahren ist in Deutschland der Anteil der Schüler, die Schulen in freier Trägerschaft besuchen, erheblich gestiegen. Die meisten dieser Privatschulen sind überwiegend öffentlich finanziert und erheben keine oder nur geringe Schulgebühren. Das Angebot an Privatschulen kann zu einem erhöhten Wettbewerb innerhalb des Schulsystems führen und so das allgemeine Leistungsniveau steigern. Jedoch ist das bessere Abschneiden vieler Schulen in freier Trägerschaft in erster Linie auf deren günstigere sozioökonomische Schülerzusammensetzung zurückzuführen.

In den vergangenen Jahren hat die Anzahl der Schüler an Privatschulen in Deutschland stark zugenommen und lag im Schuljahr 2009/2010 bei etwa 8 %. Dennoch ist diese Zahl im internationalen Vergleich relativ gering. In Deutschland sind Privatschulen weitgehend öffentlich finanziert und erheben keine oder nur geringe Schulgebühren. Etwa zwei Drittel befinden sich in konfessioneller Trägerschaft; diese werden um reformpädagogische Schulen wie beispielsweise Waldorfschulen und internationale Schulen ergänzt.

> **Positive Effekte durch erhöhten Wettbewerb**

Bildungsökonomischen Studien zufolge kann das Angebot von Privatschulen den Wettbewerb zwischen öffentlichen und privaten Schulen um Schüler, Lehrer und Unterrichtsmethoden steigern. Wettbewerb kann sich am besten dann entfalten, wenn eine öffentliche Finanzierung privat geleiteter Schulen sicherstellt, dass keine oder nur geringe Schulgelder erhoben werden müssen, und somit auch Kinder aus einkommensschwachen Familien die Wahl zwischen öffentlich und privat geleiteten Schulen haben.

Dadurch entsteht sowohl für öffentliche als auch für private Schulen der größte Anreiz, die Schulqualität zu verbessern. Dies zeigt etwa eine umfassende Analyse der PISA-Daten: Länder, deren Schulen in der Mehrzahl privat geleitet und überwiegend staatlich finanziert werden, schneiden in internationalen Vergleichsstudien am besten ab > Bild 1.

Hat aber der Besuch einer Privatschule auch einen positiven Effekt auf die Leistung eines Schülers? Zu den Gründen für eine höhere Effektivität privat geleiteter Schulen zählen ein höherer Autonomiegrad z. B. in Personalfragen sowie vielfältigere Finanzierungsquellen, die eine bessere Ressourcenausstattung ermöglichen. Internationale Schulleistungsstudien zeigen, dass Schüler an privat geleiteten Schulen in den meisten Ländern besser abschneiden. Allerdings kann dieser positive Effekt privat geleiteter Schulen größtenteils durch die sozioökonomische Schülerzusammensetzung erklärt werden > Bild 2. Privatschulen werden vorwiegend von Schülern aus sozial privilegierten Familien besucht, die im Allgemeinen in internationalen Schulleistungstests besser abschneiden. Privatschulen sind also nicht grundsätzlich effektiver. *EL+SL*

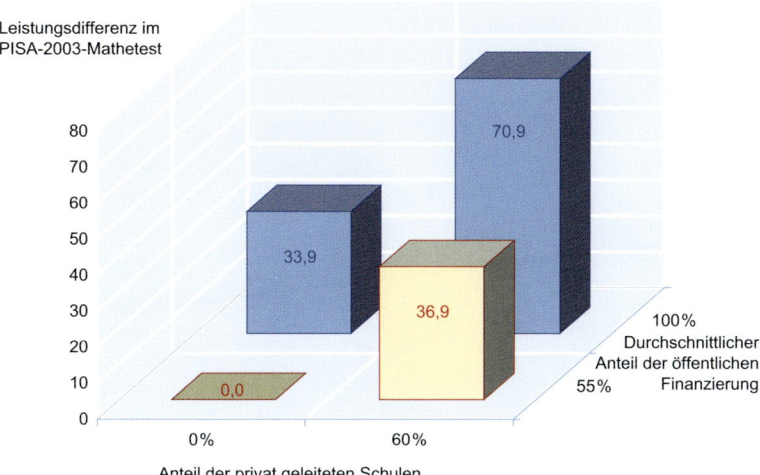

Bild 1 Private Schulträgerschaft, Anteil der öffentlichen Finanzierung und Schülerleistungen[1]
[1] Basierend auf der PISA-2003-Stichprobe der OECD-Länder. Unterschiede in den individuellen Merkmalen der Schüler, im familiären Hintergrund, der Ressourcenausstattung der Schule sowie anderen institutionellen Rahmenbedingungen wurden berücksichtigt.
Quelle: Wößmann, L. et al. (2009).

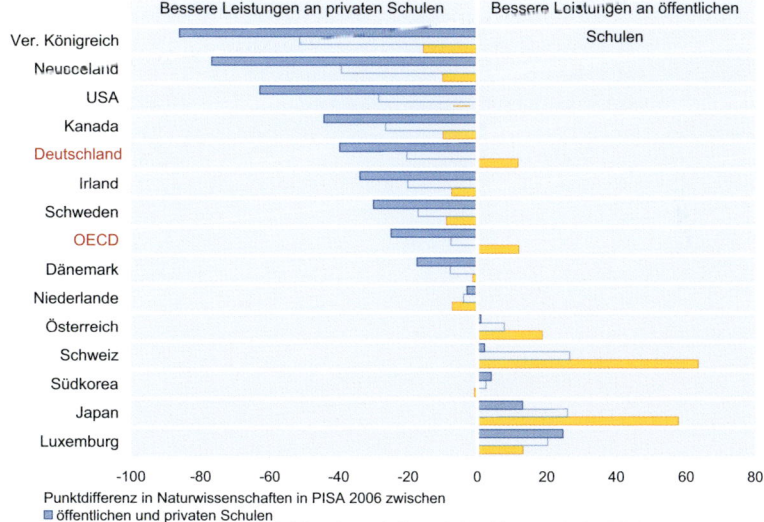

Bild 2 Leistungsunterschiede zwischen Schulen in öffentlicher und privater Trägerschaft
Quelle: OECD (2007).

5.8 Bildungsföderalismus

Fluch oder Segen?

In Politik, Wissenschaft und Medien wird über den deutschen Bildungsföderalismus kontrovers diskutiert. Das Urteil der Bundesbürger ist dagegen eindeutig: Einer Allensbach-Studie zufolge sprechen sich 61 % für eine Zuständigkeit des Bundes in der Schul- und Bildungspolitik aus!

Der Bildungsföderalismus wird in Deutschland durch das Grundgesetz vorgegeben, wonach die Zuständigkeiten für das Bildungswesen im Wesentlichen bei den Ländern liegen. Mit der 2006 in Kraft getretenen Föderalismusreform I ist der Einfluss des Bundes noch weiter gesunken: Das neu eingeführte Kooperationsverbot verbietet jegliche schulpolitische Initiative des Bundes, selbst wenn alle 16 Bundesländer einverstanden wären, und Mitwirkungsmöglichkeiten des Bundes in der Hochschulpolitik sind nur noch sehr begrenzt vorgesehen. Die Länder stimmen ihre Bildungspolitiken in der Kultusministerkonferenz (KMK) ab, um ein gewisses Maß an Einheitlichkeit zwischen den Ländern herzustellen.

Die Länderhoheit im schulischen Bildungswesen hat in Deutschland 16 unterschiedlich ausgestaltete Schulsysteme hervorgebracht. Sie unterscheiden sich in den angebotenen Schularten und der Länge der Grundschulzeit > Bild 1. Weitere Unterschiede gibt es unter anderem bei den verwendeten Schulbüchern, bei der zweiten Fremdsprache im Gymnasium, bei den Lehrplänen und vor allem bei der Lehrerausbildung. Auch in anderen Bereichen, z. B. bei Studiengebühren oder bei Sprachtests für Vorschüler, variieren die Länderregelungen.

> Kulturhoheit der Länder: Fluch oder Segen?

Befürworter des Bildungsföderalismus betonen den positiven Systemwettbewerb um die besten Ideen und Konzepte: Vor allem die Veröffentlichung und Analyse von Schülerleistungstests im Bundesländervergleich erhöhe den Anreiz der Länder, ihre Schulsysteme zu verbessern, und erzeuge leistungsfördernde Elemente. Gegner beklagen jedoch die erschwerte Mobilität für Familien und Lehrpersonal über Ländergrenzen hinweg. Aber auch unterschiedliche Anforderungen an die Schüler – und damit eine unterschiedliche Schulqualität – sowie Unterschiede in der Chancengerechtigkeit der Schulsysteme werden kritisiert und als unfair empfunden.

Die Länder haben im Zuge des sogenannten PISA-Schocks mit einem Kurswechsel hin zu einer outputorientierten Steuerung des Bildungssystems zum Teil auf die Vorwürfe reagiert. So wurden in fast allen Bundesländern zentrale Abschlussprüfungen eingeführt, und die KMK verabschiedet seit 2003 sukzessive für alle Schulfächer und -formen nationale Bildungsstandards, die in Tests überprüft und öffentlich gemacht werden (sollen). Dies ist ein erster Schritt in die richtige Richtung zu mehr Vergleichbarkeit und Gerechtigkeit. Das Mobilitätsproblem wird dadurch nicht gelöst.

AF

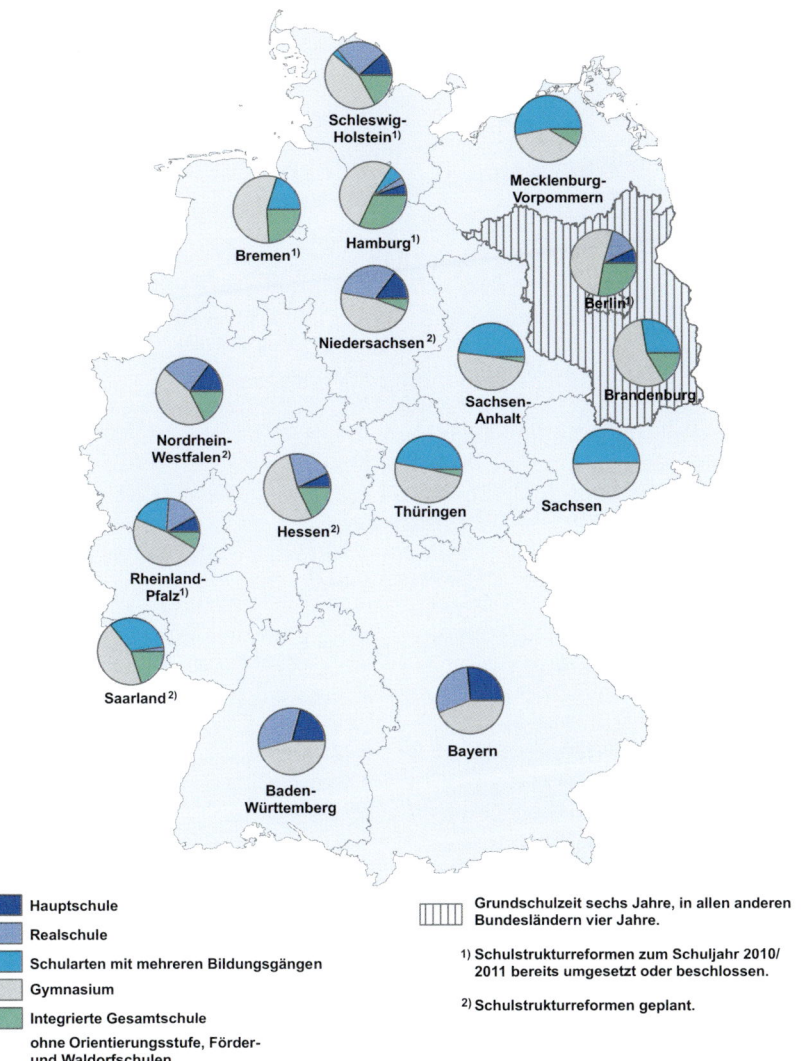

Schleswig-
Holstein[1]

Mecklenburg-
Vorpommern

Bremen[1]

Hamburg[1]

Berlin[1]

Niedersachsen[2]

Sachsen-
Anhalt

Brandenburg

Nordrhein-
Westfalen[2]

Thüringen

Sachsen

Hessen[2]

Rheinland-
Pfalz[1]

Saarland[2]

Bayern

Baden-
Württemberg

■ Hauptschule

■ Realschule

■ Schularten mit mehreren Bildungsgängen

■ Gymnasium

■ Integrierte Gesamtschule

ohne Orientierungsstufe, Förder-
und Waldorfschulen

▦ Grundschulzeit sechs Jahre, in allen anderen
Bundesländern vier Jahre.

[1] Schulstrukturreformen zum Schuljahr 2010/
2011 bereits umgesetzt oder beschlossen.

[2] Schulstrukturreformen geplant.

Bild 1 Schülerinnen und Schüler nach Schularten im Schuljahr 2009/2010
*Quelle: Statistisches Bundesamt: Bildung und Kultur, Allgemeinbildende Schulen, Schuljahr
2009/2010.*

5.9 Top-Universitäten im internationalen Vergleich

Warum haben wir kein Harvard?

Die amerikanische Universität Harvard belegt in zahlreichen Hochschulrankings seit Jahren Platz eins, während die LMU München im Academic Ranking of World Universities 2010 als beste deutsche Universität lediglich Platz 52 besetzt.

Seit der ersten Veröffentlichung einer Rangliste durch ein amerikanisches Nachrichtenmagazin 1983 ist die Anzahl von Hochschulrankings enorm angestiegen. Weltweit große Aufmerksamkeit findet das Academic Ranking of World Universities (ARWU), das seit dem Jahr 2003 von der Shanghai-Universität und dem Center for World Class Universities jährlich veröffentlicht wird. Das Academic Ranking of World Universities ist das erste breit angelegte globale Hochschulranking, das die Forschungsexzellenz der weltweit führenden 500 Universitäten vergleicht. Die amerikanische Universität Harvard in Massachusetts belegt im Ranking seit Jahren Platz eins, 2010 gefolgt von Berkeley und Stanford in Kalifornien > Bild 1. Die LMU München besetzt als beste deutsche Universität lediglich Platz 52. Insgesamt zählen allerdings 39 deutsche Universitäten zu den besten 500 Universitäten weltweit > Bild 2.

Als Gründe für das schlechte Abschneiden deutscher Universitäten können einige Schwächen des deutschen Hochschulsystems angeführt werden. Der im internationalen Vergleich geringe Autonomiegrad des deutschen Hochschulsystems äußert sich unter anderem in hohen administrativen Belastungen. Die Lehrverpflichtungen für Hochschulprofessoren sind in Deutschland höher als beispielsweise in den USA, und auch hinsichtlich des Ge-

halts sind deutsche Universitäten nicht mit amerikanischen Spitzenuniversitäten wie Harvard konkurrenzfähig. Durch ihre attraktiven Forschungsbedingungen und höheren Gehälter schaffen es amerikanische Universitäten, Spitzenforscher aus aller Welt zu akquirieren und ihren Erfolg weiter zu steigern.

> Hochschulrankings in der Kritik

Allerdings gelten Hochschulrankings zunehmend als umstritten. Kritisiert werden methodische Mängel, die Oberflächlichkeit der Ranglisten und die Tatsache, dass häufig nach Aspekten der Forschung und nicht der akademischen Ausbildung bewertet wird. Ausschlaggebend für eine gute Platzierung sind meist Publikationen in ausgewählten Fachzeitschriften. Im ARWU findet dadurch eine Verzerrung zugunsten englischsprachiger und naturwissenschaftlicher Universitäten statt.

Um nun den Wissenschaftsstandort Deutschland zu stärken, wurden Programme wie die Exzellenzinitiative ins Leben gerufen, die herausragende Forschung an deutschen Universitäten fördert. Auch die Stärkung des universitären Wettbewerbs sowie die Erweiterung der Handlungsspielräume der Hochschulen zählen zu den von der Politik ergriffenen Maßnahmen. *SL*

Weltweite Platzierung	Institution	Land
1	Harvard University	USA
2	University of California, Berkeley	USA
3	Stanford University	USA
4	Massachusetts Institute of Technology	USA
5	University of Cambridge	Großbritannien
6	California Institute of Technology	USA
7	Princeton University	USA
8	Columbia University	USA
9	University of Chicago	USA
10	University of Oxford	Großbritannien
52	LMU München	Deutschland
56	TU München	Deutschland
63	Universität Heidelberg	Deutschland

Bild 1 Top-Universitäten weltweit 2010
Quelle: Academic Ranking of World Universities 2010.

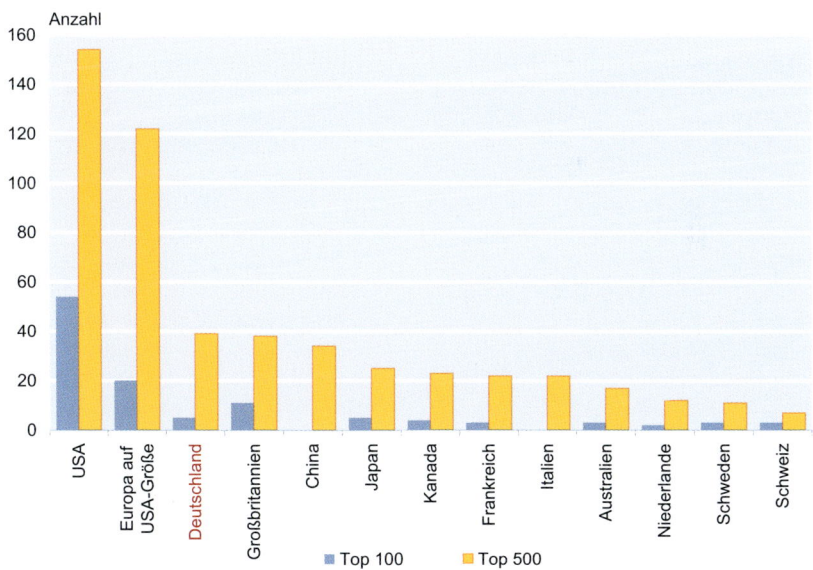

Bild 2 Top-Universitäten nach Ländern
Quelle: Academic Ranking of World Universities 2010; Darstellung des ifo Instituts.

5.10 Lebenslanges Lernen

Weiß Hans denn niemals genug?

Bildungs- und Lernprozesse sind heutzutage zumeist nicht mehr auf den erfolgreichen Abschluss einer Berufsausbildung oder eines Studiums beschränkt. Denn sowohl ökonomische als auch nichtökonomische Faktoren machen lebenslanges Lernen unverzichtbar. Vor allem der zunehmende globale Wettbewerb, der schnelle technologische Wandel und die demografische Entwicklung mit einer alternden Erwerbsbevölkerung führen dazu, dass Weiterbildung auch noch im Erwachsenenalter eine zentrale Bedeutung hat.

Mit dem Begriff des lebenslangen Lernens ist die Auffassung verbunden, dass Bildung nicht mit der schulischen oder beruflichen Erstausbildung enden sollte, sondern dass Fort- und Weiterbildungen auch im Erwachsenenalter noch eine wichtige Rolle spielen. Erwachsenenbildung als ein zentraler Aspekt des lebenslangen Lernens umfasst sehr unterschiedliche Arten von Weiterbildungsmaßnahmen, von eher berufsbezogenen bis hin zu eher allgemeinen Inhalten.

> Gründe für das lebenslange Lernen

Der zunehmende globale Wettbewerb hat die Nachfrage nach qualifizierten Arbeitskräften in den Industrieländern erhöht, während Beschäftigungsmöglichkeiten für niedrig Qualifizierte zurückgehen. Auch der schnelle technologische Wandel der letzten 30 Jahre und die damit verbundene Entwicklung und Verwendung von technologischen Neuerungen erfordern ein hohes Bildungsniveau. Außerdem setzt dieser schnelle technologische Wandel eine erhöhte berufliche Mobilität der Arbeitnehmer voraus. Zudem nimmt durch den demografischen Wandel die Zahl der jungen Arbeitnehmer ab, und die Erwerbsbevölkerung wird immer älter. In Zukunft wird die gesamte Volkswirtschaft somit verstärkt auf die Produktivität und die Innovationskraft älterer Arbeitnehmer angewiesen sein, und das lebenslange Lernen wird weiter an Bedeutung gewinnen. Aber nicht nur aus ökonomischen Gründen ist dieses wichtig. Es kann auch die Teilnahme am gesellschaftlichen Leben fördern und die individuelle Lebenszufriedenheit erhöhen.

> Teilnahme an Weiterbildungsmaßnahmen

Was die Teilnahme an Weiterbildungsmaßnahmen betrifft, liegt Deutschland leicht über dem OECD-Durchschnitt: Im Laufe des Jahres 2007 nahmen etwa 43 % der Bevölkerung im Alter von 25 bis 64 Jahren an mindestens einem Weiterbildungsangebot teil. Die Weiterbildungsbeteiligung ist in den letzten 30 Jahren zwar deutlich angestiegen, stagnierte in den letzten Jahren allerdings. Diejenigen, die ohnehin schon über einen höheren Bildungsabschluss verfügen, nehmen häufiger an Weiterbildungen teil. Während es nur geringe Geschlechtsunterschiede in der Weiterbildungsteilnahme gibt, sinkt sie mit dem Alter deutlich. Außerdem nehmen Personen mit Migrationshintergrund seltener an Weiterbildungsmaßnahmen teil.

> Finanzierung von beruflicher Weiterbildung

Sowohl für Arbeitgeber als auch für Arbeitnehmer bestehen ökonomische Anreize zur Organisation und Finanzierung von beruflichen Weiterbildungsmaßnahmen. Arbeitnehmer können durch die Teilnahme an Weiterbildungsmaßnahmen ihre zukünftigen Arbeitsmarktchancen verbessern, sich beruflich weiterentwickeln, in Zukunft höhere Löhne erzielen und ihr Arbeitslosigkeitsrisiko verringern. Sie werden sich insbesondere dann an der Finanzierung beteiligen, wenn die Weiterbildung nicht firmenspezifisch ist und sie auch für andere Arbeitgeber attraktiver macht. Unternehmen müssen ihrerseits dafür sorgen, dass ihre Mitarbeiter mit dem schnellen technologischen Wandel Schritt halten, um innovations- und wettbewerbsfähig zu bleiben. Sie haben insbesondere dann ein Interesse an der Finanzierung von Weiterbildung, wenn diese firmenspezifisch ist, also die erworbenen Kenntnisse hauptsächlich innerhalb des Unternehmens eingesetzt werden können.

> Staatliche Förderung von Weiterbildung

Darüber hinaus wird in Deutschland – wie in den meisten Industrienationen – die berufliche und allgemeine Weiterbildung vom Staat aktiv gefördert. Zu den Finanzierungsinstrumenten zählt beispielsweise die Ausgabe von Weiterbildungsgutscheinen. In Deutschland soll die sogenannte »Bildungsprämie« für Erwerbstätige insbesondere für bildungsferne und ältere Personen finanzielle Anreize zur beruflichen Weiterbildung und zum lebenslangen Lernen schaffen. Eine individuelle Beratung vorausgesetzt, erhalten Erwerbstätige einen Gutschein, den sie bei einem Weiterbildungsanbieter einlösen können und der die Kosten der Maßnahme zur Hälfte abdeckt.

Die berufliche Weiterbildung zählt darüber hinaus zu den Instrumenten der aktiven Arbeitsmarktpolitik, die auf eine Wiedereingliederung von Arbeitslosen in den Arbeitsmarkt abzielt.

> Ökonomische Erträge von beruflicher Weiterbildung

Noch immer gibt es wenig verallgemeinerbare Forschungsergebnisse zu den ökonomischen Erträgen verschiedener Weiterbildungsmaßnahmen. Die Heterogenität der Weiterbildungsmaßnahmen und die Vielzahl an Anbietern erschweren die Untersuchung dieser Fragestellung und die Verallgemeinerbarkeit der Ergebnisse. Evaluationsstudien, die sich speziell mit Weiterbildungsmaßnahmen im Rahmen der aktiven Arbeitsmarktpolitik in Deutschland befassen, finden überwiegend geringe, teilweise sogar negative Erträge. Auch wenn sich einzelne Evaluationsergebnisse immer nur auf einen eher spezifischen Aspekt des lebenslangen Lernens beziehen, so sind sie doch insgesamt im Einklang mit dem zentralen Befund der Bildungsökonomik: Die Renditen aus Bildungsinvestitionen sind in frühen Lebensabschnitten am höchsten und nehmen über den Lebenszyklus kontinuierlich ab. *EL+MS*

6 ARBEITSMARKT UND BESCHÄFTIGUNG

6.1 Lohn, Produktivität und Beschäftigung

Das kleine Einmaleins der Ökonomie

Sowohl bei Lohnverhandlungen als auch in der gesellschaftlichen und politischen Diskussion um Löhne und Beschäftigung wird oft die Produktivität als Argument ins Feld geführt. Was aber hat die Produktivität mit den Löhnen und der Beschäftigung zu tun, und wie hängen diese drei Größen zusammen?

Das Zusammenspiel von Löhnen, Beschäftigung und Produktivität wird am Arbeitsmarkt deutlich. Um die Wirkungsmechanismen zu verstehen, ist eine Analyse der Angebots- und Nachfrageseite hilfreich. Menschen bieten ihre Arbeitskraft an und bestimmen dadurch das Arbeitsangebot. Unternehmen fragen Arbeitskräfte nach und bilden damit die Nachfrageseite. Das Gut, das am Arbeitsmarkt gehandelt wird, ist die Arbeitskraft der Menschen. Der Preis, der dafür bezahlt wird, ist der Lohn. Auf einem funktionierenden Arbeitsmarkt bestimmt sich dieser durch Angebot und Nachfrage. Neben diesem grundsätzlichen Mechanismus spielen aber in der Realität auch die Verhandlungsmacht der Gewerkschaften und der Arbeitnehmer genauso eine Rolle wie die Festlegung von Mindestlöhnen durch den Gesetzgeber.

> Arbeitsangebotsentscheidung der Menschen

Menschen stellen am Arbeitsmarkt ihre Arbeitskraft zur Verfügung und wollen dafür entlohnt werden. Vereinfacht haben sie folgendes Kalkül: Sie empfinden sowohl Freizeit als auch Konsum als angenehm. Um den Konsum finanzieren zu können, müssen sie aber arbeiten. Die Menge an Arbeit, die sie anbieten, ist dabei nicht fix, sondern abhängig vom Lohn, den sie für ihre Arbeit erhalten.

Ob mit steigendem Lohn mehr oder weniger Arbeit angeboten wird, ist zunächst nicht eindeutig. Zwei Effekte wirken hier entgegengesetzt. Der Substitutionseffekt beschreibt die Tatsache, dass mit steigendem Lohn mehr Arbeit angeboten und auf Freizeit verzichtet wird, weil durch Arbeit mehr verdient und damit auch mehr konsumiert werden kann. Dem entgegen steht der Einkommenseffekt. Dieser beschreibt einen Rückgang des Arbeitsangebots durch einen höheren Lohn, da ein bestimmtes Konsumniveau durch weniger Arbeit erreicht werden kann. In der Realität zeigt sich, dass das Arbeitsangebot mit steigendem Lohn geringfügig zunimmt. Der Substitutionseffekt überwiegt somit den Einkommenseffekt.

> Arbeitsnachfrageentscheidung der Unternehmen

Wichtiger als das Arbeitsangebot der Haushalte ist empirisch die Arbeitsnachfrage der Unternehmen. Unternehmen wollen durch die Beschäftigung Gewinn erzielen. Der Gewinn bestimmt sich aus der Differenz von Wertschöpfung und Lohnkosten. Die Wertschöpfung ist der Erlös aus dem Verkauf von Produkten abzüglich der Vorprodukte. Ein Unternehmen verfügt zu einem Zeitpunkt, zu dem dann verfügbaren technischen Wissen, über eine bestimmte Menge von Möglichkeiten für Arbeitsplätze. Die potenziellen Arbeitsplätze unterscheiden sich hinsichtlich ihrer Produktivität. Die Produktivität des Arbeitsplatzes ist entscheidend dafür, wie hoch der maximale Lohn sein kann, der gerade noch kostendeckend ist. Die Produktivität eines Unternehmens und die Produktivität jedes Arbeitsplatzes steigen aber durch vermehrtes technisches Wissen oder Investitionen in die Kapitalausstattung. Ein Unternehmen realisiert alle Arbeitsplätze, deren Wertschöpfung die Lohnkosten übersteigt. Je kleiner der Lohn, desto größer ist die Menge der Arbeitsplätze, bei denen diese Bedingung erfüllt ist, desto größer ist also die Beschäftigung.

> ## Was passiert bei einer Produktivitätserhöhung?

Durch den Einsatz von besseren Maschinen oder eine Steigerung des technischen Wissens kann jeder Arbeitnehmer effektiver eingesetzt werden, und er kann mehr zur Absatzmenge des Unternehmens beitragen. Produktivitätssteigerungen können genutzt werden, um die Löhne zu erhöhen und/oder Neueinstellungen vorzunehmen.

> ## Was passiert bei einer Lohnerhöhung?

Steigen die Löhne unter sonst gleichen Bedingungen, geht die Anzahl der Arbeitsplätze zurück, aber gleichzeitig nimmt die durchschnittliche Produktivität in einem Unternehmen zu, weil ja zunächst die minder produktiven Arbeitsplätze ausscheiden. Produktivitätssteigerungen, die durch Lohnerhöhungen selbst erzwungen sind, sind deswegen nutzlos für die Volkswirtschaft. Nur Produktivitätssteigerungen, die aufgrund von technischem Fortschritt bei einer gegebenen Menge von Arbeitsplätzen zustande kommen, vermehren den Wohlstand und können als Grund für Lohnerhöhungen herangezogen werden. Lohnerhöhungen, die über die Produktivitätserhöhung hinausgehen, die sich bei gleicher Beschäftigung ergeben würde, verringern die Beschäftigung. Lohnabschlüsse unterhalb des beschäftigungsneutralen Produktivitätsfortschrittes führen zu einer Ausweitung der Beschäftigung. Lohnerhöhungen, die der durch diese Lohnerhöhungen selbst verursachten Produktivitätssteigerung folgen, vernichten Arbeitsplätze. *WN*

6.2 Beschäftigung nach Bereichen

Deutschland im europäischen Vergleich

Die sektorale Beschäftigungsstruktur in den EU-Ländern unterscheidet sich erheblich. Deutschland ist durch einen vergleichsweise großen Beschäftigungsanteil des verarbeitenden Gewerbes gekennzeichnet. Das Gewicht der Wirtschaftsbereiche, die überwiegend durch öffentliche Arbeitsverhältnisse geprägt sind (öffentliche Verwaltung, Verteidigung, Sozialversicherung; Erziehung und Unterricht sowie Gesundheits-, Veterinär- und Sozialwesen), entspricht dagegen dem Durchschnitt der EU-Länder.

Im Jahr 2008 waren in Deutschland über 40 Mio. Personen erwerbstätig. Die meisten arbeiteten im Dienstleistungssektor, wobei im Bereich Handel, Gastgewerbe und Verkehr allein fast ein Viertel aller Arbeitnehmer beschäftigt war > Bild 1. Rechnet man den zweitgrößten Dienstleistungsbereich (Finanzierung, Vermietung und Unternehmensdienstleister) hinzu, so lag Deutschland mit einem Beschäftigungsanteil von 42,3 % fast genau im Durchschnitt der EU-15 (42,8 %).

Im Vergleich zu den EU-Staaten fällt vor allem das verarbeitende Gewerbe auf. Im Jahr 2008 waren fast 19 % der Beschäftigten in diesem Bereich tätig (zum Vergleich EU-15: 14,8 %). In der Beschäftigungsstruktur Deutschlands spiegelt sich die gute Wettbewerbsposition der deutschen Industrie wider. Diese Stärke zeigt sich auch darin, dass 2008 im verarbeitenden Gewerbe um 35 % höhere Bruttolöhne und -gehälter je Arbeitnehmer erwirtschaftet wurden als im gesamtwirtschaftlichen Durchschnitt > Bild 2.

Ein Land, das einen anderen Weg genommen hat, ist Großbritannien. Das ehemalige Kernland der Industrialisierung kommt heute nur noch auf einen Anteil der gesamten Industrie (verarbeitendes Gewerbe, Bergbau und Energie- und Was-serversorgung) an den Beschäftigten von unter 11 % (zum Vergleich Deutschland 20 %). Die beiden großen Dienstleistungsbereiche erreichen hingegen heute einen Beschäftigungsanteil von über 53 %.

> Öffentliche Beschäftigung

In Deutschland waren im Jahr 2008 etwa 23 % der Erwerbstätigen in den Bereichen »öffentliche Verwaltung, Verteidigung und Sozialversicherung«, »Erziehung und Unterricht« sowie »Gesundheits-, Veterinär- und Sozialwesen«, also in überwiegend durch öffentliche Arbeitsverhältnisse geprägten Wirtschaftsbereichen beschäftigt. Dabei waren 6,6 % der Erwerbstätigen mit Verwaltungs- und Sicherheitsaufgaben betraut, was dem Durchschnitt in den EU-15-Ländern entspricht. Der öffentliche Sektor nach dieser Definition umfasst den Staat, halbstaatliche und auch private Unternehmen sowie Kirchen. Direkt beim Staat beschäftigt waren zuletzt nur 10,6 % aller Erwerbstätigen. Das durchschnittliche Lohnniveau im Wirtschaftsbereich »öffentliche Verwaltung, Verteidigung, Sozialversicherung« lag in Deutschland seit 1994 leicht über dem gesamtwirtschaftlichen Durchschnitt (zuletzt bei 109 %). *SA*

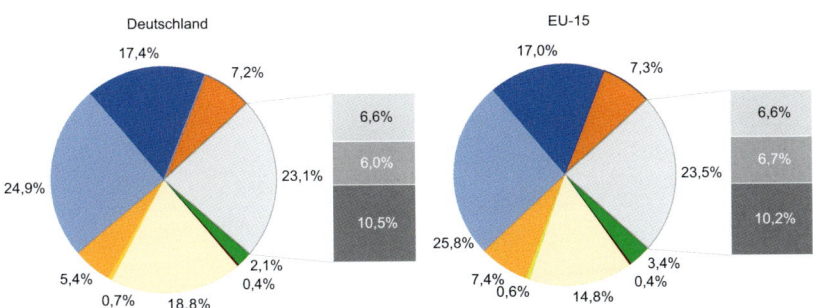

Bild 1 Beschäftigungsanteile der Wirtschaftsbereiche in Deutschland und der EU-15 2008
Quelle: Eurostat, Datenbank Wirtschaft und Finanzen; Berechnungen des ifo Instituts.

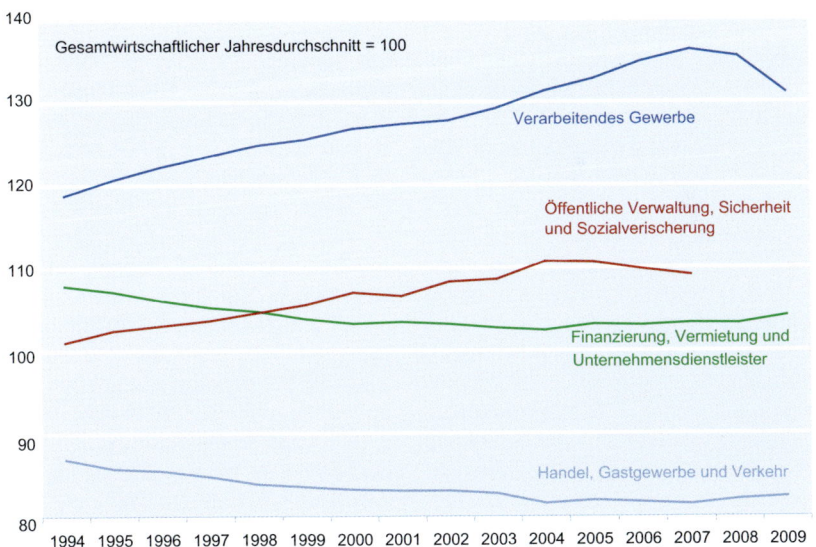

Bild 2 Das Bruttolohnniveau in Deutschland in ausgewählten Wirtschaftsbereichen
Quelle: Statistisches Bundesamt, Volksw. Gesamtrechnung; Berechnungen des ifo Instituts.

6.3 Atypische Beschäftigung

Leiharbeit, befristete Beschäftigungsverhältnisse, Minijobs

Der deutsche Arbeitsmarkt hat sich in den letzten beiden Jahrzehnten stark verändert. Während der Anteil sogenannter »Normalarbeitsverhältnisse« – also unbefristeter, sozialversicherungspflichtiger Beschäftigung – sank, nahm der Anteil atypischer Beschäftigungsverhältnisse deutlich zu.

Unter atypischen Beschäftigungsverhältnissen versteht der Sachverständigenrat zur Begutachtung der gesamtwirtschaftlichen Lage alle Leiharbeitsverhältnisse, befristete Beschäftigungsverhältnisse, geringfügige Beschäftigung sowie (je nach Abgrenzung) auch unbefristete Teilzeitverhältnisse > Bild 1.

Durch steuerliche Bevorzugung von Minijobs im Rahmen des Hartz-IV-Gesetzes hat die Wirtschaftspolitik ihren Teil zum Ausbau atypischer Beschäftigungsverhältnisse beigetragen. So wurde die Entgeltgrenze für Minijobs von 325 auf 400 Euro im Monat angehoben und die Begrenzung der wöchentlichen Arbeitszeit auf 15 Wochenstunden aufgehoben. Dadurch hat sich die Zahl der geringfügig Beschäftigten seit Anfang der 1990er Jahre von knapp 1 Mio. auf gut 3,7 Mio. im Jahr 2007 erhöht. Zum Wachstum atypischer Beschäftigungsverhältnisse beigetragen haben auch die als Ein-Euro-Jobs bekannten Arbeitsgelegenheiten sowie die Hinzuverdienstmöglichkeiten unter Hartz IV, da diese aus finanzieller Sicht die Aufnahme eines Minijobs attraktiv machen. Auch die nicht in ähnlicher Form begünstigte Leiharbeit entwickelte sich in den letzten Jahren dynamisch, wenngleich Deutschland hier im internationalen Vergleich immer noch eher im Mittelfeld liegt > Bild 2.

> **Atypische Beschäftigung: Ausweg aus striktem Kündigungsschutz**

Ländervergleiche zeigen, dass mit der Rigidität des Kündigungsschutzes das Ausmaß atypischer Beschäftigung steigt. Anscheinend benutzen Unternehmen atypische Beschäftigungsverhältnisse zur Schaffung von Randbelegschaften, um ihre zur Sicherung der Wettbewerbsfähigkeit und zur Überwindung von Auftragsflauten notwendige Flexibilität zu erhöhen. Mithilfe von atypischen Beschäftigungsverhältnissen können Unternehmen mehr Arbeitsplätze schaffen als ohne diese flexiblen Beschäftigungsformen. Deshalb verbessert die Ausweichreaktion der Unternehmen auf den Kündigungsschutz die Arbeitsmarktsituation. Die Sorge, dass mit der Zunahme der atypischen Beschäftigungsverhältnisse die Arbeitsplatzsicherheit abnimmt, hat sich laut Analyse des Instituts für Arbeitsmarkt- und Berufsforschung nicht bestätigt. Danach hat sich die durchschnittliche Betriebszugehörigkeitsdauer seit 2001 kaum verändert; sie liegt weiterhin konstant bei knapp über zehn Jahren. Dennoch wäre eine Gleichstellung der Kern- und Randbelegschaften bei gleichzeitiger Flexibilisierung des Kündigungsschutzes gerechter und für den Aufbau von firmenspezifischem Humankapital günstiger. *STB+CH*

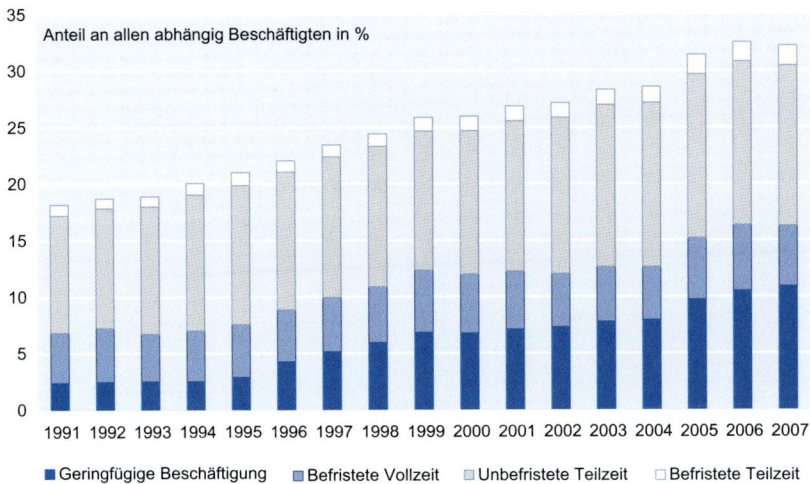

Bild 1 Atypische Beschäftigung (ohne Leiharbeit)[1] in Deutschland 1991 bis 2007
[1] *Erwerbstätige im Alter von 15 Jahren und älter.*
Quelle: Sachverständigenrat.

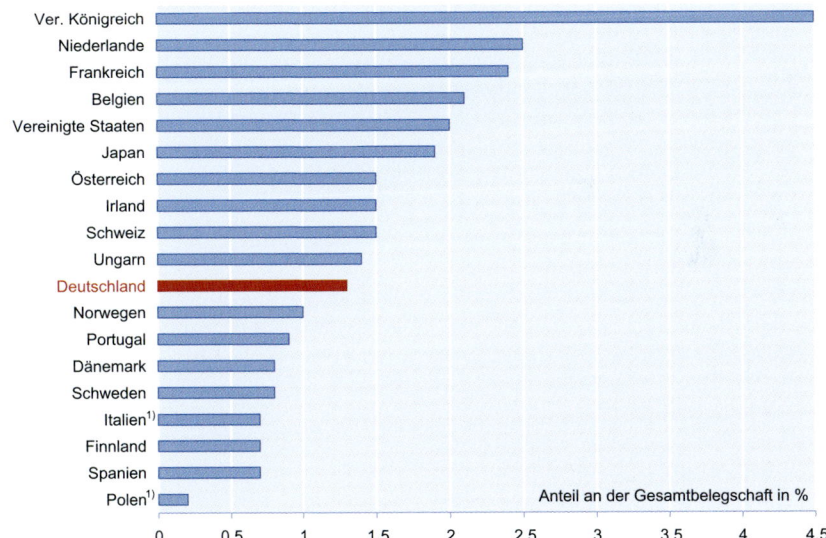

Bild 2 Leiharbeit im internationalen Vergleich 2008
[1] *Wert geschätzt.*
Quelle: Sachverständigenrat.

6.4 Arbeitslosigkeit

Wie kann man sie bekämpfen?

Die Bekämpfung von Arbeitslosigkeit ist eine Schlüsselaufgabe der Wirtschaftspolitik. Man unterscheidet strukturelle, konjunkturelle und friktionelle Arbeitslosigkeit, wobei jeder mit speziellen Maßnahmen begegnet werden muss.

Strukturelle Arbeitslosigkeit entsteht dadurch, dass der Lohn über seinem Gleichgewichtsniveau liegt. Auf wettbewerblichen Arbeitsmärkten gibt es diese Arbeitslosigkeit nicht, da ein flexibler Lohn Arbeitsangebot und -nachfrage stets in Übereinstimmung bringt. Anders ist es, wenn der Lohn über den Gleichgewichtswert angehoben wird (z. B. durch gewerkschaftliche Einflüsse oder explizite bzw. implizite Mindestlöhne). Auch ein früherer Gleichgewichtslohn kann für Vollbeschäftigung zu hoch sein, wenn sich die Standortbedingungen verschlechtern oder der technische Fortschritt arbeitssparend auswirkt. Strukturelle Arbeitslosigkeit kann durch Lohnflexibilität und Wettbewerb am Arbeitsmarkt verringert werden.

Konjunkturelle Arbeitslosigkeit entsteht in wirtschaftlichen Abschwüngen. Sie kann durch Stimulierung der Nachfrage oder finanzielle Unterstützung der Unternehmen abgemildert werden. Konjunkturprogramme haben sich als probates Mittel erwiesen, einen Ausfall privater Nachfrage zu kompensieren. In der Krise von 2008/2009 hat Deutschland mit dem Kurzarbeitergeld ein weiteres Instrument zur Beschäftigungssicherung eingesetzt. Um Entlassungen zu vermeiden, wird befristet ein Teil des Lohnes vom Staat getragen. Diese meist schuldenfinanzierten Instrumente sollten ausschließlich in konjunkturellen Schwächephasen zum Einsatz kommen. Den finanziellen Spielraum sollte eine solide Haushaltspolitik in Aufschwüngen schaffen.

Friktionelle Arbeitslosigkeit (auch Sucharbeitslosigkeit) entsteht beim Übergang von einer Arbeitsstelle zu einer andern. Es gibt sie sogar bei vollständig flexiblen Löhnen. Ihre Höhe bestimmt sich aus der Dauer, eine passende Stelle zu finden. Erleichtert man es Unternehmen, Arbeitnehmer einzustellen, so senkt man die Sucharbeitslosigkeit. Betriebe stellen Arbeitnehmer schneller ein, wenn sie diese in wirtschaftlich schlechten Zeiten auch einfacher wieder freisetzen können. Somit erhöht eine Flexibilisierung des Arbeitsmarktes die Chancen, eine Stelle zu bekommen, und senkt damit die Arbeitslosigkeit. Länder mit flexiblen Arbeitsmärkten (z. B. Dänemark oder das Vereinigte Königreich) wiesen in der Vergangenheit niedrigere Arbeitslosenquoten auf > Bild 1 + 2.

> Der Flexicurity-Ansatz

Dem Bedürfnis, die Flexibilisierung des Arbeitsmarktes sozial abzusichern, kann durch den Flexicurity-Ansatz entsprochen werden. Dänemark ist hierfür ein gutes Beispiel. Der Kündigungsschutz ist gering, die Lohnersatzleistungen für Arbeitslose sind hoch > Bild 2. Um ein Verharren in Arbeitslosigkeit zu vermeiden, sind das Arbeitslosengeld und die Grundsicherung an eine aktive Arbeitssuche geknüpft. *WN+SA*

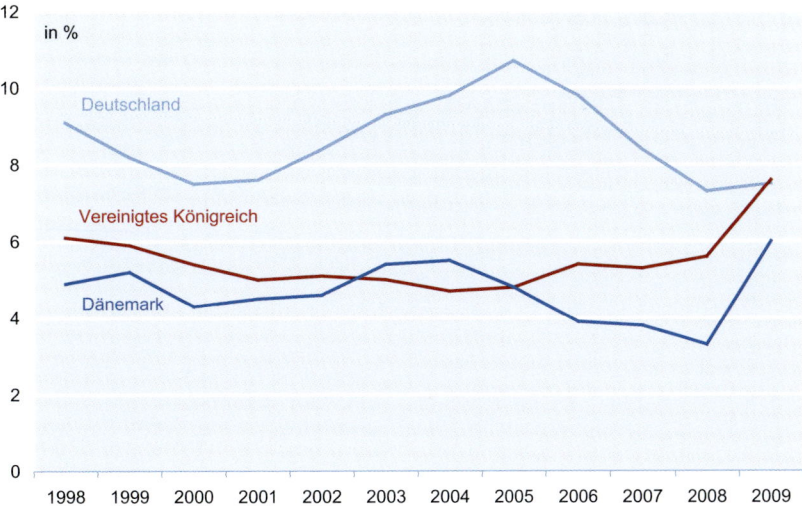

Bild 1 Arbeitslosenquoten in Dänemark, Deutschland und im Vereinigten Königreich
Quelle: Eurostat; Darstellung des ifo Instituts.

	Dänemark	Deutschland	Großbritannien
Kündigungs-schutz	Keine Regelung	4 Wochen bis 7 Monate	1 bis 12 Wochen
Arbeitslosengeld			
Bezugsdauer	6 Jahre lang, maximal 208 Wochen	Je nach Beschäftigungsdauer und Alter 6 bis 24 Monate	182 Tage pro Arbeitslosigkeitsperiode
Höhe	Geringverdiener: 90 % des Entgelts der letzten 3 Monate; Normalverdiener in etwa wie in Deutschland	60 % (kinderlos) bzw. 67 % des durchschnittlichen Nettowochenentgelts des letzten Jahres	18 bis 24 Jahre: 60; 25 und älter: 75 Euro pro Woche plus Wohngeld
Grundsicherung/Sozialhilfe			
Bezugsdauer	Unbegrenzt	Unbegrenzt	Unbegrenzt
Höhe	Alleinstehend ab 25 Jahren: 1 320 Euro plus Wohngeld	Alleinstehende: 359 Euro plus Wohngeld usw.	Wie Arbeitslosengeld

Bild 2 Arbeitslosenversicherungen in Dänemark, Deutschland und im Ver. Königreich 2010
Quelle: BMAS (2010): Der Sozialkompass Europa; Darstellung des ifo Instituts.

6.5 Gewerkschaften

Wie wichtig sind sie noch?

Auch zu Beginn des 21. Jahrhunderts sind Gewerkschaften noch wichtige Interessenvertretungen der Arbeitnehmer zu deren wirtschaftlicher und sozialer Absicherung. Allerdings hat ihre Bedeutung abgenommen. Dies zeigen der gewerkschaftliche Organisationsgrad und der Geltungsbereich von Tarifverträgen. Die Rolle der Gewerkschaften ist auch von Land zu Land sehr unterschiedlich.

Der gewerkschaftliche Organisationsgrad gibt an, welcher Anteil der Beschäftigten Mitglied in einer Gewerkschaft ist. Seit 1960 haben die Gewerkschaften in den meisten Ländern absolut und relativ gesehen Mitglieder verloren. Der gewerkschaftliche Organisationsgrad sank in Deutschland von 34,7 % (1960) auf 20,7 % (2006). Die größten Einbußen bei den Mitgliederzahlen sind in Österreich (1960: 67,9 %; 2006: 31,7 %) und in den Niederlanden (1960: 40,0 %; 2006: 21,5 %) zu verzeichnen > Bild 1. In den skandinavischen Ländern (Schweden, Finnland und Dänemark) sowie in Belgien ist allerdings ein gegenläufiger Trend zu beobachten. Hier gewannen die Gewerkschaften deutlich an Bedeutung, was insbesondere an dem dort herrschenden Gent-System liegt, das ein Versicherungssystem zur Absicherung gegen Erwerbslosigkeit gekoppelt an die Mitgliedschaft in einer Gewerkschaft darstellt.

> Lohnfindung durch Gewerkschaften

Die Bedeutung der Gewerkschaften wird, neben dem Organisationsgrad, noch deutlicher durch das Ausmaß der Tarifbindung abgebildet. Hiermit wird angegeben, wie viele Arbeitnehmer in den Geltungsbereich von Tarifverträgen fallen. Grundsätzlich gilt, dass das Einkommen derjenigen, die Mitglied einer Gewerkschaft sind, durch Tarifverträge geregelt wird.

In den skandinavischen, den kontinentaleuropäischen und den südeuropäischen Ländern ist der Geltungsbereich von Tarifverträgen nach wie vor hoch. Er lag 2006 in allen Ländern bei über 62 % und erreichte beispielsweise in Deutschland 63 %, in Frankreich 95 % und in Österreich 99 %.

Bei der Betrachtung der beiden genannten Kennzahlen ist zu beobachten, dass Deutschland neben Frankreich und Österreich zu den Staaten zählt, in denen die Abdeckung durch Tarifverträge ein wesentlich höheres Niveau aufweist als die gewerkschaftliche Organisation der Arbeitnehmer > Bild 2. Die hohe Abdeckung in diesen Ländern beruht darauf, dass Arbeitgeber auch Nichtgewerkschaftsmitglieder nach Tarif bezahlen, oder aber die Tarifverträge durch staatliche Organe für allgemein verbindlich erklärt werden und damit für alle Arbeitnehmer und Arbeitgeber im Tarifgebiet gelten. In den skandinavischen Ländern sind dagegen der gewerkschaftliche Organisationsgrad und der Geltungsbereich von Tarifverträgen aufgrund des bereits genannten Gent-Systems in etwa deckungsgleich. *AR*

6 Arbeitsmarkt und Beschäftigung

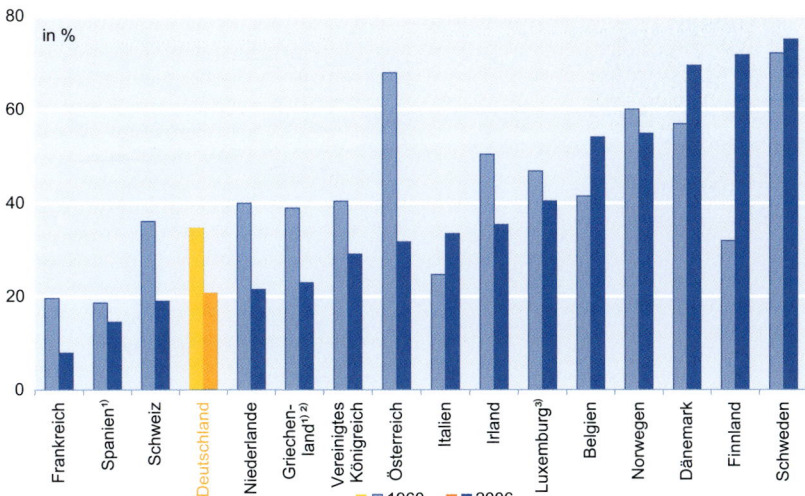

Bild 1 Gewerkschaftlicher Organisationsgrad 1960/2006
1) 1980/2006 – 2) 1960/2005 – 3) 1970/2006
Quelle: ICTWSS Datenbank.

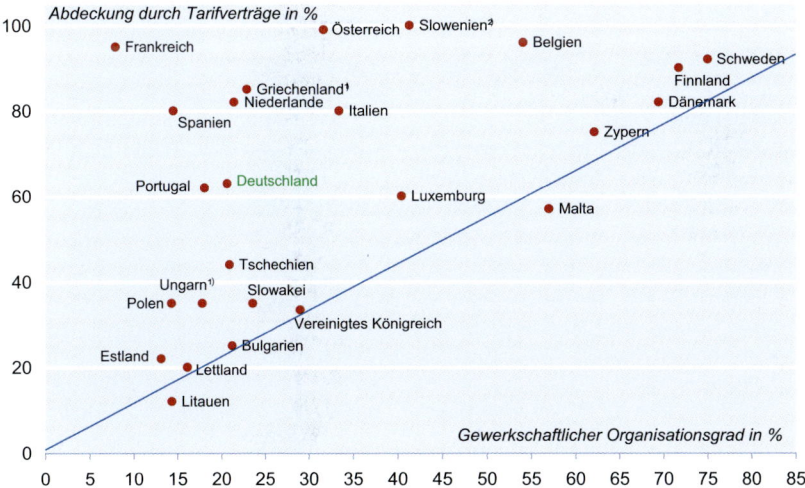

Bild 2 Gewerkschaftlicher Organisationsgrad und Abdeckung durch Tarifverträge 2006
1) 2005 – 2) 2003
Quelle: ICTWSS-Datenbank. Für Irland und Rumänien keine Daten. Darstellung des ifo Instituts.

6.6 Kündigungsschutz

Schutz der Kernbelegschaft oder Chance für Neueinstellungen?

Der Kündigungsschutz in Deutschland ist im internationalen Vergleich als relativ strikt einzuschätzen. Er schützt einerseits die Kernbelegschaften, kann aber zugleich zu weniger Neueinstellungen führen.

Das Kündigungsschutzgesetz schützt Beschäftigte in Betrieben mit einer Mitarbeiterzahl, die mehr als zehn Vollzeitbeschäftigten entspricht. Ab dieser Größe haben Unternehmen klar definierte Kündigungsgründe anzugeben und feste Sozialkriterien bei der Auswahl der zu entlassenden Mitarbeiter einzuhalten. Somit ist es nicht möglich, im Sinne von »hire and fire« einen Mitarbeiter zu entlassen, um ihn durch einen anderen zu ersetzen.

Befürworter des Kündigungsschutzes argumentieren, dass er den Arbeitnehmer als schwächere Partei gegenüber dem Arbeitgeber schützt und ihm höhere Planungssicherheit bietet. Die größere Arbeitsplatzsicherheit könne auch zu Investitionen in firmenspezifisches Humankapital führen, da sich mit dem Kündigungsschutz die Wahrscheinlichkeit eines Arbeitgeberwechsels verringert.

Welchen Effekt Kündigungsschutz auf Arbeitsmotivation und Produktivität der Beschäftigten hat, ist nicht eindeutig. Einerseits können Kündigungsschutzregelungen die Bereitschaft, sich anzustrengen, reduzieren und zu einer geringeren Produktivität führen. Andererseits kann ein sicherer Arbeitsplatz zusätzliche Motivation auslösen und damit die Produktivität erhöhen. Für beide Effekte lassen sich empirische Belege finden.

> **Behinderung des strukturellen Wandels**

Gegner des Kündigungsschutzes führen an, dass strenge Kündigungsschutzreglungen die Entscheidungsfreiheit von Unternehmen bei Entlassungen einschränken und somit Kosten verursachen. Dadurch erhöht sich zwar die Jobsicherheit der Beschäftigten, aber es verringert sich auch die Wahrscheinlichkeit für Arbeitslose, eine Neuanstellung zu bekommen, da sich Unternehmen der potenziellen Kosten zukünftiger Entlassungen bereits bei der Schaffung neuer Arbeitsplätze bewusst sind. Es kommt zu weniger Entlassungen, aber auch zu weniger Neueinstellungen > Bild 1. Deshalb ist der kurzfristige Einfluss auf das Beschäftigungsniveau unklar.

Langfristig hat ein strikter Kündigungsschutz negative Auswirkungen. Zum einen behindert die eingeschränkte Flexibilität der Unternehmen den nötigen Strukturwandel und verringert Wachstum und Beschäftigung. Zum anderen entsteht Langzeitarbeitslosigkeit, die nicht nur für die Betroffenen mit hohen Kosten verbunden ist, sondern sich selbst verstärkt, da mit Dauer der Arbeitslosigkeit die Beschäftigungschancen weiter sinken > Bild 2. So ist in Österreich, der Schweiz und Dänemark, wo es keinen vergleichbaren Kündigungsschutz wie in Deutschland gibt, die Arbeitslosigkeit geringer und die Sicherheit, beschäftigt zu sein, höher. *STB + CH*

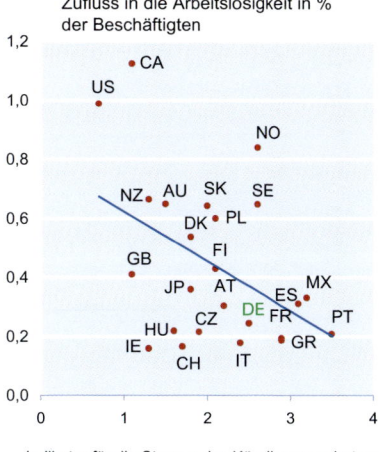

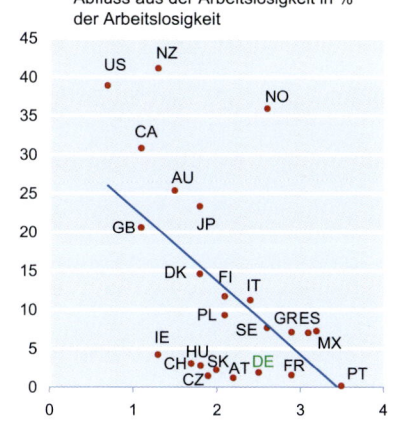

Bild 1 Kündigungsschutz und Arbeitsmarktdynamik im internationalen Vergleich 2003
Quelle: OECD (2004): Employment Outlook, Paris; Berechnungen des ifo Instituts.
Abkürzungen siehe Länderkürzelverzeichnis.

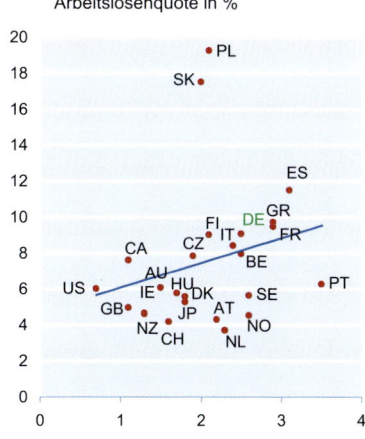

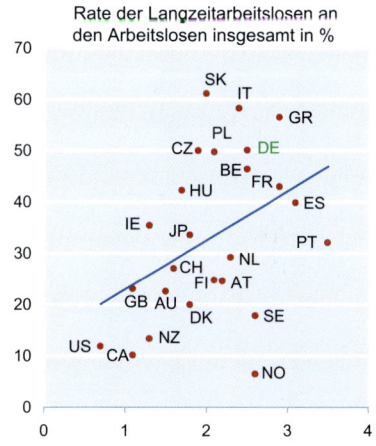

Bild 2 Kündigungsschutz und Arbeitslosigkeit im internationalen Vergleich 2003
Quelle: Siehe Bild 1.

6.7 Explizite und implizite Mindestlöhne

Zwischen Einkommenssicherung und Vernichtung von Arbeitsplätzen

Seit Jahren wird in Deutschland über Mindestlöhne diskutiert. Während Befürworter den Mindestlohn als Mittel sehen, das sicherstellt, dass jeder von seiner eigenen Hände Arbeit leben kann, führen Gegner an, durch Mindestlöhne würden Arbeitsplätze vernichtet.

Man muss zwei Arten von Mindestlöhnen unterscheiden.

> »Expliziter« Mindestlohn

Ein expliziter Mindestlohn ist ein gesetzlich festgeschriebener (meist Stunden-) Lohn, unter dem niemand beschäftigt werden darf. Zwar gibt es in Deutschland keinen gesetzlich festgeschriebenen allgemeingültigen Mindestlohn, doch wurden in einigen Wirtschaftsbereichen mittlerweile branchenspezifische Mindestlöhne eingeführt.

Befürworter eines Mindestlohns führen an, dass durch ihn nicht existenzsichernde Löhne und letztlich Armut vermieden werden. Der Mindestlohn ist jedoch ein ineffizientes Instrument gegen Armut, da er nicht am Gesamteinkommen oder am Vermögen eines Haushalts ansetzt, also an Größen, mit denen tatsächlich Bedürftigkeit gemessen werden kann, sondern am Stundenlohn, der letztlich keine direkte Aussagekraft in puncto Bedürftigkeit besitzt. Über ein Mindesteinkommen, das über Lohnzuschüsse garantiert wird, kann der Bedarf eines Haushalts zielgenauer sichergestellt werden als über einen Mindestlohn, der unabhängig von der Haushaltsgröße ein festes Einkommen garantiert.

Das Hauptproblem eines Mindestlohns ist aber, dass ein Mindestlohn diejenigen, denen man helfen will, einem erhöhten Arbeitslosigkeitsrisiko aussetzt. Wenn der Mindestlohn Bindungskraft entfaltet, erzeugt er Arbeitslosigkeit, weil die Unternehmen dann weniger Arbeitsplätze rentabel bewirtschaften können. Es gibt viele technische Möglichkeiten, Arbeitsplätze zu schaffen, aber sie lohnen sich für einen Unternehmer nur, wenn der Erlös ausreicht, die Kosten zu decken. Je kleiner die Lohnkosten sind, desto größer ist der Anteil der technischen Möglichkeiten, deren Umsetzung Gewinne und somit zusätzliche Arbeitsplätze verspricht. So hat die Lohnzurückhaltung, die Deutschland in den letzten Jahren gezeigt hat, zu einem Anstieg der Beschäftigung in Deutschland und einem enormen Abbau der Arbeitslosigkeit geführt.

Mindestlöhne können nur dann die Beschäftigung erhöhen, wenn ein einzelner Arbeitgeber einen lokalen Arbeitsmarkt beherrscht und den Lohn durch eine künstliche Verknappung der Arbeitsplätze niedrig halten kann. Zwingt man diesen Arbeitgeber, einen höheren Lohn zu zahlen, wird seine Strategie durchkreuzt, und er stellt wieder eine größere Zahl von Arbeitsplätzen zur Verfügung. Indes ist eine solche Machtposition des Arbeitgebers gerade im Bereich der gering Qualifizierten, um die es beim Thema Mindestlohn geht, nicht zu beobachten. Selbst in der kleinsten Gemeinde können ungelernte Arbeitnehmer zwischen mehreren Arbeitgebern wählen. Die besagte Verknappungsstrategie eines einzelnen Arbeitgebers ist dann nicht möglich, und insofern kann ein Mindestlohn auch keine positiven Wirkungen entfalten.

Als Argument für Mindestlöhne werden oft auch Motivationsgesichtspunkte genannt. Ein höherer Lohn motiviert Arbeitnehmer und reduziert Bummelei, da Arbeitnehmer im Fall einer Entlassung mehr zu verlieren haben. Dieser Produktivitätsanstieg kann, so manche Mindestlohnbefürworter, die erhöhten Lohnkosten kompensieren. Das Problem der Arbeitslosigkeit ist jedoch nicht die fehlende Motivation der Beschäftigten, sondern das Fehlen von Stellen. Ein Mindestlohn beeinflusst die Vorstellungen von dem als gerecht empfundenen Lohn und verhärtet die Anspruchslöhne. Dadurch wird eine hohe Arbeitslosigkeit eher perpetuiert und bliebe auch dann noch erhalten, sollte der Mindestlohn später einmal wieder gesenkt werden.

In einer breit angelegten internationalen Überblicksstudie wurde gezeigt, dass der Großteil der empirischen Mindestlohnstudien tatsächlich negative Beschäftigungseffekte findet. Insbesondere die Beschäftigungssituation von gering Qualifizierten verschlechtert sich durch die Einführung von Mindestlöhnen. In Deutschland hatte die Einführung des Mindestlohns im Baugewerbe negative Beschäftigungseffekte in Ostdeutschland sowie für in Deutschland beschäftigte ausländische Bauarbeiter, weil der Mindestlohn dort eine Bindungswirkung entfalten konnte. In Westdeutschland blieb der Mindestlohn wirkungslos, weil dort bereits die gängigen Tariflöhne über dem Mindestlohn lagen.

> »Impliziter« Mindestlohn

Die Sozialsysteme der westlichen Länder haben allesamt Schutzvorkehrungen, die das soziokulturelle Existenzminimum auch ohne Arbeit sichern. In Deutschland sind dies die Sozialhilfe und auch der Sockelbetrag des Arbeitslosengeldes II (ALG II). Diese Schutzvorkehrungen wirken wie ein Mindestlohn, wenn die staatlichen Leistungen in dem Maße entzogen werden, wie durch eigene Arbeitsleistung ein Einkommen erwirtschaftet wird. Kaum jemand nimmt eine Arbeit an, wenn er dort nicht mindestens so viel verdient, wie der Staat ihm ohne Arbeit gibt. Man spricht deshalb vom impliziten Mindestlohn des Sozialsystems.

Die staatlichen Leistungen müssen aber nicht vollständig entzogen werden, wenn man selbst Einkommen erwirbt. Der implizite Mindestlohn, zu dem man eine Arbeit annehmen kann, wird dann um das trotz Arbeit vom Staat weitergezahlte Geld niedriger. Diese Überlegung stand hinter den Reformen der Regierung Schröder (Agenda 2010). Durch diese Reformen wurde der sogenannte Transferentzug bei Arbeitsaufnahme gesenkt, und faktisch wurde ein Lohnzuschuss eingeführt. Heute erhalten etwa 1,5 Mio. deutsche Arbeitnehmer einen solchen Lohnzuschuss. Durch den Lohnzuschuss ist ein Niedriglohnsektor mit vielen neuen Arbeitsplätzen entstanden, ohne dass damit soziale Verwerfungen verbunden waren. Das deutsche Beschäftigungswunder, das nach der Agenda 2010 einsetzte, ist in wesentlichem Umfang das Ergebnis einer Senkung des impliziten Mindestlohns. *STB+CH*

6.8 Aktivierende Sozialhilfe

Eine scharfe Waffe gegen Arbeitslosigkeit

Von zentraler Bedeutung für die Gesundung des Arbeitsmarktes sind Schritte, die vom Lohnersatz (Sozialleistungen statt Lohn als Einkommensquelle) zur Lohnergänzung (selbst verdienter Lohn und Hinzuzahlung von Sozialhilfe) führen. Der Lohnersatz in Form des Arbeitslosengeldes und der Sozialhilfe ist ein wichtiger Grund dafür, dass der Arbeitsmarkt in Deutschland über viele Jahre nicht funktionierte.

Mit der Zahlung von Lohnersatz macht sich der Staat auf dem Arbeitsmarkt zum Konkurrenten der Wirtschaft. Die meisten Arbeitslosen wollen von einem privaten Arbeitgeber wenigstens so viel Arbeitslohn erhalten, wie der Staat ihnen an Lohnersatzleistungen gewährt. Ein solcher Lohn wird auch als Anspruchslohn bezeichnet. Aber nur wenn ein Arbeitnehmer dem Unternehmer mehr bringt, als er ihn kostet, wird er ihn einstellen. Viele Arbeitslose finden deshalb keine Arbeit. Dies betrifft vor allem die gering Qualifizierten > Bild 1. In ihrem Bereich werden die Löhne insbesondere durch die Sozialhilfe hochgedrückt. Die notwendige Anpassung der Löhne nach unten wird verhindert.

> **Das Kombilohnmodell des ifo Instituts**

Das ifo Institut hat unter dem Namen »Aktivierende Sozialhilfe« ein Alternativmodell zum Lohnersatz entwickelt, das bisher allerdings noch nicht in Gänze realisiert worden ist. Es besteht aus drei Elementen:

Zur Senkung der Lohnansprüche und zur Schaffung neuer Stellen werden die Sozialhilfesätze für arbeitsfähige Personen, die keiner Erwerbsarbeit nachgehen, abgesenkt.

Die Hinzuverdienstmöglichkeiten für Sozialleistungsempfänger werden deutlich verbessert im Vergleich zum Status quo > Bild 2.

Denjenigen, die keine Stellen in der Privatwirtschaft finden, wird eine Beschäftigung in kommunaler Regie angeboten mit einem Einkommen in Höhe der üblichen Sozialhilfe.

Die Aktivierende Sozialhilfe schafft Arbeitsplätze, indem sie die Anspruchslöhne reduziert. Das senkt die Löhne für einfache Arbeit. Und wegen der Lohnsenkung können die Unternehmen mehr Arbeitslose profitabel beschäftigen. Dabei geht die Wirkung der Reform weit über die Gruppe der arbeitsfähigen Sozialhilfeempfänger hinaus, denn die Niedriglöhne werden im Ganzen nach unten gezogen. Im gesamten Niedriglohnsektor kommt es deshalb zu einer Ausweitung der Beschäftigung.

Trotz der Lohnsenkung geht es den bisherigen Sozialhilfebeziehern besser als zuvor. In der Summe aus dem selbst verdienten Lohn und der hinzugezahlten Sozialhilfe haben sie ein höheres Einkommen als heute. Und dem Staat geht es finanziell nicht schlechter. Die Hinzuzahlung von Sozialhilfe im Falle der Arbeitsaufnahme wird voll und ganz durch die Einsparung beim Arbeitslosengeld und beim Regelsatz der Sozialhilfe finanziert. *WO*

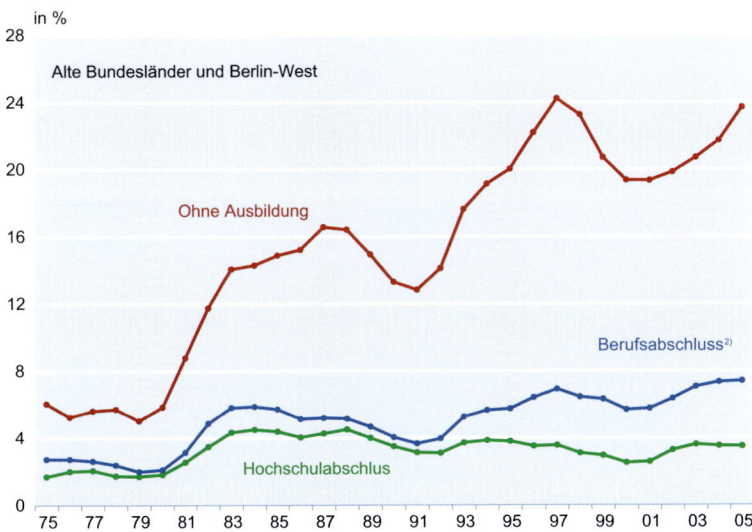

Bild 1 Qualifikationsspezifische Arbeitslosenquote[1]
[1] *Arbeitslose in Prozent aller zivilen Erwerbspersonen (ohne Auszubildende) gleicher Qualifikation, Männer und Frauen;* [2] *Betriebliche Ausbildung, Berufsfachschule, Fachschul-, Meister- und Technikerausbildung*
Quelle: Institut für Arbeitsmarkt- und Berufsforschung der Bundesanstalt für Arbeit.

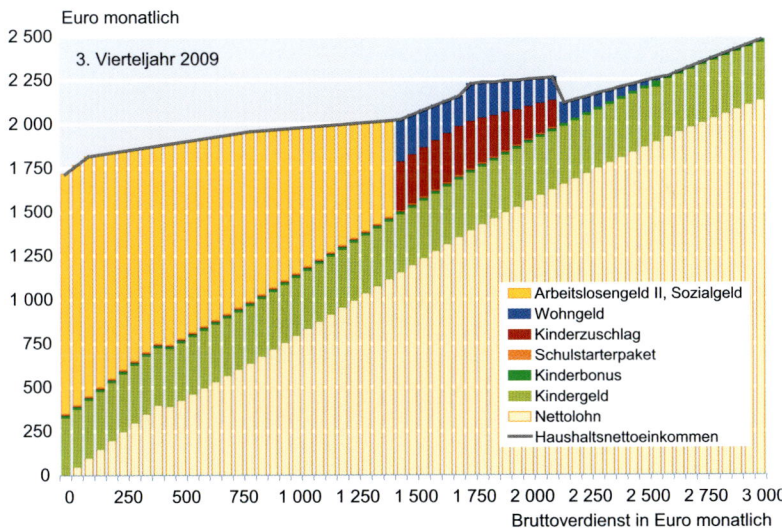

Bild 2 Komponenten des Haushaltsnettoeinkommens - Ehepaar mit zwei Kindern (eines unter sechs Jahren, eines mit sechs bis unter 14 Jahren)
Quelle: Berechnungen des ifo Instituts.

6.9 Vereinbarkeit von Familie und Beruf

Nicht nur für Frauen wichtig

Der Staat leistet mit einer Vielzahl von Maßnahmen Unterstützung für Familien. Die Politik hat die Förderung der Vereinbarkeit von Familie und Beruf als zentrale Aufgabe ausgemacht. Wenn sich dadurch mehr Mütter einen Wunsch nach Erwerbstätigkeit erfüllen können, profitiert auch die Wirtschaft durch mehr qualifiziertes Personal.

Familien nehmen verschiedenste Formen an, von Ein-Verdiener-Haushalten bis zu Patchwork-Familien. Echte Wahlfreiheit entsteht, wenn alle Lebensentwürfe von Familien gleichermaßen möglich sind. Zur Kindererziehung schränken in erster Linie Mütter ihre Erwerbstätigkeit ein, wobei die Erwerbsquoten mit dem Alter der Kinder zunehmen > Bild 1. Für eine Arbeitsteilung in der Familie gibt es auch ökonomische Gründe. Dabei kann es für Paare sogar lohnend sein, dass sich der potenziell besser verdienende Partner auf die Kindererziehung spezialisiert, wenn er dabei gegenüber dem anderen Partner größere Leistungsvorteile hat als bei der Erwerbsarbeit (Gesetz der komparativen Vorteile).

Repräsentative Untersuchungen zeigen, dass Mütter mit Erwerbswunsch mehrheitlich Teilzeitmodelle bevorzugen, um genügend Zeit für den eigenen Nachwuchs zu finden. Ein zeitlich begrenzter Ausstieg aus dem Berufsleben nach der Geburt des Kindes wird in der Regel gewünscht, was die hohe Inanspruchnahme der Elternzeit verdeutlicht. Auch wenn die Auswirkungen früher externer Betreuung auf die Entwicklung von Kleinkindern wissenschaftlich umstritten sind, versucht die Politik dem Wunsch nach besserer Vereinbarkeit nachzukommen. Zu den zentralen Maßnahmen zählt daher der Ausbau der Tagesbetreuung für Kleinkinder, der eine gleichzeitige Berufstätigkeit zulässt. Die Politik liegt hinter dem selbst gesteckten Ziel, einen Betreuungsplatz für jedes dritte unter dreijährige Kind bis 2013 anzubieten, noch zurück. Des Weiteren zählen zur Vereinbarkeitspolitik Rückkehrregelungen in den Beruf nach einer Auszeit, womit eine intensive Familienphase trotz Karriere ermöglicht werden soll. Die maximale Bezugsdauer des Elterngeldes gegenüber dem früheren Erziehungsgeld wurde jedoch verkürzt.

> Vereinbarkeit von Familie und Beruf im Interesse aller

Empirische Untersuchungen zur Wirksamkeit staatlicher Maßnahmen zeigen, dass der Ausbau von Betreuungsangeboten die Erwerbstätigkeit von Müttern erhöhen kann, wenn informelle Betreuung durch Verwandte und private Anbieter nicht zur Verfügung steht. Nicht zuletzt kann in Zeiten des Fachkräftemangels auch die Wirtschaft von einer besseren Vereinbarkeit profitieren. Gerade wenn Frauen höhere Bildungsabschlüsse erreichen, kann das Arbeitskräftepotenzial von Müttern wichtig für die Wirtschaft sein > Bild 2. Positive Auswirkungen auf die Geburtenrate sind, wie das skandinavische Beispiel zeigt, ebenfalls wahrscheinlich, wenn Familie und Beruf besser miteinander vereinbart werden können. *TH*

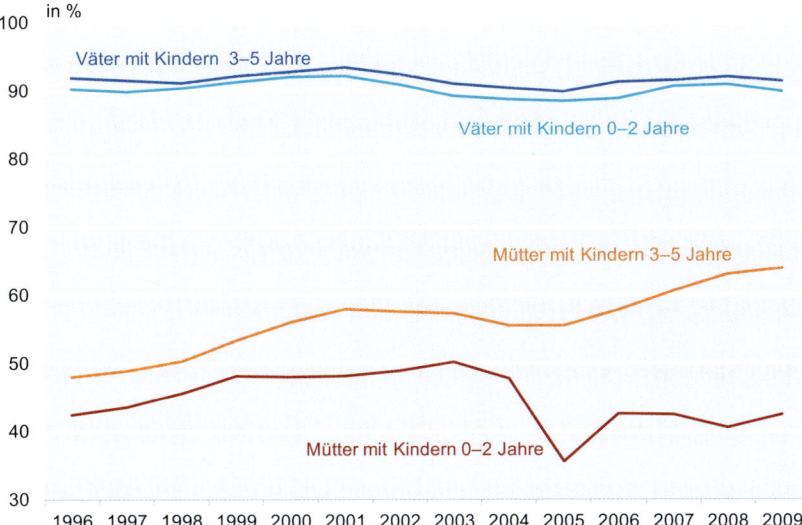

Bild 1 Erwerbstätigenquoten von Müttern und Vätern
Quelle: Statistisches Bundesamt.

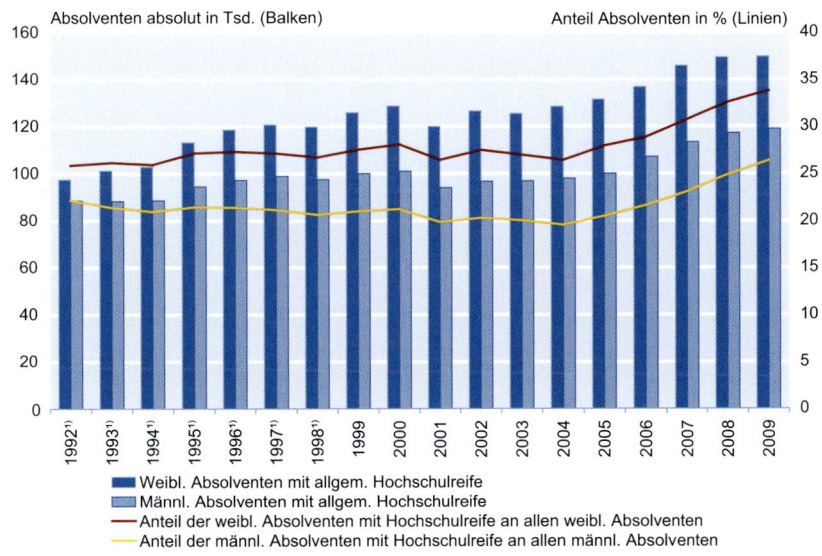

Bild 2 Schulabsolventen mit Abschlusszeugnis
[1] *Nachweis der Schulentlassenen*
Quelle: Statistisches Bundesamt.

6.10 Qualifikationen

Müssen denn alle das Abitur machen?

Als Qualifikation wird das personenbezogene Arbeitsvermögen bezeichnet, zu dem sowohl Fach- als auch Sozialkompetenzen zählen. Beide führen auf individueller und sozialer Ebene zu Erträgen, welche die Bildungsaufwendungen übersteigen können.

In Deutschland besuchen Kinder nach der Grundschule weiterführende Schulen, um dort einen den Schuljahren entsprechenden allgemeinbildenden Schulabschluss zu erwerben. Dieser Abschluss ist Voraussetzung für die weitere, individuelle Bildungs- und Erwerbsbiografie.

Von der Bildung profitiert der Einzelne, denn mit steigender Qualifikation steigen sowohl das durchschnittlich zu erwartende Einkommen als auch die Erwerbswahrscheinlichkeit. Die Erwerbstätigenquote von Personen mit einem Abschluss im Tertiärbereich (z. B. Universitäten, Fachhochschulen, Fachschulen und -akademien) und im Sekundarbereich II (z. B. allgemeinbildende Schulen wie Gymnasien; berufsbildende Schulen wie Berufsschulen) ist deutlich höher als die von gering qualifizierten Personen > Bild 1.

Von der Bildung profitiert aber auch die Gesellschaft insgesamt, da sie zu einer Erhöhung der Steuereinnahmen und zu einer Verringerung der Sozialausgaben führt. Die staatlichen Ertragsraten der Bildung im internationalen Vergleich zeigt > Bild 2. Sie stellen die für höhere Bildungsabschlüsse aufgewendeten Kosten den durch diese höheren Abschlüsse erzeugten zusätzlichen Einnahmen, z. B. höhere Lohneinkommen, gegenüber. Es wird deutlich, dass die Bildungsertragsraten von Personen mit einem Abschluss im Tertiärbereich, mit nur wenigen Ausnahmen, höher sind als die von Personen

mit geringerem Schulabschluss. Außerdem werden die teilweise gravierenden Unterschiede zwischen den Ertragsraten der Männer und der Frauen sichtbar.

Bildung ruft allerdings auch Effekte hervor, die nicht in Geldeinheiten erfasst werden können, wie etwa die Teilhabe am kulturellen und politischen Leben. Diese Effekte sind in den ausgewiesenen staatlichen Bildungsertragsraten nicht enthalten.

> **»Jeder nach seinen Fähigkeiten«**

Vor dem Hintergrund des demografischen Wandels und des vielfach befürchteten Fachkräftemangels ist die Sicherung eines qualifizierten Arbeitskräftepotenzials durch ein funktionierendes Bildungssystem von entscheidender Bedeutung für den Wohlstand eines Landes. Eine gut fundierte Breitenbildung der Bevölkerung lässt einen ausreichenden Spielraum für (spätere) fachliche Spezialisierungen. Schüler mit akademischen Fähigkeiten können zum Abitur und zur Hochschulreife geführt werden. Andere mit eher praktischer Begabung können durch das deutsche System der dualen Ausbildung zu einer Fachkraft ausgebildet werden. Bei der dualen Ausbildung wird die beaufsichtigte Tätigkeit in einer Unternehmung mit einem theoretischen Schulunterricht in einer Berufsfachschule verbunden, für den ein Tag in der Woche zur Verfügung steht. *KB*

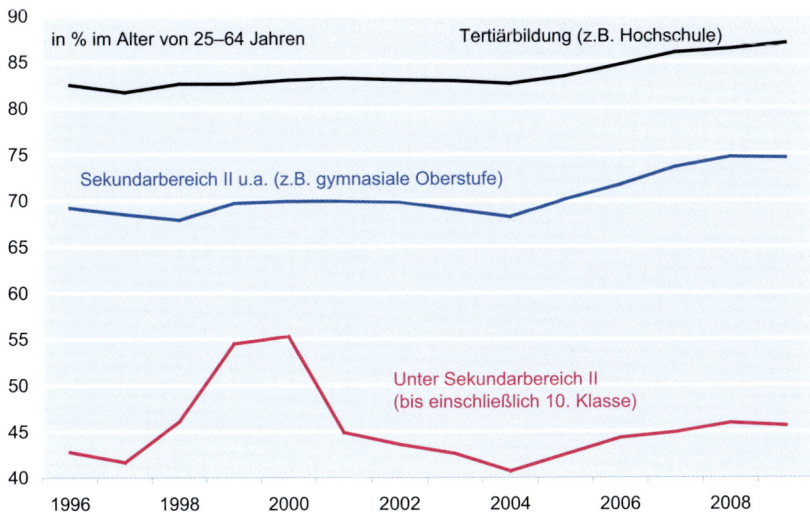

Bild 1 Erwerbstätigenquote nach höchstem erreichten Bildungsgrad in Deutschland
Quelle: Eurostat (2010).

	Sekundarbereich II		Tertiärbereich	
	Männer	Frauen	Männer	Frauen
Belgien	9,7	7,9	15,4	18,5
Dänemark	16,7	8,9	7,2	5,6
Deutschland	**5,6**	**5,6**	**9,4**	**5,3**
Finnland	4,1	1,0	8,4	5,3
Frankreich	1,8	0,7	6,9	5,1
Irland	7,0	5,1	13,2	12,4
Kanada	6,5	5,1	7,9	7,3
Neuseeland	5,8	- 3,5	8,1	6,1
Norwegen	3,0	1,0	6,8	5,0
Polen	6,1	5,7	17,0	12,8
Portugal	8,5	2,9	16,5	14,5
Schweden	4,4	6,3	4,8	2,2
Schweiz	3,5	4,7	6,2	5,6
Spanien	5,4	2,5	5,8	5,7
Südkorea	1,7	4,2	10,5	9,2
Tschechien	5,4	4,7	17,7	13,3
Ungarn	5,7	7,9	22,5	16,7
USA	8,1	9,2	12,9	9,1
Vereinigtes Königreich	12,2	5,7	12,6	12,9

Bild 2 Staatliche Bildungsertragsraten im internationalen Vergleich 2004 in Prozent
Quelle: Autorengruppe Berichterstattung (2010).

7 VERTEILUNG UND SOZIALE SICHERUNG

7.1 Einkommensverteilung

Die Amerikanisierung der Einkommensverhältnisse

Im Vergleich zu früheren Jahrzehnten ist die Einkommensverteilung in Deutschland im letzten Jahrzehnt sehr viel ungleichmäßiger geworden. Ein Hauptgrund hierfür ist die Zunahme von Personen im Niedrigeinkommensbereich durch die Abschaffung der relativ großzügigen Arbeitslosenhilfe.

Zur Darstellung von Einkommensverteilungen werden in der Regel Gini-Koeffizienten verwendet. Diese Koeffizienten messen die Einkommensverteilung auf einer Skala von null bis eins. Bei einem Koeffizienten von null hätten alle Personen in einem Land exakt dasselbe Einkommen, bei einem Koeffizienten von eins würde eine Person das gesamte Einkommen im Land auf sich vereinen. Für die Mitte des letzten Jahrzehnts liegt der Koeffizient für Deutschland bei 0,3 und damit im internationalen Vergleich im Mittelfeld > Bild 1. In den angelsächsischen Ländern, insbesondere den Vereinigten Staaten, ist die Einkommensverteilung deutlich ungleicher als in Deutschland, während sie in den nordeuropäischen Ländern deutlich gleicher ist.

> Die Entwicklung der Einkommensverteilung in Deutschland

Die Einkommensverteilung in Deutschland ist in den letzten Jahrzehnten deutlich ungleicher geworden, insbesondere seit 2000 > Bild 2. Wichtige Gründe für diese Entwicklung sind der starke Anstieg der Arbeitslosigkeit, die zunehmende Zahl der Langzeitarbeitslosen bis zur Mitte des letzten Jahrzehnts, der Abbau von Sozialleistungen, insbesondere die Überführung der großzügigen Arbeitslosenhilfe in das nur existenzsichernde Arbeitslosengeld II, und das Anwachsen des Niedriglohnsektors.

Eine ungleichere Einkommensverteilung bedeutet nicht zwangsweise, dass es den ärmeren Personen in einem Land auch schlechter geht. Wenn bei einem realen Anstieg der Einkommen aller Bevölkerungsgruppen die Einkommen der Reicheren überproportional steigen, führt dies zu einer ungleicheren Einkommensverteilung und trotzdem auch gleichzeitig zu einer verbesserten Lage für die Ärmeren. Eine Politik, die zu sehr auf eine gleichmäßige Einkommensverteilung abzielt und zu stark umverteilt, kann unter Umständen auch für die Ärmeren schädlich sein. Je stärker ein Staat umverteilt, desto weniger lohnt es sich für jeden Einzelnen, sich anzustrengen. Weniger Innovationen und gebremstes Wirtschaftswachstum können die Folge sein.

Dennoch ist das Auseinanderdriften der Einkommen in Deutschland nicht vollkommen unproblematisch. Eine sehr ungleiche Einkommensverteilung kann zu einer großen Distanz zwischen den Bevölkerungsgruppen und zu sozialen Spannungen führen. Würde die Sozialpolitik stärker auf Lohnergänzung statt auf Lohnersatz setzen, kann, wie in der Aktivierenden Sozialhilfe des ifo Instituts dargelegt, das Auseinanderdriften der Einkommen abgeschwächt werden, und es lohnt sich dennoch für jeden Einzelnen, sich anzustrengen. *TH + WG*

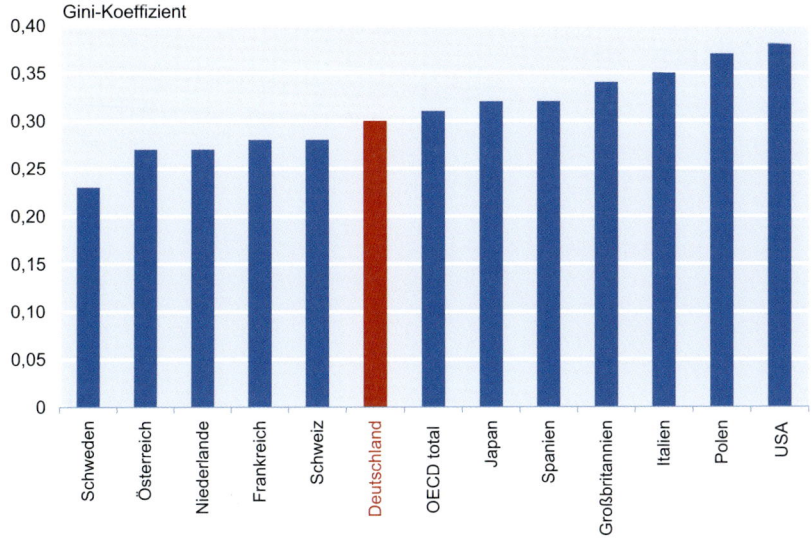

Bild 1 Einkommensverteilung im internationalen Vergleich – Gini-Koeffizienten 2005
Quelle: OECD (2008): Growing Unequal? Income Distribution and Poverty in OECD Countries.

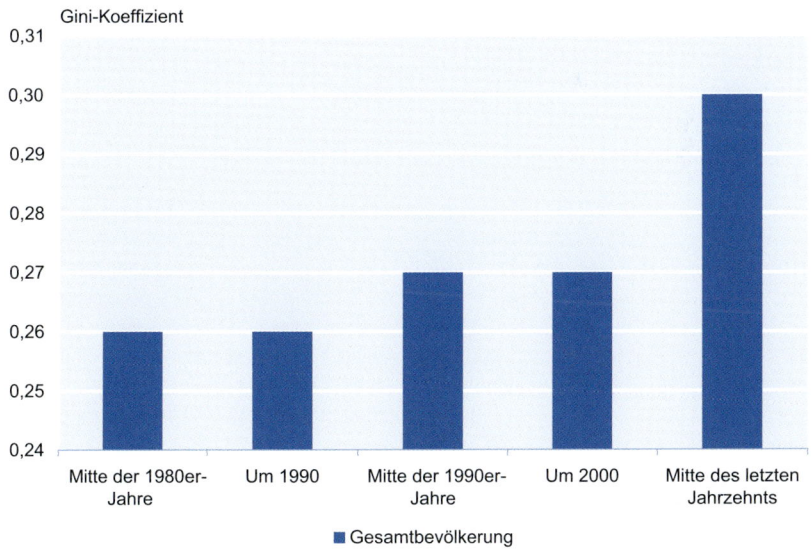

Bild 2 Entwicklung der Einkommensverteilung in Deutschland
Quelle: Siehe Bild 1.

7.2 Armut und Armutsgefährdung in Deutschland

Manchen geht es richtig schlecht

In Deutschland muss niemand Hunger leiden. Dennoch gibt es auch in Deutschland Armut. 2008 war jeder 20. arm. Bei den Alleinstehenden ist der Anteil der Armen besonders hoch, mehr als jeder achte Alleinstehende ohne Kinder ist arm.

Armutszahlen hängen sehr stark davon ab, wie Armut gemessen wird. Für die Messung von Armut gibt es grundsätzlich zwei Konzepte, nämlich die absolute und die relative Armut. Zur Bestimmung absoluter oder existenzieller Armut wird ermittelt, welche Güter für das Leben eines Menschen, insbesondere seine Ernährung, notwendig sind. Menschen, deren Einkommen für die Beschaffung dieser Güter nicht ausreicht, gelten als arm. Ein gängiger Schwellenwert für absolute Armut ist ein Einkommen mit einer Kaufkraft von umgerechnet weniger als 1,25 US-Dollar am Tag. In Deutschland ist in diesem Sinne wohl kaum jemand arm.

> Relative Armut

Wird relative Armut als Kriterium zugrunde gelegt, gelten Menschen als arm, deren Einkommen das soziokulturelle Existenzminimum unterschreitet. Es umfasst neben den für das Überleben notwendigen Gütern auch ein Mindestmaß an Teilhabe am gesellschaftlichen, kulturellen und politischen Leben. Relative Armut hängt vom Wohlstand und damit auch vom Einkommensniveau im jeweiligen Land ab. Personen, die weniger als 40 % des mittleren Einkommens eines Landes zur Verfügung haben, gelten als arm. 2007 betraf dies 5 % der Bevölkerung Deutschlands. Im europäischen Vergleich liegt Deutschland damit im Mittelfeld > Bild 1.

Der Prozentsatz ist erstaunlich, weil Deutsche und andere Personen mit Daueraufenthaltsrecht Anspruch auf Grundsicherungsleistungen haben, wodurch bei einem Alleinstehenden im Schnitt schon etwa 45 % des mittleren Einkommens abgesichert sind. Bei den Armen handelt es sich vorwiegend um Personengruppen, die diesen Anspruch nicht geltend machen können oder wollen. Dazu zählen vor allem erst kürzlich zugezogene Ausländer, die noch keine sozialen Ansprüche haben, Studenten, die einen Unterhaltsanspruch gegenüber ihren Eltern haben, und Personen mit niedrigen Renten, die den Weg zum Amt scheuen.

In den Medien wird häufig Armut mit Armutsgefährdung gleichgesetzt, was jedoch sachlich nicht richtig ist. Armutsgefährdet sind Personen, die weniger als 60 % des mittleren Einkommens zur Verfügung haben. 2007 waren dies 15 % der Deutschen. Arm sind – wie gesagt – Personen, die weniger als 40 % des mittleren Einkommens zur Verfügung haben. Dies waren 5 % der Bevölkerung.

Alleinstehende sind sehr viel häufiger von Armut betroffen als Paare > Bild 2. Das liegt aber vor allem daran, dass bei ihnen das in die Statistik eingehende Einkommen angepasst wird. *WG*

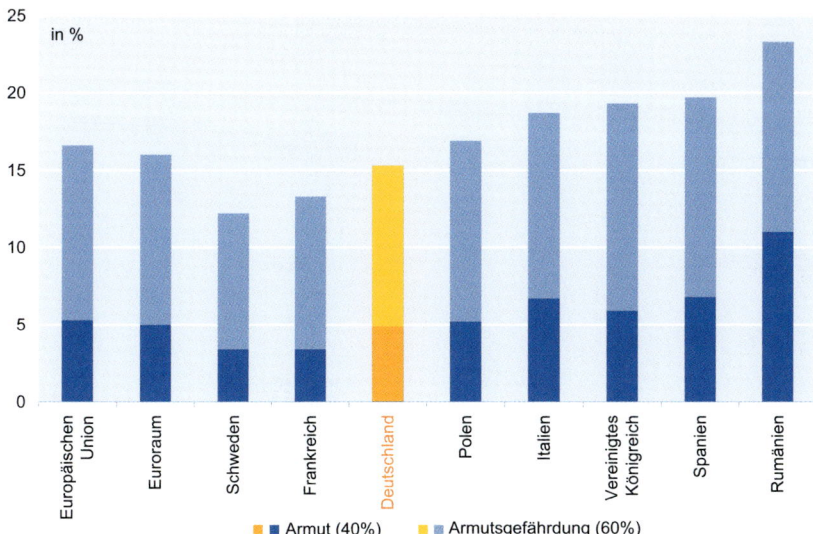

Bild 1 Armut und Armutsgefährdung im europäischen Vergleich 2007
Quelle; Eurostat; Darstellung des ifo Instituts.

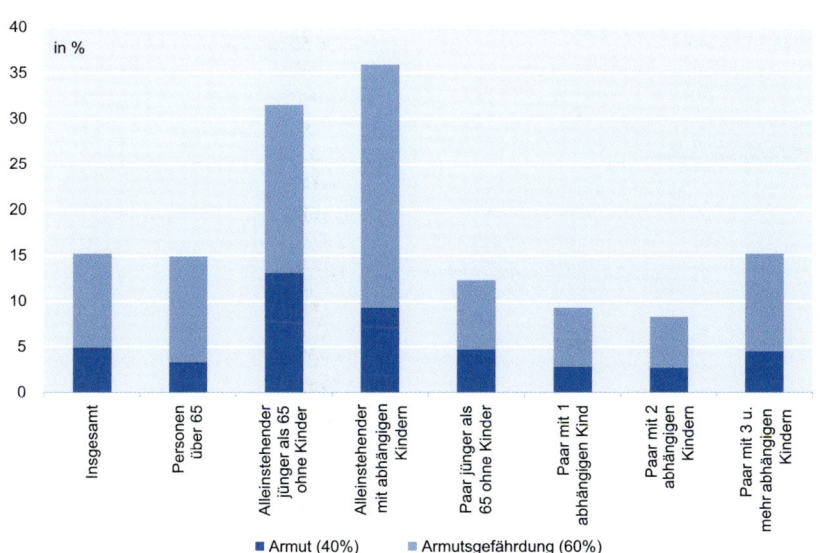

Bild 2 Armut und Armutsgefährdung von verschiedenen Familientypen in Deutschland 2007
Quelle: Siehe Bild 1.

7.3 Einkommensbesteuerung

Wie viel Netto vom Brutto?

Die Einkommensteuer dient in Deutschland nicht nur der Finanzierung von Staatsausgaben, sondern auch zur Umverteilung von Einkommen von wohlhabenden zu ärmeren Schichten. Zusammen mit den Sozialabgaben führt die Einkommensteuer vor allem für die Mittelschicht zu einer starken finanziellen Belastung.

Neben der Umsatzsteuer ist die Einkommensteuer die wichtigste Einnahmequelle für den deutschen Staat. Ein Drittel der Einnahmen von Bund und Ländern ging 2009 auf die Einkommensteuer zurück. Deutschland hat eine progressive Einkommensteuer; d. h., mit steigendem Einkommen steigt auch der Steuersatz. Damit soll verhindert werden, dass Personen mit niedrigeren Einkommen, die große Teile ihres Einkommens für den alltäglichen Konsum aufwenden, zu stark belastet werden. Im internationalen Vergleich ist die Einkommensteuerlast für Durchschnittsverdiener relativ hoch > Bild 1.

> Berechnung der Einkommensteuer

Die Einkommensteuer wird auf Basis des zu versteuernden Einkommens berechnet. Das zu versteuernde Einkommen besteht aus der Summe aller Einkünfte einer Person in einem Jahr – Lohn, Zinseinkünfte, Einkünfte aus Vermietungen und Verpachtungen usw. – abzüglich einer Vielzahl verschiedener anrechenbarer Ausgaben, z. B. den Kosten für den Weg zur Arbeit (Werbungskosten) oder den Ausgaben für die Alterssicherung in Form einer Riester-Rente. Die Möglichkeit dieser Abzüge führt dazu, dass insbesondere bei höheren Einkommen das zu versteuernde Einkommen häufig deutlich unter den Gesamteinkünften liegt.

Der Steuersatz steigt mit dem zu versteuernden Einkommen; die ersten 8 004 Euro sind steuerfrei > Bild 2. Das Bild zeigt den Zusammenhang von Durchschnitts- und Grenzsteuersatz. Der Durchschnittssteuersatz gibt den Anteil vom Gesamteinkommen an, der als Einkommensteuer abgeführt werden muss, während der Grenzsteuersatz angibt, wie viel von einem zusätzlich verdienten Euro an den Staat abgeführt werden muss. Ab einem Einkommen von 52 882 Euro liegt der Grenzsteuersatz konstant bei 42 % und (nicht mehr im Bild sichtbar) ab einem Einkommen von 250 731 Euro bei 45 %.

In den letzten Jahren wurden die Einkommensteuersätze in Deutschland kaum verändert. Allerdings sind die Einkommen und auch die Güterpreise deutlich angestiegen. Dies hat dazu geführt, dass Personen bei gleicher wirtschaftlicher Leistungsfähigkeit nun aufgrund der progressiven Einkommensteuer einen größeren Teil ihres Einkommens an den Staat abführen müssen (kalte Progression). Insbesondere für die Mittelschicht, die auch durch die Sozialabgaben besonders stark belastet ist, hat dies zu einer hohen finanziellen Belastung geführt (Mittelstandsbauch). Eine zentrale Herausforderung für die Politik ist es, trotz Haushaltskonsolidierung die steuerliche Belastung für die Mittelschicht zu reduzieren. *WG+TH*

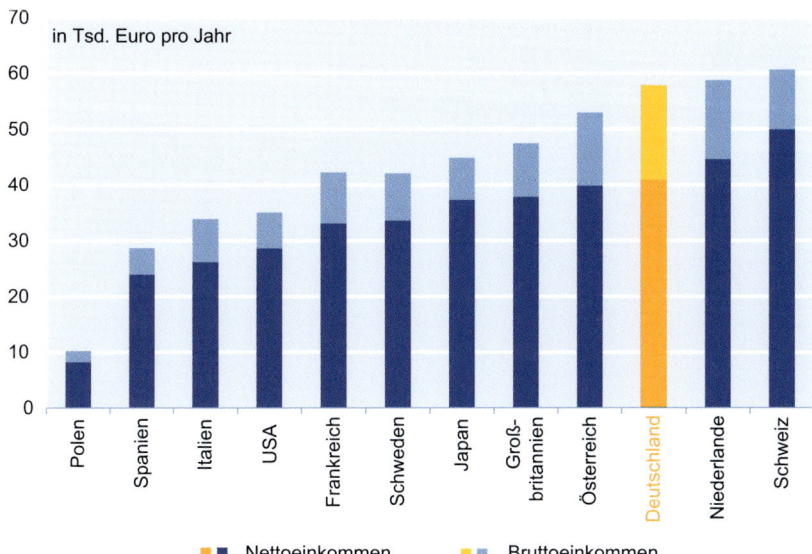

Bild 1 Brutto- und Nettoeinkommen im internationalen Vergleich 2009[1]
[1] Alleinstehende Durchschnittseinkommensbezieher ohne Kinder.
Quelle: OECD (2010): Taxing Wages 2009; Berechnungen des ifo Instituts.

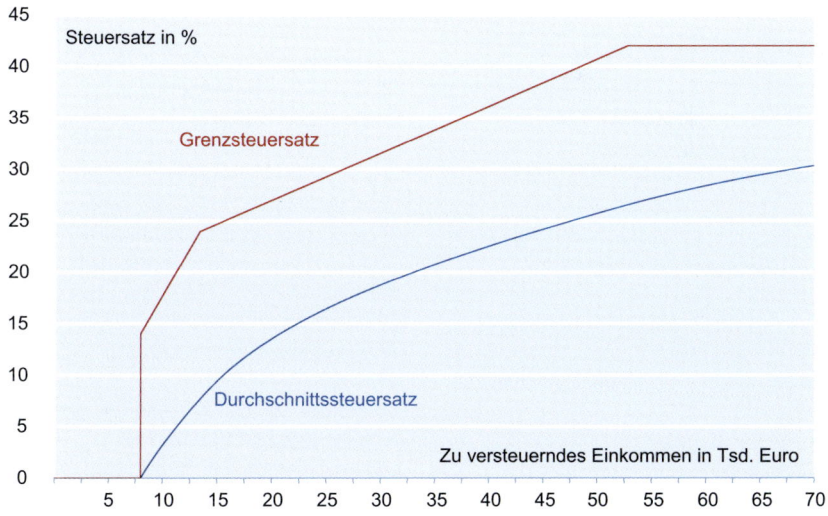

Bild 2 Durchschnitts- und Grenzsteuersatz 2010[1]
[1] Alleinstehender ohne Kinder.
Quelle: Berechnung des ifo Instituts.

7.4 Vermögen in Deutschland

Wie reich sind wir eigentlich?

Im Zeitraum von 1999 bis 2009 hat der Vermögensindex (Vermögen in Relation zum Bruttoinlandsprodukt) bei den privaten Haushalten um über 20 % zugenommen. Im gleichen Zeitraum sank der Index für das Staatsvermögen um über 50 %, hauptsächlich wegen der schon seit Langem sehr geringen Investitionstätigkeit im öffentlichen Sektor und der fortschreitenden Privatisierungstendenz.

Das Vermögen ist die Summe aus Sachvermögen (Bauten, Ausrüstungen, Bauland etc.) und Geldvermögen (Bargeld und Einlagen, Finanzderivate, Aktien etc.) vermindert um Kredite und sonstige Verbindlichkeiten. Die Vermögensbilanzen werden jährlich vom Statistischen Bundesamt erstellt. Dabei bleiben Anwartschaften aus der gesetzlichen Rentenversicherung wegen erheblicher Datenprobleme unberücksichtigt.

Für das Jahrzehnt von 1999 bis 2009 ergeben sich folgende Eckwerte, jeweils gemessen in Bio. Euro. Das Vermögen der gesamten Volkswirtschaft (einschließlich der Gebrauchsvermögen der privaten Haushalte) stieg im Zeitraum 1999 bis 2009 von 8,37 auf 11,62 Bio. Euro, d. h. um knapp 40 %. Bei den privaten Haushalten nahmen die Vermögen von 6,61 auf 9,50 Bio. Euro, also um etwa 44 %, zu. Beim Staat sieht das Bild völlig anders aus, das Staatsvermögen sank um 45 % von 0,35 auf 0,19 Bio. Euro. Zwar stiegen die »Nichtwohnbauten« (Verkehrswege, Verwaltungsbauten usw. ...) nebst Bauland infolge von Konjunkturprogrammen von 1,00 auf 1,22 Bio. Euro, die Schulden nahmen jedoch um 0,50 Bio. Euro zu, sodass das Vermögen des Staates insgesamt deutlich sank.

Für die Vermögensstruktur innerhalb der privaten Haushalte ergibt sich folgendes Bild: 2009 hatten, um nur die wichtigsten Vermögensbestandteile zu nennen, die Wohnbauten (nebst Bauland) gemessen am Gesamtvermögen einen Anteil von 54 %, das Geldvermögen lag bei knapp 47 %, das Gebrauchsvermögen bei etwa 10 % und die Verschuldung bei 16 %.

> Pro-Kopf-Vermögen extrem unterschiedlich

Das Vermögen pro Kopf stieg in Deutschland in den Jahren zwischen 2002 und 2007 von 80 000 auf 88 000 Euro. Im Jahre 2007 befanden sich mehr als 60 % des gesamten Nettovermögens in der Hand von 10 % der reichsten Personen. Demgegenüber entfällt auf rund die Hälfte aller Personen nur gut 1 % des Gesamtvermögens.

Die Entwicklung in den alten und den neuen Bundesländern verläuft sehr unterschiedlich: In den alten Bundesländern (ABL) stiegen im Zeitraum 2002 bis 2007 die Vermögen um gut 10 %, während sie in den neuen Bundesländern (NBL) um über 10 % fielen > Bild 1. Diese sehr auffällige Entwicklung ist bei der Vermögenskonzentration, z. B. gemessen durch den häufig verwendeten Gini-Koeffizienten, nicht zu beobachten > Bild 2. Offenbar waren andere Faktoren hierfür verantwortlich, unter anderem die Tatsache, dass unter den wohlhabenden Personen die Abwanderung von den NBL in die ABL überdurchschnittlich hoch war. *GB*

	1993		2002	2007
Anzahl Personen (1 000)	35 803[1]		68 087[3]	69 144[3]
Durchschnittliches Nettovermögen in Euro				
Deutschland	106 906		80 055	88 034
ABL	125 023		90 724	101 208
NBL	36 136		34 029	30 723
Gini-Koeffizienten[2]				
Deutschland	0,667		0,777	0,799
ABL	0,629		0,765	0,785
NBL	0,728		0,792	0,819
Deutschland, Anteile am Nettovermögen[4]				
Quantile	in %	Dezile	in %	in %
0 bis < 25	0,3	1. bis 5.	0,5	0,0
25 bis < 50	3,8	6.	2,8	2,8
50 bis < 70	14,9	7.	7,0	6,0
70 bis < 80	15,1	8.	11,8	11,1
80 bis < 90	21,3	9.	19,9	19,0
90 bis < 100	44,5	10.	57,9	61,1

Bild 1 Verteilung des Nettovermögens in Deutschland
[1] Haushalte; [2] 0 bei Gleichverteilung, 1 bei maximaler Konzentration; [3] Personen über 17 Jahre;
[4] für 1993 liegen keine Dezile vor.
Quellen: 1993: Sachverständigenrat. 2002 und 2007: Frick, J. R.; Grabka, M. M. (2009).

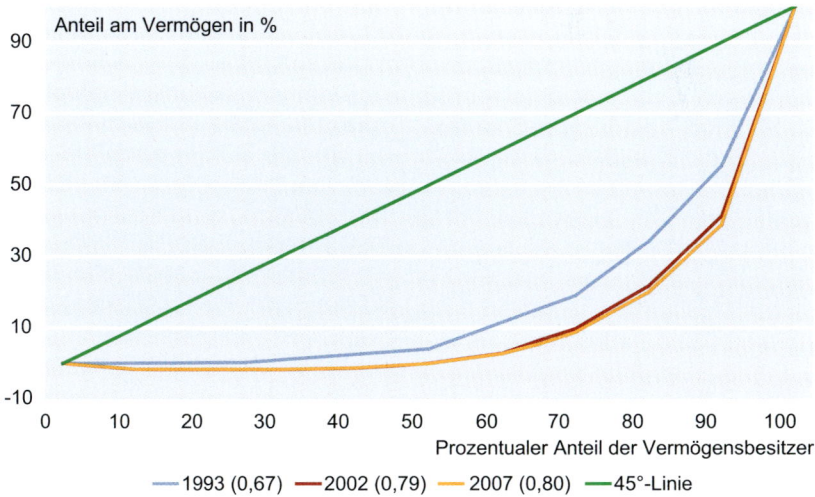

Bild 2 Verteilung des Nettovermögens in Deutschland
Quelle: Siehe Bild 1.

7.5 Das soziale Sicherungssystem in Deutschland

Mit Bismarck wurde alles anders

In Deutschland profitieren ca. 90 % der Menschen von der Sozialgesetzgebung. Vor ca. 140 Jahren wurde dafür der Grundstein gelegt. Die Finanzierung des deutschen Sozialsystems beruht primär auf Beiträgen von Arbeitnehmern und Arbeitgebern. In anderen Ländern der EU wird die soziale Sicherheit hingegen vorwiegend aus dem Staatsbudget finanziert.

Die Grundzüge des sozialen Sicherungssystems gehen in Deutschland auf das späte 19. Jahrhundert zurück. Unter der Schutzherrschaft von Reichskanzler Otto von Bismarck entstanden die Gesetze zur Kranken- (1883) und Unfallversicherung (1884) sowie zur gesetzlichen Rentenversicherung (ursprünglich Invaliditäts- und Altersversicherung [1889]). Das Ziel Bismarcks war es, einerseits sozialen Unruhen zu begegnen, und andererseits bereits bestehenden, freiwilligen Sozialversicherungen der Gewerkschaften und der kirchlichen Arbeiterverbände die wirtschaftliche Grundlage zu entziehen. Im Laufe der Zeit wurde das soziale Netz um die Sozialversicherung für Angestellte (1912), die Arbeitslosenversicherung (1927) sowie die Pflegeversicherung (1995) ergänzt.

> Die Finanzierung

In Deutschland werden die Ausgaben für die Sozialversicherung primär über Beiträge der Arbeitnehmer und Arbeitgeber finanziert. Dabei legen die Selbstverwaltung (für Unfallversicherung) bzw. der Gesetzgeber (für Renten-, Kranken-, Arbeitslosen- und Pflegeversicherung) die Beitragssätze fest, die sich am Arbeitnehmergehalt orientieren. Seit Mitte der 1990er-Jahre hat sich der Beitragssatz

für die Rentenversicherung zwischen 19 und 20 % des Bruttoarbeitsentgelts eingependelt. 1970 lag er noch bei 17 % > Bild 1. Bei der Krankenversicherung ist ein kontinuierlicher Anstieg der Beitragssätze zu beobachten. Für den Beitragssatz der Arbeitslosenversicherung ist seit 2006 dagegen eine deutliche Absenkung zu verzeichnen (2006: 6,5 %, 2010: 2,8 %). Für die Pflegeversicherung galt lange ein Beitragssatz von 1,5 %. 2008 wurde der Beitragssatz auf 1,95 % erhöht. Die Gesamtbelastung durch Sozialversicherungsbeiträge liegt heute bei ca. 40 %.

Neben Deutschland finanzieren Estland, die Tschechische Republik, Belgien und sieben weitere EU-Länder ihre Sozialversicherung über Sozialabgaben, d. h. nach dem Bismarck-System > Bild 2. In diesen Ländern werden mindestens 62 % der Gesamteinnahmen durch Sozialversicherungsbeiträge finanziert. Das Finanzierungssystem nach Beveridge hingegen, welches in Dänemark, Zypern, Irland und im Vereinigten Königreich vorzufinden ist, finanziert die Sozialversicherung vorwiegend aus dem Staatsbudget. Der Anteil der Steuern an den Gesamteinnahmen liegt hier bei über 50 %. Des Weiteren gibt es noch Mischsysteme. Hierzu zählen unter anderem Italien und Schweden. *AR*

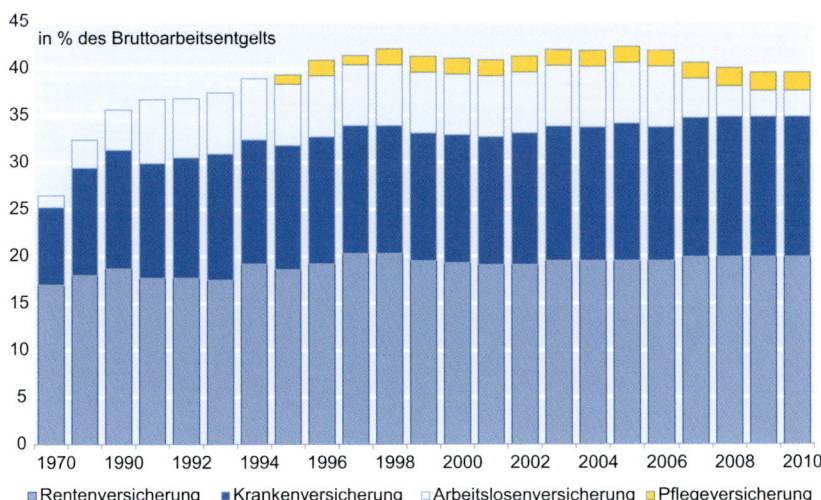

Bild 1 Sozialversicherungsbeiträge 1970 bis 2010[1]
[1] Vor 1990: alte Bundesländer, ab 1990: Deutschland.
Quelle: Bundesministerium für Arbeit und Soziales (2010): Statistisches Taschenbuch 2010, Bonn.

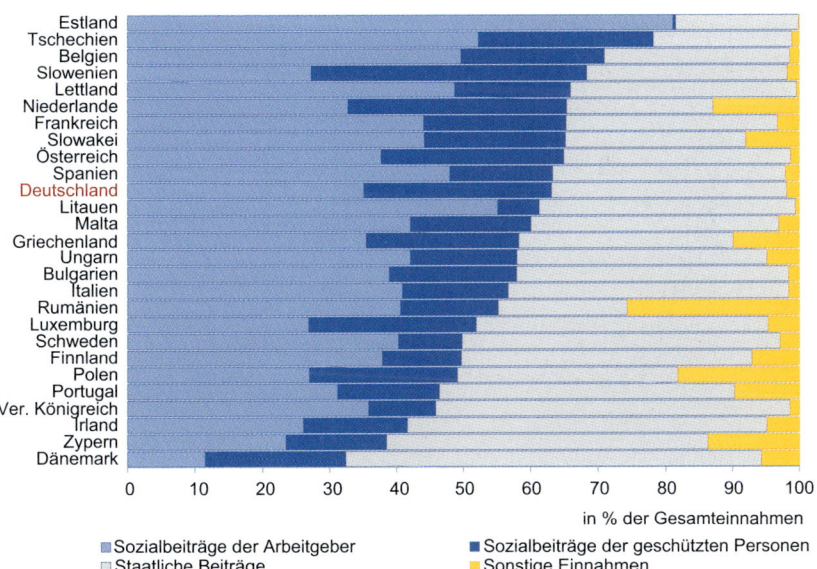

Bild 2 Die Einnahmen des Sozialschutzes in der EU 2007[1]
[1] *Geschützte Personen: abhängig Beschäftigte, Selbständige, Rentner und andere Personen.*
Sonstige Einnahmen: unter anderem Zinsen und Dividenden.
Quelle: Eurostat.

7.6 Sozialausgaben im internationalen Vergleich

Wie viel lässt sich Deutschland den Sozialstaat kosten?

Die Sozialausgaben in der Europäischen Union beliefen sich 2008 auf 26,4 % des BIP. Im europäischen Vergleich ist der Anteil in manchen Ländern doppelt so hoch wie in anderen. In Frankreich sind die Sozialausgaben am höchsten (30,8 %) und in Lettland am niedrigsten (12,6 %). Deutschland liegt mit 27,8 % im oberen Drittel. Das größte Gewicht bei den Sozialausgaben machen die Alters- und Hinterbliebenenversorgung in Europa aus.

Zu den Sozialausgaben gehören alle Geld- und Sachleistungen, die privaten Haushalten oder Einzelpersonen zur Deckung bestimmter Risiken und Bedürfnisse vom Staat, von öffentlich-rechtlichen Körperschaften oder von Unternehmen gewährt werden. Leistungsberechtigt sind diejenigen Personen und Haushalte, die ihren Bedarf nicht aus eigener Kraft decken können und auch keine ausreichenden Ansprüche aus Versicherungs- und Versorgungssystemen haben. Die Sozialausgaben werden primär aus Beiträgen der Versicherten und der Arbeitgeber sowie aus Zuweisungen des Staates finanziert.

Um die Frage zu beantworten, wie viel sich Deutschland den Sozialstaat kosten lässt, bietet sich ein Vergleich der Sozialausgaben innerhalb der EU an. Dafür werden die Sozialausgaben ins Verhältnis zum Bruttoinlandsprodukt (BIP) gesetzt > Bild 1. Im Ländervergleich nimmt Deutschland (27,8 %) eine Position im oberen Bereich ein. Ein höheres Sozialschutzniveau weisen Frankreich (30,8 %), Dänemark (29,7 %), Schweden (29,4 %), die Niederlande (28,5 %), Belgien (28,3 %), Österreich (28,3 %) und Italien (27,8 %) auf. Am wenigsten für den Sozialschutz geben die osteuropäischen Länder aus (Lettland 12,6 %, Rumänien 14,3 %, Estland 15,1 %).

> **Sozialausgaben nach Funktionen**

In nahezu allen Ländern der EU werden die Sozialausgaben nach folgenden Funktionen unterschieden: Alter/Hinterbliebene, Krankheit/Gesundheitsversorgung, Invalidität, Familie/Kinder, Arbeitslosigkeit sowie Wohnen und soziale Ausgrenzung. Auffällig ist, dass die meisten Ausgaben für Alters- und Hinterbliebenenversorgung (45,4 %) sowie für Krankheit und Gesundheitsversorgung (29,7 %) aufgebracht werden > Bild 2. Das Ausmaß der Deckung der einzelnen Bereiche unterscheidet sich aber erheblich. So ist der Anteil der Ausgaben für Alters- und Hinterbliebenenversorgung in Italien (60,1 %) am größten und in Irland (26,2 %) am geringsten. Der große Unterschied lässt sich durch die verschiedenen Rentensysteme und durch die Bevölkerungsstruktur erklären. So ist der Anteil der Älteren an der Gesamtbevölkerung in Italien besonders hoch, während Irland in ganz Europa die »jüngste« Bevölkerung aufweist. *AR*

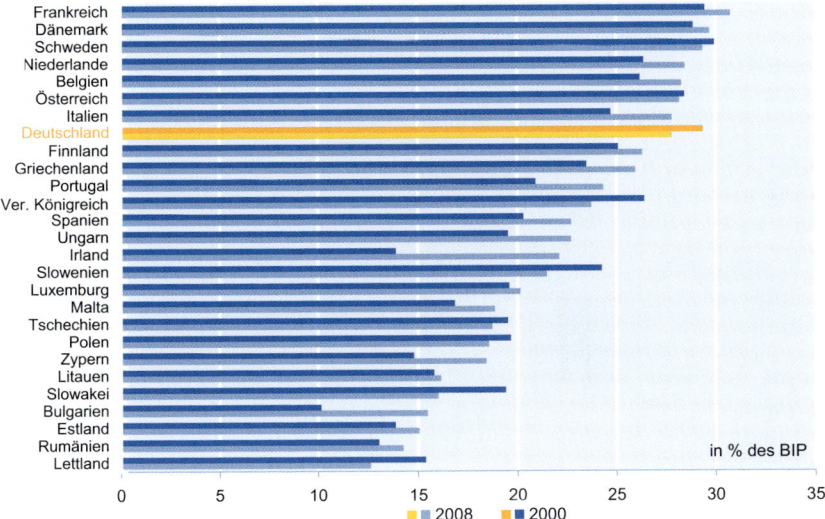

Bild 1 Sozialausgaben in der EU 2000 / 2008
Quelle: Eurostat (2010).

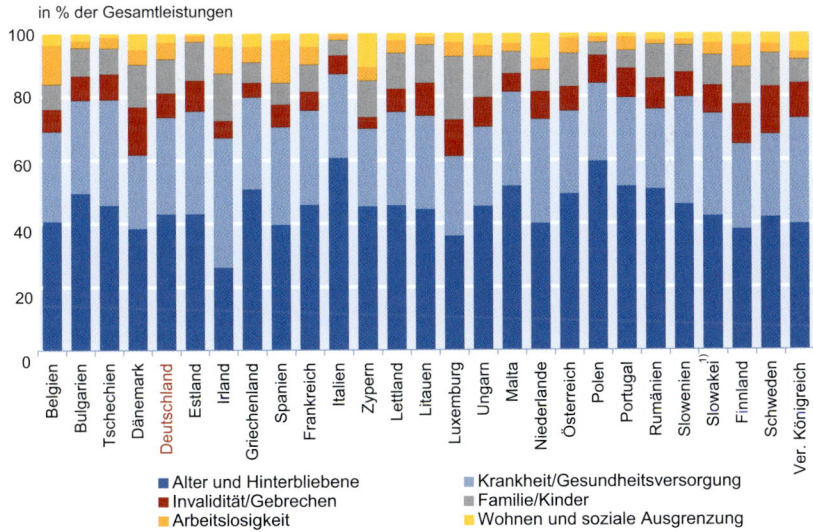

Bild 2 Sozialleistungen nach Funktionen in der EU 2008
[1] *Daten für Wohnen und soziale Ausgrenzung beziehen sich auf 2004.*
Quelle: Siehe Bild 1.

7.7 Gesundheitsausgaben in Deutschland

Laufen sie aus dem Ruder?

Periodisch wiederkehrende Finanzierungsprobleme der Krankenversicherungen haben in der Vergangenheit den Blick zunehmend auf die wachsenden Gesundheitsausgaben gelenkt. Im Vergleich zu anderen Industrieländern haben sich diese Ausgaben aber nur mäßig erhöht. Für die finanzielle Nachhaltigkeit des Gesundheitssystems muss deshalb auch auf der Einnahmenseite angesetzt werden.

Deutschland liegt unter den Industrieländern mit seinen Gesundheitsausgaben pro Kopf im Mittelfeld. So entfielen im Jahr 2007 auf jeden Deutschen im Durchschnitt rund 3 600 US-Dollar. Länder wie Japan und Italien gaben nur etwa 2 700 Dollar aus, während die Gesundheitsausgaben in der Schweiz bei 4 400 Dollar und in den USA sogar bei 7 300 Dollar lagen. Von Jahr zu Jahr steigen in Deutschland die Gesundheitsausgaben. Der Anstieg hat bis in die jüngste Zeit dazu beigetragen, dass die Krankenversicherungen ihre Beiträge erhöhen mussten. Dadurch ist der Eindruck entstanden, dass die Finanzierungsprobleme insbesondere der gesetzlichen Krankenversicherungen primär auf die ständigen Ausgabensteigerungen zurückzuführen sind.

> Relativ mäßiges Ausgabenwachstum trotz steigenden Versorgungsbedarfs

Betrachtet man die Entwicklung der Gesundheitsausgaben nicht isoliert, sondern stellt sie in einen gesamtwirtschaftlichen Zusammenhang, ergibt sich ein anderes Bild. Es zeigt sich, dass, gemessen an der Wirtschaftsleistung, die Ausgaben für Gesundheit in Deutschland im Trendverlauf kaum gestiegen sind > Bild 1. Im Ausland dagegen ist dieser Anteil in den meisten Ländern gewach-

sen, besonders stark in Großbritannien und in den USA. In einigen Ländern erhöhte sich der Anteil anfangs, blieb dann aber konstant (Japan) oder ging wieder zurück (Schweiz).

Auch die Wachstumsraten der Gesundheitsausgaben sind in Deutschland vergleichsweise niedrig > Bild 2. Dass die Ausgaben in Deutschland nicht wesentlich stärker zunahmen, lag an wiederholten gesetzlichen Eingriffen in der gesetzlichen Krankenversicherung, die in den 1990er-Jahren begannen und bis in die jüngste Zeit fortdauern. Schwerpunkte aller Reformmaßnahmen waren bisher Honorarbegrenzungen, Leistungsausschlüsse, Kostenbeteiligung der Patienten und die Förderung des Wettbewerbs auf dem Gesundheitsmarkt.

Die Gesundheitsausgaben werden vermutlich auch künftig weiter steigen. Als mögliche Einflussgrößen gelten der medizinisch-technische Fortschritt, der wachsende Bevölkerungsanteil älterer Menschen, die steigende Lebenserwartung, die Preisentwicklung von Gesundheitsleistungen und die Lebensweise der Bevölkerung. Andererseits bestehen noch erhebliche Wirtschaftlichkeitsreserven, um die medizinische Versorgung effizienter zu gestalten. Im Ergebnis sind für die Finanzierbarkeit der gesetzlichen Krankenversicherung steigende Einnahmen aber wohl unabdingbar. *MR*

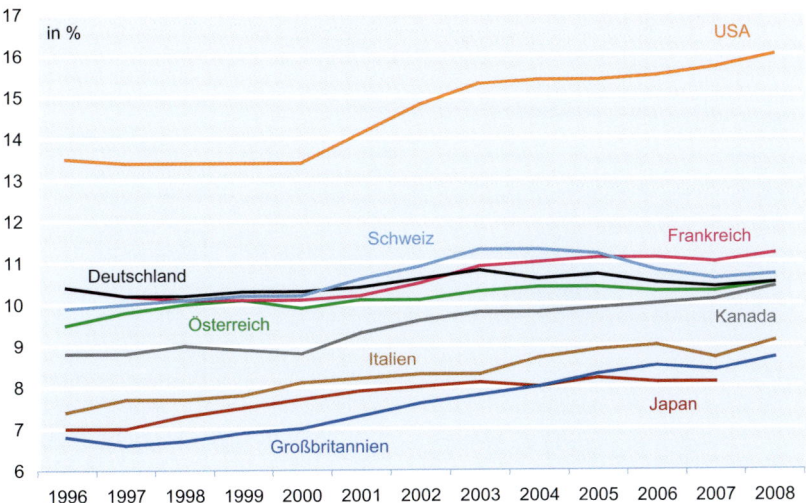

Bild 1 Anteil der Gesundheitsausgaben am Bruttoinlandsprodukt 1996 bis 2008
Quelle: OECD, Health Data 2010.

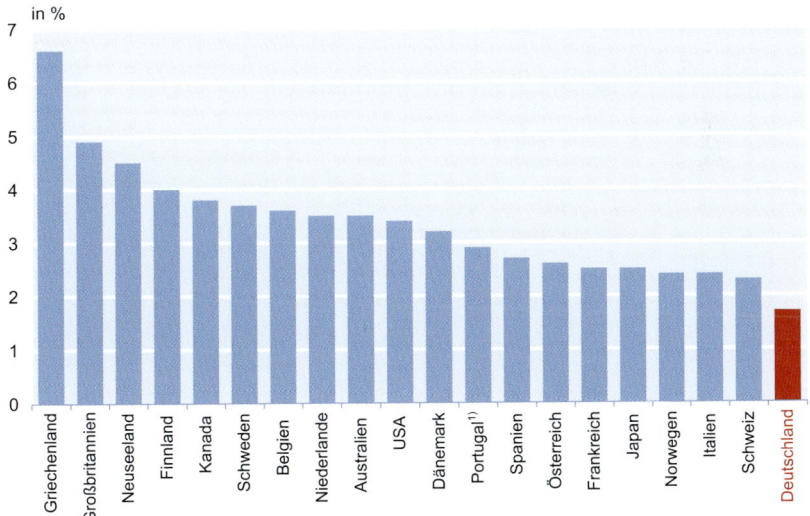

Bild 2 Durchschnittliches Wachstum der Gesundheitsausgaben[2] pro Jahr 1997 bis 2007
[1] *1997 bis 2006;* [2] *Preisbereinigt.*
Quelle: OECD: Health at a Glance 2009.

7.8 Pflege

Lässt sich der Notstand vermeiden?

Die Menschen in Deutschland werden immer älter. Eine bessere Ernährung, eine gesündere Lebensweise, die Fortschritte bei der medizinischen Versorgung, weniger belastende Arbeitsbedingungen und mehr Freizeit haben die Lebenserwartung steigen lassen. Das Alter ist aber nicht immer ein Segen, denn mit steigenden Jahren sind die Menschen auch mehr und mehr auf fremde Hilfe angewiesen.

Vor dem 60. Lebensjahr werden nur 0,5 % der Menschen pflegebedürftig. Danach steigt der Anteil zuerst langsam, dann aber beschleunigt an. Rund zwei Drittel der 90-Jährigen und Älteren sind Pflegefälle, wobei die eine Hälfte von ihnen noch zu Hause (ambulant) versorgt wird und die andere in Pflegeheimen (stationär) untergebracht ist > Bild 1.

Nach der Pflegestatistik gab es in Deutschland im Jahr 2009 rund 2,3 Mio. Personen, die aufgrund einer körperlichen oder seelischen Einschränkung auf Pflege angewiesen waren > Bild 2. Nur ein Drittel von ihnen war stationär in Pflegeheimen untergebracht. Die meisten konnten zu Hause bleiben und wurden dort entweder von Pflegediensten betreut oder, was noch häufiger vorkam, von Ehepartnern, erwachsenen Kindern, Verwandten oder Bekannten. Damit eine menschenwürdige Pflege für alle möglichst ohne Sozialhilfebedarf möglich wird, hat man 1995 eine Pflegeversicherung eingeführt, die einen Teil der Kosten sozialisiert.

> Stark steigende Pflegefallzahlen

Die Zahl der Pflegefälle hat über die Jahre ständig zugenommen und wird im nächsten Jahrzehnt und auch darüber hinaus wahrscheinlich noch stärker steigen. Bis 2020 könnte die Pflegefallzahl auf fast 3 Mio. steigen > Bild 2. Das stellt eine große Herausforderung für Gesellschaft, Wirtschaft und Politik dar. Die Pflegekassen werden immer mehr Geld ausgeben müssen, um die versprochenen Leistungen erbringen zu können. Die Familien, die bisher einen großen Teil der Betreuung und Pflege übernommen haben, werden noch stärker gefordert sein, und die Pflegedienste und Pflegeheime werden ihre Aufgaben nur erfüllen können, wenn sie die Betreuungsplätze und die Zahl der Pflegebetten stark ausweiten. Längerfristig droht ein Pflegenotstand. Um ihn zu vermeiden, muss Sorge dafür getragen werden, dass die Familien die Pflegeaufgaben auch in Zukunft noch leisten können. Eine bessere Vereinbarkeit von Erwerbstätigkeit und Verantwortung für die Familie, etwa durch eine Erweiterung des bereits bestehenden Rechts auf eine sechsmonatige unbezahlte Pflegezeit, kann die ambulante Pflege stärken. Ganz entscheidend wird es sein, genügend Menschen für Pflegeberufe zu gewinnen. Zum Glück verfügt Deutschland vorläufig noch über Arbeitskräfte aus anderen Ländern, die angesichts der hohen Lohnunterschiede derzeit noch bereit sind, die Pflegelücke zu schließen. *HH*

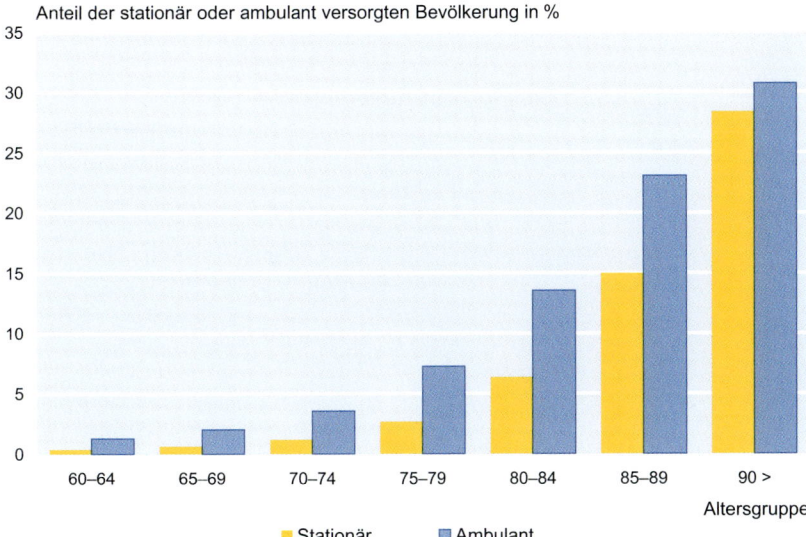

Bild 1 Pflegequoten nach Altersgruppen und Pflegearrangement 2009
Quelle: Statistisches Bundesamt, Pflegestatistik; Berechnungen des ifo Instituts.

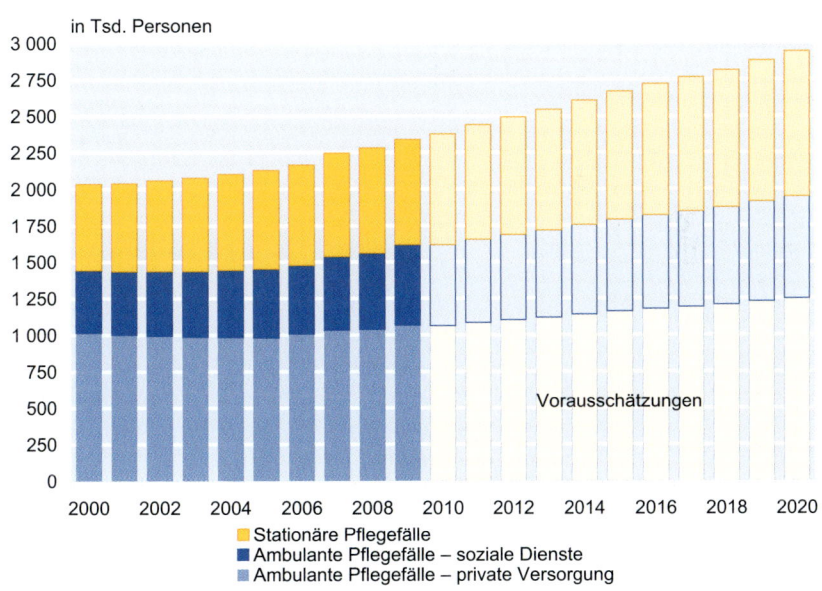

Bild 2 Vorausberechnung der Pflegefälle in Deutschland bis 2020
Quelle: Siehe Bild 1.

7.9 Krankenversicherung

Bei uns darf man ruhig krank werden

Der Krankenversicherungsschutz ist in Deutschland für alle Einwohner verpflichtend. Die Mehrheit ist über die öffentlich getragenen gesetzlichen Krankenkassen versichert. Trotz wachsender Zuzahlungen bleiben die finanziellen Belastungen bei der Inanspruchnahme von Gesundheitsleistungen relativ gering.

Alle Arbeitnehmer und Arbeitslose sind in Deutschland automatisch über das System der gesetzlichen Krankenversicherung (GKV) versichert. Die Beiträge zur GKV berechnen sich nach dem Bruttolohn: Bis zur »Beitragsbemessungsgrenze«, die im Jahr 2011 bei 3 712,50 Euro monatlich lag, zahlten Arbeitnehmer 8,2 % des Bruttolohns ein, der Arbeitgeber weitere 7,3 %. Kinder und nicht arbeitende Eheleute sind in der GKV beitragsfrei mitversichert.

Insgesamt sind rund 85 % der Bevölkerung GKV-Mitglied. 10 % sind über eine private Krankenversicherung (PKV) versichert, die restlichen 5 % über sonstige Träger. Die PKV steht Beamten und Selbständigen offen. Darüber hinaus können Arbeitnehmer mit einem jährlichen Bruttolohn über 49 500 Euro in die PKV wechseln. Dort richten sich die Beiträge nach dem individuellen Gesundheitsrisiko, z. B. nach Alter, Geschlecht und Vorerkrankungen > Bild 1.

Um eine Unterversorgung der Versicherten auszuschließen, legt der Gesetzgeber Mindeststandards für die durch GKV und PKV zu übernehmenden Leistungen fest. Der Leistungskatalog ist umfassend und beinhaltet neben Arztbesuch und stationärer Versorgung im Krankenhaus auch Arzneimittel und die Lohnfortzahlung im Krankheitsfall.

> **Steigende Zuzahlungen**

Steigende Ausgaben, im Falle der GKV aber vor allem eine wegen stagnierender Arbeitseinkommen schwächelnde Einnahmeseite, bedingten in der Vergangenheit eine zunehmende Unterfinanzierung des Gesundheitssystems. Die Versicherer begegneten dem einerseits mit Beitragserhöhungen. Andererseits wurde versucht, mit Kostenbeteiligungen bei der Inanspruchnahme medizinischer Leistungen Anreize zur Sparsamkeit bei den Versicherten zu setzen. Die PKVen nutzen Vertragsmodelle, bei denen die jährlichen Kosten medizinischer Behandlungen erst ab einer bestimmten Summe – dem sogenannten Selbstbehalt – übernommen werden. Die GKV greift demgegenüber zunehmend auf Zuzahlungen zu Einzelleistungen zurück, so bei Medikamenten, wo pro Verschreibung bis zu zehn Euro vom Versicherten selbst zu tragen sind. Darüber hinaus fällt eine Praxisgebühr an, und auch bei Krankenhausaufenthalten muss zugezahlt werden. Die jährlichen Zuzahlungen sind in der GKV auf 2 % des beitragspflichtigen Einkommens begrenzt. Somit bleibt das finanzielle Risiko bei der Inanspruchnahme von Gesundheitsleistungen in Deutschland gering. Der Anteil der von den Versicherten selbst gezahlten Leistungen an den gesamten Gesundheitsausgaben lag 2008 mit 13 % deutlich unter dem Niveau anderer Industrieländer > Bild 2. *SN*

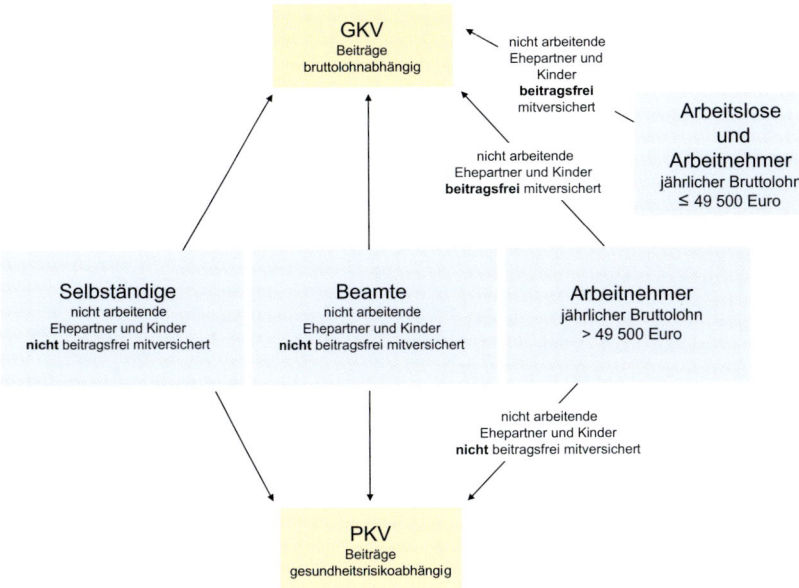

Bild 1 Das deutsche Krankenversicherungssystem
Quelle: Darstellung des ifo Instituts.

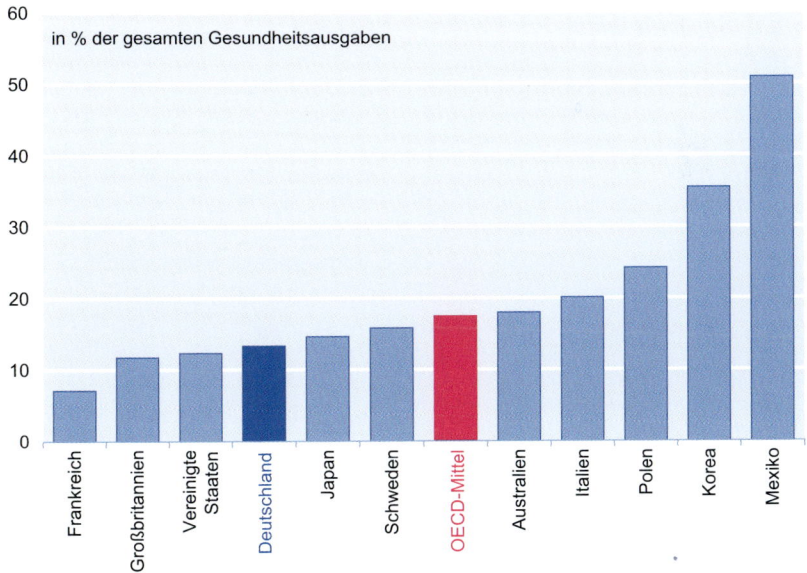

Bild 2 Durch Patienten selbst gezahlte Leistungen 2007
Quelle: OECD, Health Data 2010.

7.10 Kapitaldeckung oder Umlageverfahren

Eine einfache Antwort gibt es nicht

Im Kapitaldeckungsverfahren sorgt jede Generation für sich selbst vor, im Umlageverfahren finanzieren die aktuell Beschäftigten die Leistungen für die jetzige Rentnergeneration. Die implizite Verzinsung der Beiträge zu einer Sozialversicherung im Umlageverfahren liegt meist niedriger als die Verzinsung der Beiträge beim Kapitaldeckungsverfahren. Ein Umstieg zum Kapitaldeckungsverfahren, der alle Generationen besserstellt, ist dennoch unmöglich.

Bei der Finanzierung einer Privat- oder Sozialversicherung unterscheidet man zwischen zwei Hauptformen, dem Kapitaldeckungsverfahren und dem Umlageverfahren. Im Kapitaldeckungsverfahren finanziert jede Generation oder jeder Geburtsjahrgang alle anfallenden Leistungen durch eigene Beiträge. Da Leistungen bei der Rentenversicherung allein und bei der Kranken- und Pflegeversicherung hauptsächlich im Ruhestand anfallen, kann aus den Beiträgen in der Erwerbsphase zunächst ein Kapitalstock gebildet werden. Später werden die Leistungen dann überwiegend oder vollständig aus diesem Kapitalstock finanziert. Dafür werden die Beiträge verwendet, die über die aktuellen Versicherungsleistungen an den Altersjahrgang hinausgehen. Jede Alterskohorte bildet eine Sparergemeinschaft, deren Beiträge in einen Topf fließen. Der Kapitalstock wird über Zinsen vermehrt, und die Überlebenden des jeweiligen Altersjahrgangs übernehmen vorhandene Reserven der vorzeitig Verstorbenen wie in einem Erbverfahren. Bis zum Aussterben einer Alterskohorte wird deren Kapitalstock allmählich aufgebraucht. Das Kapitaldeckungsverfahren wird z. B. bei der privaten Rentenversicherung angewendet, aber auch im deutschen System der privaten Krankenversicherung.

> Geringeres Pro-Kopf-Einkommen bei Umlageverfahren

Ein Umlageverfahren ist normalerweise nur in einer staatlich organisierten Sozialversicherung durchführbar, denn es sieht eine Umverteilung von den Jungen zu den Alten vor. Die laufenden Leistungen innerhalb eines Jahres werden durch zeitgleich eingehende Beiträge der Versicherten finanziert. So werden in der Rentenversicherung die laufenden Beiträge unmittelbar an die aktuellen Rentner ausgeschüttet. Die unterschiedlichen Verfahren führen zu unterschiedlichen Einkommenshöhen. Wegen des nicht gebildeten Kapitalstocks und der daher geringeren Kapitaleinkommen fällt das Pro-Kopf-Einkommen bei einem Umlageverfahren niedriger aus als bei einem Kapitaldeckungsverfahren.

Aus dem Verhältnis von zu erwartenden Leistungen und den eingezahlten Beiträgen lässt sich eine implizite Verzinsung der Beiträge im Umlageverfahren ermitteln. Bleibt der lohnbezogene Beitragssatz konstant, entspricht diese Verzinsung der Wachstumsrate der Lohnsumme. Letztere ist näherungsweise darstellbar als Summe der Wachstumsrate der Zahl der Erwerbstätigen und der Wachstumsrate der Arbeitsproduktivität. Aufgrund der Geburtentwicklung liegt inzwischen in fast allen Jahren und fast allen Industrieländern die Wachstumsrate der Lohnsumme und damit die Verzinsung von Beiträgen zur Sozialversicherung im Umlageverfahren unter dem Kapitalmarktzins. Oberflächlich könnte man also meinen, dass ein Wechsel zum Kapitaldeckungsverfahren bei gegebenen Leistungen zu einer Verringerung der Beitragslast führen würde.

> Abschaffung des Umlageverfahrens hat immer auch Verlierer

Das stimmt aber nicht, denn beim Übergang zum Kapitaldeckungsverfahren sind auch noch die bereits vorhandenen Ansprüche der Beitragszahler auf spätere Rentenzahlungen oder andere Leistungen zu bedienen. Man kann zeigen, dass es nicht gelingen kann, alle Generationen beim Übergang zum Kapitaldeckungsverfahren besserzustellen, und zwar selbst dann nicht, wann man die Lasten des Übergangs mittels einer zusätzlichen Staatsverschuldung über viele Generationen verteilt. Bei der Abschaffung des Umlageverfahrens ist nämlich die vorhandene verdeckte Staatsschuld in Form bereits vorhandener Leistungsansprüche in eine neue offene Staatsschuld zu verwandeln, die früher oder später getilgt werden muss. Auf der anderen Seite gilt, dass die Einführung

eines Umlageverfahrens stets die erste Generation der Leistungsempfänger begünstigt, denn ihren Leistungen stehen keine eigenen Beiträge gegenüber. Das Umlageverfahren schleppt derartige Geschenke als verdeckte Staatsschuld mit, so als hätte der Staat diese Leistungen durch Kredite finanziert.

Für den Bereich der Renten- und Pflegeversicherung lässt sich argumentieren, dass ein Umlageverfahren sachgerecht ist, weil entsprechende Arrangements innerhalb der Familie ersetzt werden, bei denen Kinder ihre Eltern unterstützen. In vielen Gesellschaften war und ist es üblich, dass Kinder als Gegenleistung für empfangene sachliche und finanzielle Zuwendungen in ihrer Jugend Transfers an ihre Eltern tätigen, wenn diese in der Rentenphase sind. Diese Tradition des Generationenvertrags wird häufig durch gesetzliche Regeln gefestigt, die Eltern und Kinder wechselseitig zur Gewährung von Unterhalt verpflichten. Der Vorteil einer Sozialversicherung im Umlageverfahren gegenüber dem Generationenvertrag innerhalb der Familie besteht vor allen Dingen darin, dass die größere Versichertengemeinschaft zusätzlichen Schutz gegen familienspezifische Risiken bietet, wie sie etwa in Form von Transferausfall aufgrund von Arbeitslosigkeit oder vorzeitigem Tod der Kinder bestehen. *VM*

7.11 Hartz IV

Warum es Deutschland heute besser geht

Das am 1. Januar 2005 in Kraft getretene Hartz-IV-Gesetz fasste die Arbeitslosenhilfe und die Sozialhilfe für Erwerbsfähige in einem neuen Leistungssystem, der Grundsicherung für Arbeitsuchende (Arbeitslosengeld II), zusammen. Dabei liegen die Leistungen für die Bedarfsgemeinschaften, die dem soziokulturellen Existenzminimum entsprechend berechnet werden, nur wenig über dem Niveau der alten Sozialhilfe. Die Leistungen der Grundsicherung umfassen das Arbeitslosengeld II für Erwachsene (80 % für den Partner), das Sozialgeld für Kinder (gestaffelt nach dem Alter) sowie die Erstattung der Unterkunfts- und Heizungskosten einer Bedarfsgemeinschaft.

Im Zug der Neuordnung der Grundsicherung wurde auch die Definition der Erwerbsfähigkeit verschärft, sodass heute jeder, der mindestens drei Stunden pro Tag arbeiten kann, als erwerbsfähig gilt. Dadurch wurden deutlich mehr Leistungsbezieher als vor der Reform angehalten, sich aktiv um einen Arbeitsplatz zu bemühen.

> Bessere Hinzuverdienstmöglichkeiten

Im Rahmen der Hartz-IV-Gesetzgebung wurden die bis dato sehr geringen Hinzuverdienstmöglichkeiten für Arbeitslosengeld-II-Bezieher verbessert. Die ersten 100 Euro im Monat sind anrechnungsfrei, von dem Teil des monatlichen Einkommens, das 100 Euro übersteigt und nicht mehr als 800 Euro beträgt, dürfen 20 %, und von dem Teil des Einkommens, das 800 Euro übersteigt und nicht mehr als 1 200 Euro beträgt, dürfen 10 % behalten werden. Der im Alltag gängige Begriff eines »Aufstockers« für einen beschäftigten Arbeitslosengeld-II-Bezieher, der die Hinzuverdienstmöglichkeiten in Anspruch nimmt, ist irreführend, da er suggeriert, dass das Lohneinkommen bis zur Höhe des Arbeitslosengeldes II

aufgestockt wird, und jemand, der arbeitet, nicht mehr Einkommen hat als jemand, der nicht arbeitet. In Wahrheit garantieren die Hinzuverdienstregeln, dass Arbeit das Einkommen in jedem Fall über den Sockelbetrag von Hartz IV hinaushebt.

Die finanziellen Anreize, eine Beschäftigung aufzunehmen, werden durch eine rigidere Sanktionspraxis im Falle einer Ablehnung eines Arbeitsangebots verstärkt. So wird das Arbeitslosengeld II bei der ersten Ablehnung um 30 %, bei der zweiten um 60 % und ab der dritten Ablehnung um 100 % gekürzt. Diese rigidere Sanktionspraxis erhöht den finanziellen Anreiz, auch einen niedrig entlohnten Arbeitsplatz anzunehmen.

> Beschäftigung reduziert das Armutsrisiko

Der Wirtschaft wird vorgeworfen, dass sie die Hinzuverdienstregeln für Arbeitslosengeld-II-Bezieher nutzt, um die Löhne von arbeitenden Arbeitslosengeld-II-Beziehern niedrig zu halten, und dass sie damit die Armut in Deutschland vergrößert. Das Beschäftigungswachstum, das auf die Hartz-Reform folgte, beweist jedoch gerade das Gegenteil, nämlich dass aufgrund der gesunkenen Lohnkosten neue Arbeitsplätze in Deutschland entstanden sind. Nichts verringert die Armut so sehr wie Arbeit, und sei es auch nur Arbeit zu niedrigen Löhnen. Dank der verbesserten Hinzuverdienstmöglichkeiten kommt man selbst bei sehr schlecht bezahlten Stellen mithilfe einer Vollzeitbeschäftigung über die Armutsgefährdungsgrenze.

Ohne Arbeit kommt ein alleinstehender Arbeitslosengeld-II-Bezieher pro Monat auf ein monatliches Nettoeinkommen von rund 700 Euro, wovon rund 340 Euro auf Wohn- und Heizkosten entfallen. Dieser Wert liegt deutlich unter der Armutsgefährdungsschwelle, die nach den Angaben des Statistischen Bundesamtes im Jahr 2008 781 Euro betrug. Folglich gehört ein Arbeitslosengeld-II-Bezieher ohne Arbeit zur armutsgefährdeten Personengruppe. Mit Arbeit ändert sich dieser Zustand. Ein alleinstehender Arbeitslosengeld-II-Bezieher liegt dann über der Armutsgefährdungsschwelle, weil er zusätzlich zum Arbeitslosengeld II einen Teil seines Verdienstes behalten darf. Selbst ein Alleinstehender mit einem monatlichen Bruttoeinkommen von nur 600 Euro verfügt dank der Hinzuverdienstregeln über ein Nettoeinkommen von rund 800 Euro. Dieses Nettoeinkommen liegt um etwa 20 Euro über der zuletzt vom Statistischen Bundesamt veröffentlichten Armutsgefährdungsgrenze.

Niedrige Löhne infolge der Hartz-IV-Reform sind somit nicht gleichbedeutend mit Armut, weil unser Sozialstaat dafür sorgt, dass diejenigen, die von ihrem Lohn allein nicht leben können, durch einen Lohnzuschuss in Form der Hinzuverdienstregeln über die Schwelle der Armutsgefährdung gehoben werden. Da niedrige Löhne die Schaffung von zusätzlichen Arbeitsplätzen für Langzeitarbeitslose fördern, trägt die Hartz-Reform dazu bei, dass durch Arbeitslosigkeit von Armut gefährdete Personen eine Chance haben, ein Einkommen zu verdienen, das über der Armutsgefährdungsschwelle liegt.

Mindestlöhne, die über das Marktergebnis hinausführen, bedrohen einen Teil der Menschen, denen man helfen will, mit Armut. Denn sie vernichten Arbeitsplätze und drücken das Einkommen der von Arbeitslosigkeit Betroffenen unter die Armutsgefährdungsschwelle. Der Verzicht auf Mindestlöhne verringert hingegen den Anteil der von Armut gefährdeten Menschen, weil so Arbeitsplätze entstehen, mit denen bislang arbeitslose Hartz-IV-Empfänger dank der Hinzuverdienstregeln über die Armutsgefährdungsschwelle gehoben werden.

Auch wenn viele Arbeitslosengeld-II-Bezieher nur einen Niedriglohnjob gefunden haben, so haben sie doch durch die Hartz-IV-Reform gewonnen. Sie haben ein höheres Einkommen als arbeitslose Arbeitslosengeld-II-Bezieher, und sie sind in den Arbeitsmarkt eingebunden, was eine Voraussetzung für zukünftiges Lohnwachstum darstellt. Dank der durch die Hartz-IV-Reform gesunkenen Arbeitslosigkeit geht es heute allen Erwerbstätigen besser. *CH*

7.12 Frühverrentung

Was haben wir uns da eingebrockt?

Norbert Blüm, Bundesminister für Arbeit und Sozialordnung unter Helmut Kohl, beschloss 1984, Anreize zu einem früheren Ausscheiden älterer Arbeitnehmer aus dem Erwerbsleben zu schaffen. Dieses Ausscheiden sollte neue Arbeitsplätze für jüngere Arbeitslose bereitstellen und – durch die Verkürzung der Lebensarbeitszeit – Forderungen der Gewerkschaften nach der 35-Stunden-Woche entschärfen.

Am 1. Mai 1984 trat das bis heute gültige Vorruhestandsgesetz (VRG) in Kraft, welches die vorzeitige Beendigung des Erwerbslebens ab einem Alter von 59 Jahren ermöglichte. Der Arbeitnehmer erhielt Vorruhestandsleistungen in Höhe von mindesten 65 % des Bruttolohns. Bei einer Wiederbesetzung der frei gewordenen Stelle bezuschusste die Agentur für Arbeit die Vorruhestandsleistungen in Höhe von 35 % des Bruttolohns. Das Altersteilzeitgesetz von 1996 sollte älteren Arbeitnehmern (ab 55) einen gleitenden Übergang in die Altersrente ermöglichen. Bei Verringerung der Arbeitszeit um die Hälfte stockte der Arbeitgeber den Nettolohn um 20 % auf dann 70 % auf. Außerdem musste der Arbeitgeber einen zusätzlichen Rentenbeitrag entrichten. Bei Wiederbesetzung einer frei gewordenen Stelle erstattete die Agentur für Arbeit den Aufstockungsbetrag und den erhöhten Rentenbeitrag. 2004 wurde das Altersteilzeitgesetz geändert. Die Förderung der Altersteilzeit wurde reduziert. Seit 2010 fördert die Agentur für Arbeit die Altersteilzeit nicht mehr.

Die Idee der Frühverrentung basiert auf der These vom schrumpfenden Job-Kuchen. Sie nimmt an, in Deutschland gebe es eine bestimmte Anzahl an Arbeitsplätzen, und diese müsse man besser verteilen, indem ältere Arbeitnehmer ihre Arbeitsplätze zugunsten jüngerer räumen. Diese Auffassung ist jedoch nicht haltbar. Einen festen Job-Kuchen gibt es nicht. Wie viel Arbeit nachgefragt wird, hängt von der Lohnentwicklung, den Arbeitsmarktinstitutionen und anderen Rahmenbedingungen ab. Die Frühverrentung mag in begrenztem Maße jungen Menschen zu Arbeit verhelfen, insgesamt aber vergrößert sie die Knappheit an Arbeitsplätzen. Durch die Aufstockung der Löhne und die erhöhten Rentenbeiträge können die Anspruchslöhne älterer Arbeitsloser über ihre Produktivität hinaus erhöht werden, sodass Arbeitgeber sie nicht mehr einstellen wollen.

> ### Folgen der Frühverrentung

Das Frühverrentungsmodell von Blüm stieß anfänglich auf großes Interesse. Die Zahl der Zugänge bei Altersrenten wegen Arbeitslosigkeit bzw. nach Absolvierung der Altersteilzeit erhöhte sich bis auf knapp 300 000 Personen im Jahr 1995. Danach aber nahm sie kontinuierlich ab und belief sich im Jahr 2009 auf nur noch knapp 80 000 Personen > Bild 1. Die anfänglichen Erwartungen, dass viele Stellen geräumt und durch junge Erwerbspersonen wieder neu besetzt würden, erwiesen sich als Trugschluss. Die Jugendarbeitslosigkeit konnte über die Frühverrentung nicht abgebaut werden > Bild 2. *KRB+JR*

7 Verteilung und soziale Sicherung

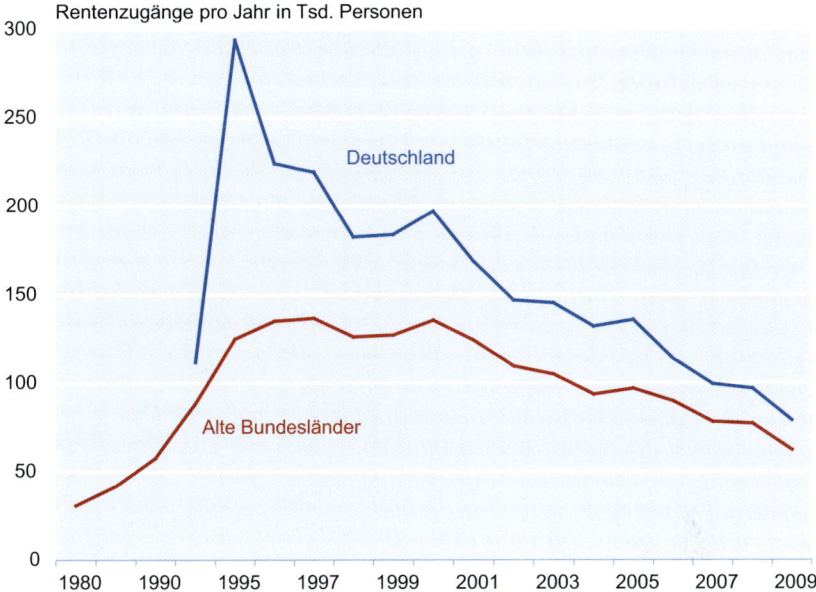

Bild 1 Renten wegen Arbeitslosigkeit oder Altersteilzeit
Quelle: Deutsche Rentenversicherung (2010), Rentenversicherung in Zeitreihen.

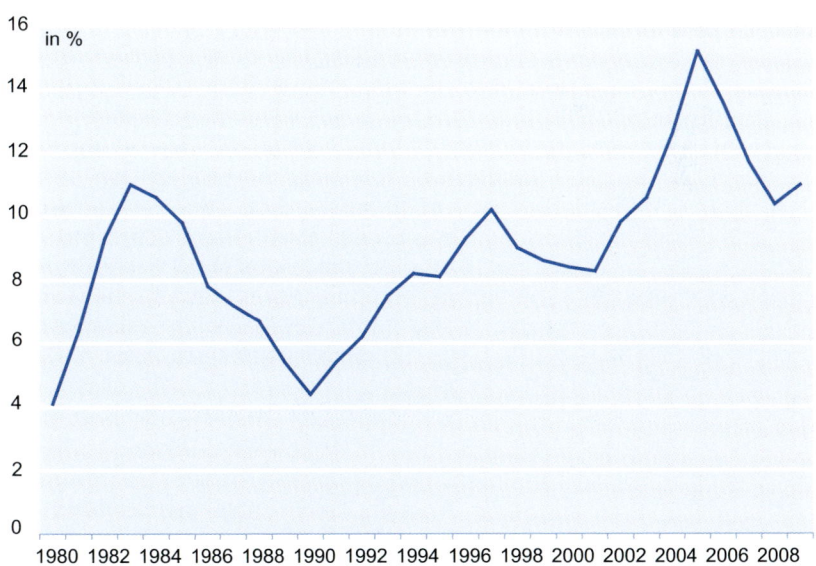

Bild 2 Arbeitslosenquote der 15- bis 24-Jährigen
Quelle: OECD Stat, LFS by Sex and Age-Indicators, 2007 and 2009.

Privatversicherung – Sozialversicherung

Das moralische Risiko des Sozialstaats

Ein sogenanntes »moralisches Risiko« tritt auf, wenn für einen Vertrag relevante Handlungen vom Vertragspartner nicht beobachtet oder kontrolliert werden können. Es zeigt sich darin, dass Versicherte ihre Anstrengungen zur Vermeidung des Schadens senken, diesen bewusst herbeiführen oder den Schaden nicht bekämpfen. Dieses Problem ist besonders bedeutsam in der Arbeitslosenversicherung und der Grundeinkommenssicherung.

Private Anbieter versichern viele unterschiedliche finanzielle Risiken. Sie bieten Leistungen bei Schadensereignissen verschiedener Art an und verlangen im Gegenzug Prämien, um die Leistungen zu finanzieren. Auf diese Weise wird das Einkommensrisiko der Versicherungsnehmer reduziert. Nicht versichert wird ein zum Zeitpunkt des Abschlusses des Vertrages bereits eingetretener Schaden. Ein Grund für ein fehlendes privates Versicherungsangebot liegt häufig darin, dass ein sogenanntes moralisches Risiko (engl. moral hazard) zum beherrschenden Faktor wird. Moralisches Risiko ergibt sich stets daraus, dass nicht alle Vertragsparteien für den Vertrag relevantes Handeln der anderen Seite beobachten können. Es tritt auf Versicherungsmärkten sehr regelmäßig auf und äußert sich darin, dass aufgrund des Versicherungsvertrags Anstrengungen zur Verhütung der Gefahr oder zur Verringerung bereits eingetretener Schäden vermindert werden. Die erwünschten Verhaltensweisen können nämlich vom Versicherer nicht oder nur zu unverhältnismäßig hohen Kosten kontrolliert werden. Moralisches Risiko bezieht sich nur am Rande auf Versicherungsbetrug, in der Regel aber auf Verhaltensänderungen zur Ausnutzung der Vertragsregeln. Beispiele sind häufigere Arztbesuche aufgrund einer abgeschlossenen Krankenversicherung

oder eine Verringerung der Aufwendungen für Brandschutz in der Feuerversicherung. Ähnliche Erscheinungen gibt es bei Arbeitsverträgen, wo großzügigere Regeln der Lohnfortzahlung im Krankheitsfall zu einem Anstieg der Krankmeldungen führen. Um das Problem des moralischen Risikos zu verringern, werden regelmäßig Selbstbeteiligungen des Versicherten an den erlittenen Schäden zum Gegenstand der Versicherungsbedingungen.

Der Sozialstaat kann private Versicherungsmärkte vor allem dann ersetzen, wenn Risiken nicht versichert werden, weil sie beim Vertragsabschluss bereits bestehen. Ein Beispiel wäre eine angeborene Behinderung, die die Einkommensperspektiven von vornherein verschlechtert. Einige Sozialleistungen, insbesondere im Bereich der Grundsicherung, können in einem derartigen Zusammenhang analog zu Versicherungsleistungen interpretiert werden.

> Beispiel Arbeitslosen-versicherung

Ein Beispiel für ein fehlendes privates Versicherungsangebot aufgrund starker Wirkungen des moralischen Risikos ist die Arbeitslosenversicherung. Eine derartige Versicherung verringert Einkommensverluste bei unfreiwilliger

Arbeitslosigkeit, macht aber auch gleichzeitig den Zustand der Arbeitslosigkeit attraktiver. Daher werden weniger Vorkehrungen getroffen, Arbeitslosigkeit zu vermeiden, und weniger Anstrengungen unternommen, den Zustand der Arbeitslosigkeit zu verlassen. Es geschieht dann auch regelmäßig, dass Arbeitslosigkeit gezielt herbeigeführt wird. Zum Beispiel führt die Verlängerung der maximalen Bezugsdauer von Arbeitslosengeld für ältere Arbeitnehmer regelmäßig zu einer höheren Arbeitslosigkeit in dieser Gruppe. Es kommt nämlich häufig zu Absprachen mit dem Arbeitgeber, die darauf hinauslaufen, dass die Arbeitslosigkeit als Übergang in den Ruhestand eingeplant wird. Bei der Bekämpfung des moralischen Risikos in der Arbeitslosenversicherung steht die staatliche Sozialversicherung vor den gleichen Problemen wie eine private Versicherung. Sie hat auch keine besseren Instrumente, das moralische Risiko zu überwinden, und erscheint daher als teuer. Insofern kann die Organisation der Arbeitslosenversicherung als Sozialversicherung nicht unter Hinweis auf das moralische Risiko gerechtfertigt werden. Das fehlende Angebot privater Versicherungen ist hier kein Zeichen für das Versagen des Marktes.

> Sozialstaat verursacht moralisches Risiko

Das geschilderte Problem des moralischen Risikos betrifft aber auch andere Bereiche des Sozialstaats. Sozialleistungen werden häufig unter der Voraussetzung gewährt, dass der Leistungsempfänger nicht arbeitet. Damit aber wird die Aufnahme einer niedrig entlohnten Tätigkeit unattraktiv. Die Arbeitsanreize werden zusätzlich durch den Umstand verringert, dass die Beschäftigten diese Leistungen durch Lohnsteuern und Sozialversicherungsbeiträge finanzieren. Sowohl von der Leistungsseite als auch von der Finanzierungsseite her erhöht der Sozialstaat die Löhne, zu denen ein Arbeitnehmer bereit ist, eine Arbeit aufzunehmen. Somit ist der Sozialstaat selbst der Verursacher des moralischen Risikos und erhöht damit die Arbeitslosigkeit. Im Rahmen der Grundsicherung – in Deutschland betrifft dies vor allem das Arbeitslosengeld II – wird regelmäßig versucht, diesem Problem durch geeignete Regeln zum Hinzuverdienst bei Aufnahme einer Arbeit zu begegnen. Trotz des teilweisen oder vollständigen Entzugs des Sozialtransfers sollen die Betroffenen zumindest einen beachtlichen Teil des selbst verdienten Einkommens behalten können. *VM*

8 UMWELT, KLIMA UND ENERGIE

8.1 Der Treibhauseffekt

Auf das Kohlendioxid kommt es an

Kohlendioxid ist ein Gas, das für das Leben auf der Erde unverzichtbar ist, aber in zu großen Mengen eine Gefahr darstellt. Der Ausstoß von Treibhausgasen durch den Menschen führt dazu, dass sich das Klima erwärmt. Nur durch verschiedene Gegenmaßnahmen kann verhindert werden, dass der Klimawandel zunimmt.

Kohlendioxid (CO_2) ist einer der Bestandteile der Luft und stellt neben Wasserdampf das wichtigste Gas dar, welches das Leben auf der Erde erst ermöglicht. Der natürliche Treibhauseffekt sorgt dafür, dass die Durchschnittstemperatur derzeit bei 14,5 °C liegt. Vor der Industrialisierung lag der CO_2-Gehalt der Atmosphäre bei rund 280 ppm (parts per million, d. h. Milligramm pro Kilogramm). Heute liegt er aufgrund der Verbrennung fossiler Brennstoffe laut Umweltbundesamt bereits bei 380 ppm. Da CO_2 in der Luft nicht abgebaut und nur bis zu einer begrenzten Menge von den Meeren und der Biosphäre aufgenommen wird, steigt seine Konzentration fortwährend. Das führt zur Klimaerwärmung, weil CO_2 und auch andere Treibhausgase die Wärme, die von der Erdoberfläche natürlicherweise in den Weltraum abgestrahlt wird, zurückhalten. Bisher wurde eine Temperaturerhöhung von etwa 1 °C festgestellt. Dies erscheint zunächst nicht als viel. Die Auswirkungen sind indes gravierend. Sie reichen von einem Meeresspiegelanstieg durch das Schmelzen von Gletschern über eine Ausbreitung der Wüsten bis hin zur Zunahme von extremen Wetterereignissen. Gewaltige Migrationsprozesse und Konflikte könnten aus einer weiteren Erwärmung folgen.

Welche Länder im Jahr 2007 die größten Mengen CO_2 ausgestoßen haben, zeigt > Bild 1. Demnach stellen China und die USA die größten Emittenten dar, gefolgt von Russland, Indien und Japan.

> Maßnahmen gegen den Klimawandel

Maßnahmen gegen den Klimawandel wurden bereits vor mehr als zehn Jahren ergriffen. Zu den bekanntesten Maßnahmen gehört das 1997 beschlossene Kioto-Protokoll. Dieses verpflichtet die Teilnehmerländer dazu, ihren Ausstoß an Treibhausgasen bis 2012 um rund 5 % gegenüber 1990 zu verringern. Seit dem Inkrafttreten des Protokolls haben zwar 189 Länder das Protokoll anerkannt, doch werden damit erst 30 % des weltweiten CO_2-Ausstoßes beschränkt. Die USA, deren Emissionen ca. 35 % des weltweiten Gesamtausstoßes ausmachen, lehnen die Ratifizierung jedoch weiterhin ab, und Länder wie China und Indien werden nicht beschränkt. Im Weltmaßstab hat sich deshalb eine spürbare Reduktion der Emissionen noch nicht ergeben, was daran liegen könnte, dass die einen Länder die Brennstoffmengen kaufen, auf die andere verzichten. Gelingt es der Menschheit nicht, den Emissionspfad zu verändern, könnte es bis zum Jahr 2035 zu einem Temperaturanstieg von 2 °C gegenüber vorindustrieller Zeit kommen. Die Kosten, die der Menschheit dadurch entstünden, lägen vermutlich über den Präventionskosten. *JL*

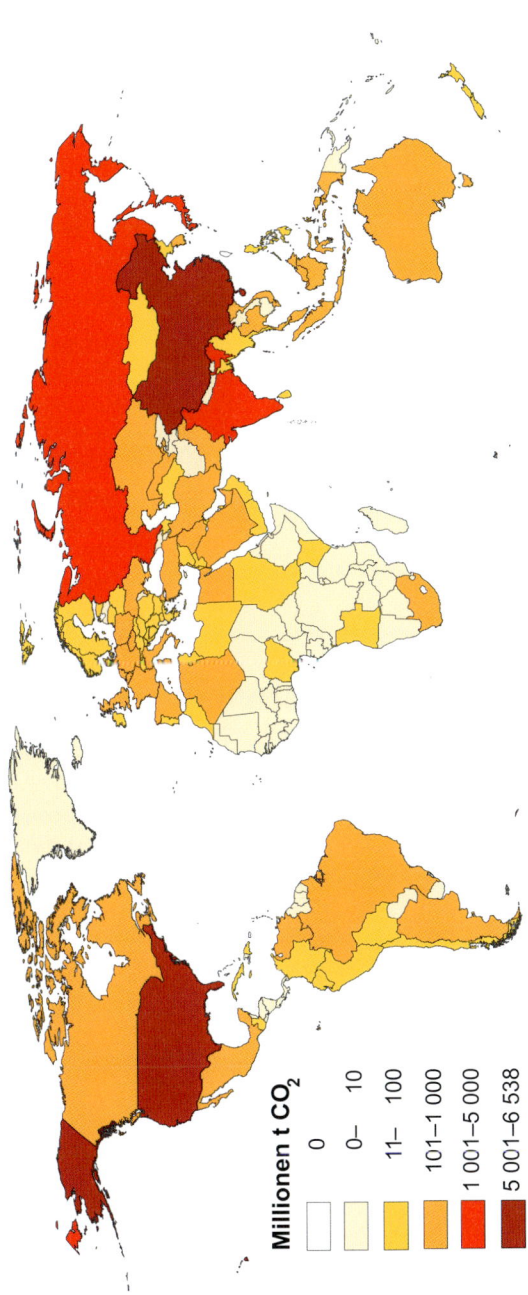

Millionen t CO$_2$

0	
0– 10	
11– 100	
101–1 000	
1 001–5 000	
5 001–6 538	

Bild 1 Der Ausstoß von Kohlendioxid im weltweiten Ländervergleich 2007
Quelle: United Nations Statistics Division (2010).

8.2 Pro-Kopf-Energieverbrauch

Wer sind die Verschwender?

Der weltweite Energieverbrauch nimmt immer mehr zu. Dabei existiert ein deutlicher Unterschied zwischen dem Energieverbrauch pro Land und dem Verbrauch pro Kopf. Die Unterschiede im Pro-Kopf-Verbrauch der Länder sind hoch. Die Energiepolitik ist bestrebt, den Verbrauch zu senken.

Der Energieverbrauch der Welt ist in den letzten Jahren stetig angestiegen. Bei der Betrachtung des Verbrauchs ist zwischen Primärenergie und Endenergie zu unterscheiden. Bei der Primärenergie handelt es sich um die Energie, die in den natürlich vorkommenden Energieträgern wie etwa Öl, Kohle und Gas gespeichert ist. Die Endenergie stellt im Gegensatz dazu die Energie dar, die dem Endverbraucher nach Abzug von Umwandlungs- und Leitungsverlusten zur Verfügung steht.

Der weltweite Endenergieverbrauch pro Kopf ist dargestellt in > Bild 1. Er hängt unter anderem vom Entwicklungsstand eines Landes, vom Klima und von der nationalen Energiepolitik ab. Zu den Ländern mit dem höchsten Energieverbrauch pro Kopf zählen die Länder der arabischen Halbinsel, die skandinavischen Länder und die Industrieländer USA, Kanada und Australien. China nimmt aufgrund der hohen Bevölkerungszahl nur einen Platz im Mittelfeld des Pro-Kopf-Verbrauchs ein. Dabei liegt der Gesamtenergieverbrauch des Landes vor den USA weltweit an erster Stelle.

Ein hoher Pro-Kopf-Verbrauch besagt nicht unbedingt, dass das Land viel Energie importiert. Dies wird am Beispiel von Island deutlich: Island verfügt über ausreichend Energie aus geothermalen Quellen und Wasserkraft und importiert nur etwa 30 % der Energie in Form von fossiler Energie. Dies hat zur Folge, dass die Energiekosten im weltweiten Vergleich sehr niedrig sind. Dadurch werden Anreize geschaffen, die Verarbeitung von Rohstoffen nach Island zu verlagern. Der Energieverbrauch in Island ist deshalb hoch (und damit auch der statistische Pro-Kopf-Verbrauch).

> **Senkung des Energieverbrauchs**

Um den Verbrauch an Energie zu begrenzen, werden in vielen Ländern Regulierungen eingeführt. Da ein gutes Drittel des deutschen Endenergieverbrauchs bei der Gebäudeheizung stattfindet, gibt es hierzulande strenge Vorschriften für die Isolierung der Gebäude. So wurde 2002 die sogenannte Energieeinsparverordnung verabschiedet, die technische Mindeststandards für Alt- und Neubauten vorgibt. Die Regulierung betrifft aber auch den Verbrauch von Kraftfahrzeugen und die Energieeffizienz in der Industrie. So wurde 2009 eine neue Regelung zur kombinierten CO_2- und hubraumbezogenen Besteuerung von Pkw beschlossen. Zusätzlich versuchen die meisten Länder, ihren Energieverbrauch einzuschränken, indem sie ihn durch Steuern verteuern. *JL+MAS*

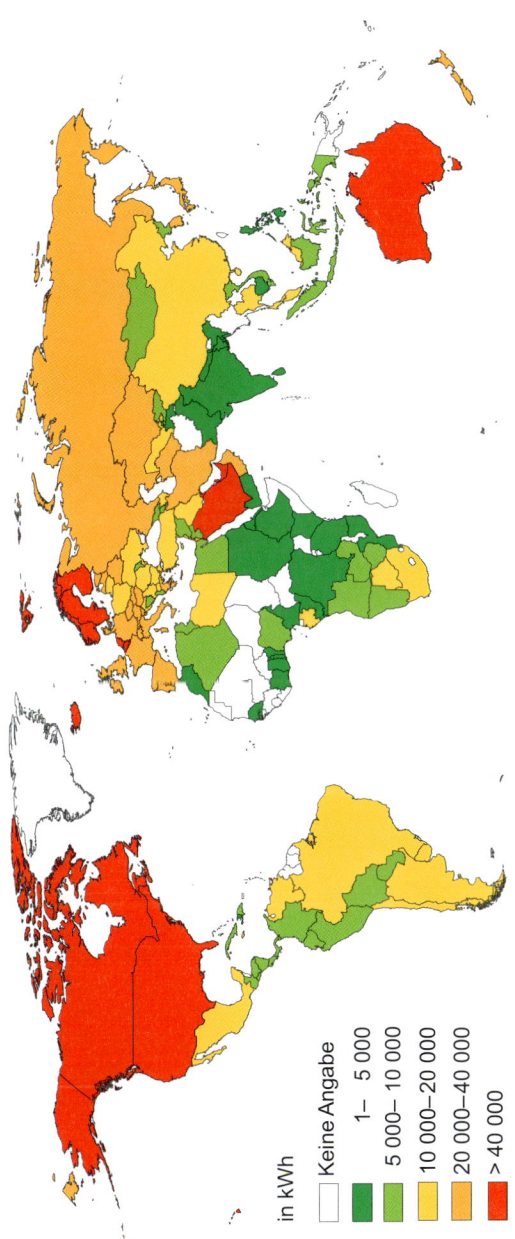

Bild 1 Weltweiter Endenergieverbrauch pro Kopf 2008
Quelle: International Energy Agency (2010).

8.3 Ressourcen, Reserven und Klimawandel

Das vergessene Angebot

Kohlenstoff ist in allen fossilen Brennstoffen enthalten. Bei seiner Verbrennung wird CO_2 freigesetzt und somit die globale Erwärmung verstärkt. Um den CO_2-Ausstoß langfristig einzudämmen, müssen Maßnahmen und Anreize entwickelt werden, welche die Extraktion verlangsamen. Dabei dürfen einfache ökonomische Grundsätze nicht übersehen werden.

Kohlenstoff stellt einen wichtigen Grundbaustein allen Lebens dar; ca. 75 Mio. Gigatonnen (Gt) davon gibt es auf der Erde. Komplexe Verbindungen aus organisch gebundenem Kohlenstoff bilden den Hauptbestandteil der fossilen Energieträger Erdöl, Erdgas und Kohle. Der natürliche Ausstoß von Kohlendioxid durch Bodenatmung und Vulkanausbrüche wird durch andere Speicherprozesse wieder kompensiert. Erst der von Menschen verursachte CO_2-Ausstoß durchbricht den natürlichen Kreislauf und bringt das Gleichgewicht durcheinander.

Wie viel Kohlenstoff in Form dieser Energieträger im Untergrund gespeichert ist, zeigt > Bild 1. Dargestellt sind die Reserven, also die Mengen, die bekannt und derzeit wirtschaftlich abbaubar sind. Im Gegensatz dazu umfassen Ressourcen auch noch diejenigen Anteile, die zum Teil bekannt sind, jedoch derzeit nicht rentabel abzubauen sind. Jeder fossile Energieträger zeichnet sich durch einen spezifischen Gehalt an Kohlenstoff aus, wobei bei der Verbrennung einer Kohlenstoffeinheit insgesamt die ca. dreifache Menge CO_2 entsteht. Eine kWh Energie aus Braunkohle verursacht dabei fast doppelt so viele CO_2-Emissionen wie eine kWh aus Erdgas. Der Anteil wirtschaftlich abbaubarer Ölreserven umfasst in den meisten Ländern der Erde weniger als 10 Gt Kohlenstoff. Die Kohlevorräte stellen mit 731 Gt die größten Speicher der fossilen Brennstoffe dar und enthalten zudem die größten Mengen an Kohlenstoff (746 kg C/Tonne).

> **Die Zukunft der Energievorräte**

Um nun das Klima zu schützen, muss es das Ziel sein, den Abbau und die anschließende Verbrennung der Kohlenstoff enthaltenden Energieträger in die Zukunft zu verlagern. Viele Maßnahmen zur Einsparung dieser Energieträger werden bereits unternommen: Es werden Energiesparlampen verwendet, Wind- und Solarenergie wird gefördert. Viele Länder setzen auf die Atomkraft. Gemein haben diese Maßnahmen, dass sie die Nachfrage nach Kohlenstoff reduzieren. Allerdings ist nicht nur das Verhalten der Nachfrager, sondern ebenso das Verhalten der Anbieter des Kohlenstoffs wichtig. Die Angebotsseite wird in der öffentlichen Diskussion regelmäßig vergessen. Die Besitzer des Kohlenstoffs sehen sich nun einer immer »grüner« werdenden Politik gegenüber, welche deren zukünftige Erträge bedroht. Dies kann dazu führen, dass diese den Abbau des Kohlenstoffs nicht in die Zukunft verlagern, sondern vorziehen. *MG+JL*

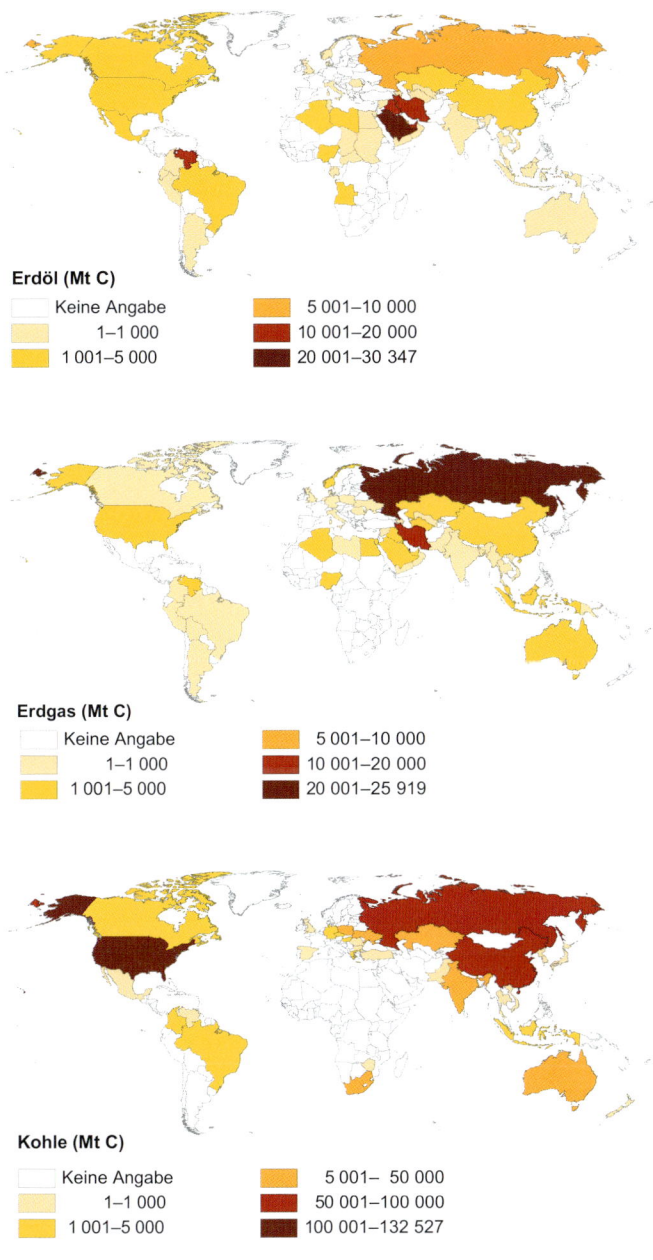

Mt C = Megatonne Kohlenstoff

Bild 1 Kohlenstoffgehalte der Energiereserven 2008
Quelle: BP (2009): Statistical Review of World Energy 2009.

8.4 Energiegewinnung und -einfuhr

Von wem ist Deutschland abhängig?

Energie ist in unterschiedlichen Formen vorhanden. Deutschland deckt seinen Energiebedarf überwiegend durch Energieimporte; im Jahr 2008 wurden rund 75 % der verbrauchten Endenergie eingeführt. Die Energiepolitik der Bundesregierung zielt auf eine Verringerung der Importabhängigkeit.

Die von Endverbrauchern bezogene Energie nennt man Endenergie. Sie liegt manchmal nah bei der Primärenergie (z. B. Erdgas), aber häufig handelt es sich um mehr oder weniger stark verwandelte Sekundärenergie (z. B. Heizöl, elektrischer Strom). Unter den in Deutschland vorkommenden Energieträgern sticht die Braunkohle hervor. Der Bedarf an Öl, Erdgas, Uran und zunehmend auch an Steinkohle muss jedoch im Wesentlichen durch Importe gedeckt werden. Daher stellen sich drei Fragen: Von welchen Ländern bezieht Deutschland seine Energie? Wie ist die Importabhängigkeit zu beurteilen? Gibt es Wege, sich aus dieser Abhängigkeit zu befreien?

Der Anteil der Energieimporte am Endenergieverbrauch in Deutschland nahm zwischen 1960 und 2008 näherungsweise von knapp 20 % auf rund 75 % zu. Der Endenergieverbrauch von 217,3 Mio. t RÖE (t Rohöleinheit bzw. Öl-Äquivalent) wurde 2008 zu gut 54 Mio. t RÖE durch heimische Produktion und der Rest durch Nettoimporte (Einfuhren – Ausfuhren) gedeckt. Obwohl Deutschland Weltmeister bei der Produktion von Solarstrom und Vizeweltmeister bei der Produktion von Windstrom ist und viele glauben, hierdurch ließe sich die Energieversorgung Deutschlands in der Zukunft sichern, entfielen auf diese beiden heimischen Energieträger im Jahr 2010 gerade mal annähernd 1,6 % des Endenergieverbrauchs.

Deutschlands Energieimporte verteilen sich auf unterschiedliche Länder > Bild 1. Erdgas wird vor allem aus nahe gelegenen Ländern wie den Niederlanden, Norwegen und Russland bezogen. Steinkohle, Rohöl und Uran werden dagegen nicht nur aus Europa, sondern auch aus überseeischen Gebieten importiert.

> Reduzierung der Energie-abhängigkeit

Deutschland versucht seit vielen Jahren, die Risiken, die sich aus der Abhängigkeit von Energieimporten ergeben, zu verringern. Ansatzpunkte hierfür sind eine Diversifizierung der Bezugsquellen, die Schaffung einer ausgewogenen Verbrauchsstruktur und Maßnahmen zur Energieeinsparung. Mit dem Energiekonzept 2050 soll die Abhängigkeit von Energieimporten auch dadurch verringert werden, dass der Anteil erneuerbarer Energien an der Stromerzeugung auf 80 % steigt und gleichzeitig der Endenergieverbrauch um gut 40 % gegenüber 2008 sinkt. Die Lücke zwischen dem Energieverbrauch Deutschlands und der eigenen Energieproduktion könnte so, wenn die Projektionen stimmen, von den genannten 75 % auf etwa 50 % gesenkt werden. Die absoluten Importmengen wären sogar um rund 60 % niedriger als 2008. *CJ+MAS*

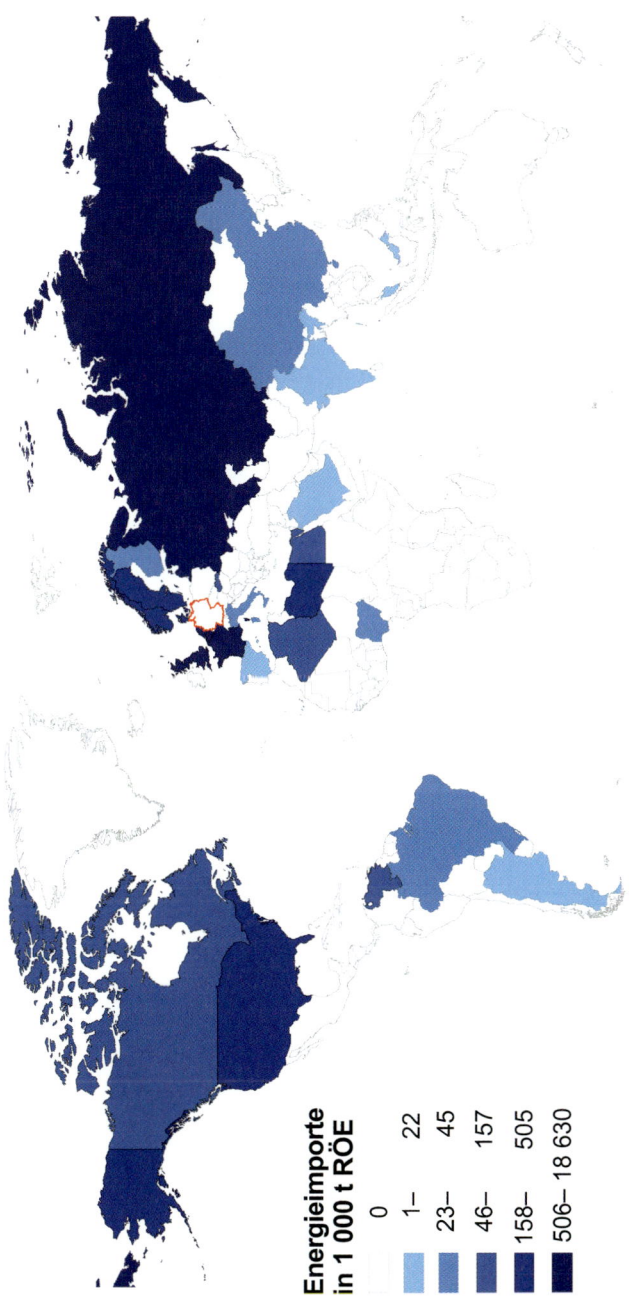

Bild 1 Deutsche Energieimporte 2009
Quelle: International Energy Agency (2010): Statistics: Oil, Gas, Coal, and Electricity, Paris.

8.5 Bioenergie

Unser Anteil an den Hungerkrisen

Steigende Preise, knapper werdende Rohstoffe und ein wachsendes Bewusstsein für die klimaschädlichen Folgen von fossilen Energieträgern haben einen Boom der Bioenergien ausgelöst. Weltweit werden diese staatlich gefördert – für die Armen der Welt mit verheerenden Konsequenzen.

Bioenergie, also aus Biomasse gewonnene Energie, gilt gemeinhin als wichtiges Mittel im Kampf gegen den Klimawandel und gegen die Rohstoffabhängigkeit. Eine herausragende Bedeutung kommt dabei aus Biomasse gewonnenen Kraftstoffen für den Transport- und Verkehrssektor, sogenannten Biokraftstoffen, zu. Ihnen werden vielfältige positive Eigenschaften zugeschrieben. Dazu zählen die Verringerung der Importabhängigkeit von fossilen Rohstoffen und nicht zuletzt, zumindest unter strengen Voraussetzungen, deren CO_2-Neutralität und damit Klimafreundlichkeit. Biokraftstoffe werden national und international intensiv gefördert. So legt die EU-Richtlinie 2009/28/EG beispielsweise einen Anteil von mindestens 10 % des Endenergieverbrauchs aus Energie von erneuerbaren Quellen im Verkehrssektor fest.

Als Konsequenz boomte die weltweite Nachfrage nach Bioethanol und Biodiesel in den vergangenen Jahren > Bild 1. Zusätzlich machte der steigende Ölpreis den Anbau von Energiepflanzen wie Mais zur Erzeugung von Biokraftstoff noch interessanter und verstärkte so den Effekt staatlicher Förderungsbemühungen. Dies führte in den vergangenen Jahren zu einer zunehmenden Kopplung der weltweiten Nahrungsmittelpreise an den Rohölpreis.

> **Konkurrenz zwischen Teller und Tank**

Die pflanzlichen Grundlagen der Biokraftstoffe, darunter vor allem Soja- und Maispflanzen, dienen in Entwicklungs- und Schwellenländern als Hauptnahrungsmittel. Daraus ergibt sich zumindest in diesen Ländern eine direkte Konkurrenz des Anbaus von Energie- oder Nahrungspflanzen. Die Förderung und Nutzung von Biokraftstoffen führt zu steigenden Nahrungsmittelpreisen, vor allem von Mais und Soja, und hat dramatische Konsequenzen.

Die Leidtragenden waren diejenigen, die die steigenden Preise nicht bezahlen konnten. Ausgehend vom steigenden Maispreis kauften die Menschen nun andere Nahrungsmittel wie Reis oder Weizen, deren Preise dann ebenfalls stiegen > Bild 2. Als Reaktion fanden in vielen Ländern der Erde, vor allem während des ersten großen Preisanstiegs 2008, Aufstände und Demonstrationen gegen die hohen Nahrungsmittelpreise statt.

Auch eine Ausweitung der landwirtschaftlichen Nutzfläche, z. B. durch Abholzung der Regenwälder, ist aufgrund ihrer verheerenden ökologischen Folgen keine nachhaltige Lösung dieses Konfliktes. In der Umweltpolitik muss man sich damit auseinandersetzen, dass ethische Ziele wie der Umweltschutz unethische Konsequenzen wie den Hunger vieler Menschen haben können. *LR*

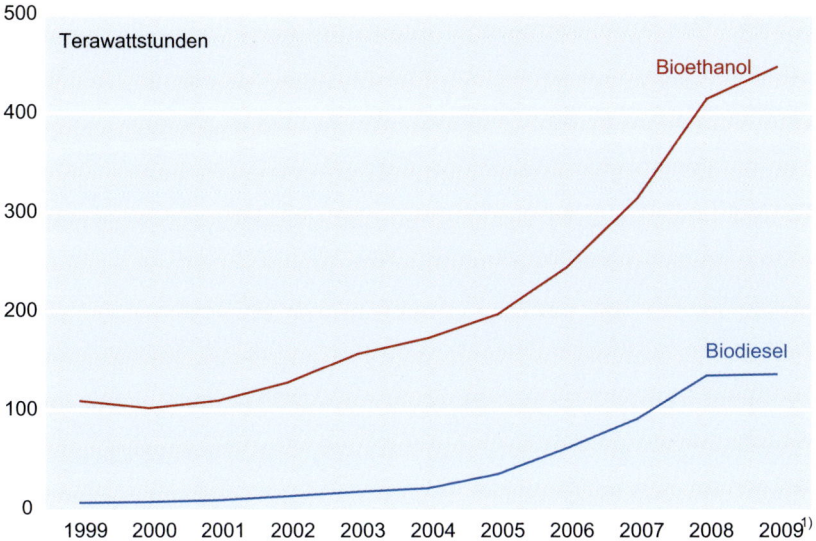

Bild 1 Weltweite Produktion von Biodiesel und Bioethanol 1999 bis 2009
[1] *Schätzung für Biodiesel*
Quellen: BP (2010) und F. O. Licht.

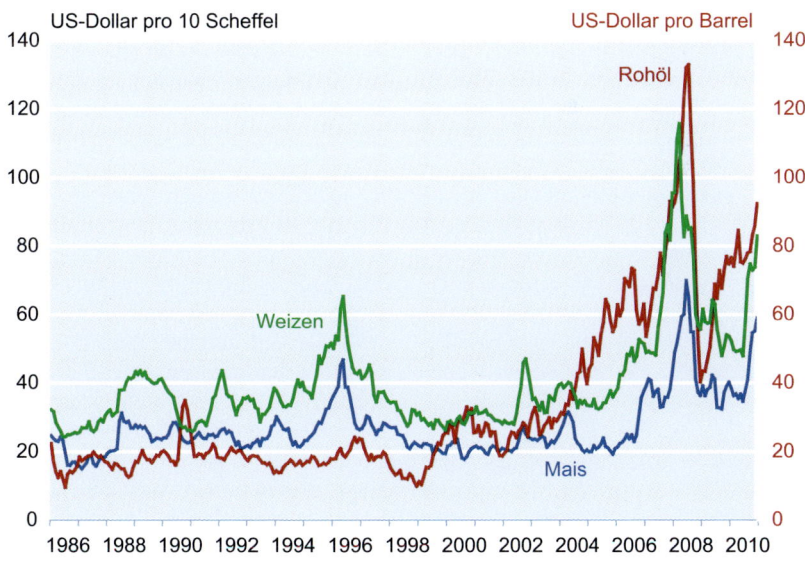

Bild 2 Weltmarktpreise von Mais, Weizen und Rohöl 1986 bis 2010
Quellen: HWWI und Reuters.

8.6 Atomkraft

Bauboom trotz Fukushima?

Vor Fukushima planten nur Deutschland und Belgien, ihre Atomkraftwerke abzuschalten. Kein anderes Land auf der Welt wollte sonst aus der Atomkraft aussteigen, vielmehr war geplant, Hunderte neuer Atomkraftwerke zu bauen. Auch in unmittelbarer Nachbarschaft Deutschlands waren viele neue Kraftwerksblöcke geplant, und einige sind schon in Bau. Das Unglück in Japan könnte eine mögliche Renaissance nun verhindern.

Der Atomausstieg war vor Fukushima zu einem Erkennungsmerkmal der deutschen Energiepolitik geworden, denn weltweit wurden wieder Atomkraftwerke geplant und gebaut > Bild 1. Selbst Schweden, wo der Atomausstieg zuerst proklamiert worden war, hatte sich vom Ausstieg verabschiedet. Indien baut derzeit fünf Kraftwerke, Russland acht und China sogar 20. Neben den aktuell 52 Neubauten sind weltweit 83 Kraftwerke in Beantragung. Weitere 125 Kraftwerke sind in Vorplanung. Auch in Europa werden neue Meiler geplant oder gebaut, so in Finnland, den Niederlanden, Großbritannien, Frankreich und Tschechien. 2008 wurden weltweit 2 781,9 TWh Strom in über 430 Kernkraftwerken erzeugt > Bild 2.

Ein Grund für diese Entwicklung ist, dass Atomkraft als wichtige grundlastfähige Energiequelle gilt, die fast CO_2-neutral ist – im Gegensatz beispielsweise zu Kohlekraftwerken. Diese Eigenschaft gewinnt mit dem weltweit wachsenden Bewusstsein für die Folgen des Klimawandels zunehmend an Bedeutung.

> Kernkraft am Scheideweg

Angesichts der Katastrophe in Japan bleibt abzuwarten, ob alle Projekte realisiert werden. Aber auch begrenzte Fertigungskapazitäten sowie Unsicherheiten technischer, wirtschaftlicher und gesellschaftspolitischer Art behindern immer wieder die Umsetzung der Bauvorhaben.

Wie die Unglücke zeigen, kann Kernkraft mit immensen externen Kosten verbunden sein. Gleiches gilt jedoch für Kohlekraftwerke, die aufgrund ihres hohen CO_2-Ausstoßes das Klima erwärmen. Der Ersatz von Atomkraft durch klimafreundliche Energiequellen wie Wind- und Solarstrom ist nicht einfach. So führt deren hohe Volatilität in der Stromerzeugung dazu, dass ihr Beitrag zu einer gesicherten Endenergieversorgung in Deutschland im Promillebereich liegt, obwohl die deutsche Erzeugung dieser beiden Stromarten weltweit an der Spitze liegt.

Unabhängig von der Frage nach dem richtigen Energiemix der Zukunft könnten die Kraftwerksbetreiber gezwungen werden, die Haftpflichtrisiken zu versichern. Die Versicherung würde bei entsprechender Risikostaffelung der Prämien Anreize für Investitionen in eine höhere Sicherheit bieten. Aufgrund der grenzüberschreitenden Risiken von Kernkraftwerken reicht es jedoch nicht aus, die Versicherungspflicht in einzelnen Ländern einzuführen. So gibt es keine einfache Lösung der Versorgungsfrage, schon gar nicht auf allein nationaler Ebene. *LR*

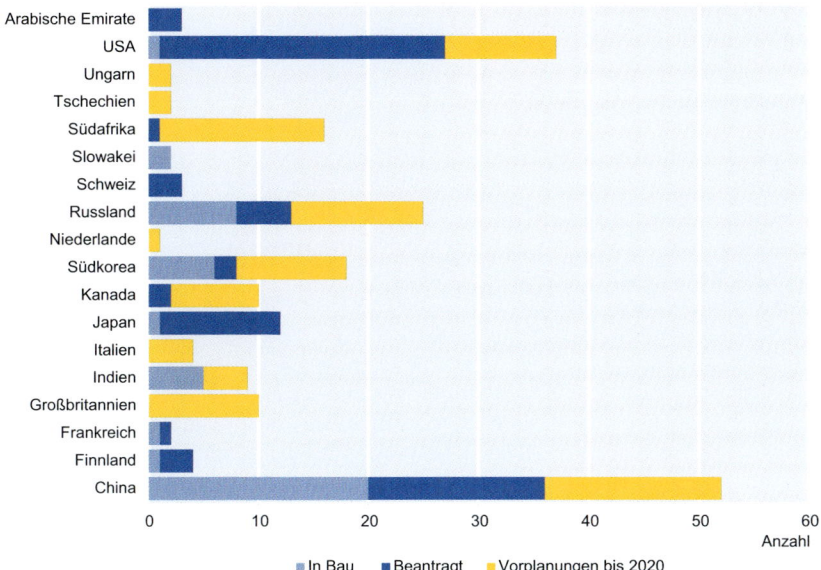

Bild 1 Kernkraftwerke in ausgewählten Ländern: in Bau, beantragt und geplant
Quelle: Bundesministerium für Wirtschaft und Technologie (2010).

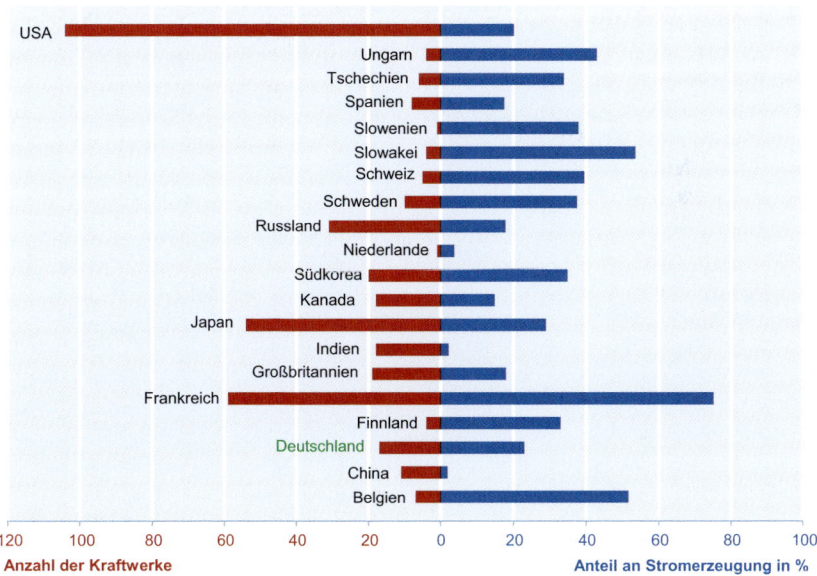

Bild 2 Kernkraftwerke in ausgewählten Ländern
Quelle: Siehe Bild 1.

8.7 Instrumente der Klimapolitik

Was können wir tun?

Die globale Klimaerwärmung schreitet in bedenklichem Tempo voran. Um diese für die Menschheit gefährliche Entwicklung noch bremsen zu können, bedarf es entschlossener, effektiver Gegenmaßnahmen. Welche Instrumente stehen zur Erreichung klimapolitischer Ziele zur Verfügung?

Um bei der Klimaerwärmung gegenzusteuern, ist es sehr wichtig, CO_2-Emissionen dem Emittenten mit einem adäquaten Preis anzulasten > Bild 1. Solange es nichts kostet, CO_2 zu emittieren, fehlt der Anreiz, den CO_2-Ausstoß zu reduzieren. Solche Anreize können z. B. über Steuern auf CO_2 oder die Ausgabe von CO_2-Zertifikaten und den anschließenden Handel mit ihnen geschaffen werden. Problematisch an einer CO_2-Steuer ist, dass damit die Ausstoßmenge nicht genau reguliert werden kann. Ein Zertifikatehandel hingegen, wie er in der EU eingeführt wurde, erlaubt eine genaue Festlegung der zugelassenen CO_2-Ausstoßmenge, stellt eine optimale Zuteilung der Zertifikate auf kostenminimalem Wege sicher und ist damit aus ökonomischer Sicht das effizienteste Instrument.

Die Steigerung der Energieeffizienz ist ein weiteres geeignetes und kurzfristig verfügbares Instrument. Laut der International Energy Agency (IEA) können 57 % der bis 2030 angestrebten Reduktion von CO_2-Emissionen allein durch Energieeffizienzverbesserung erreicht werden > Bild 2. Höhere Energieeffizienz trägt darüber hinaus zur Energiesicherheit bei, senkt die Energiekosten und erhöht so die Wettbewerbsfähigkeit.

Der Energiemix sollte so CO_2-arm wie möglich gestaltet werden. Der Ausbau erneuerbarer Energien muss ebenso wie die Erforschung zukunftsweisender kohlenstofffreier Energietechnologien weiter forciert werden. Da mindestens mittelfristig ein Totalverzicht auf fossile Energieträger kaum denkbar ist, sollte der Schwerpunkt der Nutzung auf Erdgas als dem fossilen Energieträger mit den geringsten CO_2-Emissionen liegen.

> Einlagerung von CO_2

Eine sich derzeit in der Testphase befindende Technologie, auf der erhebliche Hoffnungen ruhen – Carbon Capture and Storage (CCS) – könnte helfen, das bei der Verbrennung fossiler Brennstoffe frei werdende CO_2 künftig gar nicht erst in die Atmosphäre gelangen zu lassen, sondern durch ein chemisches Verfahren abzutrennen und dauerhaft in der Erdkruste einzulagern.

Eine sinnvolle Maßnahme ist auch die Aufforstung von Wäldern, denn Bäume binden durch Fotosynthese den Kohlenstoff aus dem CO_2 und lagern ihn ein. Jedoch wird jährlich mehr Wald vernichtet als neu gepflanzt. Jedes Jahr werden weltweit etwa 129 000 km^2 Wald abgeholzt und nur 56 000 km^2 kommen durch Aufforstungsprogramme hinzu. Damit wird jährlich netto eine Waldfläche von 73 000 km^2 vernichtet, was etwa der Fläche Bayerns entspricht. *JA*

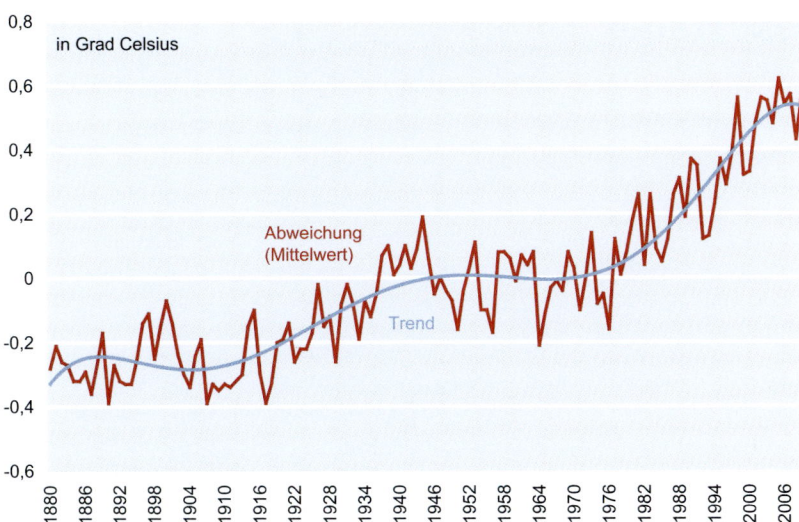

Bild 1 Abweichung der globalen jährlichen Durchschnittstemperatur im Zeitraum 1880 bis 2009 vom Durchschnitt der Jahre 1951 bis 1980
Quelle: Hansen, J. E. et al. (2010).

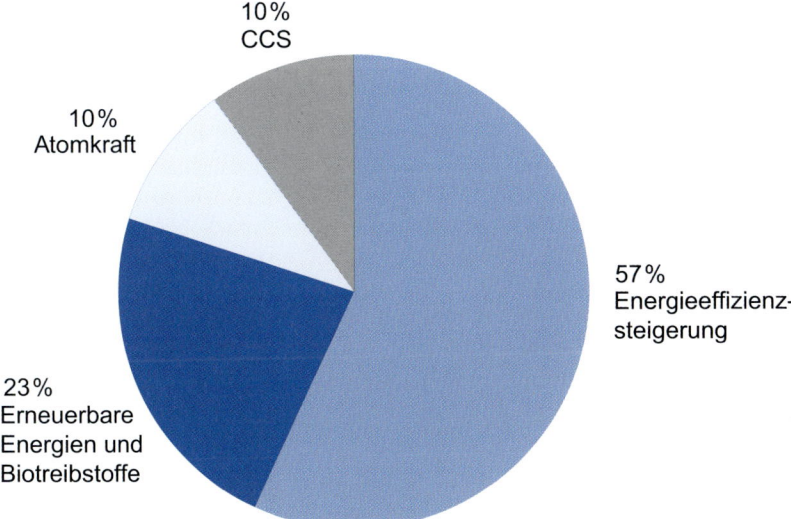

Bild 2 Beitrag ausgewählter Instrumente zur Senkung der CO_2-Emissionen
Quelle: IEA (2010).

8.8 Ökosteuer

Oder lieber eine Quellensteuer auf die Zinserträge der Ressourceneigentümer?

Ökosteuer – in Deutschland ist dieses Stichwort fest mit der ökologischen Steuerreform verbunden. Ziel dieser Reform war es, über eine Verteuerung von Erdöl, Kohle und Erdgas einen Rückgang des Verbrauchs fossiler Energieträger zu bewirken. Wie nachfolgend gezeigt, ist dieses Ziel durch Umweltsteuern allerdings nur erreichbar, wenn die Steuersätze im Laufe der Zeit sinken – ein wenig realistisches Szenario. Demgegenüber könnte eine Politik, die scheinbar nichts mit Klimapolitik zu tun hat, zu besseren Ergebnissen führen: eine Umstellung der Zinsbesteuerung auf das Quellensteuerprinzip.

> Umweltsteuern und die deutsche Ökosteuer

Entsprechend dem Grundgedanken der Umweltbesteuerung sollte eine Ökosteuer die fossilen Energieträger verteuern und damit negativ auf ihre Nachfrage wirken. Folgerichtig wurden in Deutschland die Mineralölsteuersätze erhöht, und der Stromverbrauch wurde besteuert. Leider wurden die Steuersätze dabei nicht so festgelegt, dass sie die CO_2-Intensität der jeweiligen Energieträger widerspiegeln. Hinzu kommt, dass die deutsche Ökosteuer in Industriebereichen, deren Emissionen ebenfalls vom europäischen CO_2-Zertifikatehandel erfasst werden, wirkungslos bleibt. Geht der Ausstoß an CO_2 in diesen Bereichen durch die Ökosteuer zurück, sinkt damit die Zertifikatenachfrage in Deutschland und überschüssige Zertifikate werden ins restliche Europa verkauft. Eine Reduktion der Emissionen wird entsprechend nicht erreicht. So besteht der Haupteffekt der deutschen Ökosteuer bei paralleler Existenz des Zertifikatemarktes in einer Erhöhung der Steuereinnahmen.

Häufig wird argumentiert, dass Umweltsteuern – jenseits der Probleme der deutschen Ökosteuer – durchaus ein effizientes Instrument zur Eindämmung der CO_2-Emissionen darstellen. Voraussetzung dafür wäre allerdings, dass eine solche Besteuerung global durchgeführt würde. Nationale Alleingänge, bei denen der Steuer durch Verlagerung CO_2-intensiver Produktion ins Ausland ausgewichen werden kann, sind offensichtlich ineffizient. Es ist für den Klimawandel schließlich egal, wo auf der Erde CO_2-Emissionen getätigt werden. Aber einmal angenommen, es würde eine globale Ökosteuer eingeführt. Würde dies tatsächlich zu einem Rückgang der CO_2-Emissionen führen?

Für die Entscheidung der Ressourceneigentümer, die Ressourcen heute oder erst später abzubauen, sind die folgenden Faktoren maßgebend: erstens die zu den jeweiligen Zeitpunkten erzielbaren Gewinne aus dem Verkauf der Ressource und zweitens die Kapitalmarktrendite. Sinken die in der Zukunft erwarteten Gewinne – z. B. durch einen Anstieg der Besteuerung von CO_2-Emissionen –, so wird es attraktiver, heute mehr abzubauen. Eine über die Zeit ansteigende Umweltbesteuerung wäre damit nicht nur ineffizient, sondern sogar kontraproduktiv.

Natürlich würde der gleichen Logik entsprechend eine CO_2-Steuer, deren Satz im Laufe der Zeit sinkt, zukünftige Gewinnaussichten verbessern und die Ressourceneigentümer dazu veranlassen, ihre Vorkommen später abzubauen. Allerdings dürfte eine solche Politik kaum realistisch sein.

> Quellensteuer auf Zinserträge

Eine Alternative zu herkömmlichen Umweltsteuern könnte die Besteuerung der Renditen aus Kapitalanlagen darstellen. Sinkt der Ertrag aus der Anlage der Ressourcengewinne auf dem Kapitalmarkt, so ist der Anreiz für die Ressourceneigentümer, die Ressource heute schon abzubauen, geringer, und die Extraktion verlangsamt sich. Allerdings wäre eine steuerliche Diskriminierung der Kapitalanlagen aus z. B. Ölförderländern kaum mit internationalem Recht vereinbar. Als Alternative dazu wäre die konsequente Umstellung der bereits existierenden Zinsbesteuerung auf das Quellensteuerprinzip denkbar.

Beim Quellensteuerprinzip werden Kapitalerträge dort von der Steuer erfasst, wo sie entstehen – an der Quelle also. Sind die Steuern in den Ländern, in denen Ressourcengewinne angelegt werden, höher als in der Heimat der Kapitalanleger, so führt eine Umstellung von der Besteuerung am Wohnsitz zu einer Besteuerung an der Quelle zu einer Senkung der Nettorenditen und damit zur er-

wünschten Verlangsamung des Ressourcenabbaus. Betrachten wir ein Beispiel: In Dubai, einem Land mit Gewinnen aus dem Abbau der Ressource Erdöl, liegt der Kapitalertragssteuersatz zurzeit bei 0 %. Deutschland dagegen, als potenzielles Zielland für die Anlage der Ressourcengewinne, besteuert Zinserträge mit 25 %. Eine Besteuerung von Anlegern aus Dubai nach dem Quellensteuerprinzip würde also zu einer Belastung der Zinserträge von 25 % führen, während diese bei Erfassung in der Heimat steuerfrei blieben.

Entscheidend für eine erfolgreiche Einführung der Besteuerung nach dem Quellensteuerprinzip ist allerdings, dass internationale Steueroasen geschlossen werden. Dies sollte nicht unmöglich sein, da diese sowieso in der Kritik stehen und der nach der Finanzkrise entstandene Druck auf die Steueroasen bereits erste Erfolge zeigt. Allerdings darf der Anreiz für einzelne Staaten, sich nicht an einer internationalen Steuerharmonisierung zu beteiligen, nicht unterschätzt werden. Hier ist die internationale Politik gefragt, diesem Anreiz durch z. B. kompensatorische Zahlungen gerade auch an betroffene Entwicklungsländer entgegenzuwirken. Die Frage stellt sich auch, wieso Ressourcenanbieter einer Quellensteuer nicht einfach durch Anlage der Gewinne zu Hause ausweichen. Diese Option besteht zwar grundsätzlich, ist aber in der Regel durch die Menge an rentablen Anlagemöglichkeiten beschränkt. *KP*

8.9 Emissionshandel

Ein wirklicher Schutz vor den Treibhauseffekten?

Der Emissionshandel ist ein politisches Instrument zur Reduktion des Treibhausgasausstoßes. In der Europäischen Union (EU) wurde der Emissionshandel im Jahre 2005 eingeführt. Seitdem darf nur eine bestimmte Menge an Kohlendioxid (CO_2) von der europäischen Industrie und Energiewirtschaft ausgestoßen werden. Der aus dem Handelssystem resultierende Preis für eine Tonne CO_2 liegt zwischen 15 und 30 Euro.

Das europäische Emissionshandelssystem (EU ETS) ist das größte existierende System dieser Art und hat zum Ziel, dem Ausstoß von CO_2 in Europa eine Obergrenze zu setzen. Ein Emissionszertifikat berechtigt zum Ausstoß einer Tonne CO_2. Die sich aus der Obergrenze ergebende Zertifikatemenge wird nach bestimmten Kriterien an die Unternehmen in den Mitgliedstaaten verteilt. Braucht ein Unternehmen mehr als die zugeteilten Zertifikate, kann es sie einem anderen Unternehmen, das seine Emissionsrechte nicht selbst braucht, abkaufen. Durch die Handelbarkeit der Emissionsrechte entsteht ein Preis für CO_2.

Die EU hat festgelegt, die Emissionen von etwa 12 500 Anlagen, welche etwa 40 % der gesamten Treibhausgase verursachen, bis zum Jahr 2020 um 21 % unter das Niveau von 2005 zu senken, und dabei jedem Mitgliedstaat eine jährliche Zertifikatemenge zugewiesen. Am Ende eines jeden Jahres werden die tatsächlichen Emissionen jedes Unternehmens überprüft. Diese Zuteilung sowie die tatsächlichen Emissionen für das Jahr 2009 werden dargestellt in > Bild 1. Deutlich wird, dass Deutschland, England, Polen und Italien die höchste Zuteilung erhalten. Weiterhin haben osteuropäische Anlagen ihre Emissionsrechte durchweg nicht aufgebraucht und konnten diese somit weiterverkaufen.

> **Erweiterung des bestehenden Systems**

Durch Festlegung der Emissionsmenge, welche den regulierten Wirtschaftszweigen zur Verfügung steht, wird das Emissionsreduktionsziel sicher erreicht. Allerdings werden nur die Emissionen in Europa limitiert. Um ein wirksames Instrument gegen den Klimawandel zu schaffen, müssen die Treibhausgase weltweit reduziert werden. Es bestehen aber diesbezüglich noch viele weiße Flecken > Bild 2. Neben dem EU ETS, dem derzeit mit Abstand größten Handelssystem, ist lediglich ein regionales System im Nordosten der USA (RGGI) sowie ein nationales System in Neuseeland in Kraft. In einigen weiteren Regionen und Ländern gibt es Pläne zur Etablierung eines Systems, dort besteht aber noch ein hohes Maß an Unsicherheit. Zu betonen ist in diesem Zusammenhang auch, dass diese Systeme sich sowohl bezüglich ihrer Größe als auch einer Vielzahl von regulatorischen Details erheblich unterscheiden. Auf dem Weg zu einem weltweiten Emissionshandelssystem, wie es etwa von Hans-Werner Sinn oder Ottmar Edenhofer gefordert wird, sind also noch sehr viele schwierige Schritte zu gehen. *MG+JK*

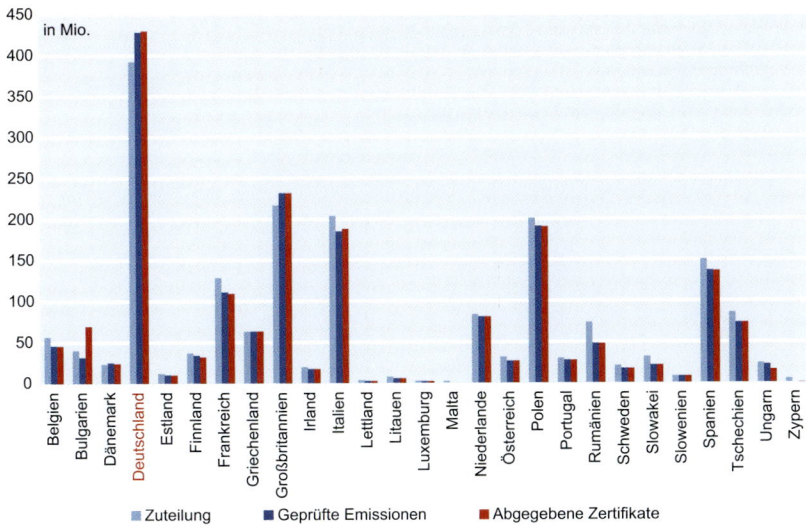

Bild 1 Zuteilung und tatsächlicher Bedarf an Emissionsberechtigungen 2009
Quelle: Carbon Market Monitor.

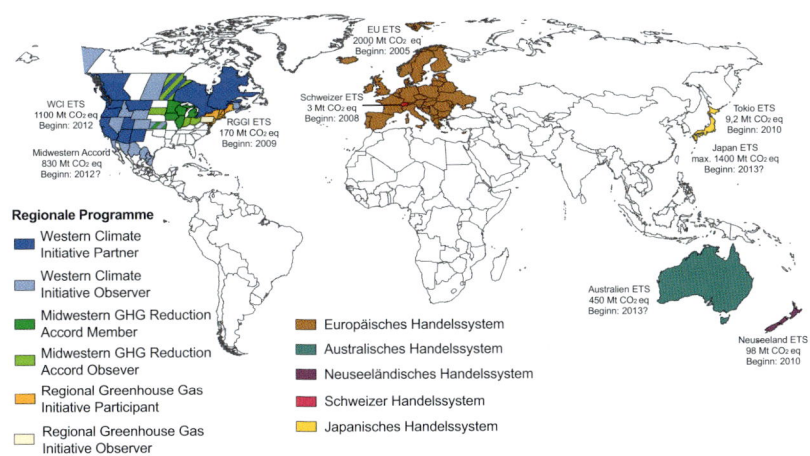

Bild 2 Emissionshandelssysteme
Quelle: Flachsland, C. (2010); Berechnungen des ifo Instituts.

8.10 Das Erneuerbare-Energien-Gesetz

Werden erneuerbare Energien zu stark subventioniert?

Das Erneuerbare-Energien-Gesetz (EEG) dient dem Ziel der Bundesregierung, den Anteil erneuerbarer Energien an der Stromerzeugung bis zum Jahr 2020 auf 30 % auszubauen. Es regelt die Abnahme, Übertragung, Verteilung und Vergütung von Strom aus erneuerbaren Energien, d. h. aus Wasserkraft, Biomasse, Windenergie oder Solarenergie usw.

Das EEG verpflichtet die Betreiber der Stromnetze, Stromerzeugungsanlagen auf Basis erneuerbarer Energien an ihr Netz anzuschließen, den damit erzeugten Strom vorrangig abzunehmen und den Betreibern dieser Stromerzeugungsanlagen für den von ihnen eingespeisten Strom Garantiepreise zu bezahlen. Diese Garantiepreise werden als Einspeisevergütungen bezeichnet, welche nach den verschiedenen Sparten der erneuerbaren Energien, der Anlagengröße und dem Jahr der Inbetriebnahme gestaffelt sind. Sie werden den Betreibern für 20 Jahre garantiert und orientieren sich an deren Erzeugungskosten.

> Notbremse für Solarstrom

Da die Einspeisevergütungen deutlich höher sind als die Preise für Strom aus fossilen oder nuklearen Energiequellen, entstehen den Betreibern der Stromnetze durch diesen »grünen« Strom Mehrkosten. Diese Mehrkosten dürfen sie aber auf alle Stromkunden umlegen, was als EEG-Umlage bezeichnet wird. Dieses Umlageverfahren wirkt wie eine Subvention, auch wenn sie nicht über den Staatshaushalt abgewickelt wird. Die EEG-Umlage machte 2010 in der Summe rund 8 Mrd. Euro aus. Der Preis der Kilowattstunde Strom erhöhte sich für Haushaltskunden damit um 2,1 Cent. Für 2011 wird

eine EEG-Umlage von insgesamt 10 Mrd. Euro bzw. 3,5 Cent pro Kilowattstunde erwartet > Bild 1. Dieser erhebliche Anstieg geht in erster Linie auf den Ausbau der Fotovoltaikanlagen zurück, deren Stromerzeugung wesentlich teurer ist als bei Wasserkraft, Windenergie oder Stromerzeugung aus Biomasse. Mitte des Jahres 2010 hat der Gesetzgeber daher beschlossen, die Vergütungen für Solarstrom deutlich abzusenken und Fotovoltaikanlagen auf Ackerflächen überhaupt nicht mehr zu fördern.

Gemessen an den CO_2-Emissionen, die ohne die durch das EEG geförderte Strommenge mit dem durchschnittlichen deutschen Energiemix entstanden wären, führten die Mehrkosten im Jahr 2010 im Durchschnitt aller EEG-Anlagen zu CO_2-Vermeidungskosten von 125 Euro pro Tonne CO_2. Für den Solarstrom lagen die durchschnittlichen CO_2-Vermeidungskosten sogar bei 675 Euro pro Tonne CO_2. Bei Stromerzeugung aus Wasserkraft betrugen sie dagegen nur rund 18 Euro pro Tonne CO_2 und bei der Windenergie rund 43 Euro > Bild 2. Da die CO_2-Emissionen aus der Stromerzeugung seit 2005 durch den europäischen Emissionshandel begrenzt werden, wird mit dem EEG aber gar kein CO_2-Ausstoß in Europa vermieden. Vielmehr werden die durch das EEG eingesparten Emissionen lediglich in andere Länder verlagert. *JW*

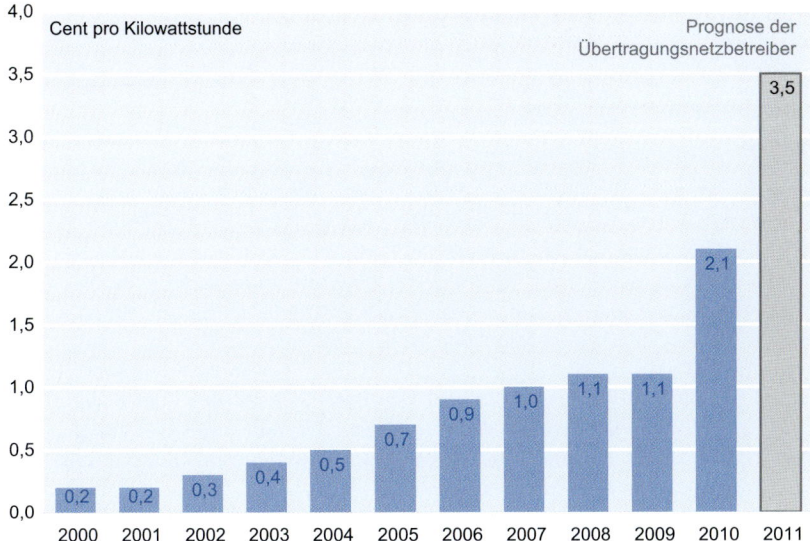

Bild 1 Entwicklung der EEG-Umlage 2000 bis 2011
Quelle: Agentur für erneuerbare Energien, Übertragungsnetzbetreiber.

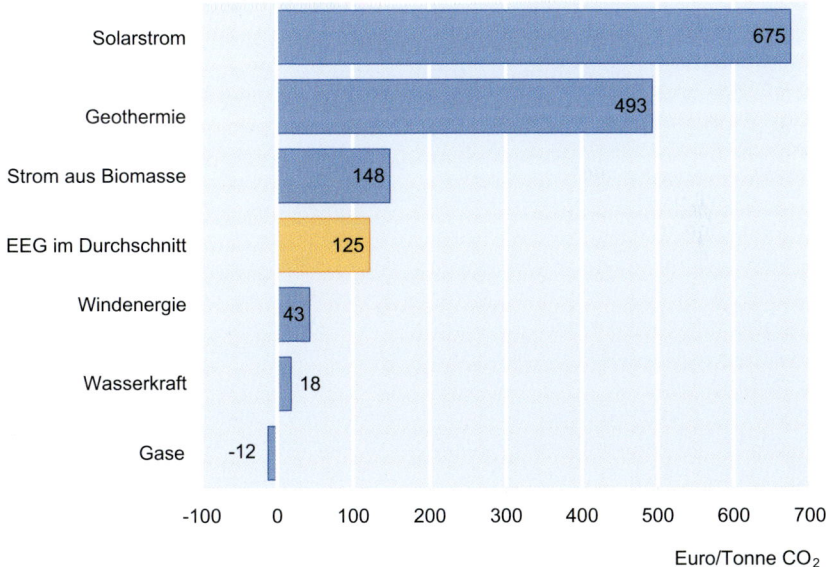

Bild 2 CO_2-Vermeidungskosten der EEG-Stromerzeugung 2009
Quellen: EEG-Mittelfristprognose der Übertragungsnetzbetreiber; FfE Forschungsstelle für Energiewirtschaft e. V. (2009); Berechnungen des ifo Instituts.

8.11 Erneuerbare Energien

Was machen wir, was machen andere?

Erneuerbare Energien (EE) sind auf dem Vormarsch. Die meisten Anlagen sind in den USA und in Deutschland errichtet worden. Nach den Plänen der EU soll der Anteil der EE am Endenergieverbrauch im Jahr 2020 bei 20 % liegen. Für jeden Mitgliedstaat wurden unterschiedliche Zielwerte festgelegt. Deutschland soll 2020 beispielsweise 18 % seines Endenergieverbrauchs durch EE decken. Heute erreicht Deutschland einen Anteil von 10 %.

Im Jahr 2009 wurden in Deutschland 20 Mrd. Euro in die EE investiert. Davon flossen 12 Mrd. in Solarstromanlagen und 2,65 Mrd. in den Bau von Windenergieanlagen. Das entspricht Kapazitäten von 1,1 und 1,8 Gigawatt. Die hohe Investitionsbereitschaft erklärt sich durch die politischen Rahmenbedingungen in Deutschland: Das Erneuerbare-Energien-Gesetz (EEG) sah im Jahr 2009 eine durchschnittliche Vergütung von 8,9 Cent für eine Kilowattstunde (kWh) Windenergie und von 47 Cent für eine kWh Solarstrom vor.

Die Entwicklung der EE-Kapazitäten im Zeitraum von 1990 bis 2008 für wichtige OECD-Länder zeigt > Bild 1. Die USA verfügen bereits seit Anfang der 1990er-Jahre über viele Solaranlagen, und zwar hauptsächlich solarthermische Kraftwerke in Kalifornien. In den letzten fünf Jahren sind aber auch viele Windenergieanlagen hinzugekommen. Deutschland ist das führende Land in Europa. Sowohl die Wind- als auch die Solarenergie sind beträchtlich ausgebaut worden. Neben Deutschland hat Spanien erheblich in Windenergie investiert. Aber auch Großbritannien zieht nach. Der Bau des weltweit größten Offshore-Windparks mit 300 Megawatt elektrisch (MWel) im englischen Thanet wurde im Jahre 2010 abgeschlossen und ist noch nicht in den Statistiken enthalten.

Beachtlich ist der Zubau von EE in China. Im Jahr 2009 wurden rund 60 GWel EE (ohne Wasserkraft) installiert.

> Anteile der EE am Primärenergieverbrauch

Aufgrund der Schwankungen in der Kapazitätsauslastung müssen neben der installierten Kapazität auch die produzierten Energiemengen betrachtet werden. Im europäischen Mittel wird für Windenergie eine Kapazitätsauslastung von gut 20 % erreicht. Für Solarenergie liegt diese nur bei 10 bis 15 %.

Die Anteile der EE am Primärenergieverbrauch sind dargestellt in > Bild 2. Der Primärenergieverbrauch ergibt sich aus dem Endenergieverbrauch und den Energieverlusten bei der Umwandlung von Primärenergie. Hohe Anteile der EE weisen Island und Neuseeland mit viel Geothermie (Erdwärme) auf sowie Norwegen und Schweden mit viel Energie aus Wasserkraft. In den Alpenländern Österreich und Schweiz führen Wasser, Biomasse und Wind zu einem emissionsarmen Strommix. Mit einem Anteil von 8,8 % EE am Primärenergieverbrauch liegt Deutschland im Mittelfeld der OECD-Länder. Anders als die Spitzenreiter nutzt Deutschland ein breites Spektrum an EE.

JK

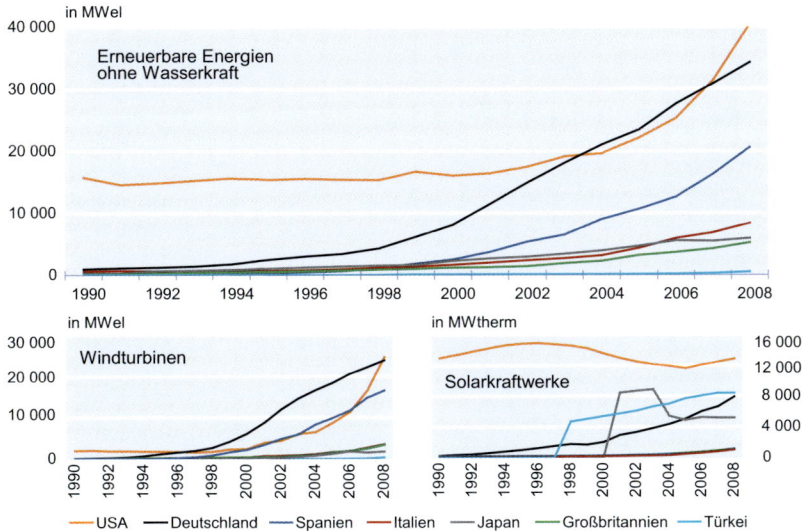

Bild 1 Kapazitäten der erneuerbaren Energien
Quelle: International Energy Agency (2010): Renewables Information 2010, Paris.

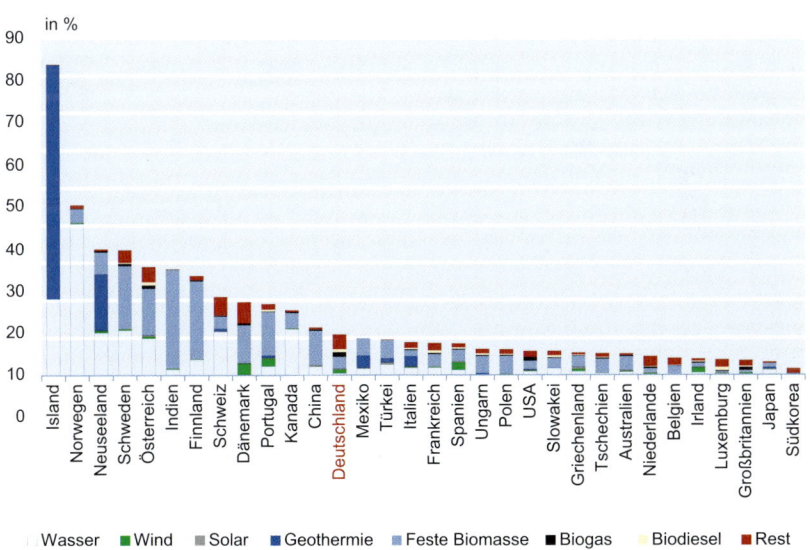

Bild 2 Anteil erneuerbarer Energien am Primärenergieverbrauch
Quelle: Siehe Bild 1.

8.12 CO$_2$-Fußabdruck

Ein wichtiges Konzept für die Klimapolitik

Nationale CO$_2$-Steuern können die Wettbewerbsfähigkeit von inländischen Industrien reduzieren. Die Folge kann eine Verlagerung der Produktion ins Ausland mit anschließendem Import der Güter sein. Es wird erwogen, dies zu verhindern, indem die Steuern auf den CO$_2$-Gehalt der im Inland konsumierten Waren erhoben werden. Zu dem Zweck wird ein sogenannter CO$_2$-Fußabdruck benötigt, der sich vom heimischen CO$_2$-Ausstoß unterscheidet. Auch eine CO$_2$-Steuer auf Importe kann in diesem Zusammenhang nützlich sein.

Der CO$_2$-Fußabdruck einer Nation misst alle Emissionen, die durch den Konsum von finalen Gütern eines Landes verursacht werden. Alle Emissionen entlang der Produktionskette werden jeweils dem finalen Konsumgut angelastet – man spricht vom »Karbongehalt« eines Gutes. Es spielt dabei keine Rolle, in welchem Land die Emissionen entstehen. Der CO$_2$-Fußabdruck ist also ein Umweltindikator für die Nachhaltigkeit des Konsums eines Landes. Er unterscheidet sich vom CO$_2$-Ausstoß einer Nation, wenn ein Land Güter ex- und importiert: Der Karbongehalt von Exporten wird beim Fußabdruck dem Empfängerland zugerechnet, und der Karbongehalt von Importen dem importierenden Land.

Ein Vergleich des CO$_2$-Fußabdrucks mit dem CO$_2$-Ausstoß eines Landes kann aufzeigen, ob der Konsum eines Landes vermehrt durch CO$_2$-Emissionen im Ausland getragen wird > Bild 1. China und Indien exportieren netto CO$_2$, d. h., ihr CO$_2$-Ausstoß ist größer als ihr CO$_2$-Konsum. Wohingegen Deutschland und die USA durch ihren Güterhandel Nettoimporteure von CO$_2$ sind. Wichtige Herkunftsländer für die deutschen CO$_2$-Importe sind andere EU-Länder, die USA und China > Bild 2.

> Folge für die Klimapolitik

Klimapolitisch aktive Länder versuchen, die nationalen Emissionen z. B. durch eine CO$_2$-Steuer zu reduzieren. Dies reduziert die internationale Wettbewerbsfähigkeit der heimischen Industrien. Die Folge können mehr Importe aus dem Ausland sein. Die Effekte nationaler Klimapolitik auf das Weltklima können also verpuffen, wenn die heimischen CO$_2$-Einsparungen durch mehr CO$_2$-Importe aus dem Ausland kompensiert werden (»Carbon Leakage«).

Eine Klimapolitik, die bei den Emissionen der heimischen Produktion ansetzt und den internationalen Güterhandel außer Acht lässt, greift zu kurz. Dies verdeutlicht, wie dringlich eine globale Lösung für das Klimaproblem ist. Solange eine globale Klimapolitik politisch nicht umsetzbar ist, könnte die nationale Klimapolitik Carbon Leakage entgegensteuern und den CO$_2$-Fußabdruck reduzieren. Dies kann durch Erhebung einer CO$_2$-Steuer auf Importe erfolgen. Ein Gut, das im Ausland ohne CO$_2$-Besteuerung produziert wird, würde an der Grenze entsprechend seinem Karbongehalt besteuert. In- und ausländische Güter unterlägen demselben CO$_2$-Steuersatz; ein Anreiz für Carbon Leakage bestünde dann nicht. *RA*

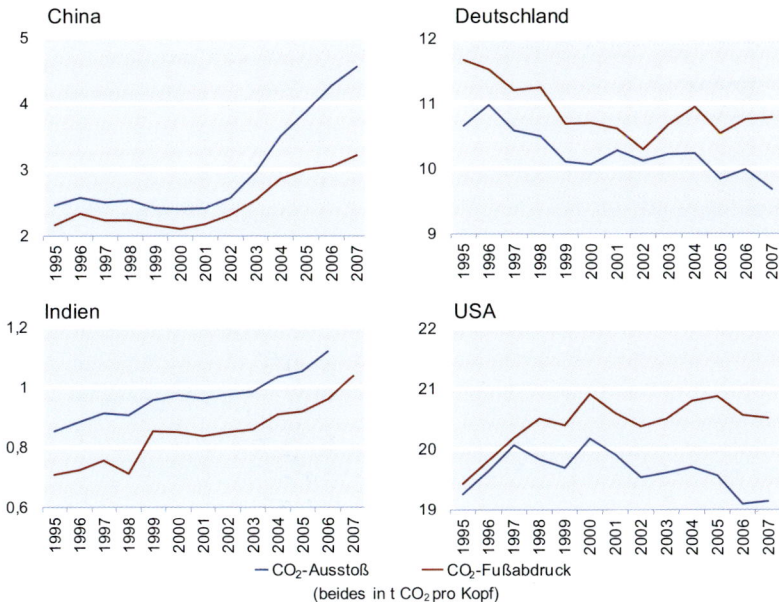

Bild 1 CO$_2$-Ausstoß und CO$_2$-Fußabdruck pro Kopf in China, Deutschland, Indien und den USA
Quellen: IEA, WDI und Aichele, R.; Felbermayr, G. (2010), Berechnungen ifo Institut.

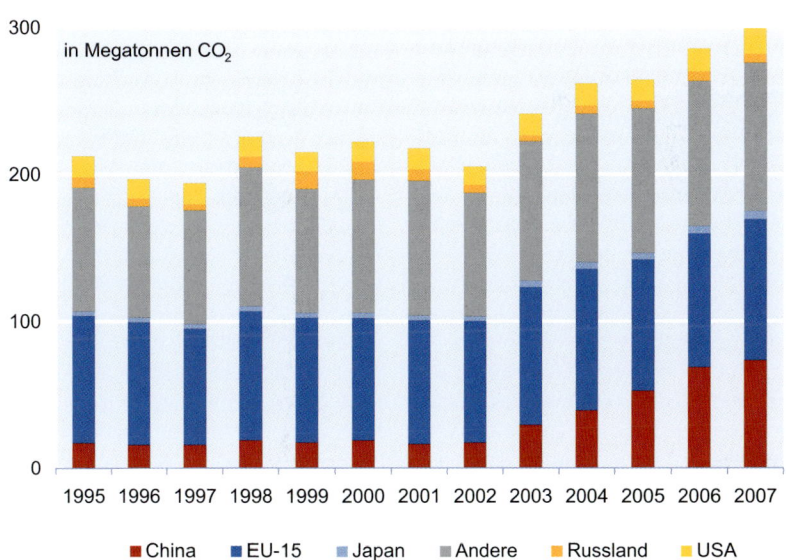

Bild 2 Herkunft und Höhe der deutschen CO$_2$-Importe nach Regionen 1995 bis 2007
Quelle: Aichele, R.; Felbermayr, G. (2010); Berechnungen des ifo Instituts.

Klimaziele

Hat Kioto uns genützt?

Der Klimawandel ist eine der größten Herausforderungen der Menschheit. Diesem versuchen die Menschen mit unzähligen Maßnahmen zu begegnen. Bereits im Jahre 1997 wurde das Kioto-Protokoll verabschiedet. Im Jahr 2005 wurde in der Europäischen Union ein System zum Handel mit Emissionsrechten eingeführt, wodurch der Ausstoß an Kohlendioxid in Europa effektiv begrenzt wurde. Im darauffolgenden Jahr schließlich hat der Bericht des britischen Ökonomen Nicholas Stern deutlich gemacht, dass es erhebliche ökonomische Konsequenzen haben wird, wenn der Klimawandel nicht bekämpft wird. Blickt man aber auf den globalen Kohlendioxidausstoß, so stellt man fest: Der Aufwärtstrend ist ungebrochen. Alle Maßnahmen und Einsichten sind wirkungslos geblieben.

Erste Konsequenzen des Klimawandels werden bereits sichtbar: Gletscher schmelzen, die Eismasse am Nordpol wird kleiner, der Meeresspiegel steigt. Die Menschheit hat erkannt, dass sie etwas gegen den Klimawandel tun muss. Im Jahre 1997 wurde auf der dritten Klimakonferenz der Vereinten Nationen (COP-3) das sogenannte Kioto-Protokoll verabschiedet. In diesem Protokoll verpflichten sich die Staaten, den Ausstoß an Treibhausgasen, insbesondere den von Kohlendioxid, im Zeitraum von 2008 bis 2012 im Länderdurchschnitt um 5,2 % verglichen mit dem Niveau von 1990 zu reduzieren. Diese Verpflichtung ist völkerrechtlich bindend. Das Kioto-Protokoll ist im Jahr 2005 in Kraft getreten, nachdem es von hinreichend vielen Staaten ratifiziert wurde. Im Jahre 2012 läuft das Kioto-Protokoll allerdings aus, und auf den letzten Klimakonferenzen der Vereinten Nationen in Kopenhagen und Cancún ist es nicht gelungen, ein völkerrechtlich bindendes Nachfolgeabkommen zu verabschieden.

> Bekämpfung des Klimawandels

Als eines der wesentlichen Instrumente zur Eindämmung des Kohlendioxidausstoßes wird die Einführung von Systemen zum Handel mit Emissionsrechten angesehen. Europa ist diesbezüglich der Vorreiter. Im Jahr 2005 begann der Handel im Emissionshandelssystem der Europäischen Union (EU ETS). Dieses Handelssystem ist bis heute weltweit das größte. In verschiedenen anderen Ländern wird derzeit aber über die Einführung vergleichbarer Systeme diskutiert.

Dass es auch unter ökonomischen Gesichtspunkten angezeigt ist, den Klimawandel zu bekämpfen, hat der im Auftrag der britischen Regierung verfasste sogenannte Stern-Bericht (Stern Review on the Economics of Climate Change) deutlich gemacht. Dem Bericht zufolge ist eine Begrenzung des weltweiten Temperaturanstiegs um höchstens 2 bis 3 °C nötig, um schwerwiegende Konsequenzen für die Wirtschaft abzuwenden. Die sofortige Einleitung von Maßnahmen zur Beschränkung des Ausstoßes an Treibhausgasen würde jährlich etwa 1 % des weltweiten Bruttoinlandsprodukts kosten. Im Gegensatz dazu entstünden jährliche Kosten in Höhe von 5 % des weltweiten Bruttoinlandsproduktes, wenn entsprechende Maßnahmen ausblieben und man eine erhebliche Zunahme der Treibhausgaskonzentration in der Atmosphäre zuließe.

> Eine enttäuschende Bilanz

Hat das Kioto-Protokoll nun aber etwas genützt? Ist seit der Verabschiedung der globale Ausstoß an Kohlendioxid zurückgegangen? Immerhin hat Deutschland sein Minderungsziel bereits erreicht, sogar ein wenig früher, als es notwendig gewesen wäre. Wie sieht es aber weltweit aus? Die Antwort ist enttäuschend: Der Ausstoß ist nicht zurückgegangen. Vielmehr hat sich der Ausstoß seither beschleunigt. Weder die Verabschiedung des Kioto-Protokolls noch die Einführung des Emissionshandels in Europa konnten den Trend umkehren – anders übrigens als die erste und zweite Ölkrise in den 1970er-Jahren, die zu vorübergehenden Rückgängen des Ausstoßes geführt haben.

Was aber sind die Ursachen für diese enttäuschende Bilanz? Eine kann in der Natur der Maßnahmen gesehen werden, die gegen den Klimawandel angestrengt werden. So werden sparsame Autos gebaut, Strom wird ohne den Ausstoß von Kohlendioxid aus erneuerbaren Quellen und der Kernenergie erzeugt, Gebäude werden energieeffizienter gebaut oder saniert. Allen diesen Maßnahmen ist gemein, dass sie die Nachfrage nach fossilen Brennstoffen betreffen. Um aber eine Reduktion des Treibhausgasausstoßes zu erreichen, ist nicht nur von Bedeutung, wie sich die Nachfrage verhält, sondern auch, was das Angebot macht. Es ist also wichtig, wie sich die Ölscheichs und die Kohlebarone verhalten. Diese Seite des Marktes ist offensichtlich vergessen worden. Was aber bedeutet es für diese Rohstoffanbieter, dass die Welt aus Sorge vor dem Klimawandel zahlreiche Anstrengungen unternimmt, ihren Verbrauch an fossilen Brennstoffen zu reduzieren und die Intensität, mit der dies getan wird, über die Zeit stetig zunimmt? Aus deren Sicht wirkt diese immer »grüner« werdende Politik wie eine Bedrohung der zukünftigen Erträge aus dem Abbau und dem Verkauf der Ressourcen. Schließlich planen die Ressourcenbesitzer über lange Zeit im Voraus, wann sie ihre Bodenschätze abbauen, und berücksichtigen dabei, wie hoch die erwarteten Einnahmen und Gewinne sind. Eine Konsequenz davon kann sein, dass die Anbieter den Abbau der Ressource nicht, wie es zum Schutze des Klimas notwendig wäre, in die fernere Zukunft verlagern, sondern in die Gegenwart vorziehen. Als Folge kommt das Kohlendioxid so eher in die Atmosphäre und sorgt dafür, dass die Erde immer wärmer wird. *MG*

Angebotsseitige Klimapolitik

Bisher vernachlässigt

In der klimapolitischen Debatte werden vor allem Maßnahmen diskutiert, die an der Nachfrage nach Erdöl, Kohle und Erdgas ansetzen. Wenn es gelingt – so die Überlegung –, die Nachfrage zu verringern, dann werden auch weniger fossile Energieträger verbraucht und weniger CO_2-Emissionen getätigt. Diese Argumentation lässt jedoch außer Acht, dass ein Nachfragerückgang bei den Anbietern einen Anreiz erzeugen kann, den Ressourcenabbau zu beschleunigen. Eine Möglichkeit, diesem Problem zu begegnen, ist eine angebotsseitige Klimapolitik. Diese Option wurde jedoch in der Vergangenheit regelmäßig vernachlässigt.

In der umweltpolitischen Debatte wird der Frage, ob Umweltpolitik an der Nachfrage- oder Angebotsseite ansetzen sollte, traditionell wenig Aufmerksamkeit gewidmet. Bei vielen Umweltproblemen führen beide Politiken zu identischen Schadstoffreduktionen und Kosten. So wird eine Steuer auf Emissionen, die beim Anbieter erhoben wird, von diesem partiell auf die Preise überwälzt, wodurch die Steuerlast zwischen Anbieter und Nachfrager geteilt wird. Eine Steuer, welche beim Nachfrager ansetzt, führt zum gleichen Ergebnis, da die Preise aufgrund des Nachfragerückgangs sinken werden. An welcher Marktseite Umweltpolitik ansetzt, ist dementsprechend meist eine politische Entscheidung.

Wenn aber die Marktseite im Allgemeinen unerheblich ist, warum ist sie dann in Bezug auf Klimapolitik so bedeutsam? Im Gegensatz zu anderen Umweltproblemen spielt bei der Klimapolitik die begrenzte Verfügbarkeit der Rohstoffe, bei deren Nutzung klimaschädliche Emissionen entstehen, eine wichtige Rolle. Da der Bestand an fossilen Energieträgern beschränkt ist, werden die Anbieter in ihrer Planung nicht nur heutige Preise berücksichtigen, sondern ebenso Erwartungen über Preise in der Zukunft. Sie werden den Abbau der

Ressource so über die Zeit verteilen, dass sie insgesamt den höchstmöglichen Gewinn erzielen.

> Das grüne Paradoxon

Ein Anreiz, heute mehr Ressourcen abzubauen, existiert dann, wenn dies einen höheren Gewinn verspricht als ein späterer Abbau. Wie kann aber ein Gewinn heute mit einem Gewinn in z. B. zehn Jahren verglichen werden? Diese Vergleichbarkeit kann dadurch hergestellt werden, dass man berechnet, wie hoch der Gewinn aus dem heutigen Verkauf der Ressource in zehn Jahren wäre, wenn der Ressourceneigentümer ihn in dieser Zeit zinsbringend am Kapitalmarkt anlegen würde. Ist der verzinste Gewinn höher als der Gewinn aus einem Abbau in zehn Jahren, lohnt es sich, heute mehr zu verkaufen. Entsprechend wird heute umso mehr abgebaut, je niedriger die in der Zukunft erwarteten Preise und Gewinne sind.

Klimapolitik, die den Abbau von fossilen Energieträgern verlangsamen soll, setzt nun meist an der Nachfrage an: Im Laufe der Zeit steigende CO_2-Steuersätze sollen beispielsweise die Nachfrage nach Öl, Kohle und Gas und damit den Verbrauch fossiler Energieträger immer weiter reduzieren. Allerdings funktioniert diese Logik im Fall beschränkter Ressourcenbestände nicht. Für den Anbieter bedeutet der zunehmende Nachfragerückgang, dass seine Gewinne in der Zukunft immer weiter sinken werden. Entsprechend wird er lieber mehr in der Gegenwart und weniger in der Zukunft abbauen, was zu einer Erhöhung der heutigen Emissionen führt und eine Verschärfung des Klimaproblems bewirkt. Diese Reaktion wird nach Hans-Werner Sinn auch als das grüne Paradoxon bezeichnet.

Ein Ausweg aus diesem Paradoxon wäre z. B. eine Klimapolitik, bei der die CO_2-Steuersätze im Zeitverlauf sinken. Dies würde zukünftige Gewinnerwartungen gegenüber heutigen ansteigen lassen, sodass Ressourcenanbieter einen Anreiz hätten, mit dem Abbau zu warten. Allerdings dürfte eine solche Politik kaum durchsetzbar sein. Geht man nun realistischerweise davon aus, dass eine globale Einigung über eine mengenmäßige Beschränkung der Emissionen in den nächsten Jahren ebenfalls nicht zu erwarten ist, stellen angebotsseitige Maßnahmen eine wichtige Alternative zu heutigen nachfrageseitigen Politiken dar. Die Entwicklung solcher Maßnahmen steckt bisher allerdings noch in den Kinderschuhen.

> ### Angebotsseitige Maßnahmen

Angebotsseitige Maßnahmen setzen direkt an den Determinanten, welche die Extraktionsentscheidung der Anbieter beeinflussen, an. Dies können beispielsweise der Gesamtbestand an Ressourcen oder die Kapitalmarktrendite sein. Eine Möglichkeit wäre damit die dauerhafte Stilllegung von Ölfeldern. Aufgrund der damit verbundenen Verknappung des Erdöls würden die Ressourceneigentümer die Preise anheben und die nachgefragte Menge würde sinken. Für die Gewinne, die den Ressourcenanbietern durch die Stilllegung entgehen würden, müssten sie entsprechend aus einem internationalen Klimafonds entschädigt werden. Allerdings wäre dies nur sinnvoll, wenn die Kosten aus der Stilllegung – also entgangene Produktionsmöglichkeiten und Entschädigungszahlungen – geringer wären als die Nutzen in Form der vermiedenen Klimaschäden. Ob dies der Fall sein wird, wenn Öl in der Zukunft immer knapper wird, ist kaum vorherzusagen. Wie hoch die Kosten sein werden, wird vor allem davon beeinflusst, wie abhängig die Wirtschaft in Zukunft von fossilen Energieträgern sein wird.

Einen weiteren Ansatzpunkt für angebotsseitige Politiken stellen die Renditen auf Kapitalanlagen dar. Würde es gelingen, die Zinsen, die die Ressourcenanbieter für die Anlage ihrer Gewinne bekommen, global zu senken, so würde dies einen Abbau der Ressource unattraktiver machen. *KP*

9 STAATSHAUSHALT

9.1 Staatsquote im internationalen Vergleich

Wie schlank soll der Staat sein?

Der Staat muss in der Lage sein, Rahmenbedingungen für die Wirtschaft zu schaffen und einzugreifen, wenn Märkte nicht funktionieren. Zu viele staatliche Eingriffe können allerdings die Wirtschaft blockieren. Hohe Staatsausgaben werden von den Bürgern und Unternehmen finanziert. Das bremst privaten Konsum und Investitionen. Die Staatsquote ist ein Indikator für diesen Balanceakt.

Die Staatsquote wird als wichtiger Indikator für das Ausmaß der staatlichen Aktivität in einer Volkswirtschaft betrachtet. Sie beschreibt, wie viel der gesamten volkswirtschaftlichen Leistung eines Landes durch die Hand des Staates geht. Die Staatsquote wird berechnet als das Verhältnis von Staatsausgaben zum Bruttoinlandsprodukt (BIP). Die Staatsausgaben bestehen aus der Summe von öffentlichen Investitionsausgaben (z. B. Ausgaben für Infrastruktur), Konsumausgaben des Staates (vor allem Ausgaben für Personal und Verwaltung), Transferzahlungen (Sozialleistungen und Subventionen) und Zinszahlungen. Die Staatsquote ist eine sogenannte »unechte« Quote. Da die Transferzahlungen (Sozialleistungen und Subventionen) nicht vom Staat »verbraucht«, sondern im Sinne einer Einkommensumverteilung nur »umgeleitet« werden, schlagen sie sich bei den Haushalten oder Unternehmen noch einmal in Form von Konsum- oder Investitionsausgaben nieder.

Um die Staatsquote sinnvoll zu interpretieren, lohnt es sich, die einzelnen Bestandteile der Staatsausgaben anzuschauen > Bild 1. Diese unterscheiden sich in ihren ökonomischen Wirkungen. Öffentliche Investitionen und öffentlicher Konsum haben Auswirkungen auf das Marktergebnis. Während öffentliche Investitionen das Wachstum fördern können, verlangsamen öffentliche Konsumausgaben tendenziell das Wirtschaftswachstum. Transferzahlungen wirken sich dagegen auf die Verteilung des durch den Markt generierten Einkommens aus.

> **Die Staatsquote im internationalen Vergleich**

Deutschlands Staatsquote liegt seit fünf Jahren unter dem Schnitt der EU-Staaten. Aber im Vergleich mit Japan und den USA ist die Staatsquote in Deutschland immer noch hoch > Bild 2. Der allgemeine Anstieg der Staatsquoten im Jahr 2009 ist zurückzuführen auf den massiven Einsatz staatlicher Mittel zur Begrenzung der weltweiten Finanzkrise bei einem gleichzeitigen Rückgang des BIP.

Staatsquoten sind nur begrenzt international vergleichbar. Man muss berücksichtigen, in welchem Umfang einzelne Staaten z. B. als Träger der Sozialpolitik auftreten oder nicht. Die öffentliche Hand kann ein Pflegeheim direkt betreiben. Dann fließen die Ausgaben in die Staatsquote ein. Bei privatem Betrieb ist das nicht der Fall. Gewährt der Staat Subventionen, erhöht das die Staatsquote, während eine Steuervergünstigung die Quote unverändert lässt. Da in Deutschland im Gegensatz zu den USA viele soziale Aufgaben vom Staat direkt wahrgenommen werden, ist bei uns die Staatsquote erheblich höher. *SF*

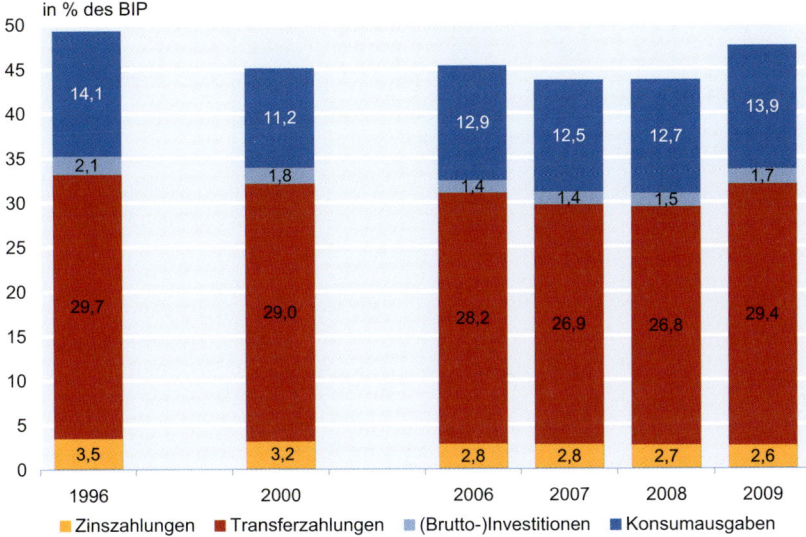

Bild 1 Staatsausgaben in Deutschland
Quelle: Eurostat Statistical Books: Government finance statistics, 2010 edition.

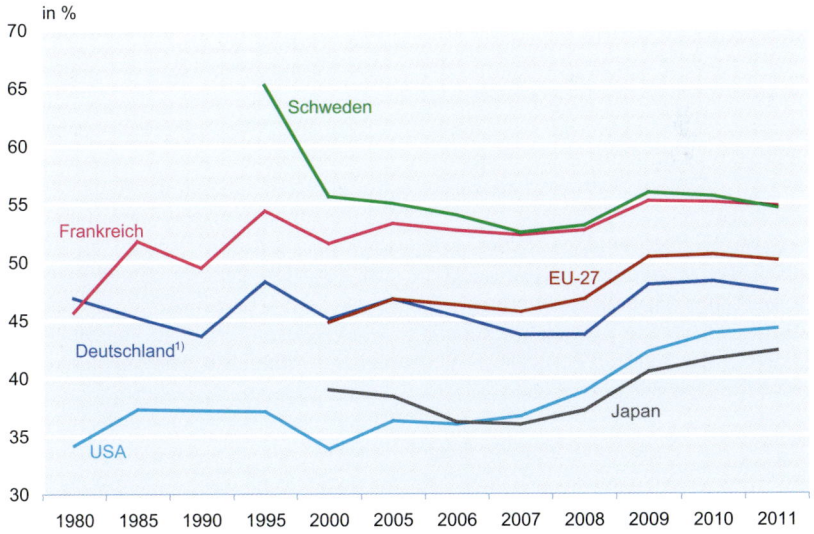

Bild 2 Staatsquoten im internationalen Vergleich 1980 bis 2011
[1] *1980 bis 1990 nur alte Bundesländer.*
Quelle: EU-Kommission, Statistischer Anhang der Europäischen Wirtschaft, November 2009.

9.2 Staatsausgaben

Was macht der Staat mit dem Geld?

Staatsausgaben sind ein Instrument der öffentlichen Hand, um bestimmend in das Marktgeschehen einzugreifen, wenn der Marktmechanismus nicht zu einem optimalen oder gesellschaftlich gewünschten Zustand führt.

Zentrale Aufgabe des Staates ist es, den Bürgern Güter und Dienstleistungen anzubieten. Nach der Wirtschaftstheorie sollte der Staat immer dann Güter bereitstellen, wenn keine effiziente Lösung über den Markt erzielt werden kann. Gründe für ein solches Marktversagen können externe Effekte, Skalenerträge (Kostenvorteile der Größe) oder unvollständige Informationen sein. Daneben wird der Staat aktiv, um aus sozialpolitischen Gründen das Verteilungsergebnis des Marktes zu korrigieren (z. B. über Transferzahlungen oder Steuern sowie über das Sozialversicherungssystem) und um größere Konjunkturschwankungen zu dämpfen.

Als Staatsausgaben werden in der Volkswirtschaftlichen Gesamtrechnung Ausgaben des Bundes und der übrigen Gebietskörperschaften sowie Ausgaben der gesetzlichen Sozialversicherungen bezeichnet.

Die Zuständigkeiten der einzelnen staatlichen Ebenen bestimmen ihre Ausgaben. Sie werden durch das Grundgesetz Artikel 70 ff. geregelt. Die Aufgabenzuordnung erfolgt in den meisten Fällen nach dem Subsidiaritätsprinzip, wonach jeweils die untere Ebene alle Aufgaben erledigt, die sie selbständig ausführen kann. So fallen etwa die Landesverteidigung, das Geldwesen oder der Bau von Autobahnen in den Kompetenzbereich des Bundes. Das Hochschulwesen, der Strafvollzug oder der Bau und Erhalt von Landesstraßen hingegen sind Beispiele für Aufgaben der Länder.

Gemeinden und Gemeindeverbände tragen entsprechend den Gemeindeordnungen der Länder die Ausgaben, die nicht in den Zuständigkeitsbereich der oberen Ebenen fallen. Einige dieser Aufgaben, sogenannte Pflichtaufgaben, werden gesetzlich vorgeschrieben. Hierunter fallen das Meldewesen, die Feuerwehr, Kindergärten oder die Abfallbeseitigung. Zudem tragen Gemeinden die Kosten für freiwillige Aufgaben wie etwa Schwimmbäder, Altenheime oder Bibliotheken. Die Kommunen sind auch der Hauptträger öffentlicher Investitionen. Weiterhin gibt es Aufgaben, die eigentlich einer höheren Ebene zugeordnet werden, deren Erfüllung aber nach Landesgesetz den Gemeinden obliegt (z. B. Bauaufsicht).

> Wie sind die Ausgaben verteilt?

Im Jahr 2009 tätigten der Bund und die Länder Staatsausgaben in Höhe von rund 363 Mrd. Euro bzw. 309 Mrd. Euro, die Ausgaben der Kommunen lagen bei ca. 186 Mrd. Euro > Bild 1. Im gleichen Jahr beliefen sich die konsolidierten, d. h. um Zahlungen zwischen den öffentlichen Trägern bereinigten, deutschen Staatsausgaben über alle Gebietskörperschaften und die Sozialversicherungen auf 1 139 Mrd. Euro. Dies entspricht ca. 13 920 Euro pro Einwohner. Ein Großteil hiervon entfällt auf Ausgaben für Sozialleistungen der Sozialversicherungen und der Gebietskörperschaften > Bild 2. *NF*

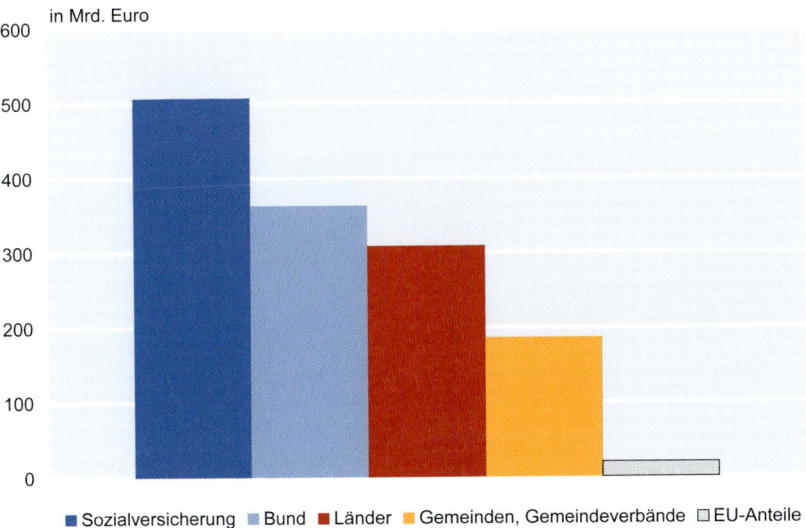

Bild 1 Bereinigte Ausgaben nach öffentlichen Institutionen 2009
Quelle: Statistisches Bundesamt.

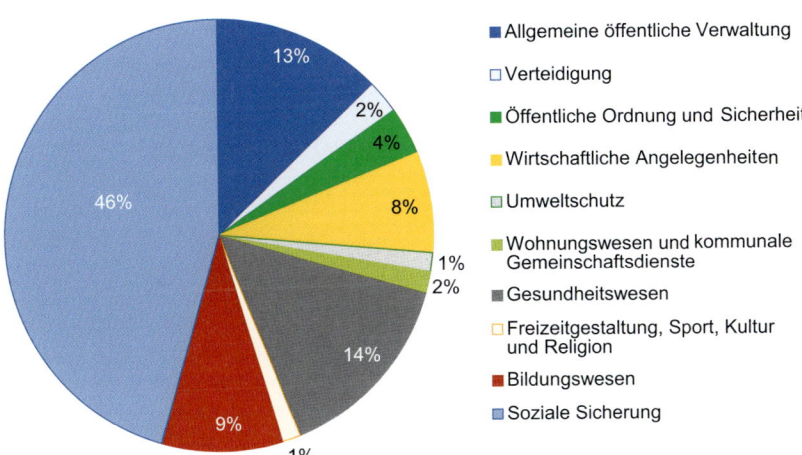

Bild 2 Ausgaben[1] in Deutschland nach ausgewählten Aufgabenarten 2007
[1] *Bund, Extrahaushalte des Bundes, EU-Anteile, Sozialversicherung, Länder, Gemeinden/ Gemeindeverbände, Zweckverbände.*
Quelle: Siehe Bild 1.

9.3 Subventionen

Ein Fass ohne Boden?

Subventionen umfassen Finanzhilfen und Steuervergünstigungen des Staates an Stellen außerhalb der staatlichen Verwaltung, die dem Empfänger ohne Gegenleistung zustehen. Subventionen geben immer wieder Anlass zu politischen Diskussionen. Allerdings gibt es, neben aller gerechtfertigten Kritik, durchaus Argumente dafür.

Finanzhilfen bezeichnen dabei staatliche Zuschüsse, denen weder umverteilungs- noch allokationspolitisch begründete Ziele zugrunde liegen. Steuervergünstigungen sind spezielle steuerliche Ausnahmeregelungen, die zu verringerten Einnahmen des Staates führen. Subventionen werden an Unternehmen oder ganze Wirtschaftszweige vergeben. Bei Subventionen an private Haushalte spricht man von Sozialleistungen oder Transferzahlungen.

In den öffentlichen Finanzen gibt es einen regelrechten »Subventionsdschungel« mit zahlreichen Förderungen durch alle Staatsebenen, der oftmals kritisiert wird. Allerdings existiert keine einheitliche Regelung dafür, welche staatlichen Leistungen als Subventionen zu werten sind. Generell gilt: Je kleiner der Kreis der Nutznießer einer Hilfeleistung, umso eher wird diese als Subvention klassifiziert. So beliefen sich nach der Volkswirtschaftlichen Gesamtrechnung im Jahr 2009 die deutschen Subventionen auf ca. 31,5 Mrd. Euro, wovon ein Viertel auf den Bund entfiel. Die Länder und Gemeinden trugen etwa 65 % > Bild 1. Das Institut für Weltwirtschaft hingegen errechnete mit einer weiter gefassten Definition im gleichen Zeitraum einen Betrag von ca. 162 Mrd. Euro. Die Gesamtbeträge entsprechen jeweils 1,3 % bzw. 6,8 % des BIP. Die Bereiche, in denen die Mittel verwendet werden, zeigt > Bild 2.

> Abbau von Subventionen

Subventionen werden von Ökonomen im Allgemeinen abgelehnt, da sie die Verteilung von Ressourcen verzerren. Zudem werden wettbewerbsunfähige Unternehmen und Wirtschaftszweige erhalten, deren gebundene Produktionsfaktoren wie Arbeit und Kapital in anderen Bereichen produktiver eingesetzt werden könnten.

Ein Argument dafür, die Existenz bestimmter Branchen und Unternehmen zu sichern, ist, dass so ein starker Anstieg der Arbeitslosigkeit verhindert wird. Struktureller Wandel, der zwangsweise Friktionen auf dem Arbeitsmarkt verursacht, soll so mit weniger Reibung verlaufen. Außerdem werden durch gezielte Förderungen strukturschwacher Gegenden regionalpolitische Ziele verfolgt. In Ostdeutschland etwa hoffte man, durch finanzielle Anreize produktive Unternehmen anzusiedeln und so regionale Unterschiede abzubauen. Ein spezielles Argument der letzten Finanzkrise lautete, dass Hilfen für an sich wettbewerbsfähige Unternehmen notwendig seien, um akute Kreditklemmen zu überbrücken und ihnen das Überleben zu sichern.

Grundsätzlich sollten Subventionen immer zeitlich begrenzt und degressiv gestaltet werden. In der Realität bestehen jedoch viele Zuschüsse, z. B. in der Landwirtschaft, über Jahrzehnte. *NF*

in Mrd. Euro

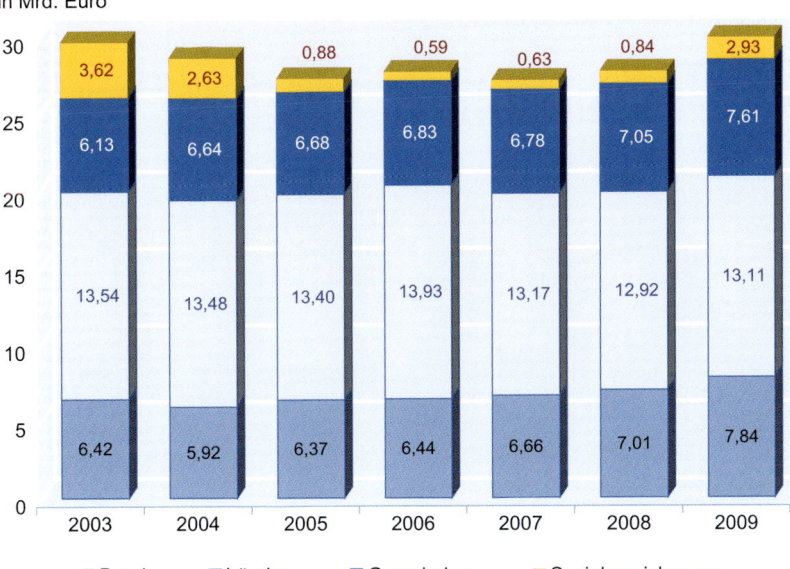

Subventionen in Deutschland nach Trägern 2003 bis 2009
Quelle: Statistisches Bundesamt

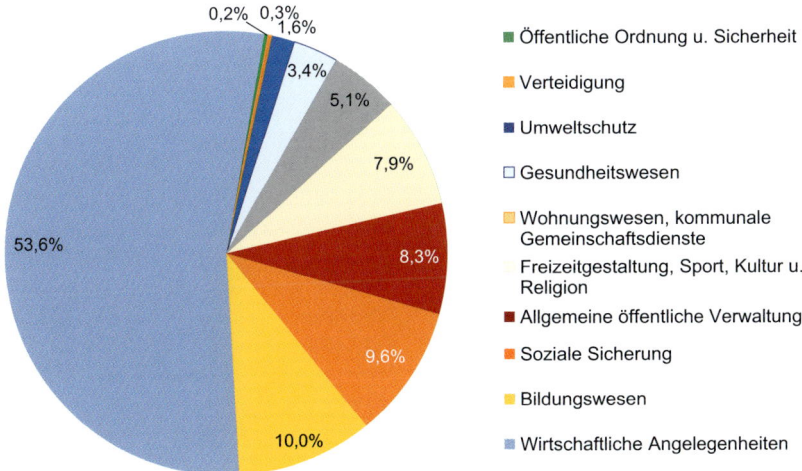

Subventionen insgesamt nach Aufgabenbereichen 2009
Quelle: Siehe Bild 1.

9.4 Struktur der Staatseinnahmen

Woher bekommt der Staat sein Geld?

Die Einnahmen des Staates bestehen im Wesentlichen aus Steuern und Sozialbeiträgen. Während das Steueraufkommen im Verhältnis zum Bruttoinlandsprodukt in den vergangenen 40 Jahren weitgehend konstant geblieben ist, hat die Bedeutung der Sozialversicherungsbeiträge seit den frühen 1970er-Jahren deutlich zugenommen.

Die Einnahmen des Staates bestehen derzeit aus Steuern (ca. 55 %) und Sozialbeiträgen (ca. 35 %) sowie einem geringen Anteil anderer Einnahmen (Vermögenseinkommen, Vermögensverkäufe und sonstige Einnahmen) in Höhe von etwa 10 % (Volkswirtschaftliche Gesamtrechnung). Während die Steuern als Haupteinnahmequelle des Staates Abgaben ohne Gegenleistung darstellen, stehen den anderen Einnahmequellen regelmäßig Gegenleistungen gegenüber. So entstehen durch die Beiträge zur Sozialversicherung Ansprüche gegenüber den Sozialversicherungsträgern (Renten-, Kranken-, Arbeitslosen-, Pflege- und Unfallversicherung).

Die wichtigste Einnahmequelle für allgemeine staatliche Aufgaben sind deshalb die Steuern. Hieraus finanzieren sich die verschiedenen Gebietskörperschaften (Bund, Länder, Gemeinden). Außerdem wird die Sozialversicherung zum Teil aus Steuermitteln bezuschusst. Die wichtigsten Steuern sind die Umsatzsteuer sowie die Lohnsteuer. Beide machen zusammen etwa 58 % des Gesamtsteueraufkommens aus > Bild 1. Auch die Energiesteuer mit 8 %, die Gewerbesteuer mit 7 % und die veranlagte Einkommensteuer mit 6 % tragen erheblich zum Gesamtsteueraufkommen bei. Andere Steuern, die sich auf das Einkommen bzw. die Gewinne von Unternehmen beziehen,

waren in den Jahren 2009 und 2010 infolge der Finanzkrise erheblich niedriger ausgefallen als in den Jahren zuvor. So beträgt das Aufkommen der nicht veranlagten Einkommensteuer, der Körperschaftsteuer, der Abgeltungssteuer sowie des Solidaritätszuschlags jeweils etwa 2 % der Gesamtsteuereinnahmen.

> Steuer- und Abgabenquote

Die Steuerquote bezeichnet den Anteil der Steuereinnahmen am Bruttoinlandsprodukt > Bild 2. Während die Steuerquote in der Geschichte der Bundesrepublik nahezu konstant geblieben ist, hat sich die Quote der Staatseinnahmen insgesamt seit 1970 leicht erhöht. Insbesondere der forcierte Anstieg der Rentenausgaben zu Beginn der 1970er-Jahre hat dazu geführt, dass in dieser Zeit die Beiträge zur Sozialversicherung angestiegen sind. Die demografische Entwicklung, die sich sowohl in den Ausgaben der Renten- als auch der Krankenversicherung niederschlägt, hat diesen Prozess zusätzlich verstärkt. Zu Beginn der 1990er-Jahre führten die steigenden Sozialausgaben in den neuen Bundesländern ebenfalls zu einer Mehrbelastung. Insgesamt betragen die Staatseinnahmen seit Mitte der 1970er-Jahre etwa 45 % des Bruttoinlandsprodukts. *CB*

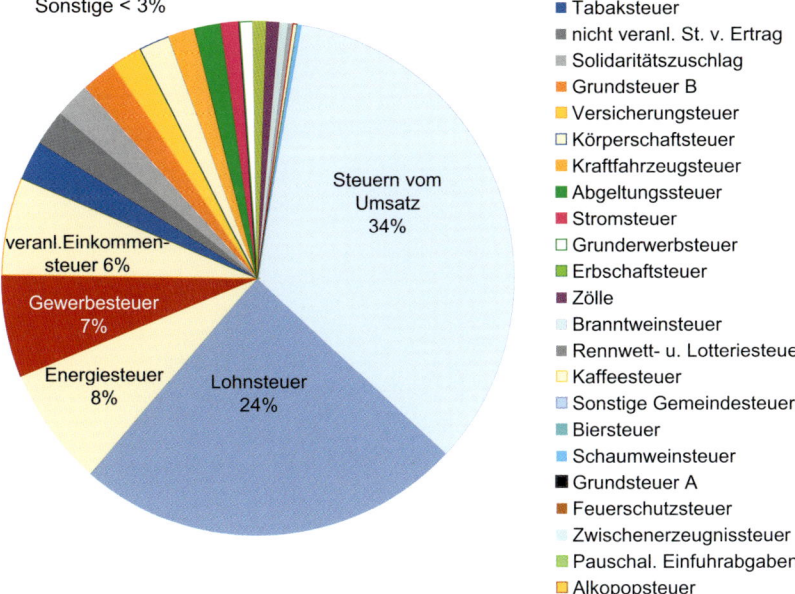

Sonstige < 3%

- Steuern vom Umsatz 34%
- veranl.Einkommensteuer 6%
- Gewerbesteuer 7%
- Energiesteuer 8%
- Lohnsteuer 24%

- ■ Tabaksteuer
- ■ nicht veranl. St. v. Ertrag
- ■ Solidaritätszuschlag
- ■ Grundsteuer B
- ■ Versicherungsteuer
- □ Körperschaftsteuer
- ■ Kraftfahrzeugsteuer
- ■ Abgeltungssteuer
- ■ Stromsteuer
- □ Grunderwerbsteuer
- ■ Erbschaftsteuer
- ■ Zölle
- ▢ Branntweinsteuer
- ■ Rennwett- u. Lotteriesteuer
- □ Kaffeesteuer
- ▢ Sonstige Gemeindesteuern
- ■ Biersteuer
- ■ Schaumweinsteuer
- ■ Grundsteuer A
- ■ Feuerschutzsteuer
- ▢ Zwischenerzeugnissteuer
- ▢ Pauschal. Einfuhrabgaben
- □ Alkopopsteuer

Bild 1 Anteil der Steuern am Gesamtsteueraufkommen 2010
Quelle: Arbeitskreis Steuerschätzungen, November 2010.

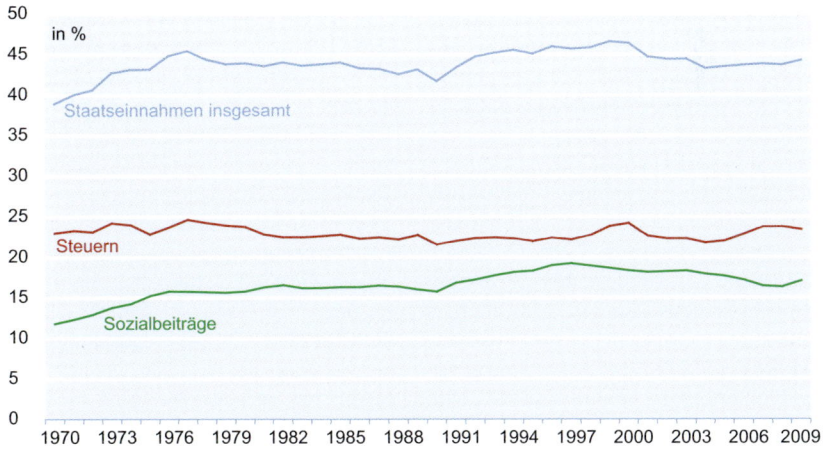

Bild 2 Anteil der Staatseinnahmen am Bruttoinlandsprodukt
Quelle: Statistisches Bundesamt.

9.5 Umsatzsteuer

Warum die Umsatzsteuer in der Politik so beliebt ist

In den letzten Jahren avancierte die Umsatzsteuer zur wichtigsten Einnahmequelle der öffentlichen Haushalte in Deutschland. Sie trägt maßgeblich zur Finanzierung der Staatsausgaben bei. Da sie zudem relativ konjunkturunabhängig und wachstumsfreundlich ist, hat sie für die Finanzpolitik einen hohen Stellenwert.

Die Umsatzsteuer ist neben der Einkommensteuer mittlerweile eine der wichtigsten staatlichen Einnahmequellen in Deutschland. Im Jahr 2009 belief sich das Aufkommen aus der Umsatzsteuer (inklusive Einfuhrumsatzsteuer) auf 177 Mrd. Euro, was einem Anteil von fast 34 % am gesamten Steueraufkommen entspricht. Die Einnahmen aus der Umsatzsteuer stehen dabei gemeinschaftlich Bund (54,7 %), Ländern (43,3 %) und Gemeinden (2 %) zu. Die zeitliche Entwicklung der Umsatzsteuer ist abgetragen in > Bild 1.

Die Umsatzsteuer ist eine allgemeine Steuer auf den Konsum, deren Erhebungssystem europaweit harmonisiert ist. Dabei wird auf der Unternehmensebene jeweils der geschaffene Mehrwert (daher auch der Begriff »Mehrwertsteuer«) bzw. die Nettowertschöpfung besteuert. Technisch besteuert werden allerdings die Umsätze eines Unternehmens. Von dem sich daraus ergebenden Betrag kann die von anderen Unternehmen für Lieferungen in Rechnung gestellte Umsatzsteuer (Vorsteuer) abgezogen werden. Die Umsatzsteuer wird daher über die einzelnen Produktions- bzw. Handelsstufen bis zum Endverbraucher überwälzt, welcher schließlich keine Vorsteuer mehr abziehen kann und die Steuer über den Preis entrichtet. Wie gut die Überwälzung tatsächlich gelingt, hängt von den jeweiligen Marktverhältnissen ab; in der Regel kann sie als allgemeine Konsumsteuer weitge-

hend auf die Konsumenten übertragen werden. Im Konjunkturzyklus erweist sich die Umsatzsteuer durch die Bemessungsgrundlage »Konsum« generell als relativ stabil und folgt mittelfristig der allgemeinen Wirtschaftsentwicklung. Da sie zudem Investitionen im Unternehmenssektor nicht belastet, gilt sie als wachstumsfreundliche Steuer.

> Ermäßigter Steuersatz

Da untere Einkommensschichten mehr von ihrem Einkommen konsumieren, werden sie überproportional belastet (Regression). Um diesen Effekt zu mildern oder zu vermeiden, gibt es neben dem Normalsteuersatz (19 %) auch einen ermäßigten Satz (7 %) für bestimmte Güter und Dienstleistungen des täglichen Bedarfs (z. B. Lebensmittel, Bücher). Die Abgrenzung ist allerdings willkürlich (ermäßigter Steuersatz für Hotels, Tierfutter, aber nicht für Babywindeln). Gewisse Umsätze (z. B. Wohnraumvermietung, ärztliche Leistungen) sind hauptsächlich aus sozialen Gründen steuerbefreit, allerdings ist hier kein Vorsteuerabzug erlaubt. Exporte werden im Inland vollständig von der Umsatzsteuer entlastet, Importe hingegen voll belastet (Bestimmungslandprinzip). Im europäischen Vergleich der Steuersätze liegt Deutschland im Mittelfeld > Bild 2. *AH*

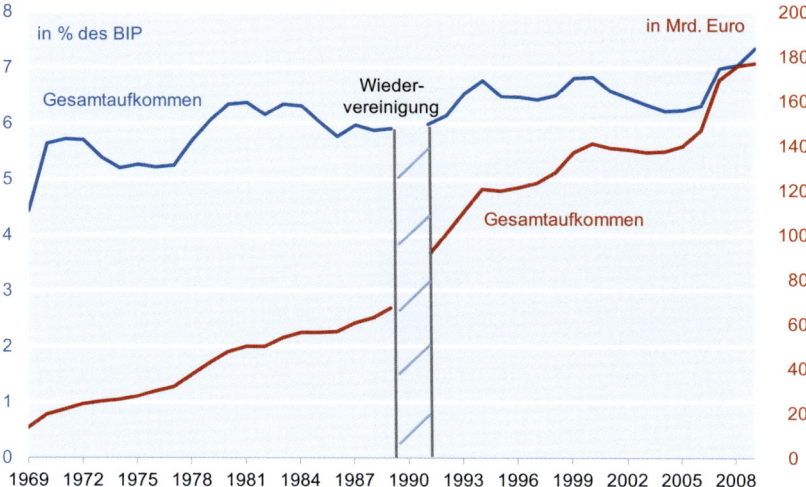

Bild 1 Umsatzsteueraufkommen in Deutschland 1969 bis 2009
Quelle: Bundesfinanzministerium; Berechnungen des ifo Instituts.

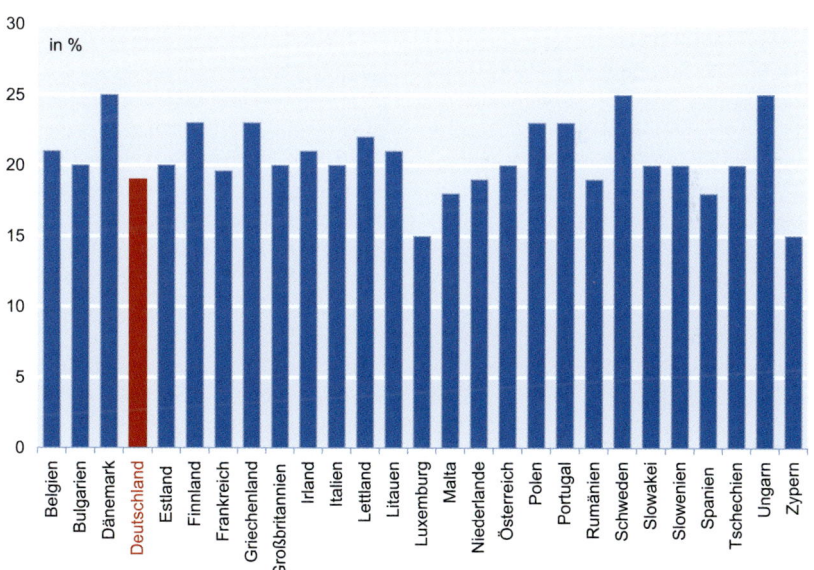

Bild 2 Mehrwertsteuersätze in den EU-Mitgliedstaaten (Normalsatz, Januar 2011)
Quelle: Europäische Kommission.

9.6 Staatsverschuldung im internationalen Vergleich

Welches sind die »Krisenstaaten«?

Die Staatsverschuldung hat in den vergangenen Jahren rasant zugenommen. Dieser Prozess zeigt sich in nahezu allen entwickelten Volkswirtschaften der Welt. Die Wirtschafts- und Finanzkrise hat einzelne Staaten Europas sogar an den Rand der Zahlungsunfähigkeit getrieben.

Die öffentlichen Haushalte unterliegen ähnlichen Gesetzmäßigkeiten wie die privaten: Reichen die Einnahmen nicht aus, um die Ausgaben zu decken, müssen Kredite aufgenommen werden. Abgesehen von anderen Möglichkeiten, wie dem Verkauf von Vermögen, ist die Neuverschuldung die einzige Möglichkeit eines Staates, sich im Falle eines Finanzierungsdefizits mit Liquidität zu versorgen.

Weil viele westliche Industrieländer in den vergangenen Jahren zunehmend hohe Finanzierungsdefizite hingenommen haben, wuchs international die Staatsverschuldung > Bild 1. Da Deutschland als besonders sicherer Schuldner gilt, bekommt es trotzdem Kredite zu sehr günstigen Konditionen.

> Unsichere staatliche Schuldner

Anders ist die Situation vor allem in den Ländern, die einen hohen Schuldenstand und auch eine hohe jährliche Nettoneuverschuldung aufweisen. In Europa haben einige Staaten so hohe Schulden angehäuft, dass die Anleger das Risiko des Forderungsausfalls nicht mehr ausschließen, sodass die Zinssätze für Staatsanleihen deutlich angestiegen sind.

Bei zunehmendem Ausfallrisiko und stark steigenden Zinssätzen kann der Fall eintreten, dass diese Staaten die Zinsen nicht mehr tragen können oder dass

sie an den Märkten überhaupt keinen Kredit mehr bekommen und zahlungsunfähig werden. Griechenland, Irland und Portugal haben gezeigt, dass auch europäische Länder davon betroffen sein können. Der Schuldenstand dieser Länder ist in den vergangenen Jahren deutlich angestiegen und hat ein erhebliches Niveau erreicht > Bild 2.

Um Handlungsfähigkeit zu bewahren, sollte ein Land daher seine Verschuldungsquote auf einem möglichst niedrigen Niveau halten. So fordert der EU-Stabilitäts- und Wachstumspakt eine Verschuldung von weniger als 60 % des Bruttoinlandsprodukts. Dieses Kriterium wird derzeit nur noch von wenigen EU-Ländern eingehalten. Untersuchungen zeigen, dass eine Staatsverschuldung ab einer Höhe von 90 % des BIP das wirtschaftliche Wachstum hemmen kann.

Viele Industrieländer haben diese Grenze bereits überschritten. So beträgt die durchschnittliche Staatsverschuldung der OECD-Länder sowie die der Euro-Länder bereits über 90 % des BIP. Deutschland liegt mit einer Verschuldungsrate von ca. 80 % etwa im Mittelfeld der OECD-Staaten. In vielen Ländern ist die Verschuldungsquote in den vergangenen zehn Jahren deutlich angestiegen. Hierzu gehören vor allem Großbritannien, Irland, die USA und Japan. *CB*

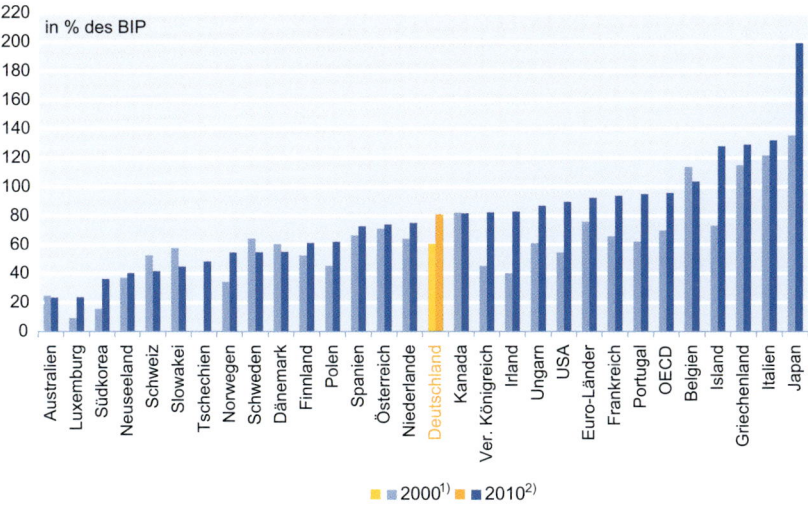

Bild 1 Staatsverschuldung in den Jahren 2000 und 2010
[1] *Für 2000 keine Daten für die Tschechische Republik;* [2] *Prognose der OECD.*
Quelle: OECD, Economic Outlook.

Bild 2 Schuldenstand der EU-Länder Ende 2009
Quelle: Eurostat, Online-Datenbank.

9.7 Die neue Schuldenbremse

Vor- und Nachteile

Die neue Schuldenbremse ist eine seit 2009 in Artikel 115 GG geforderte Begrenzung der öffentlichen Neuverschuldung. Sie sieht vor, dass der Fehlbetrag des Bundeshaushalts ab 2016 nur 0,35 % des Bruttoinlandsprodukts betragen darf. Die Länder sollen sich ab 2020 nicht mehr über Schulden finanzieren. Die Begrenzung ist notwendig geworden, da die Staatsverschuldung auch in Deutschland in den vergangenen Jahrzehnten stark angestiegen ist.

In den vergangenen Jahrzehnten ist die Staatsverschuldung in vielen Industrieländern deutlich angestiegen. Während sie in Deutschland im Verhältnis zum Bruttoinlandsprodukt (BIP) zu Beginn der 1970er-Jahre noch ein Niveau von ca. 20 % aufwies, hat sich diese Quote bis 2010 vervierfacht. Auf der Länderebene haben sich insbesondere das Saarland und Bremen übermäßig verschuldet und Unterstützung vor dem Bundesverfassungsgericht eingeklagt.

Nach der seit 1970 geltenden Schuldenbegrenzung in Artikel 115 und ähnlichen Vorschriften in den Ländern war die Neuverschuldung der Höhe nach auf die staatlichen Ausgaben für Investitionen begrenzt (»Goldene Regel«). Die Begrenzung blieb allerdings weitgehend wirkungslos, insbesondere weil großzügige Ausnahmen zur Rezessionsbekämpfung vorgesehen waren und die Grenze der Nettoneuverschuldung sich an der Höhe der Bruttoinvestitionen orientierte, also auch Ersatzinvestitionen über Kredit finanziert werden konnten.

Auch die Regelung des europäischen Stabilitäts- und Wachstumspaktes, nach der die Nettoneuverschuldung nicht mehr als 3 % des BIP betragen soll, erwies sich als unzureichend, da diese Regelung nur bei einem nominellen (d. h. einschließlich Inflation) Wirtschaftswachstum von 5 % und höher langfristig zu dem gewünsch-

ten Verhältnis von Schulden zu BIP von 60 % oder niedriger führt, bei einem Wachstum von nur 2 % aber schon zu einer viel zu hohen Schuldenrelation von 150 %. Zusätzlich waren Ausnahmen zur Rezessionsbekämpfung in den europäischen Regelungen vorgesehen. Auch die europäischen Regelungen erwiesen sich als unzureichend, um die Staatsschulden wirksam zu begrenzen, wie sich am deutschen Beispiel, aber mehr noch bei der Staatsschuldenkrise in der Euro-Peripherie zeigte.

Die schnell steigenden Staatsschulden wurden bei uns zunehmend als eine ungerechtfertigte Belastung zukünftiger Generationen und als eine Gefährdung der Haushaltsstabilität durch immer höhere Zinsausgaben angesehen. Die Politik neigt oft dazu, populäre Ausgabenerhöhungen oder Steuersenkungen zu tätigen, die unliebsame Finanzierung aber in die Zukunft zu verschieben, da die Wähler die zukünftigen Lasten nicht sehen und die kommenden Generationen noch nicht am politischen Entscheidungsprozess beteiligt sind.

Ausgehend von diesen Erfahrungen will nun die Neuregelung des Artikels 115 GG (Schuldenbremse) in Deutschland die Verschuldung wirksamer begrenzen. Danach soll die Neuverschuldung des Bundes ab 2016 maximal 0,35 % des BIP betragen. Die Länder sollen ab dem Jahr 2020 einen ausgeglichenen Haushalt aufweisen. Gleichwohl ist vorgesehen, dass konjunkturelle Defizite hingenommen werden, gleichzeitig werden aber kompensierende Überschüsse in guten Zeiten gefordert.

> Die Schuldenbremse im Konjunkturzyklus

Dazu dient die sogenannte Konjunkturbereinigung, der folgender Gedanke zugrunde liegt: Zusätzliche konjunkturbedingte Defizite ergeben sich, weil in wirtschaftlich schlechten Zeiten die Ausgaben für Arbeitslosengeld steigen und die Steuereinnahmen sinken. Wenn kein Gegensteuern erfolgt, steigt automatisch das Staatsdefizit, und der Staat sorgt für zusätzliches Einkommen der privaten Haushalte (automatische Stabilisatoren). Eine ähnliche Entwicklung ergibt sich in wirtschaftlich guten Zeiten mit umgekehrtem Vorzeichen (konjunkturbedingte Überschüsse).

Die Konjunkturbereinigung erfolgt, indem diese automatischen Stabilisatoren als konjunkturabhängige Budgetkomponenten des Staatssektors aus dem aktuellen Defizit herausgerechnet werden. Zusätzlich werden etwaige Sondereffekte berücksichtigt. Erst dieses bereinigte Defizit (strukturelles Defizit) wird im Rahmen der Schuldenregel auf den Zielwert von 0,35 % begrenzt. Dadurch soll erreicht werden, dass über den Konjunkturzyklus sich die konjunkturellen Abweichungen ausgleichen und so mittel- und langfristig die Einhaltung der erwünschten Schuldenbegrenzung erreicht wird. Dies wird durch ein besonderes Ausgleichskonto kontrolliert.

Bei Naturkatastrophen oder außergewöhnlichen Notsituationen, die sich der Kontrolle des Staates entziehen und die staatliche Finanzlage erheblich beeinträchtigen, ist im Einzelfall eine Überschreitung der Schuldengrenze erlaubt. Allerdings muss gleichzeitig ein Tilgungsplan beschlossen werden, der die Rückführung dieser Überschreitung sicherstellt.

Entsprechende Schuldenbremsen müssen die Länder in ihre Verfassungen einfügen mit der Maßgabe, dass ab 2020 keine Nettoneuverschuldung mehr zulässig ist. Für die Gemeinden bleibt es bei den bisherigen streng investitionsorientierten Schuldengrenzen. Um den besonders verschuldeten Ländern die Einhaltung der Schuldenbremse zu ermöglichen, erhalten sie bis 2019 besondere Finanzhilfen zur Konsolidierung ihrer Haushalte.

> Gelungene Reform?

Umstritten bleiben Fragen der konzeptionellen Ausgestaltung der neuen Schuldenbremse: Zum einen wird kritisiert, dass die Abkehr von der investitionsorientierten Defizitbegrenzung (Goldene Regel) zur Verzerrung der Investitionsentscheidung von Politikern führen kann. Zum anderen wird die Frage der Ausgestaltung der Konjunkturbereinigung kontrovers diskutiert. Außerdem enthalte die Schuldenbremse für Bund und Länder im Gegensatz zum europäischen Recht keine Sanktionsmöglichkeiten bei einem Regelverstoß. Deswegen ist unsicher, ob die Schuldenbremse tatsächlich wirkt und insbesondere die Probleme auf der Länderebene lösen wird. *CB*

9.8 Schwarzarbeit

Wo läuft am meisten am Staat vorbei?

Unter dem Begriff der Schwarzarbeit werden wirtschaftliche Aktivitäten zusammengefasst, die steuer- und sozialversicherungsrechtlich bzw. statistisch verborgen bleiben und deren Umfang somit nur schwer gemessen werden kann. Einzelne Studien zeigen jedoch, dass der Anteil der Schwarzarbeit am BIP durchschnittlich bei etwa 4 bis 7 % liegt und vor allem im Baugewerbe, im Handwerkssektor, im Hotel- und Gaststättengewerbe sowie im sozialen, privaten Dienstleistungsbereich erwirtschaftet werden dürfte.

Dem in Deutschland geltenden »Gesetz zur Bekämpfung der Schwarzarbeit und illegalen Beschäftigung (Schwarzarbeitsbekämpfungsgesetz – SchwarzArbG)« zufolge fallen alle Dienst- und Werksleistungen unter den Tatbestand der Schwarzarbeit, die – erbracht oder beauftragt – den zuständigen Behörden nicht ordnungsgemäß gemeldet und für die demnach keine Steuern oder Sozialabgaben entrichtet werden. Nicht unter den Tatbestand der Schwarzarbeit fallen dagegen nicht nachhaltig auf Gewinn ausgerichtete Tätigkeiten der Nachbarschaftshilfe, der Selbsthilfe am Bau etc. (siehe § 1 Absatz 2 bzw. 3 SchwarzArbG).

Ein weiter gefasster Begriff, der ebenfalls oft verwendet wird, ist der der Schattenwirtschaft, welcher auch den Bereich der Haushalts- und Selbstversorgungswirtschaft sowie illegale Aktivitäten (Untergrundwirtschaft) umfasst. In Deutschland wird der Anteil der Schattenwirtschaft insgesamt in den letzten Jahren auf etwa 15 % des BIP geschätzt, wobei der Umfang der Schattenwirtschaft bzw. der Schwarzarbeit generell nur schwer zu erfassen ist. Da es sich jeweils um Aktivitäten handelt, die für die verschiedenen Behörden im Verborgenen bleiben, ist man auf direkte (z. B. Befragungen von Individuen) oder indirekte Methoden (z. B. mittels Bargeldnachfrage, modellgestützter Verfahren etc.) angewiesen, um das wahre Ausmaß der Schwarzarbeit abzuschätzen.

> **Bausektor, Gastronomie und Hotellerie sowie Dienstleistungen im Haushalt sind besonders betroffen**

Direkte Befragungen weisen für die Jahre 2001 bzw. 2004 einen durchschnittlichen Anteil der Schwarzarbeit am BIP in Deutschland von etwa 3 bis 4 % aus > Bild 1. Die Ergebnisse variieren je nach Methode und Abgrenzung bzw. auch je nach Befragung. Hinsichtlich der von Schwarzarbeit betroffenen Branchen lassen sich insbesondere der Bausektor, das Hotel- und Gaststättengewerbe sowie der soziale, haushaltsbezogene Dienstleistungsbereich nennen. Dies bestätigt das > Bild 2. Es stellt die geschätzten Umsatzzahlen der Schattenwirtschaft insgesamt in verschiedenen Bereichen für das Jahr 2007 dar. *AH*

Frage/Variable	2001			2004		
	West	Ost	Gesamt	West	Ost	Gesamt
Schwarzarbeit haben in den letzten 12 Monaten … % der 18- bis 66-Jährigen geleistet (Repräsentativumfrage mit 6 426 Befragten)	11,4	12,7	11,7	8,5	13,9	9,6
Durchschnittlich schwarzgearbeitete Zeit pro Woche	8 h 35 min	7 h 20 min	8 h 20 min	7 h 39 min	7 h 22 min	7 h 33 min
Durchschnittlicher Schwarzarbeiterstundenlohn (in Euro)	10,7	8,7	10,3	11,1	8,7	10,4
Jahresschwarzarbeitszeit je Schwarzarbeiter (in Std.)	446	381	428	398	383	392
Schwarzarbeit in % des BIP (Umfragedaten)	4,12	4,25	4,11	2,77	4,4	3,13

Bild 1 Schwarzarbeit in Deutschland – Umfrageergebnisse
Quelle: Feld, L. P.; Larsen, C. (2005).

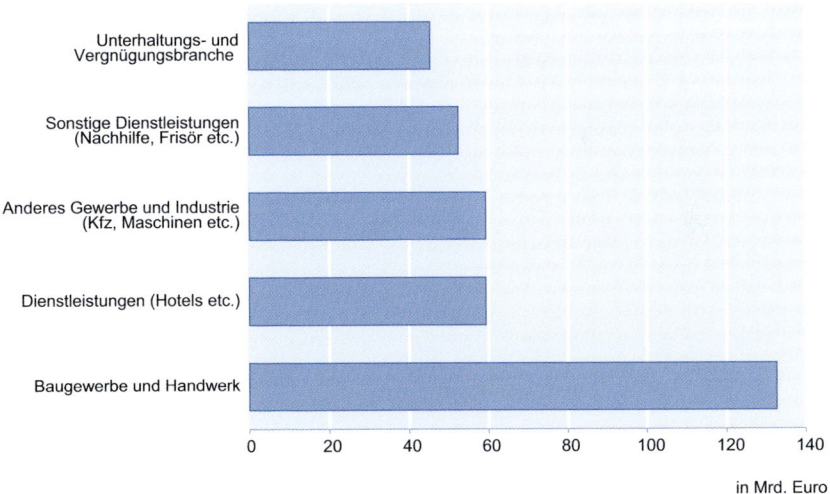

Bild 2 Geschätzter Umsatz der Schattenwirtschaft nach Wirtschaftsbereichen 2007
Quellen: Hauptverband der Deutschen Bauindustrie; IAW (2010); Berechnungen des ifo Instituts.

10 GELD UND WÄHRUNG

10.1 Geldwirtschaft

Wie kommt das Geld in die Wirtschaft?

In einer Geldwirtschaft ist Geld das allgemeine Zahlungsmittel. Um Käufe von Gütern und Dienstleistungen zu tätigen, können Haushalte und Unternehmen (Private) auf zwei Formen von Geld zurückgreifen: Bargeld, das sich aus Münzen und Banknoten zusammensetzt, sowie Buchgeld, das den Einlagen der Privaten auf den Girokonten der Geschäftsbanken entspricht. Damit neues Geld entstehen kann, müssen die Geschäftsbanken den Privaten neue Kredite gewähren. Geldschöpfung ist somit identisch mit Kreditschöpfung.

Wenn Frau Müller einen neuen Fernseher kaufen will und nicht über genügend Geld verfügt, muss sie einen Kredit bei ihrer Bank aufnehmen. Diese schreibt Frau Müller den Kreditbetrag auf ihrem Konto als Einlage gut > Bild 1+2. Wenn Frau Müller den Fernseher bargeldlos (mit der EC-Karte) bezahlt, sinken zwar ihre Einlagen wieder, aber gleichzeitig erhöhen sich die des Händlers. Insgesamt steigen die Einlagen der Privaten beim Bankensystem; neues Geld ist entstanden. Wenn Frau Müller den Kauf bar vornimmt, hebt sie den Betrag von ihrem Konto ab. Die Einlagen von Frau Müller sinken, aber der Bargeldbestand der Privaten ist gestiegen; neues Geld ist entstanden.

> Kreditschöpfung gleich Geldschöpfung

Unabhängig davon, welche der beiden Zahlungsweisen Frau Müller wählt, müssen die Geschäftsbanken den neu geschaffenen Kredit bei der Zentralbank refinanzieren. Im Falle der Barauszahlung müssen die Geschäftsbanken neues Bargeld von der Zentralbank beziehen, die dieses als alleiniger Anbieter zur Verfügung stellt. Im Falle der bargeldlosen Zahlung erhöhen sich die Einlagen bei den Geschäftsbanken. Aufgrund der Mindestreservepflicht müssen die Geschäftsbanken einen prozentualen Anteil ihrer Einlagen als Guthaben bei der Europäischen Zentralbank (EZB) anlegen. Um entweder Bargeld zu erhalten oder der Mindestreservepflicht nachzukommen, müssen die Geschäftsbanken einen Kredit bei der EZB aufnehmen, die diesen gegen Sicherheiten (Offenmarktgeschäft) zur Verfügung stellt. Somit kann die EZB einen entscheidenden Einfluss auf die Kreditzinsen nehmen. Wenn sie die Refinanzierung der Geschäftsbanken durch eine Anhebung des Leitzinses verteuert, werden die Geschäftsbanken diesen Anstieg der Refinanzierungskosten an die Privaten weitergeben und die Kreditzinsen erhöhen. Die Nachfrage nach Krediten und damit nach Geld wird sinken.

Die Mindestreserve schafft für diesen Zusammenhang zwischen Kredit- und Leitzins eine wichtige Voraussetzung. In den letzten Jahrzehnten hat der bargeldlose Zahlungsverkehr zunehmend an Bedeutung gewonnen. Selbst wenn sich eines Tages überhaupt kein Bargeld mehr im Umlauf befände, müssten sich die Geschäftsbanken dennoch aufgrund der Mindestreservepflicht über Zentralbankgeld refinanzieren. *TW*

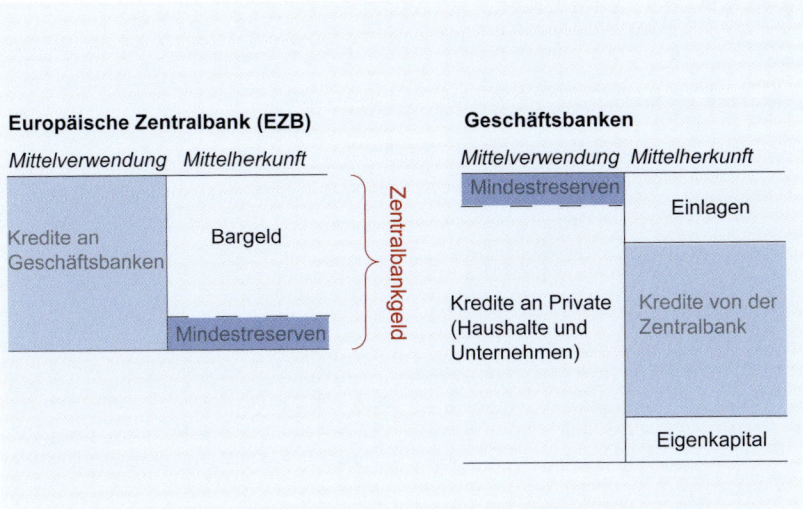

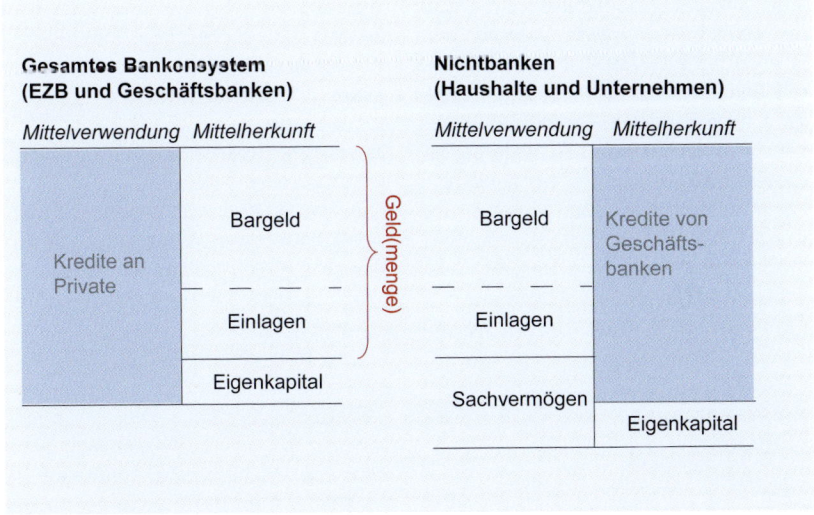

Bild 1+2 Bilanztechnische Zusammenhänge
Quelle: Darstellung des ifo Instituts.

10.2 Inflation, Deflation und Geldmenge

Wie hängen diese Größen zusammen?

Inflation und Deflation sind zu jeder Zeit mehr oder weniger spürbare Veränderungen des allgemeinen Preisniveaus. Diese werden durch Markteinflüsse geprägt, können jedoch durch die Geldpolitik der Zentralbanken beeinflusst werden.

Der Wert des Geldes ergibt sich aus der Menge der Güter, die sich damit kaufen lassen. Insoweit hängt der Geldwert vom allgemeinen Preisniveau ab. Die Menge an Gütern, die eine Person mit ihrem zur Verfügung stehenden Einkommen erwerben kann, stellt die Kaufkraft des Geldes dar. Stark steigende Preise reduzieren diese, d. h., für jeden Euro können weniger dieser Güter gekauft werden. Die Entwicklung der Preise wird durch die Menge der von den Unternehmen bereitgestellten Güter, also dem Angebot, und den Nachfragewünschen nach diesen Gütern bestimmt. Da diese Faktoren ständigen Veränderungen unterliegen, können nicht alle Preise im Zeitablauf konstant bleiben. Die Entwicklung der Preise eines bestimmten Warenkorbes wird mit der Preissteigerungsrate ausgedrückt. Steigende Preise werden dabei als Inflation bezeichnet, fallende als Deflation.

> Auswirkungen von Inflation und Deflation

Die Höhe der Preissteigerungsrate hängt davon ab, wie viel Geld sich im Umlauf befindet und wie schnell es in den Wirtschaftskreislauf gelangt (Umlaufgeschwindigkeit), d. h. nicht gehortet wird. Um ein stabiles Preisniveau zu erhalten, muss der Staat bzw. die Zentralbank Einfluss auf die Geldmengenentwicklung nehmen. Je mehr Geld die Zen-

tralbank in Umlauf bringt, desto höher ist die Güternachfrage bei konstanter Geldumlaufgeschwindigkeit. Es besteht also ein Zusammenhang zwischen dem Geldmengenwachstum und der Inflationsrate > Bild 1. Hyperinflationen (sehr rasches Ansteigen des Preisniveaus) sind besonders problematisch, da das eben verdiente Geld schnell an Wert verliert. Auch Ersparnisse mit geringerem Zinssatz als die Inflationsrate verlieren dann an Wert. Negativ betroffen sind alle, die ihr Einkommen nicht oder nicht schnell genug an die Inflationsrate anpassen können. Auch die Preisanpassungen der Unternehmen verlaufen nicht im Gleichschritt mit der Inflation. Die Lenkungsfunktion der Preise ist damit verfälscht. Geld kann bei einer Hyperinflation seine Bedeutung als Zahlungsmittel verlieren, sodass nur noch ein reiner Tauschhandel stattfindet.

Ein über einen längeren Zeitraum sinkendes Preisniveau (Deflation) ist ebenfalls negativ für die wirtschaftliche Entwicklung. Die Leute glauben dann, zukünftig Produkte noch günstiger erwerben zu können, was zu einer Kaufzurückhaltung heute führt. Dieses Phänomen besteht seit mehreren Jahren in Japan. Die Zentralbank versucht dort, dieser Entwicklung entgegenzuwirken. Die Zinsen wurden auf ein Niedrigmaß gesenkt, wodurch Kredite günstiger werden und die Investitionstätigkeit angeregt werden soll > Bild 2. *BZ*

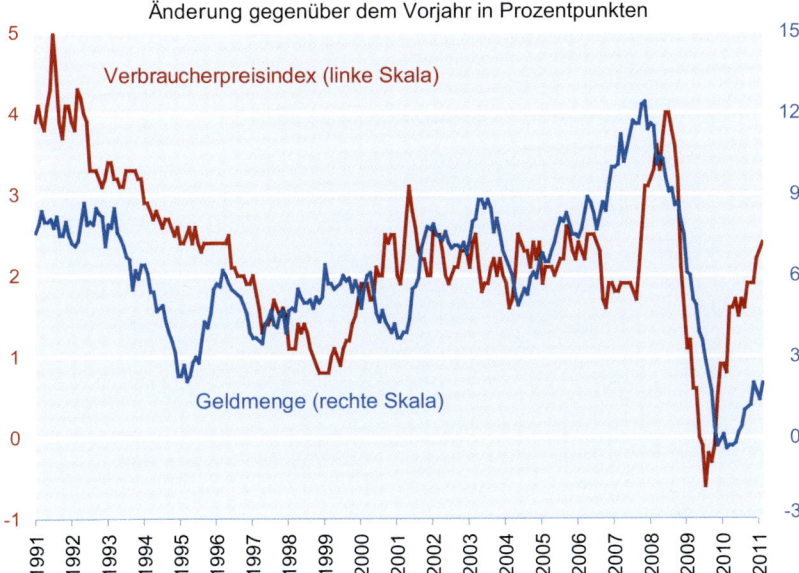

Bild 1 Änderungsraten von Verbraucherpreisindex und Geldmenge in der **EU**
Quelle: Europäische Zentralbank.

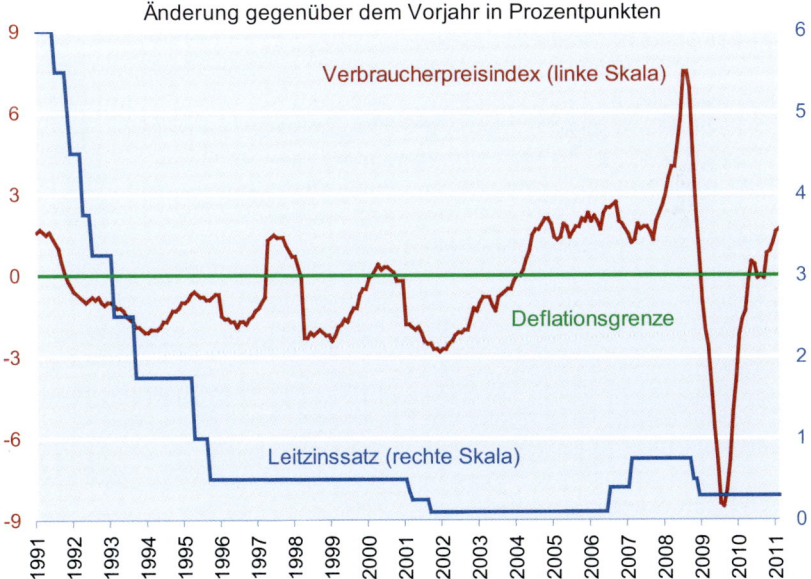

Bild 2 Leitzinssatz und Änderungsrate des Verbraucherpreisindex in **Japan**
Quelle: Bank of Japan.

10.3 Liquiditätsfalle

Welche Auswege gibt es?

Als Liquiditätsfalle bezeichnet man eine Situation, in der eine Zentralbank mit ihren herkömmlichen geldpolitischen Instrumenten an die Grenzen der stabilisierungspolitischen Möglichkeiten gestoßen ist. Als Ausweg aus der Liquiditätsfalle können Notenbanken auf eine Politik der quantitativen Lockerung übergehen. Alternativ kann die Fiskalpolitik eingesetzt werden, um die Wirtschaft zu stimulieren.

Normalerweise steuert eine Zentralbank mit ihren Instrumenten die kurzfristigen Nominalzinsen am Interbankengeldmarkt. Durch eine Senkung der Leitzinsen verbilligt sie die Kosten der Geschäftsbanken für die Ausleihungen von Zentralbankgeld und erhöht dadurch die Nachfrage nach Zentralbankgeld für Investitionszwecke. Allerdings ist der Spielraum für expansive geldpolitische Maßnahmen nach unten begrenzt, da Nominalzinsen nicht unter null sinken können. Ist die Nullzinsgrenze einmal erreicht und die Rezession, die die Zentralbank bekämpfen will, so ausgeprägt, dass die bisherigen Zinsschritte nicht ausreichen, um die Wirtschaft wieder ins Gleichgewicht zu bringen, liegt die Situation einer Liquiditätsfalle vor > Bild 1. Da in einer solchen Situation die gesamtwirtschaftliche Nachfrage gering ist, kann es zu einer Deflation kommen. Die Deflation vergrößert den Realzins und senkt die Investitionen, was abermals weniger Nachfrage und stärker fallende Preise bedeutet. Die Rezession wird zur Depression, also einer lang anhaltenden Phase mit geringem Wachstum oder gar Schrumpfung. Historische Beispiele für eine Liquiditätsfalle sind die »Große Depression« in den USA der 1930er-Jahre, das »Verlorene Jahrzehnt« in Japan ab Mitte der 1990er-Jahre und die Rezession in den USA infolge der Weltfinanzkrise der Jahre 2007 bis 2010.

> Quantitative Lockerung

Um solche Situationen zu vermeiden, gehen Zentralbanken im Rahmen einer Politik der quantitativen Lockerung auf eine direkte Steuerung der Zentralbankgeldmenge über und versorgen das Bankensystem mit Zentralbankgeld, indem sie große Mengen von Wertpapieren mit langfristiger Laufzeit ankaufen > Bild 2. Ziel ist es, längerfristige Zinssätze zu senken, um so die gesamtwirtschaftliche Nachfrage zu erhöhen. Alternativ besteht die Möglichkeit, durch Devisenmarktinterventionen eine Abwertung der heimischen Währung zu erzeugen. Dies stärkt die ausländische Nachfrage nach heimischen Gütern und erhöht die Inflation. Auch durch eine glaubwürdige Ankündigung, in Zukunft ein höheres Preisniveau als heute zu erreichen, könnte die Deflationsspirale gebrochen werden.

Als Alternative zu geldpolitischen Maßnahmen kommt auch eine sehr expansive Fiskalpolitik infrage, die auf eine Erhöhung der gesamtwirtschaftlichen Nachfrage abzielt, um so aus der Liquiditätsfalle zu gelangen. *TW*

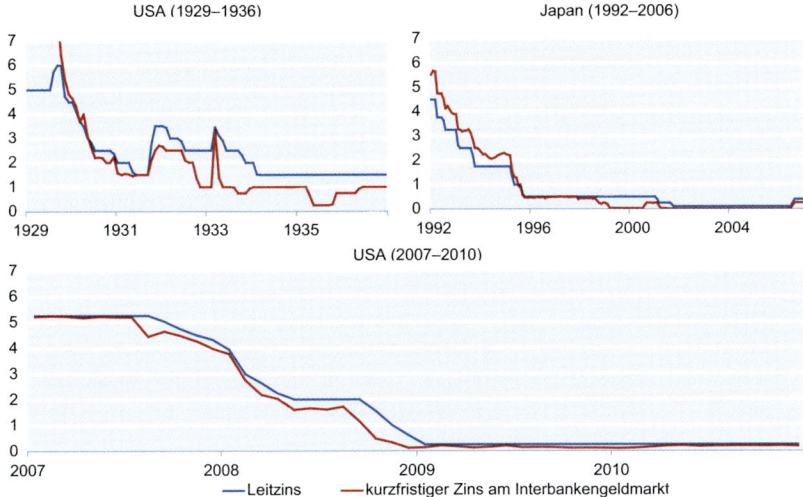

Bild 1 Zinspolitik in der Liquiditätsfalle[1]

[1] *Für die USA (1929 bis 1936) und Japan ist der Leitzins der Diskontsatz; für die USA (2007 bis 2010) ist es die Federal Funds Target Rate. Der kurzfristige Zins ist ein Zinssatz für Tagesgeld. Quellen: NBER Macrohistory Database, Bank of Japan, US Federal Reserve, ifo Institut.*

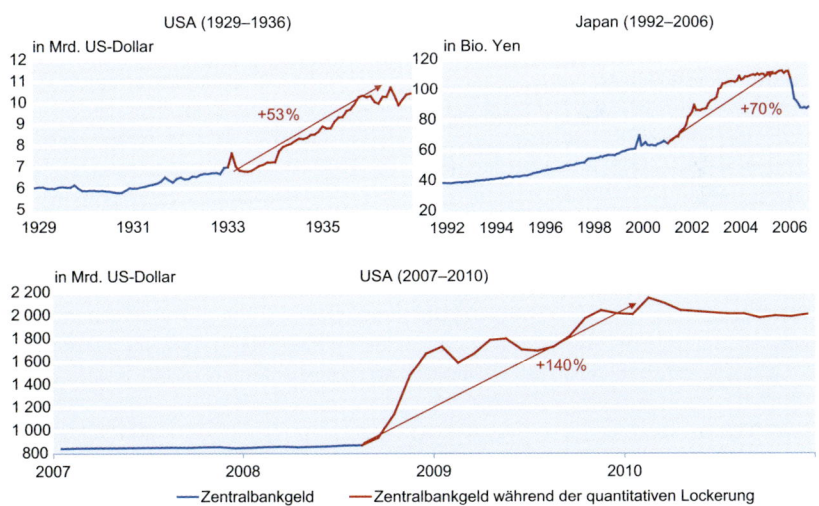

Bild 2 Quantitative Lockerung
Quelle: Siehe Bild 1.

10.4 Zentralbanken

Wovon hängt Reputation ab?

Die Reputation einer Zentralbank als konsequenter Inflationswächter fördert das Vertrauen in die Stabilität des Geldes. Die Grundpfeiler für den Gewinn von Reputation bilden politische Unabhängigkeit und eine längere Historie erfolgreicher Inflationsbekämpfung. Einmal erworben bildet sie einen wirksamen Schutz gegen die Fehlentwicklungen durch Inflation, Deflation oder spekulative Attacken.

Ebenso wie ein schnelles Wachstum der Geldmenge können auch dauerhaft niedrige Zinsen langfristig die Stabilität des Geldes gefährden. Es kommt zur Inflation, in deren Folge der reale Wert des Geldes sinkt. Negative Auswirkungen hat dies vor allem für Sparer, deren Bankguthaben, Lebensversicherungen oder Wertpapiere an Kaufkraft verlieren.

Dennoch sind Regierungen immer wieder versucht, Inflation zuzulassen oder diese sogar selbst herbeizuführen. Denn insbesondere in Wahlkampfzeiten versprechen niedrige Zinsen einen – zumindest kurzfristigen – Aufschwung und mehr Beschäftigung. Der Staat kann durch das »Anwerfen der Notenpresse« versuchen, Haushaltslöcher zu stopfen oder die Last der Staatsschulden durch Inflation real zu verringern. Deshalb gilt vor allem die Unabhängigkeit einer Zentralbank als notwendige Voraussetzung stabilen Geldes. Eine Zentralbank gilt dann als unabhängig, wenn sie nicht an politische Weisungen gebunden ist (institutionelle Unabhängigkeit), sie über den Einsatz ihrer Instrumente frei entscheiden kann (operative Unabhängigkeit), sie über ihre Funktionsträger und deren Amtsausübung selbst bestimmt (personelle Unabhängigkeit) und sie über eigene Haushaltsmittel im Rahmen ihres Auftrages frei verfügen kann (finanzielle Unabhängigkeit). Wie Ländervergleichsstudien zeigen, ist die Inflation in den Ländern am niedrigsten, deren Zentralbanken viele dieser Kriterien erfüllen > Bild 1.

> **Reputation muss erworben und verteidigt werden**

Möchte die Politik Inflation wirksam bekämpfen, ist es also ratsam, die Zentralbank mit möglichst weitgehender Unabhängigkeit auszustatten und so die eigenen Handlungsspielräume der Politik zu beschränken. Reputation als scharfer Inflationswächter entsteht aber nicht über Nacht. Sie zu erwerben dauert Jahrzehnte, während derer eine Zentralbank beweisen muss, dass sie willens und in der Lage ist, die Stabilität des Geldes und letztlich auch des Finanzsystems zu gewährleisten. Hilfreich sind hierbei vor allem Transparenz und eine gute Kommunikation, die Unterstützung der Öffentlichkeit sowie – wenn auch umstritten – die Selbstverpflichtung auf ein konkretes Inflations- oder Wechselkursziel > Bild 2. Hat eine Zentralbank das Vertrauen der Märkte gewonnen und sind die Inflationserwartungen fest verankert, so verfügt sie über einen wirksamen Schutz gegen die Gefahren von Inflation, Deflation und sogar spekulativen Attacken. Deshalb lohnt es sich, die einmal gewonnene Reputation jeden Tag aufs Neue zu verteidigen. *MK*

Durchschnittliche Inflationsrate in %
9
8
7
6
5
4
3
2
ES
NZ
IT
GB
AU
FR/NO/SE
DK
JP
CA
NL
BE
US
CH
DE
0,5
1
1,5
2
2,5
3
3,5
4
4,5
Unabhängigkeitsindex

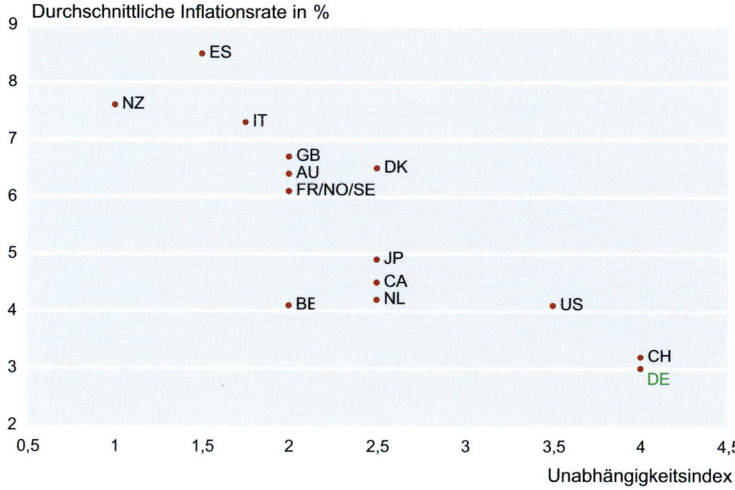

Bild 1 Inflation und Zentralbankunabhängigkeit[1)]

[1)] *Durchschnittswerte 1955 bis 1988.*

Quelle: Alesina, A.; Summers, L. H. (1993).

Abkürzungen siehe Länderkürzelverzeichnis.

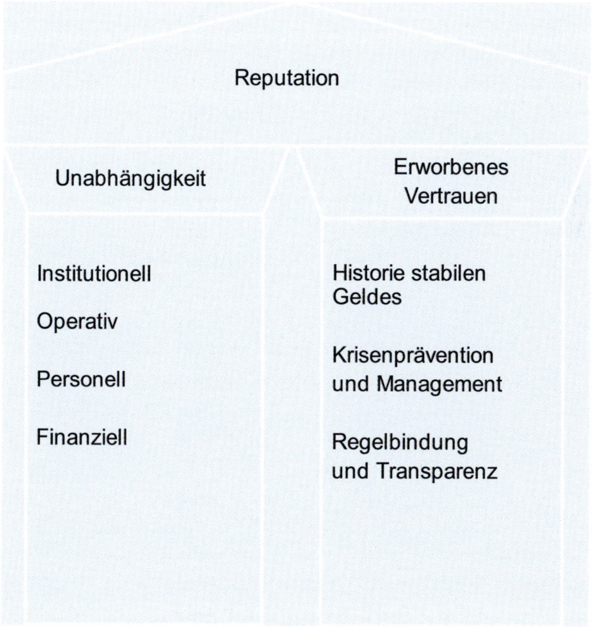

Reputation
Unabhängigkeit
Erworbenes Vertrauen
Institutionell
Operativ
Personell
Finanziell
Historie stabilen Geldes
Krisenprävention und Management
Regelbindung und Transparenz

Bild 2 Bestimmungsgründe der Reputation einer Zentralbank

Quelle: Darstellung des ifo Instituts.

10.5 Der Euro

Weltwährung oder Weichwährung?

Die europäische Gemeinschaftswährung löste in Politik und Wirtschaft in Europa zunächst große Hoffnung aus, die dominante Weltwährung zu werden. Der Euro hat den US-Dollar als Leitwährung zwar (noch) nicht ablösen können, aber in den letzten Jahren als internationales Zahlungsmittel zunehmend an Bedeutung gewonnen.

Mit der Einführung des Euro ist nicht nur eine europäische Gemeinschaftswährung geschaffen worden, sondern auch eine internationale Leitwährung, welche über das europäische Währungsgebiet hinaus eine große Bedeutung besitzt. Der Begriff Leitwährung wird für Devisen (ausländische Währungen) verwandt, welche international in hohem Umfang als sogenannte Reservewährung gehalten werden. Diese Devisenreserven werden von den Zentralbanken der Welt benutzt, um Wechselkursschwankungen auszugleichen. Früher diente Gold als Reservemittel, heute werden vorrangig ausländische Währungen dafür genutzt. Den größten Anteil an ausländischen Devisenreserven hat heute der US-Dollar. Jedoch ist seit der Einführung im Jahr 1999 ein leichter Anteilsgewinn des Euro an den weltweiten Devisenreserven festzustellen > Bild 1. Zählt man die im jeweiligen Währungsgebiet selbst zirkulierende Geldmenge mit, hat der Euro dem Dollar bereits im Jahr 1999 den Rang abgelaufen. Im Jahr 2010 lag der Wert der existierenden Euro-Geldmenge um 26 % über dem Wert der Dollar-Geldmenge.

> Der Euro als Anker- und Anlagewährung

Darüber hinaus hat der Euro in den letzten Jahren auch als internationale Ankerwährung an Bedeutung gewonnen.

In diesem Fall koppelt eine meist kleine Volkswirtschaft ihre eigene Währung an den Euro (z. B. Länder im Baltikum und auf dem Balkan). Eine weiter steigende Bedeutung des Euro zeigt sich in der Verwendung als internationale Anlagewährung. Betrachtet man das Bestandsvolumen von internationalen Anleihen nach Währungen, ist der Anteil der in Euro notierten Papiere am größten > Bild 2. Der internationale Handel mit Waren und Dienstleistungen verläuft seit der Einführung des Euro zwischen den Mitgliedsländern in der einheitlichen Gemeinschaftswährung. Sicherungsgeschäfte, sogenannte Hedginggeschäfte, der beteiligten Unternehmen zur Absicherung von Wechselkursrisiken sind somit nicht mehr notwendig. Auch als weltweites Transaktionsmittel findet der Euro zunehmend Akzeptanz. In den letzten Jahren wurde in zahlreichen Nicht-Euro-Ländern ein stetiger Anstieg der in Euro laufenden Anteile an den Ex- und Importen verzeichnet. Der Begriff Weltwährung Euro ist also durchaus gerechtfertigt, auch wenn der US-Dollar als internationales Transaktionsmittel außerhalb des eigenen Währungsraums immer noch die global höchste Bedeutung besitzt. *BZ*

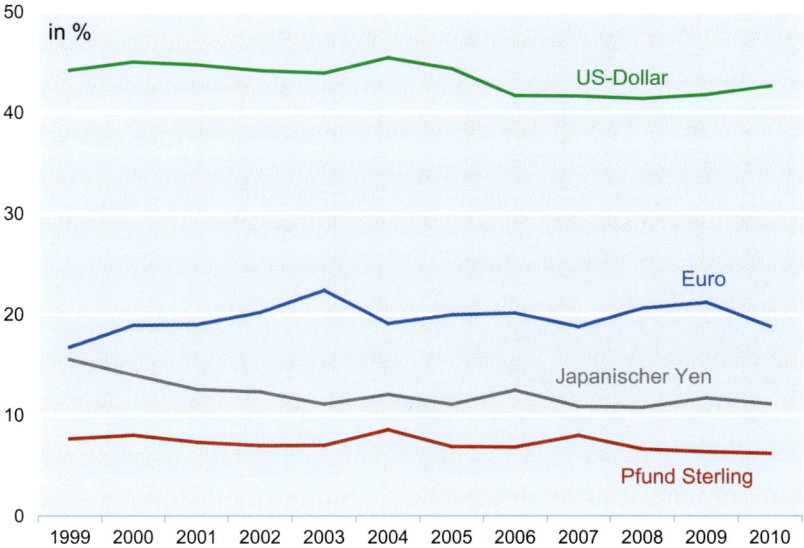

Bild 1 Anteil ausgewählter Währungen an den weltweiten ausländischen Devisenreserven
Quelle: Bank für Internationalen Zahlungsausgleich.

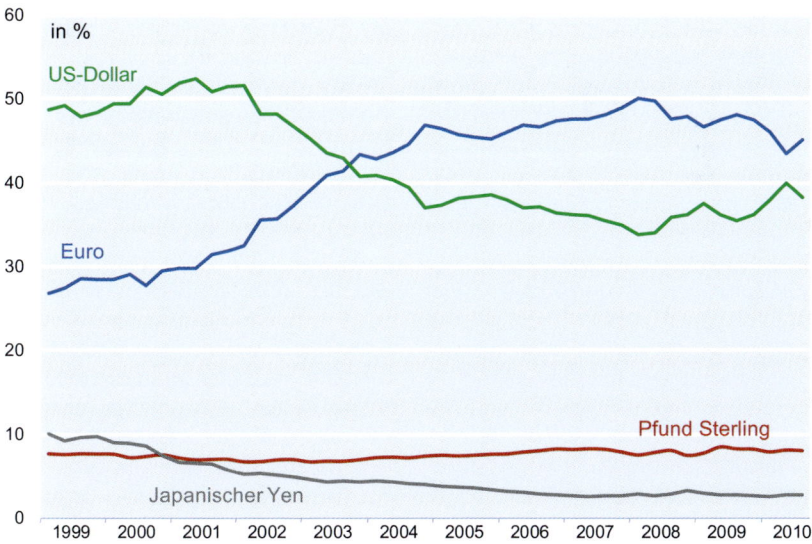

Bild 2 Anteil der in ausgewählten Währungen notierten Rentenpapiere an internationalen Anleihen insgesamt
Quelle: Siehe Bild 1.

10.6 Euro-Krise

Bleiben als Folge die großen Zinsunterschiede?

Im Jahr 2010 standen mehrere Euro-Länder infolge der Wirtschaftskrise vor dem akuten Problem drohender Zahlungsunfähigkeit. Um die Gemeinschaftswährung zu stabilisieren, wurde von den EU-Ländern daher ein dichtes Sicherheitsnetz geknüpft.

Die zunehmende öffentliche Verschuldung stellte ab 2009 zahlreiche Euro-Staaten vor ein gravierendes Problem. Im Zuge der Euro-Krise hat die Neuverschuldungsquote, d. h. der jährliche Zuwachs an Schulden in Relation zum Bruttoinlandsprodukt, in zahlreichen europäischen Staaten ein neues Höchstmaß erreicht > Bild 1. Ein Land muss für seine Schulden dem Käufer (Gläubiger) dieser Staatsanleihen einen Basiszins zuzüglich eines Risikoaufschlags zahlen. Die Höhe dieses Aufschlags ist maßgeblich vom Ausfallrisiko, d. h. der möglichen Zahlungsunfähigkeit dieses Landes und dem Wechselkursrisiko abhängig. Vor der Euro-Einführung emittierten Länder Anleihen in eigener Landeswährung, sodass stets ein Währungsrisiko für einen ausländischen Investor bestand. Daher waren vor der Euro-Einführung große Zinsunterschiede zwischen den Staaten zu beobachten. Diese Unterschiede verschwanden mit der Ankündigung und Einführung der Gemeinschaftswährung.

> Das Risiko des Staatsbankrotts

Die jüngere Entwicklung hat den Kapitalmarktteilnehmern jedoch gezeigt, dass die bisherigen Stabilitätskonzepte unzureichend waren und die Stabilitätskriterien neben Griechenland auch von anderen Ländern ständig überschritten wurden. Die niedrigen Zinsen waren ein Anreiz für öffentliche und private Verschuldung. In vielen Ländern kam es zu einem durch importierte Kredite erzeugten Boom auf den Immobilienmärkten, der mit der Finanzkrise später ein jähes Ende nahm. Verschuldung, Löhne und Preise sind mittlerweile so hoch, dass die Anleger Staatskonkurse nicht ausschließen, und dafür verlangen sie nun wieder Zinsaufschläge. Wenngleich diese Aufschläge noch nicht ganz an die Aufschläge aus der Vor-Euro-Zeit heranreichen, haben sie doch beträchtliche Ausmaße erreicht > Bild 2. Im Euro-Raum können die Länder ihre Wettbewerbsfähigkeit nicht über eine Abwertung steigern, und sie können den Außenwert ihrer Schulden dadurch nicht senken. Zinsunterschiede werden also nur in dem Maße schwinden, wie die Staatsschuldenproblematik gelöst und die Wettbewerbsfähigkeit durch Lohn- und Preiszurückhaltung gestärkt wird. Die EU-Länder haben umfangreiche Hilfsprogramme beschlossen, um die wegbrechenden privaten Kapitalströme zu ersetzen. Möglicherweise werden die Länder ihren Gläubigern erklären müssen, dass nicht alle Schulden zurückgezahlt werden können. *BZ*

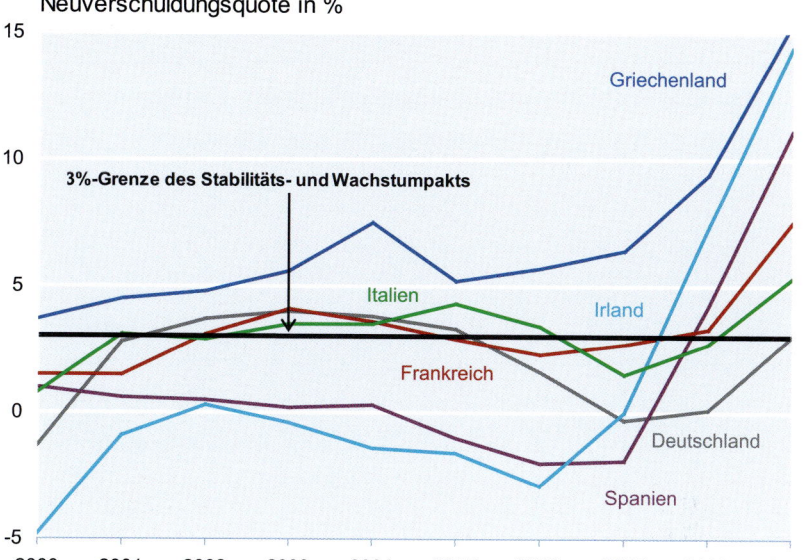

Bild 1 Jährliche Neuverschuldung ausgewählter Euro-Länder
Quollo: Eurostat.

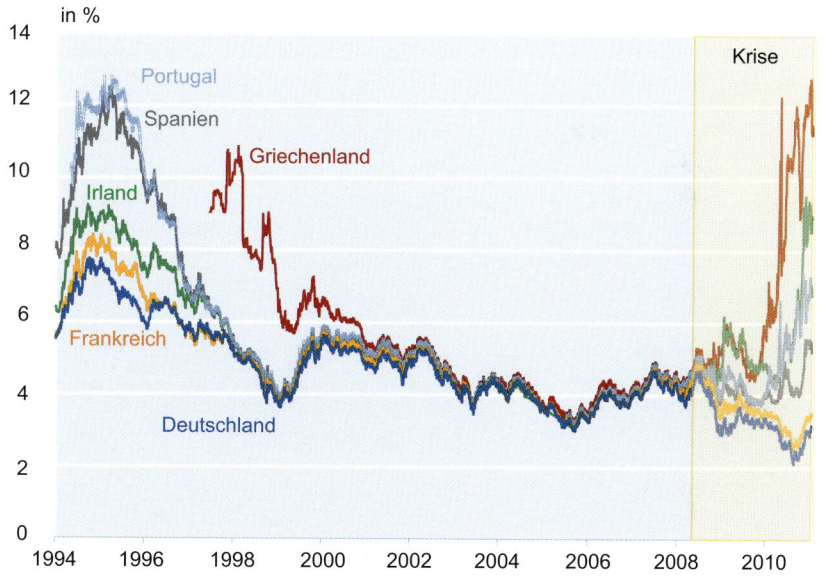

Bild 2 Zins für zehnjährige Staatsanleihen von Euro Ländern vor und nach der Einführung des Euro
Quelle: Reuters Ecowin.

10.7 Ansteckungseffekte

Finanz- und Realwirtschaft sitzen in einem Boot

Die Finanz- und Wirtschaftskrise der Jahre 2008 und 2009 hat verdeutlicht, dass Verwerfungen in den internationalen Finanzsystemen erhebliche Auswirkungen auf die Realwirtschaft haben können. Störungen im Finanzsystem beeinflussen auf verschiedenen Wegen das Verhalten der Wirtschaftsteilnehmer.

Die Folgen der Finanz- und Wirtschaftskrise zeigt > Bild 1. Es bestehen vier zentrale Ansteckungskanäle, durch die Störungen der Finanzwirtschaft auf die Realwirtschaft übertragen werden können > Bild 2: der Vermögenskanal, der Bankbilanzkanal, der Restrukturierungskanal und der Risikostrukturkanal. Auch können massenpsychologisch begründete Vertrauenseffekte das Verhalten der Wirtschaftsteilnehmer beeinflussen, indem sie die anderen Kanäle verstärken. So führte beispielsweise eine Vertrauenskrise bei den Banken dazu, dass diese sich gegenseitig kein Geld mehr liehen. Der sogenannte Interbankenmarkt brach zusammen, was die Finanzkrise 2008/2009 verschärfte.

Die Kanäle wirken über Verwerfungen auf den Finanz- und Immobilienmärkten, welche das Vermögen der privaten Haushalte und Unternehmen verringern, beispielsweise durch sinkende Wertpapierpreise (Vermögenskanal). Bei Banken führen die sinkenden Vermögenswertpreise zu Abschreibungen, wodurch ihr Eigenkapital sinkt. Dies beeinträchtigt die Kreditvergabemöglichkeiten der Banken (Bankbilanzkanal). Zusätzlich können die Banken durch Liquiditätsprobleme infolge der Krise gezwungen sein, bestehende Kredite neu zu verhandeln oder auch Sicherheiten bei Zahlungsausfällen schneller zu verwerten (Restrukturierungskanal). Da in Krisenzeiten viele Finanzprodukte nicht mehr gehandelt werden bzw. nicht mehr zur Verfügung stehen, werden die Banken darüber hinaus auch in ihrem Risikomanagement beeinträchtigt (Risikostrukturkanal).

> **Auswirkungen auf die Realwirtschaft**

Sinkt das Vermögen bzw. Nettovermögen der Wirtschaftsteilnehmer, reagieren diese in der Regel durch geringeren Konsum bzw. Investitionen. Dies bremst das Wirtschaftswachstum. Das gesunkene Nettovermögen der Wirtschaftsteilnehmer erschwert dabei zusätzlich deren Finanzierungsmöglichkeiten über Kredite, was die Investitions- und Konsumneigung verringert.

Da jeder durch eine Bank vergebene Kredit mit einem bestimmten Eigenkapitalbetrag hinterlegt sein muss, kann es durch sinkendes Eigenkapital der Banken zu einer restriktiveren Kreditvergabe kommen. Durch den Risikostrukturkanal verlieren ferner risikoreiche Anlageformen an Attraktivität. Zusätzlich führt ein wirtschaftlicher Abschwung zu höheren Kreditausfällen bei den Banken. In der Konsequenz können die Preise der entsprechenden Vermögenswerte weiter sinken. Dadurch können die auslösenden Effekte (Vermögenskanal, Bankbilanzkanal) weiter verstärkt werden. So kann ein Kreislauf entstehen, in dem sich Finanz- und Wirtschaftskrise gegenseitig verstärken. *JS*

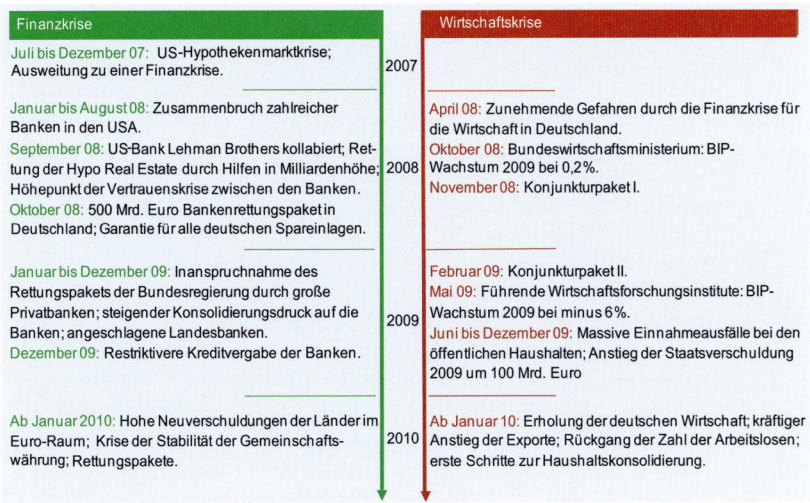

Finanzkrise		Wirtschaftskrise
Juli bis Dezember 07: US-Hypothekenmarktkrise; Ausweitung zu einer Finanzkrise.	2007	
Januar bis August 08: Zusammenbruch zahlreicher Banken in den USA. September 08: US-Bank Lehman Brothers kollabiert; Rettung der Hypo Real Estate durch Hilfen in Milliardenhöhe; Höhepunkt der Vertrauenskrise zwischen den Banken. Oktober 08: 500 Mrd. Euro Bankenrettungspaket in Deutschland; Garantie für alle deutschen Spareinlagen.	2008	April 08: Zunehmende Gefahren durch die Finanzkrise für die Wirtschaft in Deutschland. Oktober 08: Bundeswirtschaftsministerium: BIP-Wachstum 2009 bei 0,2 %. November 08: Konjunkturpaket I.
Januar bis Dezember 09: Inanspruchnahme des Rettungspakets der Bundesregierung durch große Privatbanken; steigender Konsolidierungsdruck auf die Banken; angeschlagene Landesbanken. Dezember 09: Restriktivere Kreditvergabe der Banken.	2009	Februar 09: Konjunkturpaket II. Mai 09: Führende Wirtschaftsforschungsinstitute: BIP-Wachstum 2009 bei minus 6 %. Juni bis Dezember 09: Massive Einnahmeausfälle bei den öffentlichen Haushalten; Anstieg der Staatsverschuldung 2009 um 100 Mrd. Euro
Ab Januar 2010: Hohe Neuverschuldungen der Länder im Euro-Raum; Krise der Stabilität der Gemeinschaftswährung; Rettungspakete.	2010	Ab Januar 10: Erholung der deutschen Wirtschaft; kräftiger Anstieg der Exporte; Rückgang der Zahl der Arbeitslosen; erste Schritte zur Haushaltskonsolidierung.

Bild 1 Wichtige Ereignisse der Finanz- und Wirtschaftskrise in Deutschland
Quelle: Tagesschau; Darstellung des ifo Instituts.

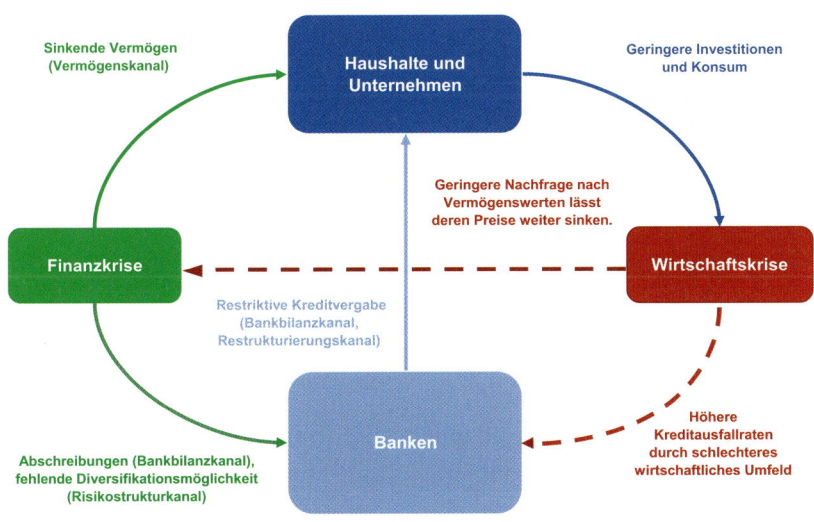

Bild 2 Ansteckungseffekte zwischen Finanz- und Realwirtschaft
Quelle: Wirtschaftsforschungsinstitute, Gemeinschaftsdiagnose – Herbst 2008; ifo Institut.

10.8 Bankenregulierung

Was jetzt geschehen muss

Die Finanzkrise ab 2007 hat deutlich gemacht, dass die Regulierung der Banken unzureichend war, um die Stabilität des globalen Bankensystems zu sichern. In der Folge mussten Banken mit staatlichem Geld gerettet werden. Um diesen Entwicklungen entgegenzuwirken, sollten vor allem Maßnahmen zur Vorbeugung weiterer Krisen sowie zur Verbesserung der Aufsichtsstrukturen und des Krisenmanagements ergriffen werden.

In der weltweiten Finanzkrise erwiesen sich in vielen Ländern die Regulierungen der Banken als unzureichend. Vor der Krise waren viele Banken zu hohe Risiken eingegangen, sodass wegen der Vernetzung untereinander nicht nur der Konkurs einer einzelnen Bank, sondern der Zusammenbruch des Bankensystems mit gravierenden Folgen für den Zahlungsverkehr und die Kreditvergabe drohte. Im Interesse der Sparer und der Wirtschaft mussten die Staaten mit hohen Beträgen einspringen. Um weiteren Krisen vorzubeugen, wurden international zahlreiche Maßnahmen vereinbart und umgesetzt > Bild 1. Hier sind vor allem die Eigenkapitalanforderungen im Rahmen des Reformpakets Basel III zu nennen. Strengere Eigenkapitalvorschriften sollen die Widerstandskraft der Banken in Krisenzeiten stärken und die Anreize zur Risikoübernahme senken.

> Weiterer internationaler Handlungsbedarf

Bei der internationalen Bankenaufsicht und einem international abgestimmten Krisenmanagement sind weitere Maßnahmen notwendig, weil sich ein Land bei einem isolierten Vorgehen dem sogenannten Trilemma der Finanzmarktarchitektur gegenübersieht > Bild 2. Dieses lässt sich nur lösen, wenn nationale Aufsichts- und Regulierungsstrukturen durch eine international integrierte und koordinierte Finanzaufsicht ersetzt werden. Auch die Bündelung der nationalen Behörden sollte vorangetrieben werden.

Darüber hinaus ist ein internationales Insolvenzrecht für die Banken notwendig, die bei ihrer Insolvenz einen Dominoeffekt auf andere Banken und das Bankensystem auslösen können (systemische Banken). Deutschland hat diesbezüglich mit dem Restrukturierungsgesetz einen ersten Schritt getan. Allerdings setzt ein effizientes Krisenmanagement bei grenzüberschreitend tätigen Banken voraus, dass international abgestimmte Rechtsregeln und Maßnahmen vereinbart werden. Hier könnte beispielsweise durch einen internationalen Restrukturierungsfonds ein Instrument nach dem Vorbild des deutschen Sonderfonds für Finanzmarktstabilisierung (SoFFin) installiert werden.

Abschließend sollte auch der zukünftige Umgang mit großen internationalen Banken geregelt werden. Der Einfluss einer einzelnen Bank auf die Stabilität des Finanzsystems (sogenanntes systemisches Risiko) sollte reduziert werden. Dazu wären beispielsweise besondere Lenkungsabgaben wie ein Eigenkapitalzuschlag für besondere Risiken geeignet. *JS*

Vorbeugung weiterer Krisen		Bankenaufsicht	Krisenmanagement
Widerstandfähigkeit der Banken erhöhen; Prozyklizität verringern	Marktstabilität erhöhen, Systemrelevanz der Banken verringern	Aufsichtskompetenzen neu ausrichten und bündeln	Abwicklung insolventer Institute, Lastenteilung

Eingeleitete Maßnahmen

· Eigenkapitalbasis stärken · Begrenzung des Verschuldungsgrades · Strengere Liquiditätsstandards	· Standardisierter Derivatehandel · Finanztransaktions-steuer · Verbot ungedeckter Leerverkäufe · Aktivitätsbeschränkung	· Aufsichtsstrukturen auf europäischer Ebene	· Selbstabwicklungs-verfügungen der Banken · Restrukturierungs-prozess von Banken reformieren

Offene Regulierungsfragen

———	· Systemrelevanz durch Lenkungsabgaben weiter senken	· Bündelung der nationalen Aufsicht · Supranationale Aufsicht	· Grenzüberschreitende Insolvenzen · Internationaler Restrukturierungsfond

Bild 1 Eingeleitete und notwendige Maßnahmen der Bankenregulierung
Quelle: Sachverständigenrat (2010): Jahresgutachten; Darstellung des ifo Instituts.

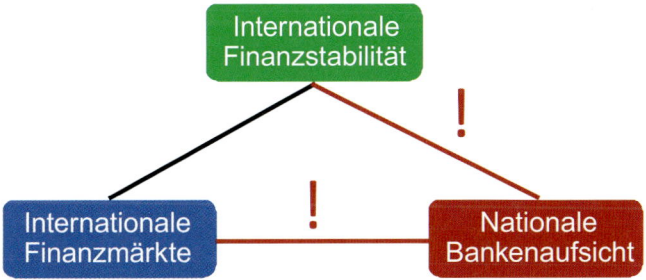

Internationale Finanzmärkte und Finanzstabilität sind zentrale Ziele der Wirtschaftspolitik. Nationale Aufsichtsstrukturen vernachlässigen die internationalen Auswirkungen systemischer Risiken. Das Trilemma kann nur durch internationale Aufsichtsstrukturen gelöst werden.

Bild 2 Trilemma der internationalen Finanzmarktarchitektur
Quelle: Schoenmaker, D. (2011); Darstellung des ifo Instituts.

10.9 Globalisierung der Kapitalmärkte

Mehr Risiken als Chancen?

fKaum eine Facette der Globalisierung hat so viel Unmut auf sich gezogen wie die weltweite Liberalisierung der Kapitalmärkte – nicht erst seit der jüngsten schweren Finanzkrise. Begriffe wie Turbo- oder Kasinokapitalismus prägen die Diskussion. Wäre die Weltwirtschaft ohne global integrierte Kapitalmärkte besser aufgestellt?

Die weitgehende Öffnung der Finanzmärkte hat die Globalisierung wie ein Katalysator beschleunigt und zum Teil erst möglich gemacht. Die Vorteile dieser Entwicklung – höherer Wohlstand, mehr Arbeitsplätze, mehr Vielfalt und Austausch – hätten ohne einen regen Kapitalverkehr nicht in dem Maße genutzt werden können. Mittlerweile haben die Finanzmärkte die Gütermärkte in den Transaktionsvolumina weit hinter sich gelassen. So wird an den Devisenmärkten an wenigen Handelstagen ein größeres Finanzvolumen bewegt als auf den globalen Gütermärkten in einem ganzen Jahr > Bild 1. Offenbar haben sich die Finanzmärkte weitgehend von der Welthandelsentwicklung abgekoppelt.

Das dynamische Geschehen an den Finanzmärkten darf jedoch nicht unbesehen mit Spekulation gleichgesetzt werden. Finanztransaktionen dienen in erster Linie der Absicherung gegen Währungs-, Zins- und Kreditausfallrisiken sowie der Finanzierung von Handel, Produktion und Investitionen. So lösen normale realwirtschaftliche Handelsgeschäfte einen erheblichen Teil der täglichen Devisentransaktionen aus, seien es begleitende internationale Kreditfinanzierungen oder Absicherungsgeschäfte gegen Schwankungen der Devisenkurse > Bild 2. Aus einem einfachen Handelsgeschäft kann eine ganze Kette abgeleiteter Finanztransaktionen folgen.

> **Bessere Regulierung der Weltfinanzmärkte**

Die positiven Wirkungen der Finanzmärkte sind im Prinzip unbestritten. Das hohe Maß an Offenheit und Wettbewerb, der für diese Märkte kennzeichnend ist, wirkt als Hebel zur Lenkung knappen Kapitals in die bestmögliche Verwendung. Allerdings hat die jüngste Finanzkrise den Blick auf die Unvollkommenheiten und erheblichen Fehlentwicklungen der Finanzmärkte schonungslos offengelegt. Falsche Anreizsysteme, zu niedrige Eigenkapitalquoten und das Verschieben von Risiken auf die öffentliche Hand haben zu Marktexzessen und spekulativen Blasen geführt, die jetzt geplatzt sind. Dies hat nicht nur die Banken, sondern die ganze Weltwirtschaft in Mitleidenschaft gezogen und bisher unvorstellbare Rettungsaktionen der Staaten ausgelöst. Zu Recht steht daher die bessere Regulierung und Stabilisierung des Weltfinanzsystems ganz oben auf der politischen Tagesordnung.

Diese notwendigen Reformen dürfen jedoch nicht die eigentlichen Funktionen der Finanzmärkte beeinträchtigen; denn ohne sie kann eine global vernetzte Wirtschaft nicht das notwendige Wachstum und den gewünschten Wohlstand ermöglichen. *HJH*

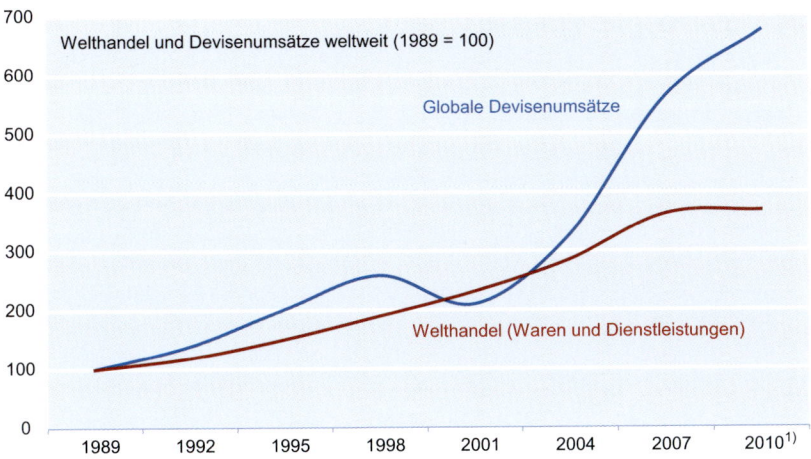

Bild 1 Entkoppelung von Welthandel und Devisenumsätzen
[1] *Welthandel 2010 = Durchschnitt der ersten drei Quartale*
Quellen: OECD; Bank für Internationalen Zahlungsausgleich.

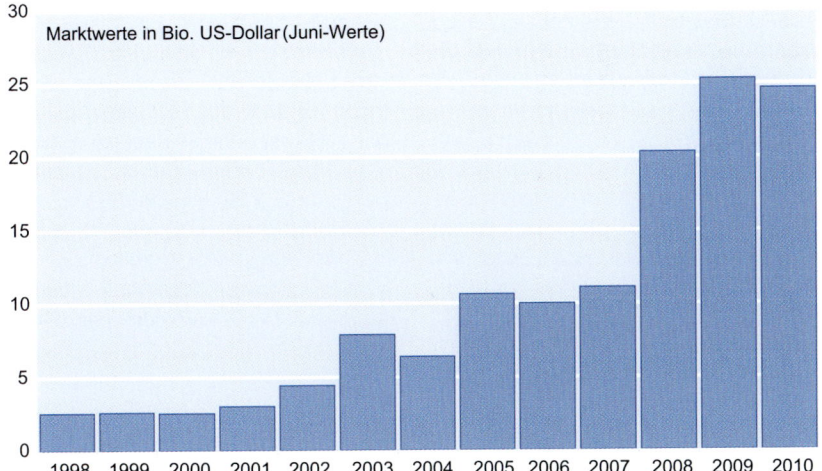

Bild 2 Entwicklung der OTC-Derivate[1]
[1] *OTC-Derivate bezeichnen von Basiswerten abgeleitete Wertpapiere, die nicht an einer Börse,*
sondern direkt »over the counter« (über den Schalter) gehandelt werden.
Quelle: Bank für Internationalen Zahlungsausgleich.

10.10 Währungsunionen

Ihre Vor- und Nachteile

Wenn sich mindestens zwei souveräne Staaten dazu entscheiden, eine gemeinsame Währung zu haben und eine gemeinsame Geld- und Währungspolitik zu betreiben, spricht man von einer Währungsunion. Der Hauptvorteil einer Währungsunion ist der Wegfall der Wechselkursrisiken. Dies fördert den Binnenhandel und unterstützt die Integration der Finanzmärkte. Der Hauptnachteil ist der Verzicht auf eine nationale Geldpolitik und den Wechselkurs als Instrument zur Stabilisierung einer Volkswirtschaft beim Auftreten von Schocks.

Eine Währungsunion ist eine Form eines Wechselkurssystems, bei dem das Austauschverhältnis zwischen den Währungen durch die Abschaffung der nationalen Währungen unwiderruflich fixiert wird. Ein Grund für das Bestreben vieler Länder, den Wechselkurs zu fixieren, sind die unbefriedigenden historischen Erfahrungen mit rein marktbestimmten Wechselkursen. Einerseits zeichneten sich diese flexiblen Wechselkurse durch ein hohes Maß an kurzfristigen Schwankungen aus, die einen negativen Einfluss auf die Planungssicherheit von international agierenden Unternehmen und Anlegern hatten. Andererseits kam es in solchen Systemen häufig zu langfristigen Abweichungen des Wechselkurses von dem als fundamental erachteten gleichgewichtigen Wechselkurs. Solche Fehlentwicklungen führten zu ausgeprägten Unter- oder Überbewertungen der Währungen und beeinflussten maßgeblich die Wettbewerbsfähigkeit ganzer Volkswirtschaften. Vor allem europäische Länder, bei denen der Außenhandel einen hohen Beitrag zur gesamtwirtschaftlichen Produktion leistet, waren deshalb bestrebt, die Flexibilität der Wechselkurse einzuschränken. Mit der Einführung des Euro am 1. Januar 1999 wurde die derzeit bedeutendste Währungsunion geschaffen, die seit 2011 insgesamt 17 Länder umfasst.

> Vorteile

Der unmittelbare Vorteil einer Währungsunion ist der Wegfall der nationalen Währungen und damit verbunden der Notwendigkeit, mithilfe des Wechselkurses die eine Währung in die andere zu tauschen oder umzurechnen. Dadurch können zum einen Transaktionskosten eingespart werden, die beispielsweise durch den Kauf und Verkauf von Fremdwährungen an den Devisenmärkten oder durch die Absicherung gegen unerwünschte Wechselkursänderungen entstehen. Zum anderen nimmt durch die unwiderrufliche Fixierung des Wechselkurses die Planungssicherheit von langfristig orientierten Unternehmern zu, da eine potenzielle Unsicherheit bei der Berechnung des Rückflusses aus ihrer Investition in einem anderen Land nicht mehr besteht. Schließlich erhöht sich die Preistransparenz, da die Preise eines Gutes oder einer Dienstleistung im gemeinsamen Währungsraum einfach miteinander verglichen werden können. Dies führt zu höherem grenzüberschreitenden Wettbewerb unter den Anbietern der Güter und Dienstleistungen und damit zu einem Rückgang der Preise. Der höhere Wettbewerb und die verbesserte Planungssicherheit führen zu einer Ausweitung des Binnenhandels und der grenzüberschreitenden Investitionen in der Währungsunion, was sich positiv auf Beschäftigung und Wachstum auswirkt.

Eine Währungsunion fördert zudem die Schaffung eines gemeinsamen Finanzmarktes. Dieser umfasst neben einem einheitlichen Interbankengeldmarkt auch die Entstehung grenzüberschreitender Kredit-, Anleihe- und Aktienmärkte, auf denen Kapital ohne Wechselkursrisiko ausgetauscht werden kann. Aber auch die zunehmende Vereinheitlichung der institutionellen Rahmenbedingungen trägt zu einer Integration der Märkte bei. Die damit verbundene Ausweitung der Liquidität der jeweiligen Märkte und die verbesserte Möglichkeit, Risiken zu streuen, reduzieren die Zinsaufschläge, die Kapitalgeber von den Kapitalnehmern verlangen. Von der Schaffung des gemeinsamen Finanzmarktes profitieren vor allem kleine Länder und solche, die vor dem Eintritt in die Währungsunion relativ hohe Inflationsraten aufwiesen. Da ihre Währung häufig gegenüber den Währungen anderer Länder abwertet, verlangen internationale Kapitalgeber hohe Aufschläge wegen des Wechselkursrisikos.

> Nachteile

Der wichtigste Nachteil einer Währungsunion ist der Verlust der nationalen Geldpolitik und der damit verbundenen Möglichkeit, auf länderspezifische gesamtwirtschaftliche Schocks mit einer Änderung der Leitzinsen und damit einhergehend mit einer Änderung des Wechselkurses gegenüber anderen Währungen reagieren zu können. Erleidet beispielsweise nur ein Mitgliedsland der Währungsunion einen starken Einbruch der gesamtwirtschaftlichen Nachfrage, so hätte eine nationale Zentralbank versucht, mithilfe einer Zinssenkung dem Anstieg der Arbeitslosenquote entgegenzuwirken. Hätte dies zu einem niedrigeren Wechselkurs geführt, hätte dies die Stabilisierungspolitik der Zentralbank unterstützt. Die gemeinsame Zentralbank der Währungsunion kann auf diesen nationalen Nachfrageeinbruch nur insoweit reagieren, wie die Nachfrage in der Währungsunion insgesamt reduziert wird. Je kleiner das betroffene Land ist, desto geringer ist der relative Effekt auf die Nachfrage in der Währungsunion und damit auch die stabilisierende Reaktion der gemeinsamen Zentralbank. Fällt die Geldpolitik als Stabilisierungsinstrument weg, kann alternativ ein flexibler Arbeitsmarkt dazu beitragen, die Kosten einer Währungsunion zu reduzieren. Im Beispiel könnten die Löhne im betroffenen Land sinken oder die Arbeitnehmer in ein nicht betroffenes Land abwandern; beides würde einem Anstieg der Arbeitslosigkeit entgegenwirken. Darüber hinaus verfügen die Länder einer Währungsunion weiterhin über eine nationale Fiskalpolitik, mit der sie versuchen können, die Auswirkungen des Schocks zu stabilisieren. Im Beispiel könnte das betroffene Land mit einer Erhöhung der Staatsausgaben oder einer Senkung der Steuern die Konjunktur ankurbeln. *TW*

11 DEUTSCHLAND IN DER WELTWIRTSCHAFT

11.1 Globaler Wettbewerb

Wo steht Deutschland?

Deutsche Unternehmen sind mit Spitzentechnologien auf den Weltmärkten erfolgreich. Eine ausgebaute Infrastruktur, umfassende Rechtssicherheit und ein relativ gutes Bildungssystem können Deutschland auch weiterhin wachsenden Wohlstand garantieren. Doch die Zukunft gehört anderen Ländern.

Deutschland ist die viertgrößte Volkswirtschaft der Welt. Sein Beitrag zur globalen Produktion lag 2009 bei knapp 6 %. Dieser Anteil entspricht ca. 3,35 Bio. US-Dollar. Zum Vergleich: Ein Viertel aller 2009 weltweit produzierten Güter kam aus den USA, jeweils knapp 9 % aus Japan und China > Bild 1.

Die rapide gesunkenen Transport- und Kommunikationskosten, der Zusammenbruch der Sowjetunion sowie die fortschreitende europäische Integration haben eine noch nie da gewesene Verschränkung der Güter-, Kapital- und Arbeitsmärkte ermöglicht. Die Folge: ein intensiverer internationaler Wettbewerb. Wer beschäftigt die talentiertesten Manager und Ingenieure? Wer bekommt frisches Kapital, und zu welchen Konditionen? Wer besitzt genug Innovationskraft, um seine Marktposition zu stärken? Diese Fragen werden Deutschland und die Weltwirtschaft in Zukunft bewegen.

Unterm Strich wird die Bundesrepublik von dieser Entwicklung profitieren. Auch wenn Deutschland beim BIP pro Kopf in den letzten 15 Jahren von der dritten auf die zehnte Stelle in Europa zurückgefallen ist, ist es noch immer eines der reichen Länder der Welt. Seine industrielle Basis (ohne die Bauindustrie) zeichnet für ein Viertel der Bruttowertschöpfung verantwortlich (EU-15: ein Fünftel) > Bild 2. In vielen Branchen sind deutsche Unternehmen Technologieführer – mit herausragenden Erfolgen auf den Weltmärkten: Mehr als ein Drittel der inländischen Produktion wird exportiert.

> **Handel ist kein Nullsummenspiel**

Manche Unternehmen werden der internationalen Konkurrenz zwar nicht standhalten können. Gesamtwirtschaftlich jedoch führt die Globalisierung zu einem besseren Einsatz der knappen gesellschaftlichen Ressourcen. Handel ist kein Nullsummenspiel, bei dem sich ein Land auf Kosten eines anderen bereichert. Unterschiede in der Technologie und der Faktorausstattung zwischen Ländern sowie Größenersparnisse durch Marktausdehnung ermöglichen Wohlstandszuwächse. Die Vorteile zeigen sich in niedrigeren Preisen, größerer Produktvielfalt und höheren Einkommen. Darüber hinaus profitiert Deutschland aber auch von einer gut ausgebauten Infrastruktur, rechtlicher und politischer Sicherheit sowie einer hoch qualifizierten Arbeitsbevölkerung.

Und dennoch: Die Zukunft liegt nicht in Deutschland. Von 1999 bis 2009 hat China seine Pro-Kopf-Wirtschaftsleistung um schwindelerregende 150 % gesteigert, Indien und Russland um gut 70 %. Dagegen mutet der Zuwachs von 8,5 % hierzulande geradezu bescheiden an. *MSM*

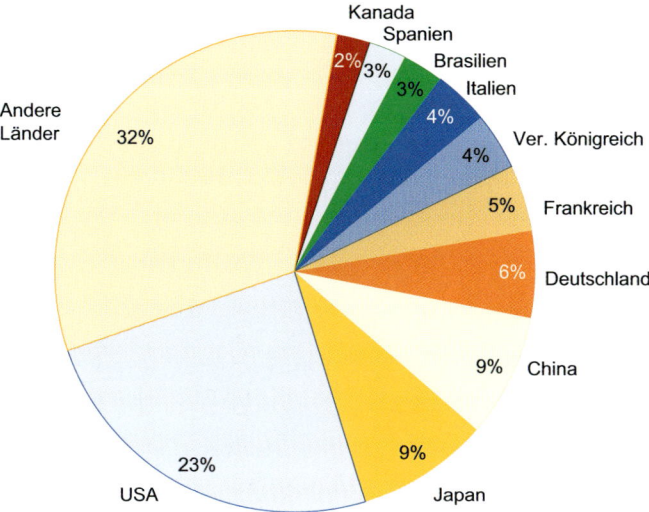

Bild 1 Weltsozialprodukt[1] nach Ländern 2009
[1] *58,2 Bio. US-Dollar*
Quelle: Weltbank: World Development Indicators.

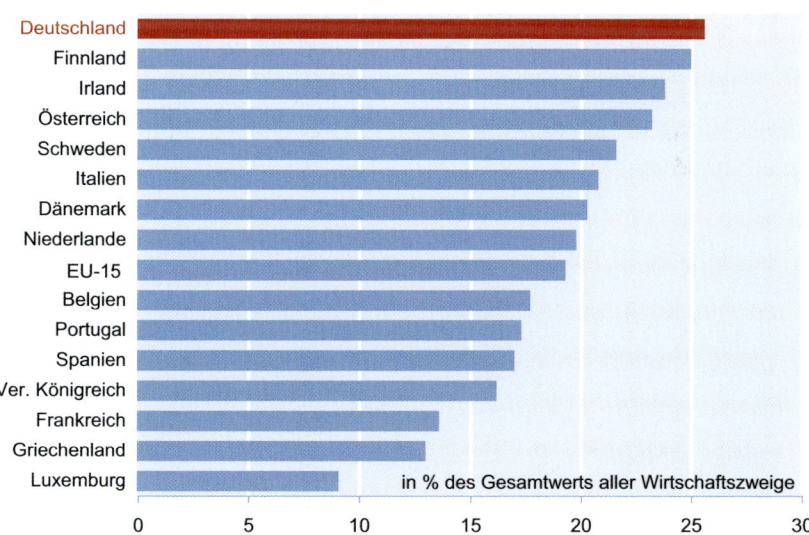

Bild 2 Bruttowertschöpfung der industriellen Basis[1] 2008
[1] *Zu den jeweiligen Herstellungspreisen und Wechselkursen*
Quelle: Eurostat.

11.2 Weltwirtschaft

Europa auf der Kriechspur?

Die Weltwirtschaftskrise hat Spuren hinterlassen, auch und gerade in Europa. Doch die wirtschaftliche Dynamik hatten die Europäer schon lange vor der Rezession verloren. Ein Grund: die mangelnde Innovationskraft.

Das Jahr 2009 wird wegen der Weltwirtschaftskrise in die Geschichte eingehen. Zum ersten Mal nach dem Ende des Zweiten Weltkriegs ging die globale Produktionsleistung bezogen auf das Vorjahr zurück. Die Folgen: Staatsbankrotte, Massenarbeitslosigkeit, soziale Spannungen.

Auch die europäische Wirtschaft ist tief in die Rezession gerutscht. Die Nachbeben der Finanzkrise sind für Teile der Europäischen Union zur Zerreißprobe geworden. Ist die Integration der Güter-, Kapital- und Arbeitsmärkte etwa zu weit gegangen? Wohl kaum. Die Entwicklung Europas in der zweiten Hälfte des 20. Jahrhunderts ist politisch wie ökonomisch eine Erfolgsgeschichte. Die Staaten des heutigen Europa sind in einer unvergleichlichen Weise miteinander verbunden. Der allergrößte Teil der Bevölkerung lebt in einem nie da gewesenen Wohlstand. Nimmt man den Wert der jährlichen Güterproduktion als Maßstab, dann stellt die EU mit ihren 27 Mitgliedstaaten heute den größten zusammenhängenden Wirtschaftsraum der Welt dar.

> Europas Anteil an der globalen Ökonomie nimmt ab

Und doch schwindet das Gewicht Europas in der globalen Ökonomie. Für diese Feststellung genügt allein ein Blick auf die Bevölkerungsentwicklung. Damit einher geht die Tatsache, dass die EU-15 verglichen mit den USA und Japan sowie den BRIC-Staaten für das vergangene Jahrzehnt die zweitniedrigste Wachstumsrate des Bruttoinlandsprodukts aufweist. Nur »Dauerpatient« Japan erging es noch schlechter > Bild 1. Zwar wachsen entwickelte Ökonomien aufgrund sinkender Grenzerträge des Kapitals grundsätzlich langsamer als Schwellen- und Entwicklungsländer. Doch einer größeren Dynamik in Westeuropa stehen – trotz punktueller Reformen – die vergleichsweise rigiden Arbeitsmärkte und hoch entwickelten Sozialstaaten im Weg. Bei der Fähigkeit zu Innovationen, dem Motor für Produktivitätsgewinne, hat es in den letzten Jahren keine Fortschritte gegeben.

Ganz anders die Situation in China und Indien. Ihr Aufstieg zu ökonomischen Schwergewichten wird nun auch getragen von der rasanten Akkumulation technologischen Wissens. Ein aufschlussreicher Indikator: die Entwicklung der jährlichen Patentanmeldungen pro Kopf > Bild 2.

Von dem Auftritt dieser Länder auf der Bühne der globalen Wirtschaft wie auch von der EU-Osterweiterung profitiert aber auch »das alte Europa« ganz erheblich: Durch Arbeitsteilung und Marktausdehnung entstehen Handelsgewinne, die sogenannten »gains from trade«. *MSM*

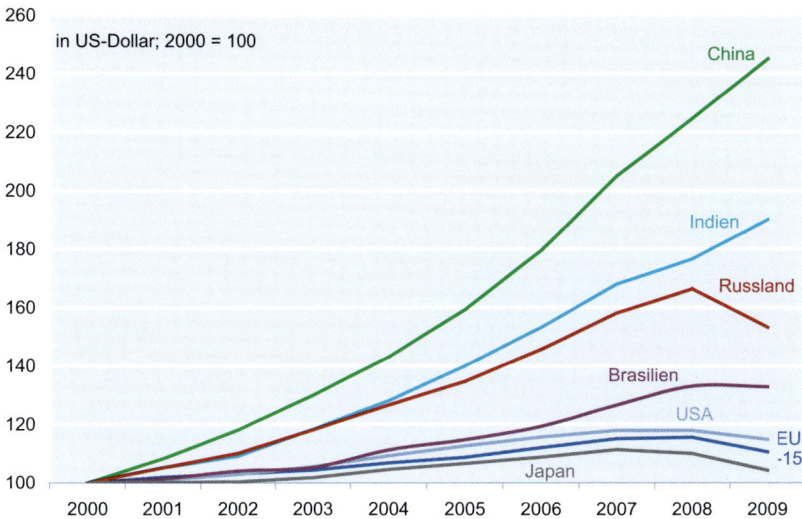

Bild 1 Entwicklung des realen BIP 2000 bis 2009
Quelle: Weltbank: World Development Indicators.

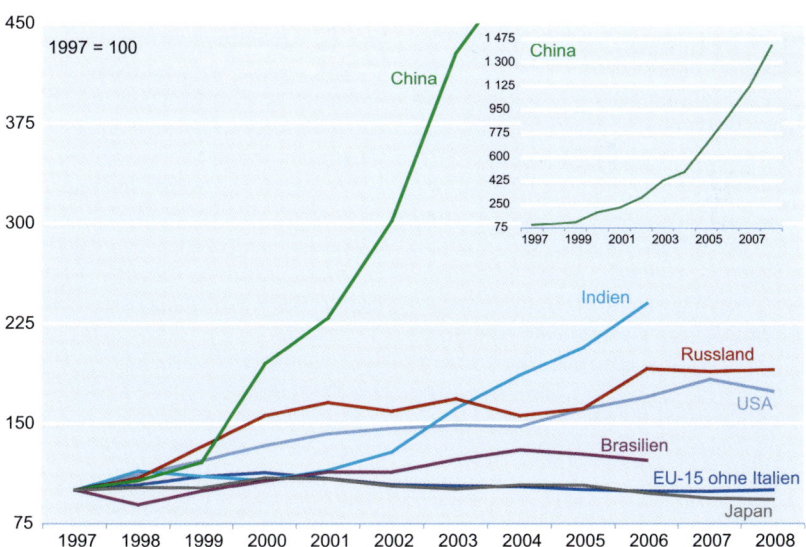

Bild 2 Patentanmeldungen pro Kopf 1997 bis 2008
Quelle: Siehe Bild 1.

11.3 Leistungsbilanz und Kapitalverkehr

Zwei Seiten derselben Medaille

Die Leistungsbilanz erfasst internationale Transaktionen einer Volkswirtschaft. Sie wird unterteilt in die Handelsbilanz, die Dienstleistungsbilanz und die Übertragungsbilanz. Die beiden Erstgenannten messen den Import und Export von Waren und Dienstleistungen. Die Übertragungsbilanz hingegen enthält Geschenke, die Ausländern von Inländern gemacht werden. Der Leistungsbilanzüberschuss gleicht dem Nettokapitalexport eines Landes, weil jener Teil des Exportüberschusses, der nicht verschenkt wird, zu einem Aufbau von Forderungen gegenüber dem Ausland führt.

Deutschland erzielte in den letzten Jahren stets einen Überschuss in seiner Leistungsbilanz. Es verdiente im Außenhandel mehr Geld, als es für Geschenke an das Ausland, so z. B. Entwicklungshilfe, Netto-EU-Beiträge und Gastarbeiterüberweisungen, verwendete. Der Überschuss wurde für den Vermögenserwerb im Ausland verwendet, sei es für Direktinvestitionen, für den Erwerb von Finanzprodukten oder für eine Kreditvergabe an ausländische Kreditkunden. Ähnlich erging es China und Japan > Bild 1. Auf der anderen Seite standen Länder wie die USA, Frankreich oder Großbritannien, die Leistungsbilanzdefizite aufwiesen und sich für diese Defizite Kredite im Ausland besorgen oder Vermögensobjekte verkaufen mussten. Die Ländergrafik zeigt, bei welchen Ländern die deutschen Handelsbilanzüberschüsse in der Vorkrisenzeit (2005 bis 2008) vornehmlich entstanden sind > Bild 2. Das Geld, das Deutschland bei diesen Ländern verdiente, hat es also auch verwendet, um netto aus China, Japan und rohstoffreichen Ländern Güter zu importieren.

> **Warum Leistungsbilanzüberschüsse keine Vorteile bedeuten**

Häufig wird gesagt, es sei ein Vorteil für ein Land, wenn es Leistungsbilanzüberschüsse hat. Diese Aussage ist jedoch falsch, denn solche Überschüsse bedeuten, dass Waren und Leistungen abgegeben, anstatt selbst verbraucht werden. Sinnvoll sind Leistungsbilanzüberschüsse nur, wenn ihnen in der Zukunft Defizite gegenüberstehen, wenn also für die Güter, die man hergibt, später wieder Güter zurückkommen.

Der deutsche Überschuss war im Übrigen kein Zeichen von Stärke, wie Politiker und Industrievertreter manchmal behaupten, sondern das Ergebnis einer relativen Standortschwäche, die zu Kapitalabflüssen führte. Deutschland exportierte sein Kapital, anstatt es selbst zu investieren. Es hatte von 1995 bis 2009 die niedrigste Nettoinvestitionsquote aller OECD-Länder. Das führte zu einer Wirtschaftsflaute, die die Importe zurückhielt und über eine Lohnzurückhaltung die Exporte belebte. Umgekehrt war es bei den südeuropäischen Ländern. Der Zufluss von Kapital erzeugte einen beispiellosen Wirtschaftsboom und ein Defizit in der Leistungsbilanz. *SB*

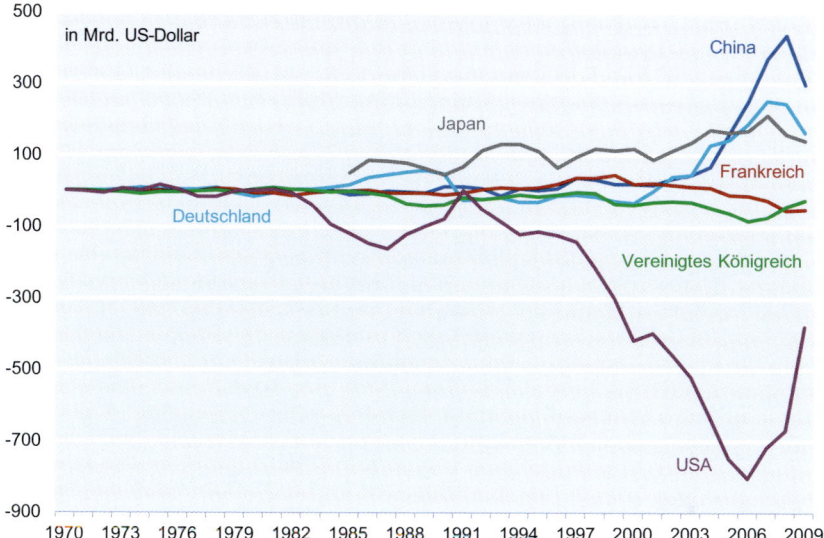

Bild 1 Leistungsbilanz ausgewählter Länder
Quellen: OECD (2011).

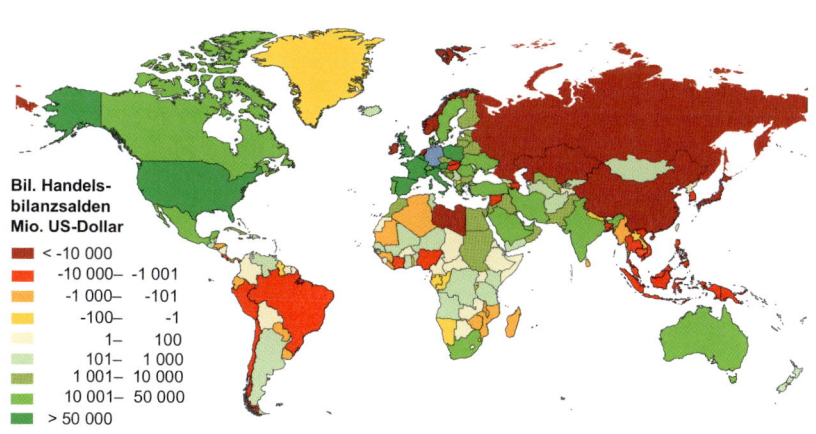

Bild 2 Bilaterale Handelsbilanzsalden Deutschlands mit den Ländern der Welt (Summe 2005–2008)
Quelle: International Trade Center (2011).

11.4 Direktinvestitionen multinationaler Unternehmen

Heilsbringer oder Ursache für Krisen?

Direktinvestitionen deutscher Unternehmen im Ausland und ausländischer Unternehmen in Deutschland werden in der Öffentlichkeit häufig kritisch beurteilt. Es wird befürchtet, dass durch die Auslandsinvestitionen Arbeitsplätze in Deutschland verloren gehen. Außerdem wird befürchtet, dass durch die internationalen Verflechtungen Krisen im Ausland auf Deutschland übertragen werden.

Die empirischen Untersuchungen dazu sind aber nicht eindeutig, denn von den internationalen Direktinvestitionen werden auch positive Wirkungen auf den Arbeitsmarkt und über den Technologietransfer auch auf Produktivität und Wachstum ausgeübt. Was den Arbeitsmarkteffekt anbelangt, so schaffen ausländische Unternehmen in Deutschland viele zusätzliche Arbeitsplätze (dunkelblaue Säulen > Bild 1). Andererseits entstehen dank deutscher Auslandsinvestitionen noch mehr neue Arbeitsplätze im Ausland (hellblaue Säulen). Diese sind aber nicht notwendigerweise mit Arbeitsplatzverlusten in Deutschland gleichzusetzen. Vielfach verschaffen sich deutsche Unternehmen über Direktinvestitionen einen Zugang zu Auslandsmärkten, die sie dann auch von Deutschland aus beliefern können, und die damit Arbeitsplätze in Deutschland sichern.

> Höhere Flexibilität oder Risiken durch Direktinvestitionen?

Dank ihrer weltweiten Verflechtung sind multinationale Konzerne meist in der Lage, Verluste auf einem Markt durch Gewinne andernorts auszugleichen. Im Falle von Finanzierungsengpässen verfügen global agierende Unternehmen zudem über den Vorteil, entweder internationale Kapital-

märkte oder interne Finanzierungsmöglichkeiten nutzen zu können.

Genau diese Verflechtung erhöht jedoch auch ihre Krisenanfälligkeit. In vertikal organisierten Produktionsketten sind einzelne Unternehmensteile durch Zwischenprodukte verbunden. Schwierigkeiten an einem Teil der Wertschöpfungskette übertragen sich multiplikativ auf andere Betriebsstätten und können eine substanzielle Verringerung des Gesamtoutputs bewirken. Die globale Verflechtung erhöht dabei das Risiko von Ansteckungseffekten auf Zulieferer und Klienten aus verschiedenen Ländern.

Nicht zuletzt aufgrund der starken Investitionstätigkeit multinationaler Unternehmen in Schwellenländern hat der Anteil der Industrieländer am weltweiten Direktinvestitionsbestand seit 2004 abgenommen > Bild 2. Dennoch sind Industrieländer nach wie vor am stärksten in internationale Wertschöpfungsketten eingebunden und damit von Ansteckungseffekten, wie sie bei globalen Wirtschaftskrisen oder Lieferstörungen aufgrund von Naturkatastrophen auftreten können, potenziell in besonderem Maße betroffen. Ein zu hohes Verhältnis von Direktinvestitionen im Ausland zu Anlageinvestitionen im Inland ist daher nicht unproblematisch. *JUS*

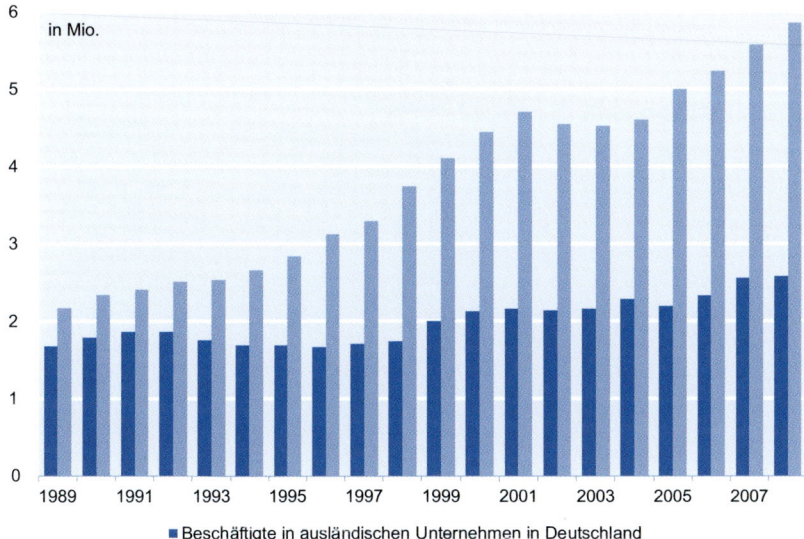

Bild 1 Direktinvestitionen und Beschäftigung
Quelle: Bundesbank.

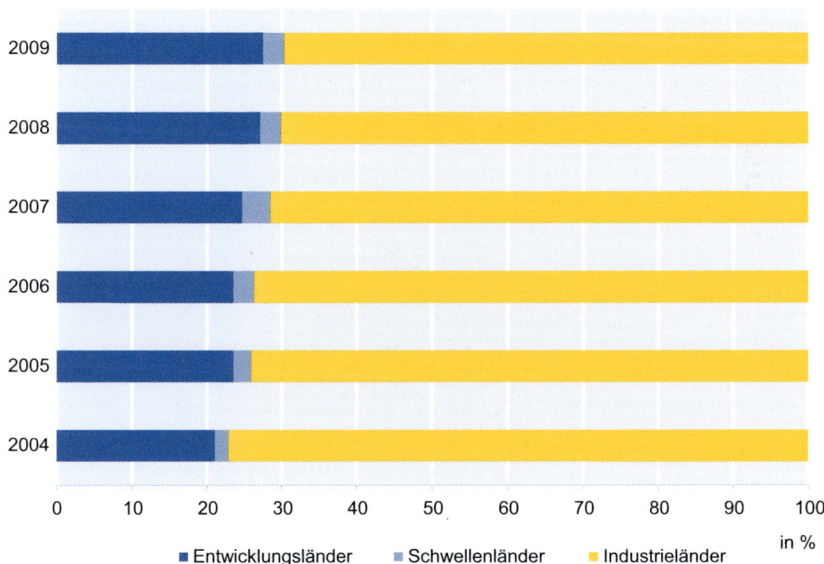

Bild 2 Ausländische Direktinvestitionen nach Ländergruppen
Quelle: UNCTAD (2010): Statistics on International Merchandise Trade.

11.5 Basarökonomie

Ein pathologischer Exportboom

Deutschland stellte im letzten Jahrzehnt ein Rätsel: Während die Arbeitslosenzahlen stiegen, erfreute sich das Land gleichzeitig der Weltmeisterschaft bei den Warenexporten. Eine mögliche Lösung des Rätsels liegt im sogenannten Basareffekt, der von Hans-Werner Sinn so benannt und beschrieben wurde.

Der Basareffekt besagt, dass relativ zur Wertschöpfung im Export immer mehr ausländische Waren durch Deutschland hindurchgeschleust und hier verarbeitet und veredelt wurden. Das stärkte die Wettbewerbsfähigkeit der deutschen Industrie und die Wertschöpfung im Export, schaffte aber kaum Arbeitsplätze, denn nur die kapital- und wissensintensiven Sektoren blieben in Deutschland, während die arbeitsintensiven Prozesse zunehmend ins Ausland verlagert oder aufgegeben wurden.

An dem Basareffekt kann nach den Daten des Statistischen Bundesamtes, die bislang leider nicht über das Jahr 2006 hinaus publiziert wurden, kein Zweifel bestehen > Bild 1. So zeigt das Bild, dass der in den deutschen Exporten enthaltene durchschnittliche Importanteil von 1995 bis 2006 von 31,1 % auf 44,8 % gestiegen ist. Der sogenannte marginale Importanteil an den Exporten, der misst, wie viele importierte Produkte im Zuwachs der Exporte enthalten sind, betrug im Durchschnitt der beiden letzten veröffentlichten Jahre bereits 59,6 %. Solange der marginale Importanteil über dem durchschnittlichen Anteil liegt, steigt der durchschnittliche Anteil, wie es der Basareffekt besagt.

Den Basareffekt erkennt man auch daran, dass der Anteil der industriellen Wertschöpfung am Wert der Industrieproduktion immer mehr gefallen ist

> Bild 2. Von 1991 bis 2010 fiel dieser Anteil in Deutschland von 33,4 % auf 29,8 %. Wie man sieht, war die Entwicklung auch in anderen Ländern ähnlich, doch großenteils etwas weniger stark ausgeprägt als hierzulande.

> **Die Umdeutung der Basarökonomie-These**

Von einigen Kommentatoren wurde der Basareffekt bestritten, aber dazu deuteten sie diesen Effekt zunächst so um, dass die Zunahme des Anteils der importierten Vorleistungen im Export angeblich zu einem Wegbrechen der Wertschöpfung im Export führen solle. Diese umgedeutete These ist natürlich leicht zu widerlegen, denn der Anteil des verarbeitenden Gewerbes an der gesamten Wertschöpfung ist in Deutschland von 20 % im Jahr 1995 auf 21 % im Jahr 2007 leicht gestiegen. Indes stellt die Umdeutung die Aussage Sinns insofern auf den Kopf, als er gerade die Verlagerung des Investitionskapitals und damit der Wertschöpfung aus den arbeitsintensiven Binnensektoren in die Exportsektoren in das Zentrum seiner Argumentation gerückt hat. Im Hinblick auf die Starrheit der Löhne vermutete er sogar, dass es zu einer übermäßigen Kapitalbewegung und einer übermäßigen Aufblähung der Wertschöpfung im Export gekommen war (pathologischer Exportboom). *DJ*

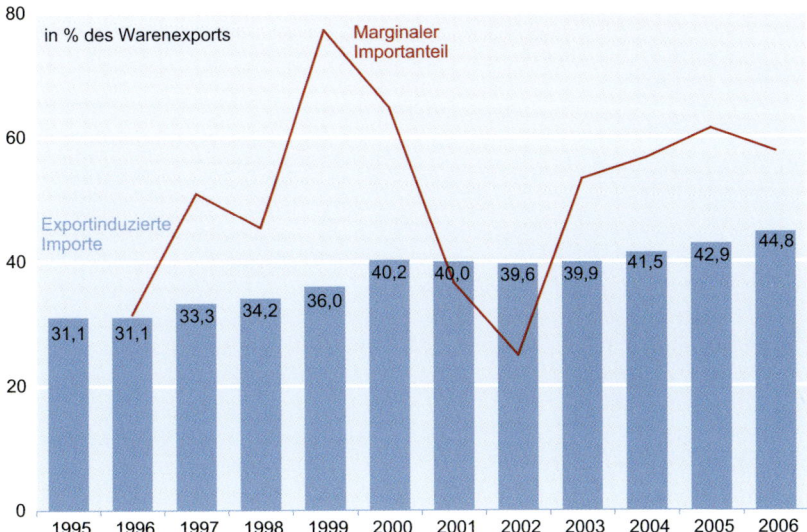

Bild 1 Exportinduzierte Importe
Quellen: Statistisches Bundesamt: Konjunkturmotor Export; Sinn, H.-W. (2005); ifo Institut.

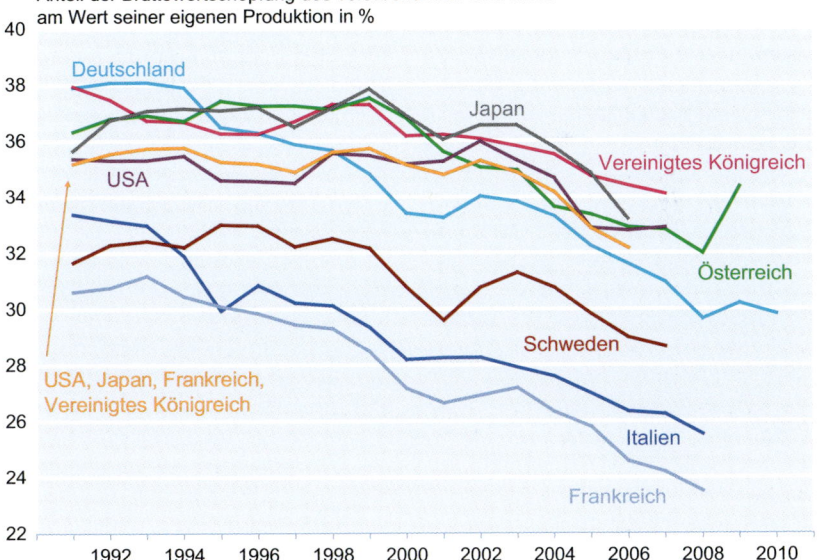

Bild 2 Der Basareffekt im internationalen Vergleich
Quellen: Statistisches Bundesamt; OECD; Deutsche Bundesbank; Sinn, H.-W. (2005); ifo Institut.

11.6 Sind Exporte gut?

Keine leicht zu beantwortende Frage

Das in diesem Zusammenhang wichtige Faktorpreisausgleichstheorem geht auf die US-Ökonomen Abba P. Lerner und Paul A. Samuelson (Nobelpreis 1970) zurück. Danach führt der internationale Warenaustausch nicht nur zu einer Angleichung der Preise für handelbare Güter, sondern auch zu einer Annäherung der Preise für die Faktoren, die zur Herstellung der Güter eingesetzt werden, also insbesondere auch der Löhne. Selbst auf national abgeschotteten Arbeitsmärkten können die Löhne durch den Handel mit Niedriglohnländern unter Druck geraten.

Das Faktorpreisausgleichstheorem ist wesentlicher Bestandteil der klassischen Außenhandelstheorie. Dieser frühe Strang der Außenhandelslehre ist vor allem dazu geeignet, den Handel zwischen sehr unterschiedlichen Ländern zu erklären, etwa zwischen fortgeschrittenen Volkswirtschaften und Entwicklungsländern. Dabei handeln Länder miteinander, weil sie in der Produktion bestimmter Güter relative Vorteile genießen. Diese Vorteile können auf fortschrittlichere Technologien oder auf Unterschiede in der relativen Ausstattung mit Produktionsfaktoren wie Arbeit, Kapital oder Bodenschätzen zurückzuführen sein. Zu den wesentlichen Errungenschaften der klassischen Außenhandelstheorie zählt auch die Erkenntnis, dass Volkswirtschaften als Ganze immer von einer Handelsöffnung profitieren. Dabei spezialisieren sie sich zumindest teilweise auf die Produktion derjenigen Güter, die sie im Verhältnis zu ihren Handelspartnern relativ günstiger produzieren können.

Lässt man Zölle oder Transportkosten einmal unberücksichtigt, ist das Prinzip des Handels sehr einfach. Übersteigt der Preis für ein Gut im Ausland den im Inland, lohnt es sich für den Produzenten, zu exportieren. Andersherum importiert der Konsument die Güter seiner Wahl, wenn sie im Ausland günstiger angeboten werden. Folglich sollten sich die Preise aller international frei handelbaren Güter weitgehend über die Ländergrenzen hinweg angleichen. Haben sie sich angeglichen, ist das Maximum der durch Handel möglichen Wohlfahrtssteigerung erreicht.

Beide Seiten profitieren von diesem Austausch. Denn einerseits erzielen die inländischen Produzenten durch die Preissteigerungen höhere Erlöse, und andererseits kommen die Konsumenten in den Genuss niedrigerer Preise. Die Preisänderungen bedeuten, dass auch jene Produzenten, die nicht exportieren, und jene Konsumenten, die nur heimische Waren konsumieren, Vorteile aus dem Außenhandel ziehen.

> **Trotz Handelsgewinn gibt es auch Verlierer**

Im Rahmen der internationalen Arbeitsteilung spezialisiert sich jedes Land zumindest teilweise auf diejenigen Güter, die es mit seinem Technologieniveau und den gegebenen Ressourcen am günstigsten für den Weltmarkt produzieren kann. Diese Spezialisierung bedeutet einen Strukturwandel. Das heißt, international wettbewerbsfähige Industriezweige verdrängen die weniger produktiven. Mit dem Niedergang einiger Branchen sinkt gleichsam auch die Nachfrage nach bestimmten Qualifikationen und Ressourcen.

Deutschland etwa spezialisierte sich in der Vergangenheit vorwiegend auf moderne Technologien wie die chemische Industrie, den Automobil- und Maschinenbau oder zuletzt auf die erneuerbaren Energien. Im Gegenzug verschwanden weniger wissensintensive Industriezweige, wie etwa Möbel- und Textilgewerbe, in denen Deutschland keinen spezifischen Wettbewerbsvorteil mehr besitzt. Hierdurch verschob sich allerdings auch die Nachfrage am Arbeitsmarkt zugunsten hoch qualifizierter Arbeitskräfte, und die eher gering qualifizierten Arbeitnehmer gerieten zunehmend in Bedrängnis. Um eine Massenarbeitslosigkeit in diesem Segment zu verhindern, sah sich Deutschland in den vergangenen Jahren zu einschneidenden Reformen gezwungen. Hierzu zählen etwa die Agenda 2010 und die Flexibilisierung des Arbeitsmarktes, durch die eine Art Niedriglohnsektor entstanden ist.

Damit hat sich hierzulande das Faktorpreisausgleichstheorem bestätigt. Deutschland ist in die internationale Wirtschaft integriert. Hierdurch haben sich die Preise vieler Waren an die Weltmarktpreise angeglichen. Aber mit den Güterströmen werden indirekt auch Produktionsfaktoren gehandelt – auch der Faktor Arbeit. So nehmen Arbeitskräfte in Deutschland indirekt am internationalen Wettbewerb teil und müssen mit Niedriglohnländern konkurrieren. Hierbei profitieren die besser ausgebildeten Arbeitskräfte, weil sie international knapp sind, und die schlechter ausgebildeten verlieren, weil sie in anderen Ländern reichlich vorhanden sind.

> Sind Exporte nun schlecht?

Nein! Die Volkswirtschaft als Ganzes profitiert von der internationalen Arbeitsteilung, denn die Gewinner gewinnen mehr, als die Verlierer verlieren. Insbesondere steigt auch der Lebensstandard, weil die Vielfalt und Menge der konsumierbaren Güter zunimmt. Die Verlierer mag das nicht trösten, dennoch sollten sie bedenken, dass die Wohlfahrtsgewinne aus dem Handel wiederum die Basis ihrer sozialstaatlichen Unterstützung darstellen. Deshalb sollten Regierungen mit gehöriger Skepsis reagieren, wenn Interessengruppen eine Abschottung der heimischen Märkte fordern. *MK*

11.7 Internationale Arbeitsteilung

Wie stark soll sich ein Land spezialisieren?

Die Entwicklung der Weltwirtschaft war in den zurückliegenden vier Dekaden durch eine zunehmende Integration geprägt, die gemeinhin als Globalisierung bezeichnet wird. Heute nehmen fast alle Länder an der globalen Arbeitsteilung teil. Die Spezialisierungsstrategien sind dabei sehr unterschiedlich.

Nie zuvor in der Wirtschaftsgeschichte wies die globale Ökonomie einen höheren Grad an Verflechtung und Offenheit auf als heute. Der Welthandel wurde liberalisiert, Zollschranken und nicht tarifäre Handelshemmnisse wurden abgebaut, Wirtschaftsblöcke lösten sich auf, Finanzmärkte wuchsen in globale Dimensionen hinein, Entwicklungs- und Schwellenländer starteten zum Teil rasante Aufholprozesse.

Der Nutzen des internationalen Austauschs liegt vor allem in der Ausnutzung komparativer Kostenvorteile. Schwächere Länder können vom Handel profitieren, wenn sie sich auf jene Güter spezialisieren, bei denen ihre Rückstände am wenigsten ausgeprägt sind, und stärkere Länder spezialisieren sich auf die Güter, bei denen ihre Effizienzvorteile relativ am größten sind. Die jeweils anderen Güter importiert man im Austausch für die selbst erzeugten Güter aus dem Ausland. Deutschland beispielsweise hat sich auf die Herstellung von Autos und Investitionsgütern spezialisiert, und es importiert eine breite Palette anderer Güter, zu denen z. B. Konsumgüterelektronik oder touristische Dienstleistungen gehören > Bild 1. Andere Länder sind andere Wege der Spezialisierung gegangen. Viele ehemals führende Industrieländer, allen voran die USA, haben ihre »old economy« vernachlässigt. Stattdessen entwickelte sich dort der Dienstleistungssektor besonders stark. Einige Länder wie Großbritannien und die Schweiz zogen ihr Wachstum vor allem aus den Finanzmärkten > Bild 2.

> Spezialisierung mit Chancen und Risiken

Die jüngste Finanz- und Wirtschaftskrise hat gezeigt, dass die Spezialisierung im internationalen Austausch mit Chancen und Risiken verbunden ist. So wurden finanzmarktorientierte Länder, die ihre industrielle Basis vernachlässigt haben wie die USA und Großbritannien, vom Niedergang der Finanzbranche schwer getroffen und tun sich nun schwer, in der Industrieproduktion Ersatz zu finden. Deutschland hingegen, das über eine starke und breite Industriestruktur verfügt, wurde zwar hart vom Einbruch der globalen Nachfrage getroffen, fand aber schnell auf einen Wachstumskurs zurück, als der Welthandel sich erholte.

Es gibt kein Patentrezept, wie stark und worauf sich ein Land in der internationalen Arbeitsteilung spezialisieren sollte. Bei einer zu engen Spezialisierung dürften die Gefahren den Nutzen übersteigen. Umgekehrt führt eine zu breite Aufstellung dazu, dass Spezialisierungsvorteile nicht hinreichend genutzt werden können. Eine nicht zu enge Konzentration auf Kernkompetenzen - gepaart mit hoher Anpassungsflexibilität wie im Falle Deutschlands - scheint dauerhaft erfolgreich zu sein. *HJH*

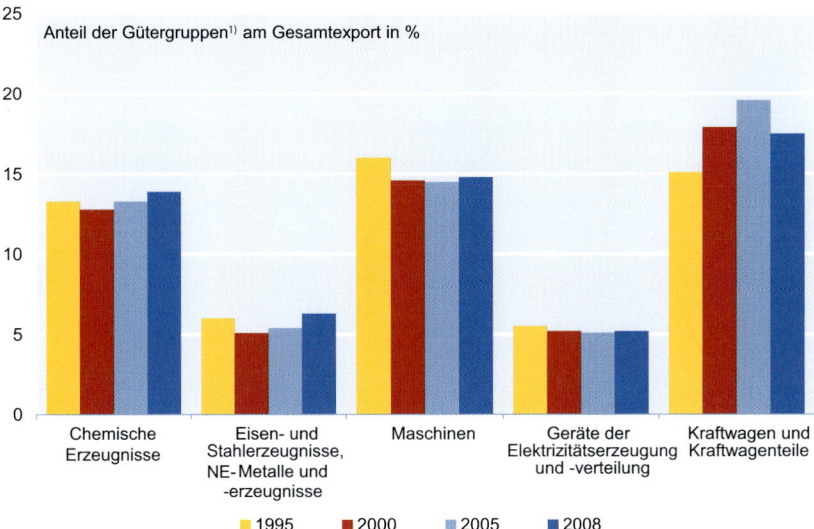

Bild 1 Die wichtigsten deutschen Exportgüter
[1] Nach dem Güterverzeichnis für Produktionsstatistiken Ausgabe 1995.
Quelle: Statistisches Bundesamt.

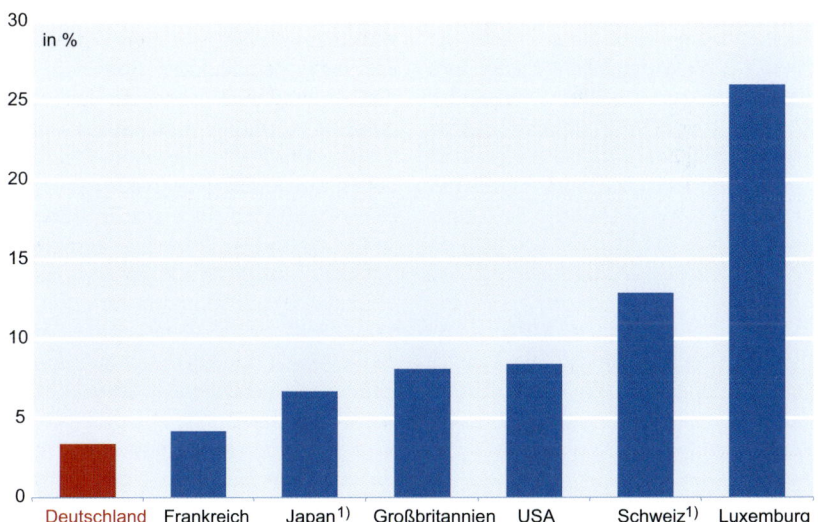

Bild 2 Anteil des Kredit- und Versicherungsgewerbes an der Bruttowertschöpfung 2008
[1] 2007
Quellen: OECD; Großbritannien: Office of National Statistics.

11.8 Globalisierung

Sind dadurch Arbeitsplätze gefährdet?

Globalisierung und der Verlust heimischer Arbeitsplätze werden in der öffentlichen Diskussion oft miteinander in Verbindung gebracht. Eine Gegenüberstellung der durch Globalisierung verursachten positiven und negativen Effekte oder die Unterscheidung zwischen kurz- und langfristigen Effekten wird jedoch meist vernachlässigt.

Der direkte Vergleich des Grades der Globalisierung (sogenannte »Offenheit«) und der Entwicklung der Arbeitslosenrate für Deutschland, Frankreich und die USA über den Zeitraum 1990 bis 2003 bestätigt das negative Bild nicht > Bild 1. In allen drei Ländern schwankt das herangezogene Globalisierungsmaß »Offenheit« (gemessen durch die Intensität der Im- und Exporte einer Ökonomie) um einen ansteigenden Trend. Die Arbeitslosenrate hingegen weist keinen Trend auf, scheint sich für die USA und Frankreich entgegengesetzt zum Indikator »Offenheit« zu entwickeln. Für Deutschland hingegen lässt sich kein eindeutiges Muster erkennen. Im nächsten Schritt werden die Änderungsraten beider Indikatoren für eine Vielzahl von Ländern verglichen > Bild 2: Die Reihen »Offenheit« und »Arbeitslosenrate« weisen für die meisten der betrachteten 20 OECD-Länder unterschiedliche Vorzeichen auf. Mit Ausnahme der Länder Portugal, Niederlande, Japan, Italien und Österreich bestätigt dies die gegenläufige Entwicklung dieser zwei Reihen für das Jahr 1995. Im Jahr 2000 erhöht sich die Anzahl der Länder, in denen der Grad der Globalisierung steigt und gleichzeitig die Arbeitslosenrate abnimmt, sogar auf 18 (einzige Ausnahmen Japan und Norwegen).

> **Globalisierung kann zu einem Rückgang der Arbeitslosigkeit führen**

Sowohl empirisch als auch theoretisch wurde eine Vielzahl von Faktoren identifiziert, die die Arbeitslosenrate einer Ökonomie beeinflussen können. Zum einen wirken sich konjunkturelle Schwankungen stark auf den Arbeitsmarkt und die Arbeitslosenrate aus. Des Weiteren könnten Arbeitsmarktinstitutionen wie Kündigungsschutz, Mindestlöhne oder die Struktur der Lohnverhandlung Einfluss auf die Beschäftigung haben. Die Schlussfolgerung, dass Globalisierung kausal die Arbeitslosigkeit reduziert, kann also auf Grundlage eines einfachen Vergleichs zweier Zeitreihen nicht gezogen werden. Aktuelle Studien zeigen jedoch auch nach Berücksichtigung all dieser Faktoren einen eindeutig negativen Zusammenhang zwischen Globalisierung und der Arbeitslosenrate. Eine Erhöhung der Offenheit um zehn Prozentpunkte führte danach zu einer durchschnittlichen Reduktion der Arbeitslosigkeit um ungefähr einen Prozentpunkt. Allerdings wird ebenfalls gezeigt, dass dieser positive Effekt hauptsächlich durch die Reduktion der Arbeitslosenquote hoch qualifizierter Arbeitskräfte getrieben wird. *HJS*

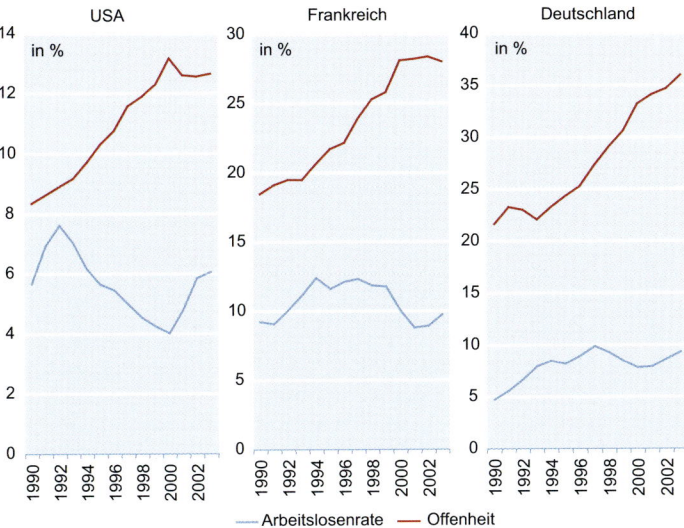

Bild 1 Entwicklung der Arbeitslosenrate und der Offenheit 1990 bis 2003
Quellen: OECD; Penn World Table 6.

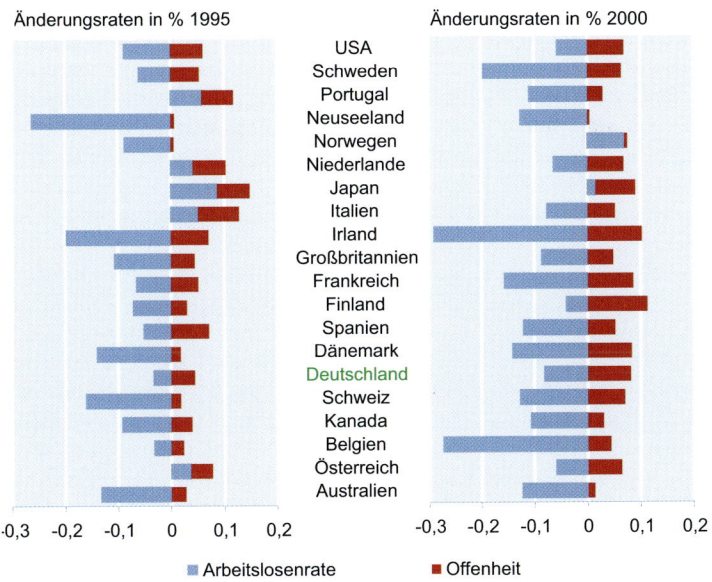

Bild 2 Veränderungen von Arbeitslosenrate und Offenheit im intern. Vergleich
Quellen: Siehe Bild 1.

11.9 Entwicklungshilfe

Almosen oder Hilfe zur Selbsthilfe?

Entwicklungshilfe wird oft als notwendig angesehen, um Fortschritte in der Dritten Welt zu erreichen. Jedoch hat sie bislang kaum dazu beigetragen, die Unterentwicklung zu beseitigen. Um Lebensbedingungen nachhaltig zu verbessern, ist eine differenzierte Entwicklungszusammenarbeit notwendig, die eigenverantwortliches Handeln und Hilfe zur Selbsthilfe fördert.

Viele sehen in der Entwicklungshilfe ein Fass ohne Boden, andere ein wichtiges Element für Wachstum und Stabilität. Ehemalige Entwicklungsländer wie China, Indien und die ostasiatischen Tigerstaaten haben den Durchbruch zu mehr Wachstum geschafft und gelten heute als Schwellenländer. Andere Länder, vornehmlich solche in Afrika, haben trotz jahrzehntelanger Entwicklungszusammenarbeit kaum Fortschritte erzielt. Sind die Entwicklungsgelder überhaupt sinnvoll angelegt?

> **Problematik der Entwicklungshilfe**

Zu den Gründen, Entwicklungshilfe zu leisten, gehören neben historischen Bindungen auch strategische und politische Aspekte sowie wirtschaftliche Eigeninteressen. Entwicklungshilfe ist keine selbstlose Tat, sondern dient auch der Erschließung neuer Absatzmärkte. Trotz dieser eigennützigen Motive bleibt das 1970 beschlossene Ziel, dass jedes Industrieland 0,7 % seines Bruttonationaleinkommens auf Entwicklungsmaßnahmen abstellen soll, bis heute weitgehend unerreicht > Bild 1.

Gründe für die anhaltende Unterentwicklung finden sich zum einen darin, dass Entwicklungshilfegelder oftmals nicht sinnvoll eingesetzt werden und gepaart mit westlichem Protektionismus nachteilige Auswirkungen auf die Entwicklung der Empfängerländer haben. Zum anderen nehmen die Hilfeleistungen den Regierungen von Entwicklungsländern die Anreize, selbst zu handeln. Hinzu kommt, dass die Gelder oftmals Korruption und Abhängigkeiten hervorrufen.

Dennoch ist festzuhalten, dass Entwicklungshilfe häufig sehr nützliche Wirkungen entfaltet hat. Die moderne Entwicklungspolitik setzt auf eigenverantwortliches Handeln und Einbindung der Betroffenen vor Ort. Eine besondere Form der Hilfe zur Selbsthilfe sind kleine Darlehen, durch die etwa ein Geschäft eröffnet werden kann. Diese Mikrokredite versetzen Menschen in die Lage, sich selbst ein besseres Leben aufzubauen. Der Schlüssel liegt also nicht in der Hilfe an sich, sondern in den Anreizen, die sie bietet. Erfolg versprechend ist auch, dass die Entwicklungshilfe in den Entwicklungsländern nicht mehr die einzige externe Einkommensquelle ist. Das Engagement ausländischer Firmen und Rücküberweisungen von Migranten in ihre Heimatländer haben stark an Bedeutung gewonnen > Bild 2. Sie fördern die heimische Wirtschaft, schaffen Arbeitsplätze und verbessern die Infrastruktur. Diese Entwicklung ist Ausdruck der Tendenz: weg von ineffizienter Almosenmentalität, hin zu Hilfe zur Selbsthilfe. *JG*

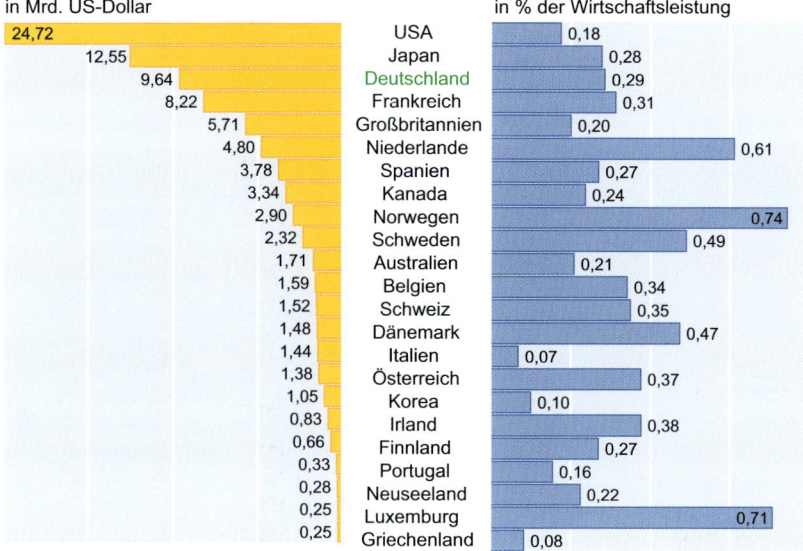

in Mrd. US-Dollar		in % der Wirtschaftsleistung
24,72	USA	0,18
12,55	Japan	0,28
9,64	Deutschland	0,29
8,22	Frankreich	0,31
5,71	Großbritannien	0,20
4,80	Niederlande	0,61
3,78	Spanien	0,27
3,34	Kanada	0,24
2,90	Norwegen	0,74
2,32	Schweden	0,49
1,71	Australien	0,21
1,59	Belgien	0,34
1,52	Schweiz	0,35
1,48	Dänemark	0,47
1,44	Italien	0,07
1,38	Österreich	0,37
1,05	Korea	0,10
0,83	Irland	0,38
0,66	Finnland	0,27
0,33	Portugal	0,16
0,28	Neuseeland	0,22
0,25	Luxemburg	0,71
0,25	Griechenland	0,08

Bild 1 Öffentliche Entwicklungshilfe nach Geberländern 2007
Quellen: OECD und Weltbank.

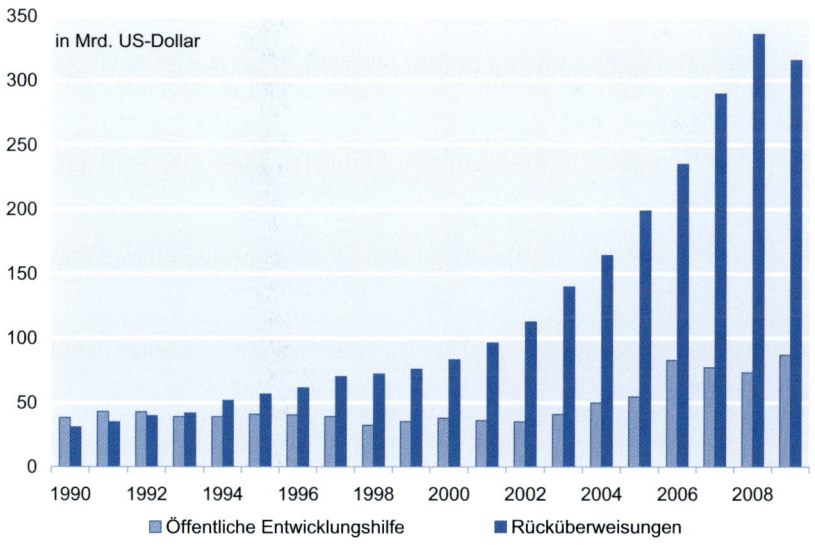

in Mrd. US-Dollar

■ Öffentliche Entwicklungshilfe ■ Rücküberweisungen

Bild 2 Öffentliche Entwicklungshilfe versus Rücküberweisungen in die Entwicklungsländer
Quellen: OECD und Weltbank.

11.10 Wandel durch Handel?

Globalisierung und institutioneller Wandel

Entwicklungsländer sollen mehr wirtschaftliche Offenheit zulassen, fordern Politiker in Industrienationen. Aber führt diese auch zu mehr Demokratie? Wirtschaftliche und politische Integration institutionell weniger gefestigter Staaten ermöglicht es unter bestimmten Bedingungen, in diesen Ländern eine Basis für Wandel zu schaffen.

Der Zusammenhang zwischen wirtschaftlicher Offenheit und der Demokratisierung eines Landes wirft viele ungeklärte Fragen auf. Ein wesentlicher Aspekt hierbei ist, wie sich die Industrieländer gegenüber autokratischen Staaten verhalten sollen. Demokratien sind wirtschaftlich oftmals offener als autokratische Nationen. Dies sagt jedoch nichts über die Relation zwischen Ursache und Wirkung aus. Es ist denkbar, dass durch die zunehmende Kommunikation zwischen Nationen, ausgelöst durch wirtschaftliche Interaktionen und die Globalisierung sowie Handys und Internet, das Bewusstsein gegenüber anderen Lebensweisen gesteigert und damit die Entwicklung demokratischer Institutionen innerhalb einer Volkswirtschaft ermöglicht wird.

> Die Auswirkungen von Sanktionen

Handelsembargos verpuffen häufig wirkungslos. Dies belegen zahlreiche Beispiele, die von Libyen und dem Iran bis hin zur Kontinentalsperre zu Napoleons Zeiten reichen. Das liegt daran, dass meist keine lückenlose Handelssperre durchsetzbar ist. Außerdem entwickeln sich die isolierten Volkswirtschaften zwar langsamer, wenn die Blockade funktioniert, brechen aber aufgrund des fehlenden internationalen Wettbewerbs weder ökonomisch noch politisch zusammen. Handelsembargos signalisieren zwar beherztes Handeln, bieten letztlich jedoch keine wirkungsvolle Maßnahme im Umgang mit autokratischen Staaten.

> Die Globalisierung als Chance

Wandel durch Handel ist keine Garantie, aber eine Möglichkeit, die Globalisierung als Chance zu nutzen, denn durch Handelsintegration entstehen Möglichkeiten, die Demokratisierung aktiv voranzutreiben. Diese Idee greift auch in Europas Außen- und Wirtschaftspolitik > Bild 1. Durch das »Allgemeine Präferenzsystem Plus« der EU wird einerseits die wirtschaftliche Zusammenarbeit mit Entwicklungsländern gestärkt, andererseits werden die Entwicklungsländer auch bei Menschenrechten, sozialer Sicherung, Umweltschutz sowie einer verantwortungsvollen Regierungsführung von der EU unterstützt. Die Einhaltung von Mindeststandards wird durch besondere Zollpräferenzen belohnt. Wandel durch Handel ist kein allgemeingültiges Rezept, um die Demokratisierung eines Landes voranzutreiben. Um diese Strategie erfolgreich umzusetzen, muss allerdings eine einheitliche Linie im Hinblick auf die Handelsliberalisierung gefunden werden. Einseitige Interessen haben in einer Politik, die Wandel durch Handel zum Ziel hat, keinen Platz. *JG*

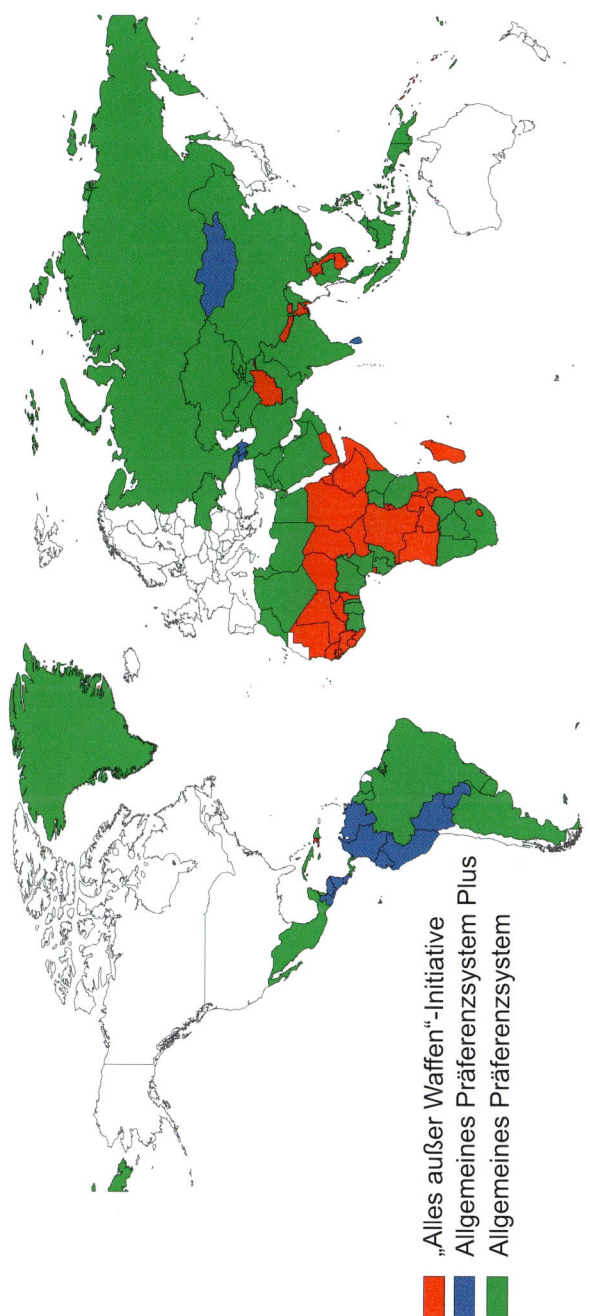

"Alles außer Waffen"-Initiative

Allgemeines Präferenzsystem Plus

Allgemeines Präferenzsystem

Bild 1 Präferenzsysteme der Europäischen Union
Quelle: Europäische Union.

12 EUROPÄISCHE UNION

12.1 Die Aufgaben der Europäischen Union

Frieden, Freiheit und Wohlstand für den »alten Kontinent«

Die Europäische Union, 1958 durch die Römischen Verträge gegründet, soll den Frieden, die gemeinsamen Werte der Mitgliedsländer (Demokratie, Rechtsstaat, Achtung der Menschenrechte) und das Wohlergehen der Bürger fördern. Dazu verzichten die Mitglieder auf eigene Kompetenzen und übertragen sie der EU und ihren Organen (z. B. Europäisches Parlament, Europäischer Rat, Europäische Kommission, Europäischer Gerichtshof).

Zentrale Aufgabe der EU ist die Gewährleistung der vier Grundfreiheiten: freier Personen-, Waren-, Dienstleistungs- und Kapitalverkehr. Dazu errichtete die Union einen Binnenmarkt. Dessen weiterer Ausbau ist Kernelement der Politik der EU. Mit verschiedenen Maßnahmen (Handelspolitik, Agrarpolitik, Marktvorschriften, technische Normsetzungen, Vorschriften zur Auftragsvergabe usw.) versucht die Union dafür zu sorgen, dass alle Unternehmen im gemeinsamen Markt die gleichen Chancen haben und die Kunden durch mehr Wettbewerb und vergleichbare Informationen günstiger einkaufen können. Mit dem Binnenmarkt sollen in Europa unter anderem ein ausgewogenes Wirtschaftswachstum, Preisstabilität sowie Vollbeschäftigung erreicht werden. Die Schaffung der Währungsunion mit der Gemeinschaftswährung Euro, einer weiteren Aufgabe der EU, dient ebenfalls diesen Zielen. Der Binnenmarkt ist noch nicht in allen Politikbereichen voll verwirklicht. Weiterhin behindern unterschiedliche nationale Regelungen den Wettbewerb. Dies gilt z. B. in den Bereichen Finanzmärkte und Verkehrswesen.

> Die Säulen Europas

Der Binnenmarkt bildet den Schwerpunkt der Europäischen Gemeinschaften, die erste »Säule« der EU > Bild 1. Dieser Bereich ist durch Gemeinschaftsrecht geprägt, das von den Organen der EU geschaffen und durchgesetzt wird. Die Mitgliedstaaten haben in der Regel kein Vetorecht.

Die zweite »Säule« bildet die gemeinsame Außen- und Sicherheitspolitik, die die Politik der Mitgliedstaaten ergänzt. Der Hohe Vertreter für Außen- und Sicherheitspolitik, dessen Amt durch den Lissabon-Vertrag von 2007 geschaffen wurde, versucht die Haltung der einzelnen Regierungen zu koordinieren, um ein gemeinsames Auftreten der EU nach außen in diesen Politikfeldern zu erreichen.

Der freie Personenverkehr im Inneren der EU und das wirtschaftliche Zusammenwachsen der EU-Staaten erfordern auch eine stärkere Zusammenarbeit in der Justiz- und Innenpolitik (dritte »Säule«), insbesondere bei der Kriminalitäts- und Terrorismusbekämpfung, um die Sicherheit der Bürger im Inneren zu gewährleisten und eine koordinierte Einwanderungs- und Asylpolitik nach außen zu erreichen. Weiterhin soll durch eine Zusammenarbeit der Gerichte und Behörden in Zivilsachen die wirtschaftliche Integration gefördert werden. Die Politik in der zweiten und dritten »Säule« ist durch eine Zusammenarbeit der Regierungen geprägt. *NH*

Europäische Union

(Die Aufgabenfelder lassen sich drei "Säulen" zuordnen.)

1. Säule:	2. Säule:	3. Säule:
Europäische Gemeinschaften	**Gemeinsame Außen- und Sicherheitspolitik (GASP)**	**Zusammenarbeit in der Innen- und Justizpolitik**
Europäische Gemeinschaft (EG, ehemalige EWG)	**Außenpolitik:**	Umfasst u. a.:
Aufgaben u. a.:	Kooperation der Mitglieder, gemeinsame Standpunkte und Aktionen (intergouvernementale Zusammenarbeit	Zusammenarbeit der Strafverfolgungsbehörden in Zivil- und Strafsachen
Binnenmarkt		Zusammenarbeit zwischen den Regierungen zu den Themen Grenzkontrollen, Asylpolitik, Einwanderungspolitik
Wirtschafts- und Währungsunion	Europäischer auswärtiger Dienst (EAD, im Aufbau): vertritt die EU im Ausland	
Agrarpolitik	**Sicherheitspolitik:**	
Strukturpolitik	Langfristiges Ziel:	Polizeiliche Zusammenarbeit und Betrugsbekämpfung
Handelspolitik	Formulierung einer gemeinsamen Verteidigungspolitik, Ziel einer gemeinsamen Verteidigung	
Bildung, Forschung und Technologie		Abstimmung und Zusammenarbeit in der Terrorismusbekämpfung
Gesundheitspolitik	Derzeit:	
Umwelt	Zusammenarbeit im Rahmen der Westeuropäischen Union (WEU)	
EURATOM Gemeinsame Atompolitik		

Bild 1 Die drei Säulen der Europäischen Union
Quellen: Bundesregierung: REGIERUNG online. Schrötter, H. J. (2010): Kleines Europa-Lexikon, München.

12.2 Die Einnahmen und Ausgaben der EU

Wohin fließen die Mittel?

Die Einnahmen der Europäischen Union stammen im Wesentlichen von den Mitgliedstaaten (Mehrwertsteueranteil und Umlage auf das Bruttonationaleinkommen) und orientieren sich an deren Leistungsfähigkeit. Die Schwerpunkte der Ausgaben liegen, gemäß den politischen Zielen der EU, im Agrarbereich, bei Hilfen für wirtschaftsschwache Regionen sowie Maßnahmen zur Verbesserung der Wettbewerbsfähigkeit.

Die Einnahmen der EU setzen sich überwiegend aus Eigenmitteln zusammen, welche in drei Unterkategorien gegliedert werden: die traditionellen Eigenmittel (Zuckerabgaben und Außenzölle), Mehrwertsteuereigenmittel sowie eine Umlage auf der Basis des Bruttonationaleinkommens (BNE-Eigenmittel) > Bild 1. Sie fließen dem EU-Haushalt automatisch zu, ohne dass es weiterer Beschlüsse auf nationaler Ebene bedarf. Die Höhe der Eigenmittel wird dabei von der EU festgelegt: Zölle und Zuckerabgaben als traditionelle Eigenmittel werden vollständig an die EU abgeführt, während die Mehrwertsteuereigenmittel mithilfe der länderspezifischen Mehrwertsteuerbemessungsgrundlage und eines einheitlichen Prozentsatzes (2009: 0,3 %) bestimmt werden. Die BNE-Eigenmittel (2009: 0,7072 % des BNE) werden entsprechend auf Basis der erwirtschafteten Bruttonationaleinkommen der Mitgliedstaaten generiert.

Die Ausgaben der EU lassen sich in sechs Hauptzwecke untergliedern. Unter der Bezeichnung Nachhaltiges Wachstum werden nationale Projekte kofinanziert, die sowohl die Wettbewerbsfähigkeit als auch den Zusammenhalt (Kohäsion) zwischen den Mitgliedstaaten stärken sollen. Ein wesentlicher Schwerpunkt sind Zahlungen zur Förderung wirtschaftsschwacher Gebiete. Ein weite-

rer Zweck ist die Bewahrung und Bewirtschaftung der natürlichen Ressourcen. Hierunter fällt insbesondere die klassische EU-Agrarpolitik. Diese Aufgabenblöcke zusammen summieren sich auf etwa 85 % der Gesamtausgaben > Bild 1. Die verbleibenden Posten Verwaltung, Ausgleichszahlungen, die EU als globaler Akteur sowie Unionsbürgerschaft, Freiheit und Sicherheit spielen nur eine untergeordnete Rolle. Ein sehr kleiner Teil des EU-Budgets fließt zudem nicht an die Mitgliedstaaten, sondern wird für andere Aufgaben verwendet (z. B. Zahlungen an Drittländer, eigene Verwaltung).

> Umfang des EU-Haushalts

Die Gesamteinnahmen der EU erhöhten sich von 92,7 Mrd. Euro im Jahr 2000 um insgesamt 27 % (2,7 % p. a.) auf 117,6 Mrd. Euro im Jahr 2009. Die Ausgaben sind im gleichen Zeitraum um etwa 42 % (4,0 % p. a.) von 83,5 Mrd. Euro auf 118,4 Mrd. Euro angewachsen. Die umfangreichen EU-Osterweiterungen der Jahre 2004 und 2007 hatten dabei nur einen geringen Einfluss auf die Entwicklung des Haushaltsvolumens, weil die Beitrittsländer schon vor ihrer Aufnahme in die EU Hilfen bekamen und diese zunächst bestimmten Beschränkungen unterliegen > Bild 2. *CT*

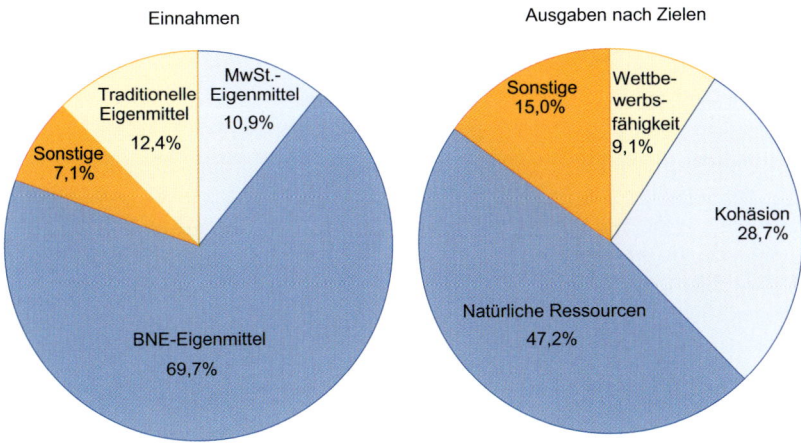

Einnahmen

Ausgaben nach Zielen

Bild 1 Zusammensetzung von Einnahmen und Ausgaben der EU im Jahr 2009
Quelle: EU-Haushalt 2009 – Finanzbericht; Darstellung des ifo Instituts.

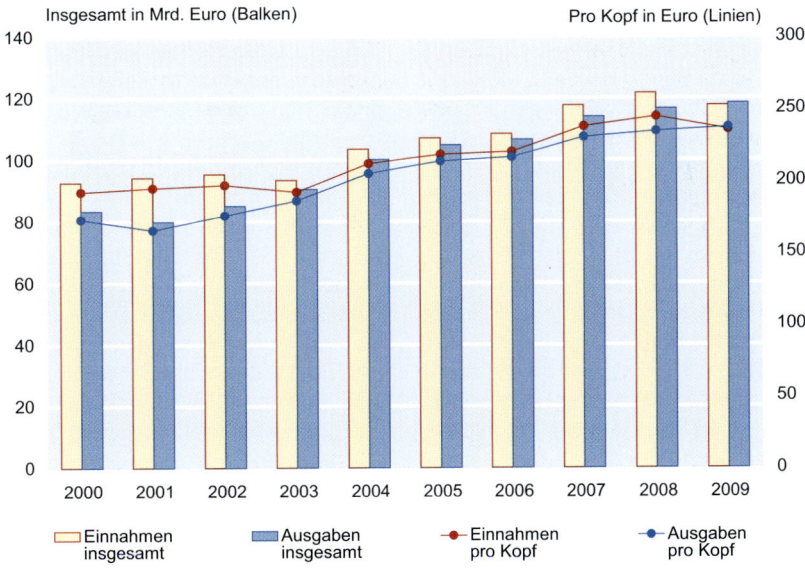

Bild 2 Einnahmen und Ausgaben der EU 2000 bis 2009
Quellen: EU-Haushalt 2009 - Finanzbericht; Eurostat (2010); Darstellung des ifo Instituts.

12.3 Nettozahler und Nettoempfänger

Wer profitiert am meisten in der EU?

Die Mitgliedstaaten tragen im Prinzip entsprechend ihrer Leistungsfähigkeit zu den Einnahmen der EU bei. Sie müssen einen einheitlichen Anteil ihres Bruttonationaleinkommens und einen fixen Prozentsatz ihrer Bemessungsgrundlage der Mehrwertsteuer an die Union abführen. Die Verteilung der Zahlungen in die Mitgliedsländer folgt aus den Förderzielen der EU (z. B. der Regional- und der Agrarpolitik). Daher ergeben sich höchst unterschiedliche Salden für die einzelnen Mitgliedstaaten.

Als Nehmerländer erweisen sich überwiegend Länder mit geringer Wirtschaftskraft. Mit Ausnahme von Zypern sind alle Länder aus der sogenannten EU-Osterweiterung Nettoempfänger. In diesen Ländern übersteigen die Zahlungen, welche sie von der EU erhalten, ihre eigenen Zahlungen an die EU. Aber auch einige EU-15-Länder (z. B. Griechenland und Portugal) sind per saldo Empfängerländer > Bild 1.

Als Indikator für die Wirtschaftskraft kann das BIP pro Kopf in den Mitgliedsländern herangezogen werden. So zeigt sich, dass die Pro-Kopf-Salden der Länder aus Zahlungen von der EU abzüglich Zahlungen an die EU mit zunehmender Wirtschaftskraft abnehmen > Bild 2. Die Zahlungsströme können somit als Vorform eines europäischen Finanzausgleichs verstanden werden. Eine Ausnahme bilden Belgien und Luxemburg, welche einen positiven Saldo bei gleichzeitig hoher Wirtschaftskraft aufweisen. Beide Länder sind die wichtigsten Sitzländer von EU-Behörden.

> Vorteile für die Nettozahler?

Haben die Nettozahler aus dieser Umverteilung auch Vorteile? Schließlich führen sie über den Umweg des EU-Haushaltes einen (wenn auch nur geringen) Teil ihrer Haushaltsmittel an andere Länder ab. Von Vorteil könnte sein, dass diese Mittel genutzt werden, um gezielt Investitionen zum Ausgleich wirtschaftlicher und struktureller Unterschiede zwischen den Regionen durchzuführen. Es sind nur geringe Mitnahmeeffekte bei den Empfängern zu erwarten, da einerseits nahezu alle Zahlungen der EU zweckgebunden sind und zudem eine nationale Kofinanzierung verlangt wird. Schließlich fließt ein Teil der Mittel in Form von Aufträgen den Nettozahlern wieder zu, die auch später an einer wirtschaftlichen Entwicklung der Empfängerländer partizipieren.

Dennoch werden insbesondere in der kurzen und mittleren Frist den Nettozahlern Nachteile durch diese Umverteilung entstehen. Auch langfristig lassen sich die Vorteile, welche aus diesen Investitionen entstehen – beispielsweise in Form politischer und wirtschaftlicher Stabilität in der Europäischen Union – nur schwer quantifizieren und somit einer abschließenden Bewertung unterziehen. *CT*

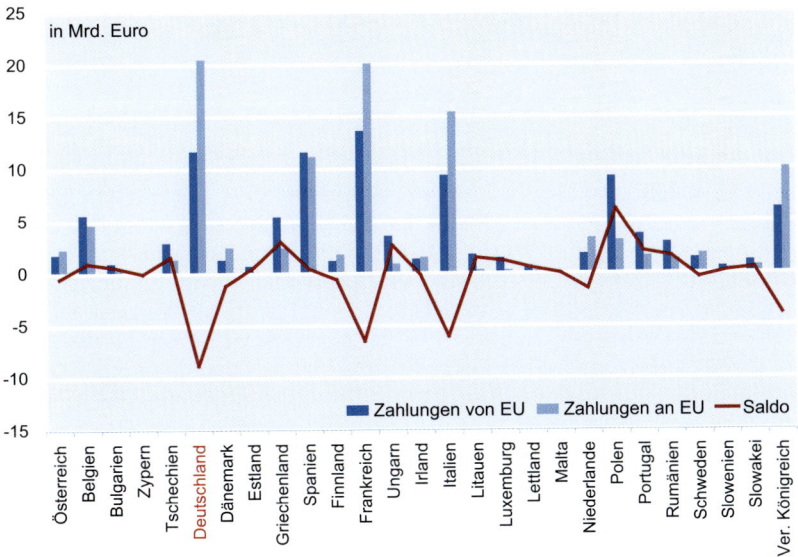

Bild 1 Zahlungen von/an EU nach Mitgliedsländern im Jahr 2009
Quelle: EU-Haushalt 2009 – Finanzbericht; Darstellung des ifo Instituts.

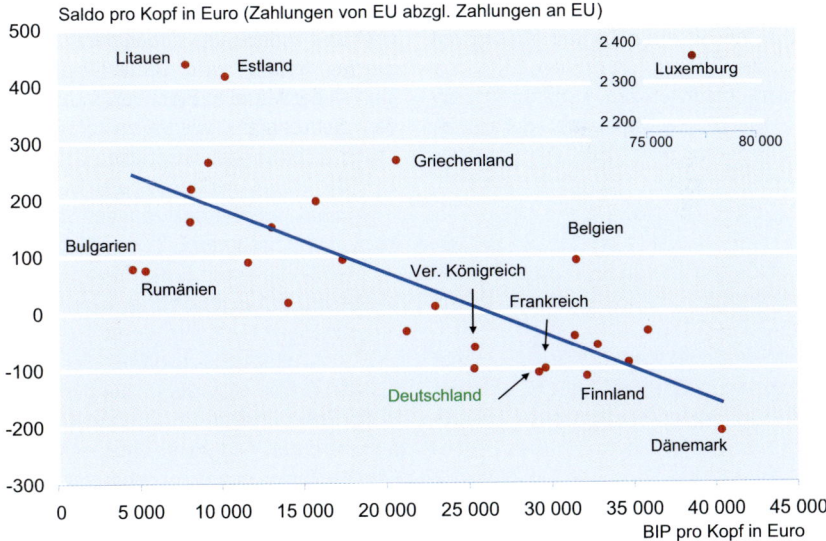

Bild 2 Saldo der Pro-Kopf-Zahlungen von/an EU und BIP pro Kopf nach Ländern 2009
Quellen: EU-Haushalt 2009 – Finanzbericht; Eurostat (2010); Darstellung des ifo Instituts.

12.4 Das Subsidiaritätsprinzip

Damit lässt sich Brüssel zähmen

Das Subsidiaritätsprinzip ist ein zentraler Baustein der Europäischen Union. Der Grundsatz der Subsidiarität regelt, wie die Aufgaben und Kompetenzen zwischen der EU und den Mitgliedstaaten aufgeteilt werden. So soll die Richtlinie der Subsidiarität dazu beitragen, eine ökonomisch sinnvolle Integration innerhalb der Europäischen Gemeinschaft zu erreichen.

Der Begriff leitet sich ab aus dem lateinischen »subsidium«, was so viel bedeutet wie »Unterstützung«. Wörtlich übersetzt ist unter dem Subsidiaritätsgedanken ein Prinzip der Unterstützung der Gemeinschaft zu verstehen. Der Kernpunkt des Prinzips besteht darin, dass eine Aufgabe stets von der kleinsten geeigneten Einheit wahrgenommen werden soll. Erst wenn die kleinere Einheit die Maßnahme zur Erreichung eines Ziels nicht ausreichend erfüllen kann, soll die nächsthöhere Ebene tätig werden. Hinter der Subsidiarität steht also die Idee einer gestuften Aufgabenwahrnehmung, die insbesondere von der katholischen Soziallehre propagiert wurde. In Deutschland beruhen der Föderalismus und die gemeindliche Selbstverwaltung auf dem Prinzip der Subsidiarität.

> ### > Das Subsidiaritätsprinzip in der EU

Auch in der Europäischen Union steht der Subsidiaritätsgedanke für eine Staats- und Gesellschaftsordnung, deren Ziel und Zweck es ist, Entscheidungen so bürgernah wie möglich zu treffen. Die Subsidiarität soll ein Gleichgewicht zwischen der kontinuierlich fortschreitenden Integration einerseits und den nationalen Identitäten und Kompetenzen der Mitgliedstaaten andererseits schaffen. Durch sie wird die Abgrenzung der Zuständigkeiten zwi-

schen den Organen der EU (Kommission, Parlament, Rat, Gerichts- und Rechnungshof) und den Mitgliedstaaten sowie deren Regionen/Ländern geregelt. Das Prinzip der Subsidiarität geht auf die »Charta der lokalen Selbstverwaltung« des Europarates aus dem Jahr 1985/86 zurück und ist heute in Artikel 5 Absatz 3 des Vertrags über die Europäische Union formal verankert:

»Nach dem Subsidiaritätsprinzip wird die Union in den Bereichen, die nicht in ihre ausschließliche Zuständigkeit fallen, nur tätig, sofern und soweit die Ziele der in Betracht gezogenen Maßnahmen von den Mitgliedstaaten weder auf zentraler noch auf regionaler oder lokaler Ebene ausreichend verwirklicht werden können, sondern vielmehr wegen ihres Umfangs oder ihrer Wirkung auf Unionsebene besser zu verwirklichen sind.«

> ### > Subsidiarität aus ökonomischer Sicht

Inwiefern hilft nun aber die Richtlinie der Subsidiarität, die Aufgabenverteilung in der EU ökonomisch sinnvoll zu gestalten?

Zur Beantwortung dieser Frage sind Vor- und Nachteile der dezentralen Entscheidungsfindung gegenüber der Regelung auf europäischer Gemeinschaftsebene abzuwägen. Zum einen trägt eine dezentrale, subsidiär organisierte Gemeinschaft der Unterschiedlichkeit der Mitgliedstaaten in Bezug auf deren Präferenzen und Produktivität Rechnung, da die unteren Einheiten wegen ihrer größeren Bürgernähe flexibler und effizienter handeln können. Zum anderen verbessert eine solche Aufgabenverteilung die Kontrolle der Politik durch die Bürger.

Zentrale Entscheidungen auf Europa-Ebene hingegen sparen Verwaltungskosten und verringern Koordinationsprobleme. Folglich sollten aus ökonomischen Gesichtspunkten einige Aufgabenfelder zentral von der EU geregelt werden, andere hingegen den Mitgliedstaaten zugewiesen werden. So erzielen beispielsweise der europäische Binnenmarkt und die gemeinsame Wettbewerbspolitik durch zentrale Regelungen auf europäischer Ebene Effizienzgewinne und externe Effekte, die den EU-Bürgern zugutekommen. Eine dezentrale Lösung bringt keine Vorteile.

Andererseits gibt es Bereiche, die heute bei den Mitgliedstaaten angesiedelt sind, gemäß Subsidiaritätsprinzip jedoch in den Zuständigkeitsbereich der EU fallen sollten. Hierzu zählt etwa die Verteidigungspolitik. Aus ökonomischer Sicht könnten in diesem Bereich alle Mitgliedstaaten von einer zentralen Regelung profitieren, indem Kosten gespart, Informationen ausgetauscht und Koordinationsprobleme zwischen Regierungen beseitigt werden. Die Rolle der EU ist allerdings stark eingeschränkt, da die NATO einen Teil der Verteidigungsaufgaben übernommen hat. Auch gehören nicht alle Staaten der EU auch der NATO an, was einer sinnvollen Zentrali-

sierung der Aufgaben entgegensteht. Ein weiterer Bereich, der aus ökonomischer Sicht auf der europäischen Ebene anzusiedeln wäre, betrifft eine gemeinsame Finanzmarktregulierung, die grenzübergreifende positive Effekte und Effizienzgewinne für alle Mitgliedstaaten beinhalten würde.

Das Gegenteil trifft hingegen auf die gemeinsame europäische Agrarpolitik (GAP) zu. Trotz des europäischen Binnenmarktes und der Regeln der WTO gibt es aus ökonomischen Gesichtspunkten wenige Gründe für die GAP. Sie verhindert beispielsweise eine effiziente Verteilung der Agrarsubventionen und schädigt so die Wettbewerbsfähigkeit des Agrarsektors in Europa. Da eine Agrarpolitik sich an der jeweiligen sozialen Situation der Bauern und der Struktur der Landwirtschaft orientieren sollte, spricht viel dafür, die Agrarpolitik wieder zu renationalisieren.

Zusammenfassend lässt sich sagen, dass sich die Verteilung der Aufgaben zwischen der EU und den Mitgliedstaaten in vielen Politikfeldern am Subsidiaritätsprinzip orientiert, in anderen Bereichen hingegen allerdings nicht, sodass hier Änderungen der Kompetenzverteilung sinnvoll sind. Um zu verhindern, dass Organe der EU bisher nationale Aufgaben auf die Gemeinschaftsebene verlagern, obwohl dies dem Subsidiaritätsprinzip widerspricht, und so die nationalen Kompetenzen aushöhlen, sieht der Lissabonner Vertrag erstmals vor, dass die nationalen Parlamente sich hiergegen unter Berufung auf das Subsidiaritätsprinzip vor dem Europäischen Gerichtshof wehren können. *JG*

12.5 Der Maastrichter Vertrag

Gute Vorsätze, aber lückenhafte Ausführung

Mit der Gründung der Europäischen Union wurde auch das politische Ziel einer europäischen Gemeinschaftswährung verwirklicht. Der Euro soll die wirtschaftliche und politische Integration der Mitgliedstaaten unterstützen. Einer einheitlichen Geldpolitik steht allerdings eine nationale Fiskalpolitik gegenüber, was sich als Problem herausgestellt hat.

Mit dem Maastrichter Vertrag wurde die Europäische Union errichtet. Das wichtigste Ziel des Vertrages ist die Vollendung des Europäischen Binnenmarktes durch die Einführung einer einheitlichen Währung (Euro) und die Einrichtung der Europäischen Zentralbank (EZB) als unabhängige nur der Erhaltung des Geldwertes verpflichtete Notenbank im Rahmen der Europäischen Wirtschafts- und Währungsunion (EWWU). Wirtschaftspolitisch war von Anfang an die Einführung des Euro für Länder mit unterschiedlichen makroökonomischen Entwicklungen (Inflation, Staatsschulden etc.) umstritten, soweit nicht genügende Preis- und Lohnflexibilität zum Ausgleich von Ungleichgewichten existiert. Die EZB kann lediglich einen Leitzins festlegen, der den unterschiedlichen Bedürfnissen aller Mitgliedstaaten nicht genügen kann. Erschwert werden kann diese einheitliche Geldpolitik ferner durch die Fiskalpolitik (insbesondere Schuldenpolitik der öffentlichen Hand), die weiterhin in der Zuständigkeit der einzelnen Mitgliedstaaten blieb. Daher ist es den Nationalstaaten weiter möglich, z. B. eine schuldenfinanzierte Finanzpolitik zur Erhöhung des Konsums zu betreiben. Dies führt zu erhöhten Güter- und Kapitalimporten. Bei flexiblen Wechselkursen käme es zu einer Abwertung und so zu einer Beseitigung eines strukturellen außenwirtschaftlichen Ungleichgewichts (nied-

rigere Importe, höhere Exporte). Diesen Anpassungsmechanismus gibt es innerhalb einer Währungsunion nicht mehr.

> Maastricht-Kriterien

Um eine stabilitätswidrige Fiskalpolitik zu vermeiden, wurden im Maastrichter Vertrag Konvergenzkriterien festgelegt, die vor der Euro-Einführung erfüllt sein müssen > Bild 1. Allerdings erhielten einzelne Staaten bereits 1998 vor Einführung des Euro Ausnahmeregelungen. Zur Aufrechterhaltung der haushaltspolitischen Stabilität auch nach der Euro-Einführung vereinbarten die Mitgliedstaaten den Ausschluss gegenseitiger Haftung (no bailout), das Verbot der Finanzierung von Staatsdefiziten über die Notenbank und einen Stabilitäts- und Wachstumspakt > Bild 2. Dieser sieht Sanktionen vor, wenn Mitglieder zu hohe Defizite aufweisen. Wiederholt haben Mitgliedstaaten nach Einführung des Euro diese Kriterien nicht erfüllt. Die vorgesehenen Sanktionen wurden nie angewandt. In einigen Euro-Ländern kam es 2010 zu einer Staatsschuldenkrise, in deren Verlauf auch der Haftungsausschluss und das Verbot der Finanzierung von Staatsdefiziten über die EZB (massiver Ankauf von Staatspapieren) aufgegeben wurden. *EY*

Konvergenz-kriterien	Stabiles Preisniveau (niedrige Inflation)	Inflationsrate nicht höher als die der (höchstens 3) preis-stabilsten Mitgliedstaaten (Referenzwert 1999: höchstens 1,5%)	
	Stabile Wechselkurse	Mitglied im europäischen Wechselkursmechanismus II und seit 2 Jahren keine Abwertung gegenüber dem Euro/ECU	
(Kriterien, die vor der Einführung des Euro erfüllt sein müssen)	Stabile langfristige Zinsen	Langfristige Zinsen (nominal) maximal 2 Prozentpunkte über den Zinsen der 3 preisstabilsten Länder	
	Tragbare Finanzlage der öffentlichen Hand	a) Jährliche Nettoverschuldung eines Staates (öffentliches Defizit) nicht höher als 3% des BIP b) Gesamtschulden nicht höher als 60% des BIP (von dieser Klausel kann abgewichen werden, wenn eine klar abnehmende Tendenz des Schuldenstandes vorliegt)	**Stabilitäts- und Wachstumspakt** (Kriterien, die nach der Einführung des Euro erfüllt sein müssen)

Bild 1 Maastricht-Kriterien
Quelle: Amtsblatt der Europäischen Union (2008), Vertrag über die Arbeitsweise der Europäischen Union, C115/47.

Unabhängigkeit der EZB und Verbot der Staatschulden-finanzierung durch EZB	Keine Weisung an die EZB von den Mitgliedstaaten und der EU, keine Kredite
Ausschluss der gegenseitigen Haftung (No-Bailout-Klausel)	Union und die Mitgliedstaaten haften nicht für die Verbindlich-keiten eines anderen Mitglied-staates

Bild 2 Sonstige wichtige Elemente des Maastrichter Vertrags
Quelle: Siehe Bild 1.

12.6 Der Stabilitäts- und Wachstumspakt

Was lief falsch?

Der europäische Stabilitäts- und Wachstumspakt (SWP) soll laut EU die Haushaltsdisziplin der Mitgliedstaaten gewährleisten und übermäßige Defizite vermeiden. Integrale Bestandteile sind dabei die Defizitgrenze von 3 % des Bruttoinlandsprodukts (BIP) und die Grenze von 60 % des BIP beim Schuldenstand. Die europäische Staatsschuldenkrise hat jedoch erhebliche haushaltspolitische Verfehlungen und somit die Unzulänglichkeit des SWP offenbart, sodass dieser im Jahr 2011 reformiert werden musste.

Die Hauptinstrumente der EU, um die Einhaltung der Defizit- und Verschuldungsgrenzen zu gewährleisten, umfassen die Überwachung der Haushaltslage als präventive Komponente sowie eine korrektive Komponente im Falle des Eintretens eines übermäßigen Defizits > Bild 1. Spätestens mit der Krise erwies sich deren Umsetzung jedoch als unzureichend, da trotz des SWP eine Nachhaltigkeit der Haushalte in vielen EU-Mitgliedstaaten nicht erreicht werden konnte > Bild 2. Die Europäische Kommission bewertete im Jahr 2010 das Haushaltsdefizit von 25 EU-Staaten als übermäßig, lediglich Schweden und Estland wiesen solide Finanzen auf. Selbst in Boomzeiten erfüllten einige Länder nicht die Vorgaben des SWP. Dennoch wurden bislang alle Verfahren gegen Defizitsünder eingestellt; die vorgesehenen Sanktionen wurden nie verhängt. Dies liegt darin begründet, dass das zuständige Entscheidungsorgan aus den Finanz- oder Wirtschaftsministern der EU-Staaten besteht, also gerade jenen Personen, die auf nationaler Ebene für die Finanzpolitik verantwortlich waren. Somit waren in den Defizitverfahren Angeklagte und Richter identisch und die Anreize gering, konsequent Sanktionen zu verhängen.

> ### Die Reform des SWP im Jahr 2011

Um in Zukunft die Ziele des SWP erreichen zu können, wurden wichtige Elemente im Jahr 2011 nachgebessert. Wesentlich war dabei zu verhindern, dass die Maßstäbe zur Verhängung von Sanktionen aufgeweicht werden. Obwohl automatische Sanktionsmechanismen nicht umgesetzt werden konnten, wurde ein halb automatischer Mechanismus eingeführt: Vorschläge der Europäischen Kommission zur Sanktionierung gelten als beschlossen, wenn sich der Rat der EU nicht mit qualifizierter Mehrheit dagegen entscheidet (umgekehrte Mehrheitsregel). Zusätzlich ist zur Gewährleistung der Nachhaltigkeit die frühere Verhängung härterer Sanktionen gegen Defizitsünder geplant. Neu ist ebenfalls, dass bei hohen Schuldenständen 5 % des Überschreitungsbetrages jährlich abzubauen sind, sonst drohen auch hier Sanktionen. Darüber hinaus wurden zur Sicherung der wirtschaftlichen Stabilität Europas weitergehende fiskal- und wirtschaftspolitische Vorgaben erarbeitet. So soll unter anderem eine verfehlte Ausgabenpolitik in den Mitgliedstaaten ebenso ausgeschlossen werden wie der Aufbau hoher Leistungsbilanzdefizite. *AE*

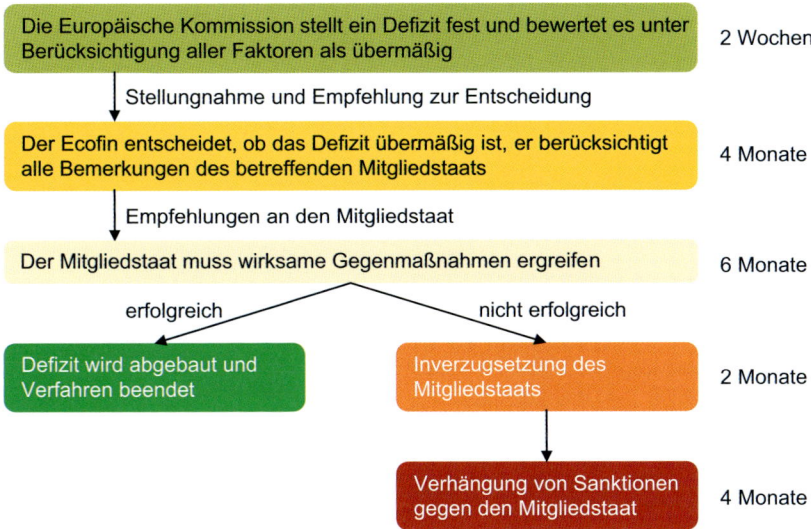

Bild 1 Verfahren bei einem übermäßigen Haushaltsdefizit
Quelle: EU (2010); Darstellung des ifo Instituts.

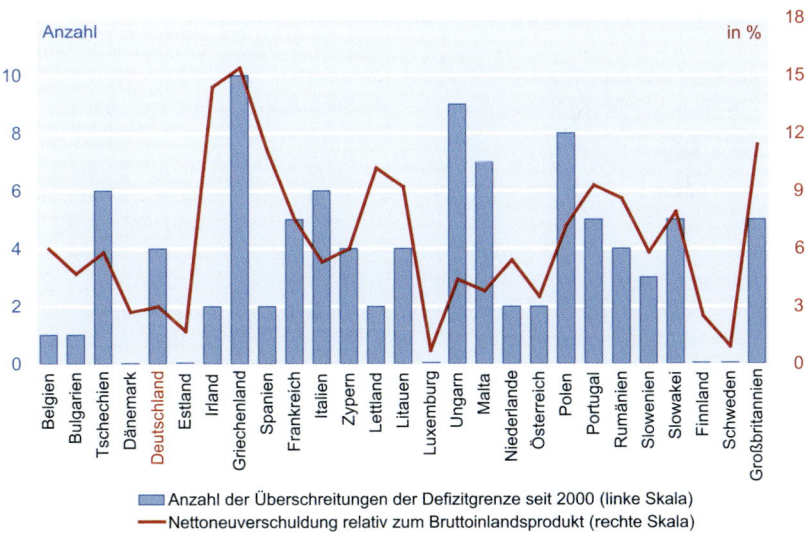

Bild 2 Überschreitungen der Defizitgrenze 2000 bis 2009 und Nettoneuverschuldung 2009
Quelle: Eurostat (2010); Berechnungen des ifo Instituts.

12.7 Die Wirtschafts- und Finanzkrise

Lehren für Europa

In den meisten europäischen Ländern stiegen wegen der Wirtschafts- und Finanzkrise die Staatsschulden relativ zum BIP. Gleichzeitig kam es zu einem massiven Anstieg der Arbeitslosigkeit. Dies war das Ergebnis von Fehlentwicklungen in der Zeit vor der Krise, welche Nachholbedarf beim Regelwerk zur wirtschaftlichen Integration Europas offenbaren.

Die Fehlentwicklungen umfassten im Wesentlichen folgende vier Bereiche:

Staatsschulden: Beflügelt durch hohes Wachstum waren die Spar- und Reformanreize vor der Krise gering. Wenige Länder haben konsequent ihren Haushalt konsolidiert, obwohl dies durch den Stabilitäts- und Wachstumspakt (SWP) vorgesehen war. In der Krise mussten dann Konjunktur- und Bankenrettungsprogramme aufgelegt werden, die die Staatsschulden stark erhöhten.

Leistungsbilanzdefizite: Kapitalexportierende Länder wie Deutschland erlebten nach der Ankündigung und Einführung des Euro einen Rückgang der Investitionen. Es kam zu hoher Arbeitslosigkeit und geringen Lohn- und Preissteigerungen. Durch verbesserte Wettbewerbsfähigkeit entstanden Exportüberschüsse. Kapitalimportierende Länder indes erlebten einen Boom, der rasch zu steigenden Löhnen und einem Importüberschuss führte. Diese Länder verloren an Wettbewerbsfähigkeit, weil sie über ihre Verhältnisse lebten > Bild 1.

Überhitzung auf den Immobilienmärkten: Vor der Krise stiegen die Preise auf den Immobilienmärkten viel schneller, als es durch langfristige Fundamentaldaten erklärbar war > Bild 2. Als die Blase platzte, brach die Bauwirtschaft ein und in den betroffenen Ländern stieg die Arbeitslosenquote deutlich an. Zudem wurden Banken in Mitleidenschaft gezogen,

weil viele Bauherren ihre Kredite nicht mehr bedienen konnten.

Finanzierungskosten: Der Boom der Jahre vor 2007 war angestoßen worden, weil mit dem Euro die Wechselkursunsicherheit beseitigt wurde und somit die Risikoaufschläge in den Zinssätzen verschwanden. Erst mit der Finanzkrise wuchsen diese wieder, weil die Anleger nun das Risiko einer Staatsinsolvenz fürchteten. Für einige Staaten wurde es schwierig, neue Kredite zur Begleichung ihrer Altschulden und für die Finanzierung der Außenhandelsdefizite aufzunehmen.

> Reformnotwendigkeiten im Euro-Land

1. Die Mitgliedstaaten müssen aufhören, sich zu verschulden, und wieder Budgetüberschüsse bilden.
2. Die Leistungsbilanzdefizite müssen durch den Sparkurs zurückgefahren werden. Dazu sind effektivere Kontroll- und Steuerungsmechanismen nötig.
3. Europa braucht einen Krisenmechanismus, der bei einer drohenden Staatsinsolvenz die Banken beteiligt. So bleiben durch die Berücksichtigung länderspezifischer Risiken Zinsunterschiede erhalten, die eine übermäßige Auslandsverschuldung und die Bildung von Blasen verhindern. *AE*

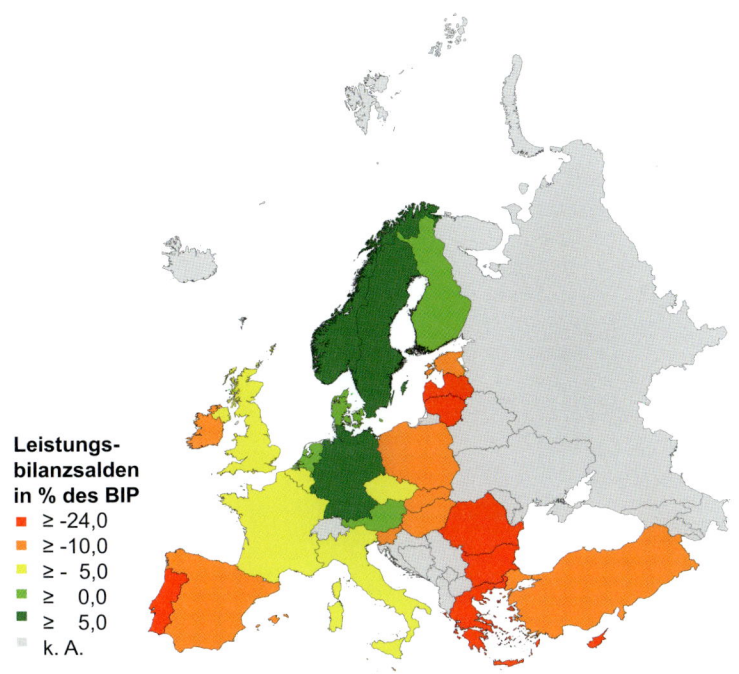

Bild 1 Leistungsbilanzsalden in den EU-Staaten vor der Krise (2008)
Quelle: Eurostat (2010); Darstellung des ifo Instituts.

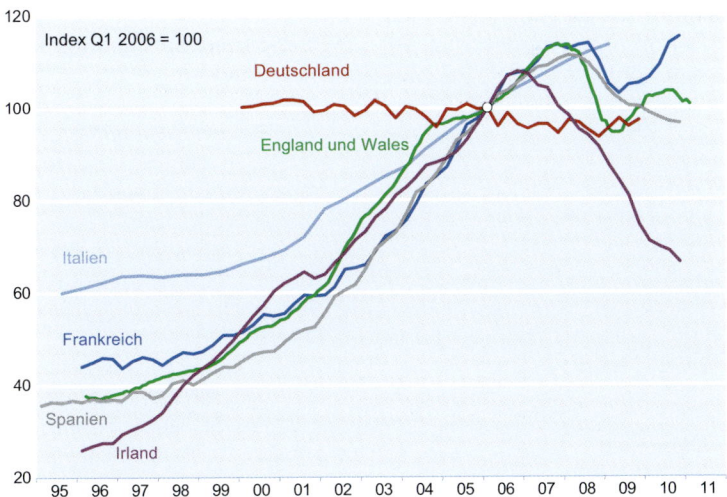

Bild 2 Immobilienpreise 1995 bis 2010
Quelle: The Economics and Social Research Institute.

13 ANHANG

Die Herausgeber

Prof. Dr. Georg Milbradt, geb. 1945, nahm nach Promotion (Dr. rer. pol. 1973) und Habilitation (1980) an der Universität Münster die Lehrstuhlvertretung an der Universität Mainz (1980-1982) wahr. Anschließend war er Beigeordneter für Finanzen, Wirtschaft und Liegenschaften der Stadt Münster (1982-1990), sächsischer Finanzminister (1990-2001), sächsischer Ministerpräsident (2002-2008) sowie Mitglied des Bundesrates und des Vermittlungsausschusses (1990-2008). Seit 2009 ist er apl. Professor für VWL, insb. Finanzpolitik an der TU Dresden.

Dr. Gernot Nerb, geb. 1942, studierte und promovierte an der Universität München. Im ifo Institut leitete er im Zeitraum 1974 bis 2010 verschiedene Abteilungen, darunter die ifo Konjunkturumfragen sowie die ifo Branchenforschung. Beurlaubt vom ifo, arbeitete er von 1984 bis 1987 als wirtschaftlicher Berater bei der EU-Kommission in Brüssel und 1996 und 1997 als Senior Economist bei Salomon Brothers in London und Frankfurt. Seit 2011 ist er Berater des ifo Vorstands und Lehrbeauftragter an der Hochschule für Politik in München.

Dr. Wolfgang Ochel, geb. 1943, Diplom-Volkswirt, promovierte bei Professor Reimut Jochimsen an der Universität Kiel. Er ist seit 1973 im ifo Institut für Wirtschaftsforschung tätig, zuletzt als Leiter des Bereichs Internationaler Institutionenvergleich (bis 2010). Er beschäftigt sich mit Institutionen, Arbeitsmärkten und Sozialpolitik und baute die DICE Database for Institutional Comparisons in Europe auf. Er ist Herausgeber des *CESifo DICE Reports* und Mitglied im CESifo Netzwerk.

Prof. Dr. Dr. h. c. Hans-Werner Sinn, geb. 1948, studierte in Münster Volkswirtschaftslehre. 1978 folgte die Promotion und 1983 die Habilitation an der Universität Mannheim. Seit 1984 ist er Professor für Nationalökonomie und Finanzwissenschaft an der Ludwig-Maximilians-Universität in München und seit 1991 Direktor des Center for Economic Studies (CES) der LMU. 1999 wurde er Präsident des ifo Instituts für Wirtschaftsforschung in München und Geschäftsführer der CESifo GmbH, die eine gemeinsame Initiative der LMU und des ifo Instituts ist.

Die Autoren

AE Alexander Eck arbeitet als Doktorand der Niederlassung Dresden des ifo Instituts auf dem Gebiet der öffentlichen Finanzen. Seine Forschungsschwerpunkte sind vor allem ökonomische Fragestellungen zum Länderfinanzausgleich und den öffentlichen Haushalten.

AF Anita Fichtl ist Politikwissenschaftlerin und als Forschungsassistentin im Bereich Humankapital und Innovation des ifo Instituts tätig. Sie beschäftigt sich vor allem mit bildungs- und innovationspolitischen Themen sowie Fragestellungen zum Bildungsföderalismus.

AH Anja Hönig arbeitet seit Oktober 2010 als Wissenschaftliche Mitarbeiterin am Lehrstuhl von Prof. Dr. Thiess Büttner an der Universität Erlangen-Nürnberg und war zuvor Doktorandin am ifo Institut im Bereich Öffentlicher Sektor. Sie befasst sich vor allem mit den Wirkungen der Besteuerung auf Unternehmensentscheidungen.

AM Anna Montén ist Doktorandin in der Niederlassung Dresden des ifo Instituts. Ihr Forschungsschwerpunkt umfasst die ökonomischen Konsequenzen des demografischen Wandels.

AR Anja Rohwer ist Diplom-Volkswirtin und arbeitet als Fachreferentin im Bereich Internationaler Institutionenvergleich des ifo Instituts. Ihre Tätigkeit am ifo Institut umfasst den Aufbau und die Pflege der Datenbank für Institutionenvergleiche in Europa (DICE).

BZ Björn Ziegenbalg ist Doktorand der Niederlassung Dresden des ifo Instituts. Er arbeitet vor allem auf den Gebieten regionaler Strukturwandel und Finanzmarktanalyse.

CB Christian Breuer ist Master of Science in Empirischer Ökonomik und Politikberatung und als Fachreferent für Steuern und Staatseinnahmen im Bereich Öffentlicher Sektor des ifo Instituts tätig. Er ist Experte auf den Gebieten Steuerschätzung, Konjunkturanalysen und Staatshaushalt und vertritt das ifo Institut im Arbeitskreis »Steuerschätzungen«.

CH Dr. Christian Holzner ist Wissenschaftlicher Mitarbeiter im Bereich Sozialpolitik und Arbeitsmärkte des ifo Instituts und nimmt eine Vertretungsprofessur an der Ludwig-Maximilians-Universität München wahr. Er befasst sich vor allem mit Arbeitsmarktpolitik und Arbeitsmarktreformen.

CJ Dr. Christoph Jeßberger ist Wissenschaftlicher Mitarbeiter im Bereich Energie, Umwelt und erschöpfbare Ressourcen des ifo Instituts. Er beschäftigt sich vor allem mit dem Klimawandel, internationalen Umweltabkommen, Wasserkreisläufen und der geografischen Darstellung ökonomischer Daten.

CT Christian Thater ist Doktorand in der Niederlassung Dresden des ifo Instituts. Seine Forschungsschwerpunkte sind vor allem ökonomische Fragestellungen zum Länderfinanzausgleich, der Haushaltsentwicklung sowie zu den Konsequenzen des demografischen Wandels.

DJ Darko Jus ist Wissenschaftlicher Mitarbeiter am Center for Economic Studies (CES) und Generalsekretär der European Economic Advisory Group (EEAG) at CESifo. Er beschäftigt sich vor allem mit Energie-, Ressourcen- und Klimaökonomik sowie mit Themen aus der Finanzwissenschaft.

EH Erik Hornung ist Doktorand im Bereich Humankapital und Innovation des ifo Instituts und promoviert an der Ludwig-Maximilians-Universität München. Er arbeitet auf den Gebieten Bildungsökonomik, Innovation und Wirtschaftsgeschichte.

EL Elke Lüdemann ist Doktorandin im Bereich Humankapital und Innovation des ifo Instituts und promoviert an der Ludwig-Maximilians-Universität München. Ihre Forschungsinteressen liegen auf den Gebieten der institutionellen Rahmenbedingungen von Schulsystemen und deren Einfluss auf Effizienz und Chancengleichheit sowie Entrepreneurship.

EW Elisabeth Wieland ist Doktorandin am Fachbereich Volkswirtschaftslehre der Ludwig-Maximilians-Universität München. Sie beschäftigt sich insbesondere mit makroökonomischen Fragestellungen zur Inflationsdynamik und zu nachhaltigem Wachstum.

EY Dr. Erdal Yalcin ist Wissenschaftlicher Mitarbeiter im Bereich Außenhandel des ifo Instituts. Er arbeitet vor allem auf den Gebieten internationaler Handel, multinationale Firmen und Untersuchungen zur Welthandelsorganisation (WTO).

GB Günter Britschkat war Wissenschaftlicher Mitarbeiter am ifo Institut. Seine Arbeitsschwerpunkte sind Statistik, Ökonometrie, Input-Output-Analysen und Makroökonomie.

GN Dr. Gernot Nerb leitete im ifo Institut die Abteilung ifo Konjunkturumfragen, Konjunkturanalyse und -prognose sowie den Bereich Branchenforschung und ist heute Berater des ifo Vorstands und Herausgeber des *CESifo World Economic Survey*.

HAR Hildegard Arnold-Rothmaier ist Wissenschaftliche Mitarbeiterin und stellvertretende Bereichsleiterin im Bereich Industrieökonomik und neue Technologien des ifo Instituts. Sie ist Expertin vor allem auf den Gebieten der konjunkturellen Entwicklung im Verkehr sowie den Auswirkungen von ordnungs- und preisstrukturellen Veränderungen in den einzelnen Verkehrssektoren.

HH Herbert Hofmann ist Wissenschaftlicher Mitarbeiter im Bereich Sozialpolitik und Arbeitsmärkte des ifo Instituts. Seine Arbeitsschwerpunkte liegen auf den Gebieten Arbeitsmarktfragen, sektorale Beschäftigungsentwicklung, Märkte für soziale Dienste und Strukturwandel.

HJH Dr. Hans-Joachim Haß leitet die Abteilung »Wirtschafts- und Industriepolitik« im Bundesverband der Deutschen Industrie (BDI). Zu seinen Kernthemen gehören Konjunkturanalyse, Fragen der industriellen Wettbewerbsfähigkeit, die Finanzmarktordnung sowie wirtschafts- und industriepolitische Grundsatzfragen.

HJS Hans-Jörg Schmerer ist Wissenschaftlicher Mitarbeiter im Bereich Internationale Vergleiche und Europäische Integration am IAB in Nürnberg. Seine Forschungsschwerpunkte sind Außenhandel und Arbeitsmarktökonomik. Insbesondere arbeitet er auf dem Gebiet der Analyse von Beschäftigungseffekten der Globalisierung.

JA Dr. Jutta Albrecht-Saavedra ist Wissenschaftliche Mitarbeiterin im Bereich Energie, Umwelt und erschöpfbare Ressourcen des ifo Instituts. Sie befasst sich vor allem mit den Themen Energiepolitik, Energieökonomik und Ökonomie des Klimawandels.

JG Jasmin Gröschl ist Doktorandin im Bereich Außenhandel des ifo Instituts und promoviert an der Ludwig-Maximilians-Universität München. Ihre Forschungsschwerpunkte sind die Auswirkungen von Naturkatastrophen auf bilaterale Handelsbeziehungen und der Zusammenhang zwischen Handel und dem BIP.

JK Janina Ketterer ist Doktorandin im Bereich Energie, Umwelt und erschöpfbare Ressourcen des ifo Instituts und promoviert an der Ludwig-Maximilians-Universität München. Sie beschäftigt sich vor allem mit Fragen des Emissionshandels und der Preisentwicklung in CO_2-Märkten.

JL Jana Lippelt ist Diplom-Geografin und als Fachreferentin im Bereich Energie, Umwelt und erschöpfbare Ressourcen des ifo Instituts tätig. Sie beschäftigt sich vor allem mit der Visualisierung und kartografischen Umsetzung klima- und energiepolitischer Daten.

JOL Josef Lachner ist Wissenschaftlicher Mitarbeiter im Bereich Industrieökonomik und neue Technologien des ifo Instituts. Sein Arbeitsschwerpunkt ist die Analyse struktureller und konjunktureller Veränderungen im Einzelhandel, im Großhandel und in der Handelsvermittlung.

JP Johannes Pfeiffer ist Doktorand im Bereich Energie, Umwelt und erschöpfbare Ressourcen des ifo Instituts und promoviert an der Universität Regensburg. Er arbeitet insbesondere auf dem Gebiet der Umwelt- und Ressourcenökonomik.

JR Janina Reinkowski ist Doktorandin im Bereich Sozialpolitik und Arbeitsmärkte des ifo Instituts und promoviert an der Ludwig-Maximilians-Universität München. Sie befasst sich vor allem mit empirischen Fragen der Familien- und der Industrieökonomik.

JS Johannes Steinbrecher ist Doktorand in der Niederlassung Dresden des ifo Instituts. Er forscht hauptsächlich auf den Gebieten der ökonomischen Fragestellungen zum Länderfinanzausgleich und der Entwicklung der öffentlichen Haushalte.

JUS Dr. Julia Spies ist als Wissenschaftliche Mitarbeiterin am Institut für Angewandte Wirtschaftsforschung (IAW) tätig. Ihre Forschungsschwerpunkte liegen auf den Gebieten multinationale Firmen, Außenhandel und angewandte Mikroökonomie.

JW Dr. Johann Wackerbauer ist Wissenschaftlicher Mitarbeiter im Bereich Energie, Umwelt und erschöpfbare Ressourcen des ifo Instituts. Er ist Experte auf dem Gebiet der Umweltökonomik sowie für Analysen der Entwicklung der Umweltwirtschaft und der Wasserwirtschaft auf nationaler und internationaler Ebene.

KA Dr. Klaus Abberger ist wissenschaftlicher Koordinator der ifo Befragungen sowie Leiter des Präsidentenbüros des ifo Instituts. Unter anderem betreut er das ifo Geschäftsklima. Er hat Volkswirtschaftslehre studiert und wurde in Statistik und Ökonometrie promoviert. Anschließend habilitierte er sich in diesen Fachgebieten.

KB Katja Baum ist Wissenschaftliche Mitarbeiterin in der Niederlassung Dresden des ifo Instituts. Sie arbeitet auf dem Gebiet des regionalen Strukturwandels, insbesondere interessiert sie sich für Bildungsökonomik, vor allem für die (volkswirtschaftliche) Bedeutung der frühkindlichen Bildung.

KC Prof. Dr. Kai Carstensen ist Leiter des Bereichs Konjunktur und Befragungen des ifo Instituts und Professor für Volkswirtschaftslehre an der Ludwig-Maximilians-Universität München. Er ist Mitglied der Enquetekommission »Wachstum, Wohlstand, Lebensqualität« des Bundestags. Sein Forschungsschwerpunkt umfasst Fragen der Konjunkturanalyse und Geldpolitik.

KP Prof. Dr. Karen Pittel leitet den Bereich Energie, Umwelt und erschöpfbare Ressourcen des ifo Instituts und hat parallel dazu einen Lehrstuhl an der Ludwig-Maximilians-Universität München. Sie beschäftigt sich insbesondere mit der intertemporalen Analyse umwelt- und ressourcenökonomischer Fragestellungen.

KRB Kristina Bott ist diplomierte Volkswirtin und hat in ihrer Zeit am ifo Institut die Kommission unterstützt, die für die Bundesregierung den 8. Familienbericht erarbeitet. Sie bekam ein Promotionsstipendium an der NHH in Norwegen verliehen.

LD Ludwig Dorffmeister ist Diplom-Volkswirt und arbeitet als Fachreferent im Bereich Industrieökonomik und neue Technologien des ifo Instituts. Zu seinen Arbeitsgebieten zählen die deutschen und europäischen Bau- und Immobilienmärkte.

LR Luise Röpke ist Doktorandin im Bereich Energie, Umwelt und erschöpfbare Ressourcen des ifo Instituts und promoviert an der Ludwig-Maximilians-Universität München. Sie forscht vor allem auf den Gebieten Energiewirtschaft und Umwelt- und Ressourcenökonomik.

LW Prof. Dr. Ludger Wößmann leitet den Bereich Humankapital und Innovation am ifo Institut und hat einen Lehrstuhl für Volkswirtschaftslehre, insbesondere Bildungsökonomik an der Ludwig-Maximilians-Universität München. Er forscht zu Bildungs-, Wachstums- und Innovationsökonomik sowie Wirtschaftsgeschichte.

MAS Maximilian Sindram ist Doktorand im Bereich Energie, Umwelt und erschöpfbare Ressourcen des ifo Instituts. Als Diplom-Geograf beschäftigt er sich vor allem mit Geodateninfrastrukturen, der Programmierung von Umweltanwendungen und der Entwicklung von Open-Source-Komponenten in der Geoinformatik.

MG Dr. Marc Gronwald forscht im Bereich Energie, Umwelt und erschöpfbare Ressourcen des ifo Instituts. Die Schwerpunkte seiner Arbeit sind die Ökonomik des Klimawandels, der Emissionshandel sowie die empirische Analyse von Energiepreisen.

MIG Prof. Dr. Michael Grömling ist zuständig für makroökonomische Grundsatzfragen beim Institut der deutschen Wirtschaft Köln und Professor für Volkswirtschaftslehre an der Internationalen

Hochschule Bad Honnef-Bonn. Seine Arbeitsfelder sind Strukturwandel, Konjunktur, Verteilung und Volkswirtschaftliche Gesamtrechnung.

MK Michael Kleemann ist Doktorand im Bereich Konjunktur und Befragungen des ifo Instituts und promoviert an der Ludwig-Maximilians-Universität München. Er untersucht die Rolle des Bankensystems in der Transmission geldpolitischer Schocks und analysiert die konjunkturelle Entwicklung in den USA.

MP Marc Piopiunik ist Doktorand im Bereich Humankapital und Innovation des ifo Instituts und promoviert an der Ludwig-Maximilians-Universität München. Seine Forschungsschwerpunkte liegen in der Bildungsökonomik.

MR Michael Reinhard ist Wissenschaftlicher Mitarbeiter im Bereich Industrieökonomik und neue Technologien des ifo Instituts. Er beschäftigt sich vor allem mit der Analyse von Gesundheitsbranchen und mit gesundheitspolitischen Fragestellungen.

MS Martin Schlotter ist Doktorand im Bereich Humankapital und Innovation des ifo Instituts und promoviert an der Ludwig-Maximilians-Universität München. Er befasst sich vor allem mit der empirischen Analyse ökonomischer Erträge der frühkindlichen Bildung.

MSM Marcel Smolka ist Akademischer Mitarbeiter am Lehrstuhl für Internationale Wirtschaftsbeziehungen der Universität Tübingen. Er forscht zu internationalen Outsourcing-Strategien, der politischen Ökonomie der Handelspolitik und sozialen Netzwerken bei Migrationsentscheidungen.

NC Nina Czernich war Doktorandin im Bereich Humankapital und Innovation des ifo Instituts und hat an der Ludwig-Maximilians-Universität München promoviert.

Sie beschäftigt sich vor allem mit Innovationsökonomik, Telekommunikationsmärkten und den Auswirkungen der Verbreitung von Breitbandinternet.

NF Nadine Fabritz ist Doktorandin im Bereich Humankapital und Innovation des ifo Instituts und promoviert an der Ludwig-Maximilians-Universität München. Ihre Forschungsinteressen liegen vor allem in den Bereichen Innovation in Netzwerkindustrien, regionale Entwicklung und Finanzwissenschaft.

NH Nick Hoffmann ist Diplom-Politologe und arbeitet als Fachreferent im Bereich Internationaler Institutionenvergleich des ifo Instituts. Seine Tätigkeit umfasst den Aufbau und die Pflege der Datenbank für Institutionenvergleiche in Europa (DICE).

OF Dr. Oliver Falck ist Wissenschaftlicher Mitarbeiter und Stellvertretender Bereichsleiter im Bereich Humankapital und Innovation des ifo Instituts. Er ist Experte auf den Gebieten Entrepreneurship, Innovation und regionale Wirtschaftsentwicklung.

RA Rahel Aichele ist Doktorandin im Bereich Außenhandel des ifo Instituts. Ihre Forschungsschwerpunkte sind der internationale Handel und Klimawandel sowie Untersuchungen zu Effekten internationaler Klimapolitik.

RL Robert Lehmann ist Doktorand in der Niederlassung Dresden des ifo Instituts. Er befasst sich vor allem mit der Erstellung der Konjunkturprognosen sowie der Auswertung der Ergebnisse des ifo Konjunkturtests Ostdeutschlands und Sachsens.

SA Stefan Arent ist Doktorand in der Niederlassung Dresden des ifo Instituts. Er wirkt bei der Konjunkturprognose für Ostdeutschland und Sachsen mit. Seine Forschungsschwerpunkte sind unter anderem Alterssicherung sowie empirische Untersuchungen des Arbeitsmarkts.

SB Sebastian Benz ist Doktorand im Bereich Außenhandel des ifo Instituts und promoviert an der Ludwig-Maximilians-Universität München. Er beschäftigt sich mit theoretischen und empirischen Analysen von Handel, Offshoring und ausländischen Direktinvestitionen sowie mit Innovationsspillovern und räumlicher Ökonometrie.

SF Dr. Silke Friedrich ist Wissenschaftliche Mitarbeiterin im Bereich Internationaler Institutionenvergleich des ifo Instituts. Ihre Forschungsinteressen liegen vor allem auf den Feldern politische und internationale Ökonomie und Institutionenökonomik.

SK Stefan Kipar ist Doktorand im Bereich Humankapital und Innovation des ifo Instituts und promoviert an der Ludwig-Maximilians-Universität München. Seine Forschungsschwerpunkte sind empirische Innovationsökonomik und Regionalökonomik.

SL Susanne Link ist Gastdoktorandin im Bereich Humankapital und Innovation des ifo Instituts und promoviert an der Ludwig-Maximilians-Universität München. Sie beschäftigt sich vor allem mit der mikroökonometrischen Analyse bildungsrelevanter Fragestellungen.

SN Sven Neelsen ist Doktorand im Bereich Internationaler Institutionenvergleich des ifo Instituts und promoviert an der Ludwig-Maximilians-Universität München. Seine Forschungsschwerpunkte liegen in der empirischen Gesundheits- und Entwicklungsökonomie.

STB Dr. Stefan Bauernschuster ist Wissenschaftlicher Mitarbeiter im Bereich Sozialpolitik und Arbeitsmärkte des ifo Instituts. Zu seinen Forschungsschwerpunkten gehören vor allem die empirische Arbeitsmarkt- und Familienökonomik, die angewandte Mikroökonomik sowie die experimentelle Ökonomik.

SU Dr. Silke Übelmesser ist Wissenschaftliche Assistentin am Center for Economic Studies der Ludwig-Maximilians-Universität München. Sie interessiert sich für finanzwissenschaftliche und wirtschaftspolitische Themen. Ein Schwerpunkt ihrer Forschung liegt auf der Bildungs-, Migrations- und Sozialpolitik.

TB Teresa Buchen ist Doktorandin im Bereich Konjunktur und Befragungen des ifo Instituts und promoviert an der Ludwig-Maximilians-Universität München. Sie beschäftigt sich vor allem mit Prognosemethoden, empirischer Makroökonomik und internationaler Konjunktur (Großbritannien).

TH Timo Hener ist Doktorand im Bereich Sozialpolitik und Arbeitsmärkte des ifo Instituts und promoviert an der Ludwig-Maximilians-Universität München. Er befasst sich mit empirischen Fragen der Familienökonomik.

TR Dr. Tilmann Rave ist Wissenschaftlicher Mitarbeiter im Bereich Energie, Umwelt und erschöpfbare Ressourcen. Seine Forschungsschwerpunkte sind Umweltinnovationen, umweltpolitische Aspekte der Finanzpolitik und der Themenbereich Umwelt und Verkehr.

TS Dr. Thomas Strobel arbeitet als Wissenschaftlicher Mitarbeiter sowohl im Bereich Industrieökonomik und neue Technologien als auch im Bereich Internationaler Institutionenvergleich des ifo Instituts. Er forscht auf dem Gebiet der Produktivitätsanalyse von Wirtschaftssektoren und befasst sich insbesondere mit dem Einfluss neuer Technologien.

TW Prof. Dr. Timo Wollmershäuser ist Wissenschaftlicher Mitarbeiter im Bereich Konjunktur und Befragungen des ifo Instituts und vertritt einen Lehrstuhl für Finanzwissenschaft an der Ludwig-Maximilians-Universität München. Sein bevor-zugtes Forschungsgebiet ist die monetäre Makroökonomie.

VM Prof. Dr. Volker Meier ist Lehrstuhlvertreter für Nationalökonomie und Finanzwissenschaft an der Ludwigs-Maximilians-Universität München. Er ist Experte in Fragen der Sozial- und Steuerpolitik sowie der Arbeitsmarkt- und Gesundheitsökonomie.

WG Dr. Wido Geis ist Wissenschaftlicher Mitarbeiter im Bereich Sozialpolitik und Arbeitsmärkte des ifo Instituts. Er beschäftigt sich vor allem mit internationaler Migration, Integration von Zuwanderern sowie Familien- und Sozialpolitik.

WN Wolfgang Nagl ist Doktorand in der Niederlassung Dresden des ifo Instituts. Er arbeitet vor allem auf den Gebieten der empirischen Arbeitsmarktforschung, der intergenerationellen Ökonomik sowie den ökonomischen Effekten des demografischen Wandels.

WO Dr. Wolfgang Ochel war Leiter des Bereichs Internationaler Institutionenvergleich des ifo Instituts (bis 2010) und ist Herausgeber des *CESifo DICE Reports*. Seine Arbeitsschwerpunkte sind Institutionen, Arbeitsmärkte und Sozialpolitik und der Aufbau der DICE-Datenbank.

WON Dr. Wolfgang Nierhaus ist Wissenschaftlicher Mitarbeiter im Bereich Konjunktur und Befragungen des ifo Instituts. Er ist mit der Analyse und Prognose der Wirtschaftsentwicklung in Deutschland betraut. Daneben befasst er sich mit methodischen Problemen der Volkswirtschaftlichen Gesamtrechnungen.

Danksagung

Der ifo Wirtschaftskompass versucht, ökonomische Begriffe und Zusammenhänge in einer allgemein verständlichen Form darzustellen. Er wurde von einer Autorengruppe erstellt, zu der die Mitarbeiter des ifo Instituts und auch einige dem Institut verbundene externe Autoren gehören. Die Liste der Autoren ist abgedruckt.

Den Kern der Problematik auf dem begrenzten Platz zu erfassen, der zur Verfügung stand, war häufig nicht einfach. Außerdem galt es, Fachchinesisch zu vermeiden. Wir haben die erste dieser Herausforderungen dadurch zu bestehen versucht, dass wir jeden Beitrag einem eingehenden fachlichen Lektorat unterworfen haben. Jeder Text ging durch eine Reihe von Revisionsrunden, bevor er in der jetzigen Fassung angekommen war. Der zweiten Herausforderung sind wir begegnet, indem wir zum Schluss noch einmal alles von Testlesern, die nicht über ökonomische Fachkenntnisse verfügen, haben prüfen lassen. Dabei waren uns Franca Fogli-Götz, Christiane Harms, Erna Maria Knoche, Monika Ottl und Caroline Schiller behilflich. Marga Jennewein hat das Projekt ebenfalls beratend begleitet.

Die schwierige Organisation dieses für das ifo Institut neuartigen Projektes lag in den Händen von Annette Engellandt und Franziska Hartinger. Franziska Hartinger war auch für das Layout und die grafische Gestaltung verantwortlich. Sie wurde dabei unterstützt von Inge Kunz, Jana Lippelt, Maximilian Sindram und Jasmin Tschauth. Ihnen verdanken wir die Umsetzung der Grafikideen der Autoren.

Beim Hanser Verlag haben Martin Janik und Stefanie König unser Projekt betreut und viele Detailvorschläge beigesteuert. Die räumliche Nähe des Hanser Verlags und des ifo Instituts im Münchner Herzogpark erleichterte die Kooperation.

Wir danken allen Autoren und Mitarbeitern für ihren großartigen Einsatz.

München, im Sommer 2011

Georg Milbradt, Gernot Nerb, Wolfgang Ochel und Hans-Werner Sinn

Länderkürzelverzeichnis

(Nach ISO 3166)

AR	Argentinien		IT	Italien
AT	Österreich		JO	Jordanien
AU	Australien		JP	Japan
BE	Belgien		KR	Korea, Republik (Südkorea)
BR	Brasilien		MA	Marokko
CA	Kanada		MX	Mexiko
CH	Schweiz		MY	Malaysia
CN	China		NL	Niederlande
CO	Kolumbien		NO	Norwegen
CY	Zypern		NZ	Neuseeland
CZ	Tschechien		PE	Peru
DE	Deutschland		PH	Philippinen
DK	Dänemark		PL	Polen
ES	Spanien		PT	Portugal
FI	Finnland		RO	Rumänien
FR	Frankreich		SE	Schweden
GB	Vereinigtes Königreich (Großbritannien und Nordirland)		SG	Singapur
			SK	Slowakei
GH	Ghana		TH	Thailand
GR	Griechenland		TN	Tunesien
HK	Hongkong		TR	Türkei
HU	Ungarn		TW	Republik China (Taiwan)
ID	Indonesien		UK	Vereinigtes Königreich
IE	Irland		US	Vereinigte Staaten von Amerika
IL	Israel		UY	Uruguay
IN	Indien		ZA	Südafrika
IR	Iran, Islamische Republik		ZW	Simbabwe
IS	Island			

Quellenverzeichnis

Kapitel 1.1 Bild 2: Eurostat: http://epp.eurostat.ec.europa.eu/portal/page/portal/sdi/indicators.

Kapitel 1.5 Bild 1: Hanushek, E. A.; Wößmann, L. (2008): »The Role of Cognitive Skills in Economic Development«, *Journal of Economic Literature* 46(3).

Kapitel 1.8 Bild 1: Darstellung des ifo Instituts in Anlehnung an Tichy (1994) sowie Nierhaus und Sturm (2003). Tichy, G. (1994): *Konjunktur. Stilisierte Fakten, Theorie, Prognose*, 2. Auflage, Springer-Lehrbuch, Springer-Verlag. Nierhaus, W.; Sturm, J.-E. (2003): »Methoden der Konjunkturprognose«, *ifo Schnelldienst* 4/2003, 56. Jahrgang, S. 7–23.

Kapitel 1.8 Bild 2: Darstellung des ifo Instituts in Anlehnung an Grömling (2002) sowie Nierhaus und Sturm (2003). Grömling, M. (2002): »Konjunkturprognosen: Methoden, Risiken und Treffsicherheiten«, *iw-trends* 2/2002, 29. Jahrgang, S. 1–16. Nierhaus, W.; Sturm, J.-E. (2003): »Methoden der Konjunkturprognose«, *ifo Schnelldienst* 4/2003, 56. Jahrgang, S. 7–23.

Kapitel 1.11 Bild 2: Eichengreen, B.; O'Rourke, K. H. (2010): »A Tale of Two Depressions: What Do the New Data Tell us?«, VOX, Februar, CPB Netherlands Bureau for Economic Policy Analysis, world-trade database, www.voxeu.org.

Kapitel 2.1 Bild 1: Statistisches Bundesamt: Volkswirtschaftliche Gesamtrechnungen, Fachserie 18, Reihe 1.5.

Kapitel 2.8 Bild 1: OECD (2011): OECD Patents by Regions, OECD Patent Statistics (database), doi: 10.1787/data-00509-en.

Kapitel 2.10 Bild 1: Abbildung des ifo Instituts auf Basis von Daten des Penn World Table und des Global Entrepreneurship Monitor.

Kapitel 2.10 Bild 2: Abbildung des ifo Instituts auf Basis von Daten des Global Entrepreneurship Monitor.

Kapitel 3.1 Bild 1: Eurostat: Online-Datenbank, http://epp.eurostat.ec.europa.eu/portal/page/portal/transport/data/main_tables.

Kapitel 3.2 Bild 1: Wirtschaftskammer Österreich (2010): *Straßenbenutzungsgebühren in Europa – Eine Übersicht über Straßenbenutzungsgebühren für alle Kraftfahrzeuge in 36 Staaten*, Wien.

Kapitel 3.4 Bild 1: Czernich, N. et al. (2011): »Broadband Infrastructure and Economic Growth«, *The Economic Journal* 121 (May), S. 505–532.

Kapitel 3.5 Bild 1: Czernich, N. et al. (2008): *Regulierung in Telekommunikationsmärkten: technologische Dynamik und Wettbewerbspotenziale*, ifo Beiträge zur Wirtschaftsforschung 32, ifo Institut für Wirtschaftsforschung, www.bundesnetzagentur.de.

Kapitel 3.6 Bild 1: Dichhaus, B.; Dietz, K. (2004): *Öffentliche Dienstleistungen unter Privatisierungsdruck, Folgen der Privatisierung und Liberalisierung öffentlicher Dienstleistungen in Europa*, weed, Berlin.

Kapitel 4.1 Bild 1: Statistisches Bundesamt (2009): *Bevölkerung Deutschlands bis 2060 – 12. Koordinierte Bevölkerungsvorausberechnung*, Wiesbaden; Darstellung des ifo Instituts.

Kapitel 4.2 Bild 2: Myrskylä, M.; Kohler, H. P.; Billari, F. (2009): »Advances in Development Reverse Fertility Declines«, *Nature* 460, S. 741–743.

Kapitel 4.3 Bild 1: Eurostat: http://appsso.eurostat.ec.europa.eu/nui/setupModifyTableLayout.do.

Kapitel 4.4 Bild 2: OECD: Social Expenditure Database, www.oecd.org/dataoecd/55/58/38968865.xls.

Kapitel 4.5 Bild 1: Statistisches Bundesamt (2010): Bevölkerungsfortschreibung und Bevölkerungsvorausberechnung (Stand 31.12.2008); Berechnungen und Darstellungen des ifo Instituts. Für die Jahre ab 2010 wurde der Mittelwert aus V1 W1 und V1 W2 verwendet.

Kapitel 4.5 Bild 2: Deutsches Zentrum für Altersfragen (2010): *Familiale Generationenbeziehungen im Wandel*, Berlin.

Kapitel 4.6 Bild 1: Statistisches Bundesamt (2010): *Wanderungen über die Grenzen Deutschlands 2009 nach Herkunfts- bzw. Zielgebieten*, Wiesbaden. Statistisches Bundesamt (2010): *Wanderungen zwischen Deutschland und dem Ausland: Jahre, Kontinente (1974–2008)*, Code 12711-0003, Wiesbaden.

Kapitel 4.6 Bild 2: Vereinte Nationen (1999): *World Population Prospects: The 1998 Revision*, Band I, Vereinte Nationen, New York. Vereinte

Nationen (2001): *Replacement Migration: Is it a Solution to Declining and Ageing Populations?*, Vereinte Nationen, New York.

Kapitel 4.7 Bild 2: Central Statistical Office of Poland (2010): Main Directions of Emigration and Immigration in Years 1966–2008.

Kapitel 4.8 Bild 1: Chaloff, J.; Lemaitre, G. (2009):»Managing Highly Skilled Labour Migration: A Comparative Analysis of Migration Policies and Challenges in OECD Countries«, *OECD Social, Employment and Migration Working Papers* No. 79, Paris. The Danish Immigration Service (2010): The Greencard Scheme, The Ministry of Refugee, Immigration and Integration Affairs, Copenhagen, http://www.nyidanmark.dk/en-us/coming_to_dk/work/greencard-scheme/greencard-scheme.htm.

Kapitel 4.8 Bild 2: Docquier, F.; Marfouk, A. (2007): Brain Drain Database, World Bank, Washington, DC, http://go.worldbank.org/9YZ0EKSMT0.

Kapitel 5.1 Bild 1: Autorengruppe Bildungsberichterstattung (2010): *Bildung in Deutschland 2010. Ein indikatorengestützter Bericht mit einer Analyse zu Perspektiven des Bildungswesens im demografischen Wandel*, Bertelsmann, Bielefeld, Abb. B1-2, S. 31.

Kapitel 5.1 Bild 2: Hanushek, E. A.; Wößmann, L. (2010):»How much Do Educational Outcomes Matter in OECD Countries?«, *CESifo Working Paper* Nr. 3 238, Abb. 7.

Kapitel 5.2 Bild 1: Werding, M. et al. (2009): *Humankapital in Deutschland: Wachstum, Struktur und Nutzung der Erwerbseinkommenskapazität von 1984 bis 2006*, Mohr Siebeck, Tübingen. Anlehnung an Abbildung 5.1.

Kapitel 5.2 Bild 2: Werding, M. et al. (2009), Anlehnung an Abbildung 5.3.

Kapitel 5.3 Bild 1: Wößmann, L.; Piopiunik, M. (2009): *Was unzureichende Bildung kostet*, Bertelsmann Stiftung, Gütersloh.

Kapitel 5.4 Bild 1: Heckman, J. J. (2006):»Skill Formation and the Economics of Investing in Disadvantaged Children«, *Science* 312 (5782), S. 1900–1902.

Kapitel 5.4 Bild 2: Statistisches Bundesamt (2010): Statistik der Kinder und tätigen Personen in öffentlich geförderter Kindertagespflege.

Kapitel 5.5 Bild 1: Basierend auf Wößmann, L. (2003):»Central Exit Exams and Student Achievement: International Evidence«, in: Peterson, P. E.; West, M. R. (Hrsg.): *No Child Left Behind? The Politics and Practice of School Accountability*, Brookings Institution Press, Washington, DC, S. 292–323. Sowie Wößmann, L. et al. (2009): *School Accountability, Autonomy and Choice around the World*, Edward Elgar, Cheltenham, S. 14.

Kapitel 5.5 Bild 2: Basierend auf Wößmann, L. et al. (2009): *School Accountability, Autonomy and Choice around the World*, Figure 4.4, S. 46.

Kapitel 5.6 Bild 1: OECD (2010): *PISA 2009 Results: Overcoming Social Background Equity in Learning Opportunities and Outcomes*, Volume II, Paris: OECD, Figure II.3.3.

Kapitel 5.6 Bild 2: Hanushek, E. A.; Wößmann, L. (2006):»Does Educational Tracking Affect Performance and Inequality? Differences-in-Differences Evidence across Countries«, *Economic Journal* 116 (510), C63–C76.

Kapitel 5.7 Bild 1: Wößmann, L. et al. (2009): *School Accountability, Autonomy and Choice around the World*, Figure 5.1, S. 53.

Kapitel 5.7 Bild 2: OECD (2007): *PISA 2006: Science Competencies for Tomorrow's World*, Vol. 1, Figure 5.5, S. 230.

Kapitel 6.3 Bild 1: Sachverständigenrat zur Begutachtung der Gesamtwirtschaftlichen Lage (2008): *Jahresgutachten 2008/2009*, Wiesbaden. Datenbasis: Mikrozensus.

Kapitel 6.3 Bild 2: Sachverständigenrat zur Begutachtung der Gesamtwirtschaftlichen Lage (2008): *Jahresgutachten 2008/2009*, Wiesbaden. Datenbasis: CIETT.

Kapitel 6.5 Bild 1: ICTWSS: Database on Institutional Characteristics of Trade Unions, Wage Setting, State Intervention and Social Pacts in 34 countries.

Kapitel 6.8 Bild 1: IAB-Werkstattbericht Nr. 4, 23.04.2002, S. 27; IAB-Kurzbericht Nr. 9, 13.06.2005.

Kapitel 6.9 Bild 1: Statistisches Bundesamt, Mikrozensus, Berichtswoche, ab 2005 durchschnittlicher Wert des Erhebungsjahres.

Kapitel 6.9 Bild 2: Statistisches Bundesamt: Fachserie 11, Bildung und Kultur, Reihe 1.

Kapitel 6.10 Bild 1: Eurostat (2010): online verfügbar unter www.ec.europa.eu/eurostat (*OECD Education at a Glance 2010, S. 112).

Kapitel 6.10 Bild 2: Autorengruppe Berichterstattung (2010): *Bildung in Deutschland 2010*, W. Bertelsmann Verlag, Berlin et al., S. 333.

Kapitel 7.2 Bild 1: Eurostat: Datenbank zu Bevölkerung und sozialen Bedingungen (Stand: 05.12.2010).

Kapitel 7.4 Bild 1: 1993: Sachverständigenrat, *Jahresgutachten* 2000/2001, Tab. 67, S. 267. Hauser, R.; Becker, I. (2000): *Einkommensverteilung 1973–1998*, Berlin, Tab. 5.1a; 2002 und 2007: Frick, J. R.; Grabka, M. M. (2009):»Gestiegene Vermögensungleichheit«, *DIW-Wochenbericht*, 2/2009, Tab. 1 und Abb. 1. *Statistisches Jahrbuch für die Bundesrepublik, 2004, 2009*, Tab. 2.11.

Kapitel 7.5 Bild 2: Eurostat: Datenbank für Lebensbedingungen und Sozialleistungen, Sozialschutz, Sozialschutzeinnahmen nach Einnahmeart, 2010.

Kapitel 7.6 Bild 1: Eurostat (2010): Bevölkerung und soziale Bedingungen, Lebensbedingungen und Sozialleistungen, Sozialschutz, Ausgaben des Sozialschutzes, http://appsso.eurostat.ec.europa.eu/nui/show.do?dataset=spr_exp_sum&lang=de, Stand 13. Dezember 2010.

Kapitel 7.7 Bild 1: OECD, Health Data 2010; http://www.oecd.org/department/0,3355, en_2649_34631_1_1_1_1,00.html

Kapitel 8.1 Bild 1: United Nations Statistics Division (2010): http://unstats.un.org/unsd/mdg/Data.aspx.

Kapitel 8.2 Bild 1: International Energy Agency (2010): Data Services, http://data.iea.org/ieastore/defaut.asp?.

Kapitel 8.5 Bild 1: Biodiesel: BP (2010): *BP Statistical Review of World Energy – Renewables*, London, June. Bioethanol: Earth Policy Institute: 1999: Daten von F. O. Licht in: Hunt, S.; Stair, P. (2006):»Biofuels Hit a Gusher«, in: Worldwatch Institute (2006): *Vital Signs 2006–2007*, Washington, DC: S. 40–41; 2000–2004: Daten von F. O. Licht in: *World Ethanol and Biofuels Report*, vol. 7 (2) (23.09.2008), S. 29; 2005–2009: Daten von F. O. Licht in: *World Ethanol and Biofuels Report*, vol. 7 (14) (26.03.2009), S. 288; Berechnungen des ifo Instituts.

Kapitel 8.5 Bild 2: HWWI und Reuters: [1] World, Grains, Maize, US Yellow No 2, Nearest Month, Chicago, Average; [2] World, Grains, Wheat, Hard Red Winter Wheat, Nearest Month, Kansas City, Average; [3] Crude Oil – North Sea (Brent), Dated, Close.

Kapitel 8.6 Bild 1: Bundesministerium für Wirtschaft und Technologie (2010): Zahlen und Fakten: Energiedaten - nationale und internationale Entwicklung, Berlin.

Kapitel 8.7 Bild 1: Daten aus Hansen, J. E. et al. (2010):»NASA GISS Surface Temperature (GISTEMP) Analysis«, in: *Trends: A Compendium of Data on Global Change*, Carbon Dioxide Information Analysis Center, Oak Ridge National Laboratory, U.S. Department of Energy, Oak Ridge, Tenn., USA, doi: 10.3334/CDIAC/cli.001, means.http://cdiac.ornl.gov/ftp/trends/temp/hansen/gl_land_ocean.txt

Kapitel 8.7 Bild 2: IEA (2010): http://www.iea.org/speech/2010/Tanaka/ketep.pdf. Die Zahlen beziehen sich auf das 450-ppm-Stabilisierungsszenario bis 2030 der IEA.

Kapitel 8.9 Bild 1: Carbon Market Monitor: http://www.carbonmarketdata.com.

Kapitel 8.9 Bild 2: Flachsland, C. (2010): *Towards a Global Carbon Market – Linking Systems, Adding Sectors*, Berlin, D83 sowie www.pewclimate.org und Berechnungen des ifo Instituts.

Kapitel 8.10 Bild 2: EEG-Mittelfristprognose der Übertragungsnetzbetreiber, Stand: 11.05.2009. FfE Forschungsstelle für Energiewirtschaft e. V. (2009): CO_2-Verminderung in Deutschland, Teil I, München, Juni. Berechnungen des ifo Instituts.

Kapitel 8.12 Bild 1: Daten der International Energy Agency (IEA) und der Weltbank (World Development Indicators) für CO_2-Ausstoß. Daten von IEA und Aichele, R.; Felbermayr, G (2010): *FZID Working Paper* Nr. 10 für CO_2-Fußabdruck. Berechnungen des ifo Instituts.

Kapitel 8.12 Bild 2: Daten von Aichele, R.; Felbermayr G. (2010), *FZID Working Paper* Nr. 10; Darstellung des ifo Instituts.

Kapitel 9.2 Bild 1: Statistisches Bundesamt: Volkswirtschaftliche Gesamtrechnung, Fachserie 18, Reihe 1.4, 2010.

Kapitel 9.3 Bild 1: Statistisches Bundesamt: Volkswirtschaftliche Gesamtrechnung, Fachserie 18, Reihe 1.4, 2010.

Kapitel 9.4 Bild 2: Statistisches Bundesamt: Volkswirtschaftliche Gesamtrechnung, Fachserie 18, Reihe 1.5.

Kapitel 9.5 Bild 1: Bundesfinanzministerium: Steuerdaten, http://www.bundesfinanzministerium.de/nn_4158/DE/Wirtschaft__und__Verwaltung/Steuern/Steuerschaetzung__einnahmen/Steuereinnahmen/06010116002.html; Berechnungen des ifo Instituts.

Kapitel 9.5 Bild 2: Europäische Kommission: Steuern und Zollunion, 2011, taxud.c.1(2011)39295 – DE.

Kapitel 9.6 Bild 1: OECD, Economic Outlook, Nr. 87, Annex, Tabelle 32.

Kapitel 9.8 Bild 1: Feld, L. P.; Larsen, C. (2005): *Black Activities in Germany in 2001 and in 2004 - A Comparison Based on Survey Data*, Rockwool Foundation, Kopenhagen.

Kapitel 9.8 Bild 2: Hauptverband der Deutschen Bauindustrie. IAW (2010): »Prognose zur Entwicklung der Schattenwirtschaft in Deutschland 2010«, Pressemitteilung 26.01.2010. Berechnungen des ifo Instituts.

Kapitel 10.2 Bild 1: Europäische Zentralbank: Statistical Data Warehouse Monetary Aggregate M3, Annual growth rate; HICP - Overall index, Annual rate of change, http://sdw.ecb.europa.eu/home.do.

Kapitel 10.4 Bild 1: Alesina, A.; Summers, L. H. (1993): »Central Bank Independence and Macroeconomic Performance: Some Comparative Evidence«, *Journal of Money, Credit and Banking*, Band 25, Nr. 2 (Mai), S. 151-162.

Kapitel 10.5 Bild 1: Bank für Internationalen Zahlungsausgleich (BIZ): BIS Quarterly Review, Statistical Annex.

Kapitel 10.6 Bild 1: Eurostat: http://epp.eurostat.ec.europa.eu/portal/page/portal/euroindicators/peeis (Griechenland: Werte ab 2006 unter Vorbehalt).

Kapitel 10.6 Bild 2: Reuters Ecowin, Government Benchmarks, Bid, 10 year, yield, close, 24.01.2011.

Kapitel 10.7 Bild 1: Tagesschau, http://www.tagesschau.de/wirtschaft/chronologiefinanzmarktkrise100.html, Darstellung des ifo Instituts.

Kapitel 10.8 Bild 2: Schoenmaker, D. (2011): »The Financial Trilemma«, *Duisenberg School of Finance - Tinbergen Institute Discussion Papers* No. TI 11-019 / DSF 7. Darstellung des ifo Instituts.

Kapitel 11.1. Bild 2: Eurostat: Annual National Accounts, http://epp.eurostat.ec.europa.eu/tgm/table.do?tab=table&init=1&plugin=1&language=de&pcode=tec00004.

Kapitel 11.3. Bild 1: OECD (2011): http://stats.oecd.org. Weitere Informationen in: *The EEAG Report on the European Economy*, CESifo, München. Sinn, H.-W.; Carstensen, K. (2010): »Ein Krisenmechanismus für die Eurozone«, *ifo Schnelldienst* 63, Sonderausgabe, S. 117.

Kapitel 11.3 Bild 2: International Trade Center (2011): http://www.trademap.org.

Kapitel 11.5 Bild 1: Statistisches Bundesamt: Konjunkturmotor Export. Sinn, H.-W. (2005): *Die Basar-Ökonomie, Deutschland: Exportweltmeister oder Schlusslicht?* 2. Auflage, Berlin.

Kapitel 11.5 Bild 2: Statistisches Bundesamt: Volkswirtschaftliche Gesamtrechnung, Fachserie 18, Reihe 1.4. OECD: STAN Database for Industrial Analysis. Deutsche Bundesbank. Sinn, H.-W. (2005): *Die Basar-Ökonomie. Deutschland: Exportweltmeister oder Schlusslicht?*, 2. Auflage, Berlin. Berechnungen des ifo Instituts.

Kapitel 11.7 Bild 1: Statistisches Bundesamt: Außenhandelsstatistik, Fachserie 7, Reihe 1.

Kapitel 11.9 Bild 1: OECD: Development Database on Aid Activities: CR Creditor Reporting System. Weltbank: World Development Indicators.

Kapitel 11.9 Bild 2: OECD: Development Database on Aid Activities: ODA by Recipient. Weltbank: Schätzungen basierend auf dem *Balance of Payments Statistics Yearbook 2008* des Internationalen Währungsfonds.

Kapitel 11.10 Bild 1: Europäische Union: http://ec.europa.eu/trade/wider-agenda/development/generalised-system-of-preferences/.

Kapitel 12.2 Bild 2: EU-Haushalt 2009 - Finanzbericht. Eurostat (2010): Bevölkerung am 1. Januar nach Alter und Geschlecht, http://appsso.eurostat.ec.europa.eu/nui/show.do?dataset=demo_pjan&lang=de. Darstellung des ifo Instituts.

Kapitel 12.3 Bild 2: EU-Haushalt 2009 - Finanzbericht. Eurostat (2010): BIP pro Kopf in KKS (Kaufkraftstandards). http://epp.eurostat.ec.europa.eu/tqm/table.do?tab=table&init=1&language=de&pcode=tsieb010&plugin=1. Darstellung des ifo Instituts.

Kapitel 12.6 Bild 1: EU (2010): Korrektive Komponente: Verfahren bei einem übermäßigen Defizit, http://europa.eu/legislation_summaries/economic_and_monetary_affairs/stability_and_growth_pact/l25020_de.htm. Darstellung des ifo Instituts.

Kapitel 12.6 Bild 2: Eurostat (2010): Öffentlicher Finanzierungssaldo - [tsieb080], http://epp.eurostat.ec.europa.eu/tgm/table.do?tab=table&init=1&plugin=1&language=de&pcode=tsieb080. Berechnungen des ifo Instituts.

Kapitel 12.7 Bild 1: Eurostat (2010), Leistungsbilanz - [tex00043], http://epp.eurostat.ex.europa.eu/tgm&table.do?tab=table&plugin=1&language=de?pcode=tec00043.

Kapitel 12.7 Bild 2: The Economics and Social Research Institute; UK: Land Registry, Deutschland: DESTATIS; Frankreich: INSEE; Italien: Banca d'Italia; Standard & Poor's Case-Shiller.

Register